묵시록 계현

―묵시록 5·6·7·8·9·10장 영해(靈解)―

예 수 인

묵시록계현 [2]

―묵시록 5・6・7・8・9・10장 영해(靈解)―

E. 스베덴보리 지음
이 영 근 옮김

예 수 인

THE APOCALYPSE REVEALED

by

EMANUEL SWEDENBORG

차 례

옮긴이의 머리말·15
저자의 서문·19

묵시록 5장 ···23
    제 5장 본문(5장 1-14절)·23
    제 5장 간추린 영적인 뜻(5장 1-14절)·24
        전장의 간추린 대의·24
        각절의 간추린 대의·24
    제 5장 상세한 영적인 해설(5장 1-14절)·29

묵시록 6장 ···87
    제 6장 본문(6장 1-17절)·87
    제 6장 간추린 영적인 뜻(6장 1-17절)·88
        전장의 간추린 대의·88
        각절의 간추린 대의·89
    제 6장 상세한 영적인 해설(6장 1-17절)·93

묵시록 7장 ···157
    제 7장 본문(7장 1-17절)·157
    제 7장 간추린 영적인 뜻(7장 1-17절)·159
        전장의 간추린 대의·159
        각절의 간추린 대의·159
    제 7장 상세한 영적인 해설(7장 1-17절)·164

묵시록 8장 ···235
    제 8장 본문(8장 1-13절)·235
    제 8장 간추린 영적인 뜻(8장 1-13절)·236
        전장의 간추린 대의·236
        각절의 간추린 대의·236
    제 8장 상세한 영적인 해설(8장 1-13절)·240

묵시록 9장···297
    제 9장 본문(9장 1-21절)·297
    제 9장 간추린 영적인 뜻(9장 1-21절)·298
        전장의 간추린 대의·298
        각절의 간추린 대의·299
    제 9장 상세한 영적인 해설(9장 1-21절)·305

묵시록 10장··377
    제 10장 본문(10장 1-11절)·377
    제 10장 간추린 영적인 뜻(10장 1-11절)·378
        전장의 간추린 대의·378
        각절의 간추린 대의·378
    제 10장 상세한 영적인 해설(10장 1-11절)·381

이 책에 인용된 저자의 서명들

표기된 서명	영문서명(原名)
주님론*	the Doctrine of the New Jerusalem concerning the Lord
성서론*	the Doctrine of the New Jerusalem concerning the Sacred scripture
생활론*	the Doctrine of the New Jerusalem from the Ten commandments
믿음론*	the Doctrine of the New Jerusalem concerning Faith
천계비의	Arcana Coelestia
섭리론	the Angelic wisdom concerning the Divine Providence
천계와 지옥	Heaven and Hell
신령사랑과 신령지혜	the Angelic wisdom concerning the Divine Love and the Divine Wisdom

---

* 이 책들은 ≪새로운 교회의 사대교리≫(四大敎理)라는 서명으로 <도서출판
 ·예수인>에서 2003년에 출판하였다. (역자 주)

옮긴이의 머리말

찬미 예수!
주님께서 우리 사람들에게 그분의 말씀, 즉 성언(聖言·the Word)을 주신 목적을 성경은 이렇게 밝히고 있습니다. 먼저 구약의 시편서의 말씀입니다.

> 다음 세대가 읽도록
> 주께서 하신 일을 기록하여라.
> 아직 창조되지 않은 백성이,
> 그것을 읽고 주를 찬양하도록 하여라.
> (시편 102 : 18)

신약의 요한복음서의 말씀입니다.

> 예수께서는 이 책에 기록하지 않은 다른 많은 표적도 제자들 앞에서 행하셨다. 그런데 여기에 이것이나마 기록한 목적은, 여러분으로 하여금, 예수가 그리스도요 하나님의 아들이심을 믿게 하고, 또 그렇게 믿어서 그의 이름으로 생명을 얻게 하려는 것이다.
> (요한 20 : 30, 31)

신약의 서간문의 말씀입니다.

> 무엇이든지, 전에 기록한 것은 우리에게 교훈을 주려고 한 것이며, 성경이 주는 인내와 위로로써, 우리로 하여금 소망을 가지게 하려고 한 것입니다.
> (로마 15 : 4)
> 이런 일이 그들에게 일어난 것은, 본보기가 되게 하려는 것이며, 그것들이 기록된 것은, 말세를 만난 우리에게 경고가 되게 하려는 것입니다.
> (고린도 전서 10 : 11)

그리고 우리의 본문 성경인 묵시록서는 그 책 서두에서 이렇게 밝히고 있습니다.

> 요한은, 하나님의 말씀과 예수 그리스도의 증거, 곧 자기가 본 것을 다 증언하였습니다. 이 예언의 말씀을 읽는 사람과 듣는 사람과 그 안에 기록되어 있는 것을 지키는 사람이 복이 있습니다. 그 때가 가까웠기 때문입니다.
> (묵시록 1 : 2, 3)

저자의 저서들을 읽으신 분들께서는 잘 아시고 계시듯이, 저자 스베덴보리 선생님께서는 요한의 "묵시록"의 영해를 서명이 각각 다른 두 책들로 저술하였습니다. 그 하나는 ≪묵시록 해설≫(黙示錄 解說 · the Apocalypse Explained)이고, 다른 하나는 ≪묵시록 계현≫(黙示錄 啓顯 · the Apocalypse Revealed)입니다. 독자 여러분들께서는 이미 전자의 책(=묵시록 해설)은 완역된 것은 아니고 부분적이지만(묵시록 1-5장까지) 이미 읽으셨습니다.* 그리고 ≪묵시록 해설≫을 발간하게 된 동기와 목적도 그 책의 "옮긴이의 머리말"에서 이미 언급하였기 때문에 다시 부연하지 않겠습니다.

그러나 이 책, 즉 ≪묵시록 계현≫(黙示錄 啓顯)이라는 책명에 관해서는 말씀드리겠습니다. 이 책 ≪묵시록 계현≫은 일본 사람들이 사용한 책명입니다. "계현"이라는 낱말은 우리의 한글사전에는 나오지 않는 생소한 낱말이지만, 그럼에도 불구하고 이 낱말을 그대로 사용하는 것은, 이미 우리나라에 소개된 선생님의 책들에서 "묵시록 계현"이라는 낱말을 사용하였고, 그리고 다른 낱말을 사용할 경우, 혹시 혼돈이 있을 것 같아서 그대로 사용했음을 밝힙니다. 이 책을 먼저 번역하신 정인보 목사는 이 책명을 ≪요한 계시록 풀이≫라고 하였고, ≪묵시록 계현≫의 번안(飜案)이지만, 이모세 목사는 ≪요한 묵시록 영해≫라는 책명을 사용하였습니다. 따라서 옮긴이가 번역하기에 앞서 두 권의 책이 번역되어 발간되었다는 것도 말씀드리고, 본서 ≪묵시록 계현≫을 읽으시면서, 앞서의 두 책도 참고하시면, 저자의 해설내용을 이해하시는데, 도움이 될 것으로 생각됩니다.

어찌되었든, 서두에서 밝혔듯이, 성경말씀(聖言)이 우리 사람에게는 필수적이고, 당연지사(當然之事)인 것은 우리 사람이 예수 그리스도를

---

* <도서출판 · 예수인>에서는 이영근 · 박예숙의 옮김으로 ≪묵시록 해설≫의 책명으로 1-3권 세 권의 책을 발간하였다. (역자 주)

바르게 알고, 믿고, 그분의 이름(=가르침)으로 생명을 얻게 하려는 것이다는 목적의 터전 위에서, 그리고 그 말씀을 통하여 중생한 사람으로 말씀을 바르게 깨닫고, 그 말씀에 순종하여 주님을 찬양하고, 고백하고, 성경말씀이 가리키는 복(福)인 "구원의 역사"가 우리 주님으로부터 독자 여러분에게, 그리고 한국교계에 충만하게 있으시기를 기도드립니다. 그리고 이 책이 그런 일에 도움이 된다면 더할 나위 없는 영광으로 삼겠습니다.

이 책을 번역, 발간하는데, 동기를 부여하신 경북 상주에서 목회하시는 김재훈 목사님에게 감사의 말씀을 드리고, 또 말씀드리지만, 어려운 가운데서 word processing에 수고하시는 조근휘 목사님에게, 그리고 시간적으로 경제적으로 도움을 아끼지 않는 라정채 전도사님에게도 감사의 말씀을 드립니다.

독자 제현의 충고와 조언에 감사의 말씀도 드립니다.

감사합니다.

2009년 8월 15일
예수＋교회 제일예배당 서재에서
이　영근

저자의 서문

묵시록 해설(黙示錄 解說)에 노력한 사람들이 많이 있습니다. 그러나 지금까지 성언의 영의(聖言靈意)가 열려지지 않았기 때문에 그들은 거기에 숨겨져 있는 비의(秘義)를 볼 수가 없었습니다. 왜냐하면 오직 영적인 뜻만이 이런 것들을 드러내 보여 줄 수 있기 때문입니다. 이런 이유 때문에 많은 해석자(解釋者)들은 다종다양한 것들을 억측(臆測)하였고, 그리고 그들의 대부분은 교회적인 사건들에 관해서 역시 어떤 것들을 뒤섞는 일을 하면서 거기에 내포된 수많은 것들을 제국적인 상태들(帝國·the states of empires)에 적용하였습니다. 그러나 《묵시록서》(the Apocalypse)는, 성언 전체와 같이, 최소한 성언의 영적인 뜻으로 이 세상적인 것들을 다루지 않고, 오히려 천계적인 것들(heavenly things)을 다루고 있습니다. 따라서 제국이나, 여러 왕국들에 속한 것들을 다루고 있지 않고, 천계(天界)나 교회(敎會)에 속한 것들을 다루고 있다는 것입니다. 주지하여야 할 것은, 1758년 런던(London)에서 출판된 작은 책자에서 그것에 관해서 읽을 수 있는 1757년 영계에서 수행된 "최후심판"(最後審判·the Last Judgment) 이후, 기독교인들로 말미암아 하나의 새로운 천계(a New Heaven)가 형성되었다는 것인데, 그러나 이들은, 마태복음서 28장 18절에 기술된 주님의 말씀에 일치하여 천지(天地)의 하나님으로서 주님(the Lord)을 오직 영접, 수용할 수 있는 자들이었고, 그리고 이 세상에서는 동시에 자신의 악행들을 회개하였던 자들이었습니다. 이 새로운 천계로부터 "새 예루살렘"을 가리키는 이 땅의 새로운 교회(the New Church)가 하강(下降)하고 있고, 또한 하강할 것입니다. 이 교회가 오직 주님만을 시인(是認)할 것이다는 것은 묵시록서의 장절들에게서 아주 명료합니다. 묵시록서의 말씀입니다.

일곱 천사가 마지막 때에 일곱 재난이 가득 담긴 일곱 대접을 가졌는데, 그 가운데 하나가 나에게로 와서 말하기를 "이리로 오너라. 어린 양의 아내인 신부를 너에게 보여 주겠다" 하고, 나를 성령으로 휩싸서 높고 큰 산 위로 데리고 가서, 하나님께로부터 하늘에서 내려오는 거룩한 도시 새 예루살렘을 보여 주었습니다.
(묵시록 21 : 9, 10)

그리고 또 다른 곳에서는—.

("할렐루야,
주 우리의 하나님,
전능하신 분께서 왕권을 잡으셨다.)
기뻐하고 즐거워하며,
하나님께 영광을 돌리자.
어린 양의 혼인날이 이르렀다.
그의 신부는 단장을 끝냈다.……
또 그 천사가 나에게 말하였습니다. "어린 양의 혼인 잔치에 초대를 받은 사람에게는 복이 있다고 기록하여라."
(묵시록 19 : 7, 9)

거기에 새로운 천계(a New heaven)가 있다는 것, 그리고 거기에서부터 새로운 교회가 하강할 것이라는 것 등은 그 책의 이런 말씀들로부터 명확합니다.

나는 새 하늘과 새 땅을 보았습니다. 이전의 하늘과 이전의 땅이 사라지고, 바다도 없어졌습니다. 나는 또, 거룩한 도시 새 예루살렘이 남편을 위하여 단장한 신부와 같이 차리고, 하나님께로부터 하늘에서 내려오는 것을 보았습니다.……그 때에 보좌에 앉으신 분이 말씀하셨습니다. "보아라, 내가 모든 것을 새롭게 한다." 또 말씀하셨습니다. "기록하여라. 이 말은 신실하고 참되다."
(묵시록 21 : 1, 2, 5)

"새 하늘"(the New Heaven)은 기독교인들에게서 비롯된 "새로운 천계"(a New heaven)를 가리킵니다. 그리고 이 "새 예루살렘"은 새로운 천계와 더불어 한 몸처럼 행동할 이 땅의 "새로운 교회"(the New Church)를 가리킵니다. 여기서 "어린 양"(the Lamb)은 신령인간(神靈人間·神靈人性·the Divine Human)의 측면에서 주님을 가리킵니다.

여기에 예증(例證)을 위하여 몇 가지 내용을 부연하고자 합니다. 기기독교인의 천계(the Christian Heaven)는 고대의 천계들(the Ancient Heavens) 아래에 있습니다. 그 천계에는 주님께서 이 세상에 계셨던 주님의 때로부터 세 분 인격들 하의 한 분 하나님(one God under three person)을 예배하였고, 그리고 동시에 세 하나님들(=三神·three Gods)의 개념을 가지지 않았던 자들이 허입(許入)되었습니다. 그리고 이것은 기독교계에 세 분의 삼위일체(三位一體·the Trinity of Persons)를 수용하였기 때문입니다. 그러나 주님의 인성에 관해서 다른 사람의 인성 이상으로 다른 개념을 결코 가지고 있지 않는 자들은 새 예루살렘의 믿음을 영접, 수용할 수 없습니다. 다시 말하면 주님(the Lord)께서 유일하신 하나님(the only God)이시고, 그 분 안에 삼일성(三一性·the Trinity)이 존재한다는 그 믿음을 수용할 수 없습니다. 이런 이유 때문에 이런 사람들은 분리되어야 하였고, 변방(邊方)으로 쫓겨나야 했습니다. 나에게는 최후심판이 있은 뒤, 그들의 분별들과 옮김(移動)들을 보는 것이 허락되었습니다. 왜냐하면 온 천계(the whole heaven)는 올바른 하나님 개념(=올바른 신관·a just idea of God) 위에 기초하고 있고, 그리고 지상의 모든 교회와 일반적인 모든 종교가 그 위에 세워졌기 때문입니다. 그리고 올바른 신관에 의하여 결합(結合)이 있고, 그리고 그 결합에 의하여 빛(光明)·지혜(智慧)·영원한 행복(永福)이 있기 때문입니다.

어느 누구나 반드시 볼 수 있는 것은 ≪묵시록서≫는 주님 이외에는 결코 설명될 수 없다는 것입니다. 왜냐하면 그 책 안에 있는 각각의 말씀은 비의(秘義·arcana)를 담고 있기 때문인데, 그 비의는 개별적인 조요(照耀·敎化·enlightenment), 따라서 특별한 계시(啓示·revelation) 없이는 결코 알려질 수 없기 때문입니다. 그러므로 주님께서는 나의 영적인 시각(the sight of my spirit)을 여시고, 나에게 가르치시는 것을 무척 기뻐하셨습니다. 따라서 나 자신으로부터 거기에 내포된 어떤 것도 내가 취하지 않았다는 것도 믿으십시오. 또한 어느 천사에게서 취한 것이라는 것도 믿지 마시고, 오직 주님에게서 취한 것이라는 사실만을 믿으십시오. 주님께서는 역시 천사를 통하여 요한 사도에게 이렇게 말씀하셨습니다.

이 책에 적힌 예언의 말씀을 봉인하지 말아라.

(묵시록 22 : 10)

이 장절은 예언의 말씀들이 명확하게 드러날 것이다는 것을 뜻합니다.

제 5장 본   문(5장 1-14절)

1 나는 또, 그 보좌에 앉아 계신 분이 오른손에 두루마리 하나를 들고 계신 것을 보았습니다. 안팎에 글이 적혀 있는 그 두루마리는 일곱 인을 찍어 봉하여 놓은 것이었습니다.
2 내가 보니, 힘 센 천사가 큰소리로 "이 봉인을 떼고 두루마리를 펴기에 합당한 사람이 누구인가?" 하고 외쳤습니다.
3 그러나 두루마리를 펴거나 그것을 볼 수 있는 이는, 하늘에도 없고 땅 위에도 없고 땅 아래에도 없었습니다.
4 이 두루마리를 펴거나 볼 자격이 있는 이가 하나도 보이지 않으므로, 나는 슬피 울었습니다.
5 그런데 장로들 가운데서 하나가 나에게 "울지 마십시오. 유다 지파에서 난 사자, 곧 다윗의 뿌리가 승리하였으니, 그가 이 일곱 봉인을 떼고, 이 두루마리를 펼 수 있습니다" 하고 말하였습니다.
6 나는 또 보좌와 네 생물과 장로들 가운데 어린 양이 하나 서 있는 것을 보았는데, 그 어린 양은 죽임을 당한 것과 같았습니다. 그에게는 뿔 일곱과 눈 일곱이 있었는데, 그 눈들은 온 땅에 보내심을 받은 하나님의 일곱 영이십니다.
7 그 어린 양이 나와서, 보좌에 앉으신 분의 오른손에서 그 두루마리를 받았습니다.
8 그가 그 두루마리를 받아 들었을 때에, 네 생물과 스물네 장로가 각각 거문고와 향이 가득히 담긴 금 대접을 가지고 어린 양 앞에 엎드렸습니다. 그 향은 곧 성도들의 기도입니다.
9 그들은 이런 말로 새로운 노래를 불렀습니다.
　　"주께서는 그 두루마리를 받으시고,
　　봉인을 떼실 자격이 있습니다.
　　주님은 죽임을 당하시고,
　　주님의 피로
　　모든 종족과 언어와 백성과 민족 가운데서
　　사람들을 사셔서 하나님께 드리셨습니다.
10 주께서 그들에게

우리 하나님 앞에서 나라를 이루게 하시고,
　　제사장이 되게 하셔서,
　　땅 위에서 다스리게 하실 것입니다."
11 나는 또 그 보좌와 생물들과 장로들을 둘러선 많은 천사를 보고, 그들의 음성도 들었습니다. 그들의 수는 수천 수만이었습니다.
12 그들은 큰소리로
　　"죽임을 당하신 어린 양은
　　권세와 부와 지혜와 힘과
　　존귀와 영광과 찬양을
　　마땅히 받으실 만합니다"
하고 외치고 있었습니다.
13 나는 또 하늘과 땅 위와 땅 아래와 바다에 있는 모든 피조물과, 또 그들 가운데 있는 만물이, 이런 말로 외치는 소리를 들었습니다. "보좌에 앉으신 분과 어린 양께서는 찬양과 존귀와 영광과 권능을 영원무궁 하도록 받으십시오."
14 그러자 네 생물은 "아멘!" 하고, 장로들은 엎드려서 경배하였습니다.

간추린 영적인 뜻(5장 1-14절)

◆ 전장의 간추린 대의(大意)

신령인간(神靈人間·the Divine Human)이신 주님께서 성언으로 말미암아, 그리고 성언에 따라서 심판을 실행하실 것이다는 것인데, 그 이유는 그분 자신이 성언(聖言·the Word)이시기 때문입니다. 그리고 이 사실은 세 천계에 있는 모두가 시인하고 있기 때문입니다.

◆ 각절의 간추린 대의(大意)

[1절] :
"나는 또, 그 보좌에 앉아 계신 분이 오른손에 안팎에 글이 적혀 있는 두루마리 하나를 들고 계신 것을 보았습니다"는 말씀은 전능(全能)하시고, 전지(全知)하신 분이시고, 그리고 성언(聖言)이신 그분은 영원 전부터 그분의 신성(神性·His Divine)의 측면에서의 주님을 뜻합니다(본서 256항 참조). "그 두루마리는 일곱 인을 찍어 봉하여 놓은 것이었습니다"는 말씀은 그것이 천사나 사람에게서는 전적으로 감추어져 있다는 것을 뜻합니다(본서 257항 참조).
[2절] :
"내가 보니, 힘센 천사가 큰소리로 외쳤습니다"는 말씀은 천사들이나 사람들에게 내면적으로 입류하는 주님에게서 비롯된 신령진리를 뜻합니다(본서 258항 참조). "이 봉인을 떼고 두루마리를 펴기에 합당한 사람이 누구인가?"라는 말씀은, 천계와 지상에 있는 모든 자들의 생명의 상태를 알고, 그리고 그것에 따라서 각자를 심판할 능력을 누가 가지고 있는가를 뜻합니다(본서 259항 참조).
[3절] :
"그러나 두루마리를 펴거나 그것을 볼 수 있는 이는, 하늘에도 없고 땅 위에도 없고 땅 아래에도 없었습니다"는 말씀은 그렇게 할 수 있는 자는 높은 천계(the higher heavens)에도, 낮은 천계(the lower heavens)에도 없다는 것을 뜻합니다(본서 260항 참조). "그 두루마리를 편다"(연다·to open)는 말씀은 모두의 생명의 상태들을 안다는 것을 뜻하고, 그리고 그의 상태에 따라서 모두를 심판한다는 것을 뜻합니다(본서 261항 참조). "그것을 볼 수 있는 이가 없다"는 말씀은 지극히 작은 것(the least) 안에도 있지 않다는 것을 뜻합니다(본서 262항 참조).
[4절] :
"이 두루마리를 펴거나 볼 자격이 있는 이가 하나도 보이지 않으므로, 나는 슬피 울었습니다"는 말씀은 마음의 큰 슬픔(悲哀)을 뜻하는데, 그것은 만약에 그런 일을 할 자가 아무도 없다면 반드시 모두가 멸망하기 때문입니다(본서 263항 참조).
[5절] :
"그런데 장로들 가운데서 하나가 나에게 '울지 마십시오' 하고 말하였습니다"라는 말씀은 위로(慰勞·consolation)를 뜻합니다(본서 264항 참

조). "유다 지파에서 난 사자, 곧 다윗의 뿌리가 승리하였다"는 말씀은 그분께서 이 세상에 계실 때, 그분의 인성 안에 있는 신령진리에 합일(合一)된 신령선과 그분 자신의 능력에 의하여 지옥을 정복하셨고, 모든 것들을 질서에 맞게 회복시키신 주님을 뜻합니다(본서 265·266항 참조). "'그가 이 일곱 봉인을 떼고, 이 두루마리를 펼 수 있습니다' 하고 말하였습니다"는 말씀은 여기서는 앞에서 언급한 것을 뜻합니다(본서 267항 참조).

[6절] :
"나는 또 보좌와 네 생물과 장로들 가운데 어린 양이 하나 서 있는 것을 보았습니다"는 말씀은 성언과 교회가 극내적인 것에서부터, 그리고 천계에 속한 모든 것 안에, 그리고 성언에 속한 모든 것들 안에, 그리고 교회에 속한 모든 것 안에 있다는 것을 뜻합니다(본서 268항 참조). "그 어린 양은 죽임을 당한 것 같았습니다"(=마치 죽임을 당한 것 같은 서 있는 어린 양)라는 말씀은 신령한 것으로 교회 안에서 시인되지 않는 그분의 인성의 측면에서 주님을 뜻합니다(본서 269항 참조). "그에게는 일곱 뿔이 있었다"는 말씀은 그분의 전능(全能·His omnipotence)을 뜻하고(본서 270항 참조), "그에게는 일곱 눈이 있었다"는 말씀은 그분의 전지(全知·His omniscience)와 신령지혜(Divine wisdom)를 뜻합니다(본서 271항 참조). "그 눈들은 온 땅에 보내심을 받은 하나님의 일곱 영이십니다"는 말씀은 종교가 있는 곳인 온 세상에 두루 있는 신령진리가 신령지혜에서 비롯되었다는 것, 즉 신령지혜가 신령진리의 근원이다는 것을 뜻합니다(본서 272항 참조).

[7절] :
"그 어린 양이 나와서, 보좌에 앉으신 분의 오른손에서 그 두루마리를 받았습니다"는 말씀은 주님께서는 그분의 신령인성의 측면에서 성언이시다는 것과, 그리고 이 성언이 그분 자신 안에 있는 그분의 신성에서 비롯되었다는 것과, 따라서 그분께서 그분의 신령인성으로부터 심판을 단행할 것이다는 것을 뜻합니다.

[8절] :
"그(=그 어린 양)가 그 두루마리를 받아 들었을 때"라는 말씀은 주님께서 심판을 단행하시기로 결정한 때를 뜻하고, 그리고 그 심판을 통해서 천계와 지상에 있는 모든 삼라만상(森羅萬象)을 질서에 맞게 회복하

기로 주님께서 결정한 때를 뜻합니다(본서 274항 참조). "네 생물과 스물네 장로가 어린 양 앞에 엎드렸습니다"라는 말씀은 보다 높은 천계(the higher heaven)에서 비롯된 주님에 속한 겸비(謙卑·humiliation)와 경배(敬拜·adoration)를 뜻합니다(본서 275항 참조). "네 생물과 스물네 장로가 각각 거문고를 가졌다"는 말씀은 영적인 진리들(spiritual truths)에게서 비롯된 주님의 신령인성(the Lord's Divine Human)에 속한 고백(告白·confession)을 뜻합니다(본서 276항 참조). "향이 가득 담긴 금 대접"은 영적인 선들(spiritual goods)에게서 비롯된 주님의 신령인성(the Lord's Divine Human)에 속한 고백(告白)을 뜻합니다(본서 277항 참조). "그 향은 곧 성도들의 기도입니다"라는 말씀은, 영적인 선들이나 진리들로 말미암아 주님을 예배하는 자들에게 있는 인애(仁愛)에 속한 것을 가리키는 정동들(情動·affections)에게서 비롯된 믿음에 속한 생각들(思想·thoughts)을 뜻합니다(본서 278항 참조).

[9절] :
"그들은 이런 말로 새로운 노래를 불렀습니다"라는 말씀은 그분 홀로 심판주이시고, 구속주이시고, 구원주이시며, 따라서 천지(天地)의 하나님이신 주님의 시인과 주님의 영광화를 뜻합니다(본서 279항 참조). "주께서는 그 두루마리를 받으시고, 봉인을 떼실 자격이 있습니다"라는 말씀은 여기서는 앞서와 같은 내용을 뜻합니다(본서 280항 참조). "주님은 죽임을 당하시고, 주님의 피로 사람들(=우리)을 사셔서, 하나님께 드리셨습니다"라는 말씀은 그분과의 결합에 의한 지옥으로부터의 구출과 구원을 뜻합니다(본서 281항 참조). "모든 종족과 언어와 백성과 민족 가운데서"라는 말씀은, 교회 안에서, 또는 어떤 종교에서, 주님에 의하여 구속된 교리의 측면에서는 진리들 안에 있고, 삶의 측면에서는 선들 안에 있는 그들을 뜻합니다(본서 282항 참조).

[10절] :
"주께서 그들(=우리)에게 우리 하나님 앞에서 나라를 이루게 하시고(=왕들이 되게 하시고), 제사장이 되게 하셨습니다"라는 말씀은 주님으로 말미암아 그들은 신령진리로 인하여 지혜 안에 있고, 그리고 신령선들로 인하여 사랑 안에 있다는 것을 뜻합니다(본서 283항 참조). "그들(=우리)이 땅 위에서 다스리게 하실 것입니다"라는 말씀은 그들이 그분의 왕국 안에 있을 것이고, 그리고 그분이 그들 안에, 그들이 그

분 안에 있을 것이다는 것을 뜻합니다(본서 284・285항 참조).

[11절] :

"나는 또 그 보좌와 생물들과 장로들을 둘러선 많은 천사를 보고, 그들의 음성도 들었습니다. 그들의 수는 수천 수만이었습니다"라는 말씀은 낮은 천계에 속한 천사들에 의한 주님의 고백과 영광화를 뜻합니다(본서 286・287항 참조).

[12절] :

"그들은 큰소리로 '죽임을 당하신 어린 양'은 권세와 부와 지혜와 힘과 존귀와 영광과 찬양을 마땅히 받으실 만합니다"(=자격이 있다)라는 말씀은 그분의 신령인성의 측면에서 주님께서는 전능하시고, 전지하시며, 신령선이시고 신령진리이신 주님에게 드리는 마음 속에서 비롯된 고백(告白)을 뜻합니다(본서 288항 참조). "복 받으십시오"(=복이 있을지어다)라는 말씀은 그분 안에 있는 이들 모두를 뜻하고, 그리고 그들 안에 있는 그분으로 말미암은 것을 뜻합니다(본서 289항 참조).

[13절] :

"나는 또 하늘과 땅 위와 땅 아래와 바다에 있는 모든 피조물과 또 그들 가운데 있는 만물이 이런 말로 외치는 소리를 들었습니다"라는 말씀은, 가장 낮은 천계의 천사들에 의한 주님의 고백과 영광화를 뜻합니다(본서 290항 참조). "보좌에 앉으신 분과 어린 양께서는 찬양과 존귀와 영광과 권능을 영원무궁 하도록 받으십시오"라는 말씀은, 천계와 교회에 속한 모든 것과, 신령선과 신령진리와 신령권능이 영원부터 주님 안에, 그리고 그것으로 인하여 그분의 신령인간 안에 있다는 것을 뜻하고, 그리고 그분으로 말미암아 그들 안에 그것들이 있다는 것을 뜻합니다(본서 291항 참조).

[14절] :

"그러나 네 생물은 '아멘' 하였습니다"는 말씀은 성언에서 비롯된 신령확증(Divine confirmation)을 뜻합니다(본서 292항 참조). "스물네 장로들은 엎드려서 영원무궁 하도록 사시는 이에게 경배하였습니다"라는 말씀은 주님 앞에서의 겸비를 뜻하고, 그리고 그 겸비에서 비롯된, 그분에게서부터, 그리고 영원한 생명이신 그분 안에 있는, 천계에 있는 모든 자들에 의한 그분의 경배를 뜻합니다(본서 293항 참조).

제 1장 상세한 영적인 해설(5장 1-14절)

256. 1절. *나는 또, 그 보좌에 앉으신 분이 오른손에 안팎에 글이 적혀 있는 두루마리 하나를 들고 계신 것을 보았습니다.*

이 말씀은, 전능(全能·omnipotence)과 전지(全知·omniscience)를 가지시고, 그리고 성언(聖言·the Word)이신, 영원 전부터 그분의 신성 자체의 측면에서의 주님을 뜻하고, 그리고 주님께서는 또한 그분 자신으로 말미암아, 모든 개별적인 것이든 일반적인 것이든, 천계들과 지상계들(heavens and earths)에 있는 모든 것들의 생명의 상태를 아신다는 것을 뜻합니다. "보좌에 앉으신 분"은, 그것에서부터 그분의 인성(人性·His Human)이 비롯된 그분의 신성(神性·His Divine)의 측면에서 주님을 뜻합니다. 왜냐하면 "그 어린 양이 나와서, 보좌에 앉으신 분의 오른손에서 그 두루마리를 받았다"는 말이 뒤이어지고(7절), 그리고 여기서 "어린 양"(the Lamb)은 신령인간(神靈人間·the Divine Human)의 측면에서 주님을 뜻하기 때문입니다. "안팎에 글이 적혀 있는 두루마리"(=책·book)는 모든 개별적인 것들이나, 일반적인 것들 안에 있는 성언(聖言·말씀·the Word)을 뜻합니다. 그리고 "안"(within)이라는 말은 모든 개별적인 것 안에 있는 것을 뜻하고, "밖"(=뒤·on the back)이라는 말은 일반적인 것 안에 있는 것을 뜻합니다. "안팎"(within and on the back)이라는 말은, 영적인 것을 가리키는 성언의 내면적인 것을 뜻하고, 그리고 자연적인 것을 가리키는 성언의 외면적인 것을 뜻합니다. "오른손"(right hand)은 전능(全能·omnipotence)과 전지(全知·omniscience)의 측면에서 그분 자신(Himself)을 뜻하는데, 그것은 여기서 다루어지는 것이 천지(天地·the heavens and earths)에 있는 모든 것들의 탐사(=조사·천착·穿鑿·探査·exploration)와 최후심판(最後審判·the Last Judgment)을 단행하실 그분과 그리고 그들의 분리(分離·separation)에 관한 것이기 때문입니다. 성언(聖言)이신 주님께서는 그분 자신으로부터 천지(天地)에 있는 모든 것들의 생명의 상태들을 알고 계시는데, 그 이유는, 그분께서는 신령진리 자체이시기 때문이고, 그리고 신령진리 자체는 그것 자체로부터 모든 것들을 알고 있기 때문입니다. 그러나 이런 사실은 비의(秘義·arcanum)입니다. 이 비의는 저서 ≪신령사랑과 신령지혜≫에서 잘 설명되었습니다. 그분의 신성(神性)의 측면에서 영원 전부터 주님께서는 성언(聖言·the Word)이시다는 것, 다시 말하면 주님께서 신령진리이시다는 것은 요한복음서의 이런 말씀에서 아주 명확합니다.

> 태초에 말씀이 계셨다. 그 말씀은 하나님과 함께 계셨다. 그 말씀은 하나님이셨다.
> (요한 1 : 1)

주님께서는 인성(人性·神靈人間·His Human)의 측면에서도 "성언"(聖言·the Word)을 완성(完成·made)하셨습니다. 같은 책의 말씀입니다.

> 말씀이 육신이 되셨다.
> (요한 1 : 14)

따라서 보좌에 앉아 계신 분의 오른손에 있는 두루마리(=책)가 무엇을 뜻하는지, 그리고 그 어린 양이 보좌에 앉으신 분의 오른손에서 그 두루마리를 받았다는 말씀이 무엇을 뜻하는지 밝히 드러났습니다(7절). 주님께서 성언이시기 때문에, 그리고 성언은, 일반적으로는 천계와 교회를 이루는 신령진리이기 때문에, 그리고 개별적으로는 천계가 그 천사 안에 있을 수 있는 천사를 만드는 신령진리이기 때문에, 그리고 교회가 그 사람 안에 있을 수 있는 사람을 만드는 신령진리이기 때문에, 그리고 그것으로 말미암아, 그리고 그것에 일치하여 모두가 심판받게 될 "두루마리"(=책·the book)가 여기서는 성언을 뜻하기 때문에, 그러므로 성경의 수많은 장절에는 이런 표현들, 즉 "책에 쓰여 있다" "책으로 말미암아 심판 받는다" "책에서 지워 버린다"는 등등의 표현이, 아래의 장절들에서와 같이 있는데, 거기에서는 어디에서나 사람의 영원한 생명의 상태를 다루고 있습니다.

> 심판이 시작되는데,

책들이 펴져 있었다.
(다니엘 7 : 10)
그 때에 그 책에 기록된 너의 백성은 모두 피하게 될 것이다.
(다니엘 12 : 1)
내 뼈 하나하나도,
주님 앞에서는 숨길 수 없습니다.……
나에게 정하여진 날들이
아직 시작되기도 전에
이미 주의 책에 다 기록되었습니다.
(시편 139 : 15, 16)
(모세가 주께 아뢰었다.) "이제 주께서 그들의 죄를 용서하여 주십시오. 그렇게 하시지 않으시려면, 주께서 기록하신 책에서 저의 이름을 지워 주십시오." 주께서 모세에게 말씀하셨다. "누구든지 나에게 죄를 지으면, 나는 오직 그 사람만을 나의 책에서 지운다."
(출애굽 32 : 32, 33)
그들을 생명의 책에서 지워 버리시고,
의로운 사람의 명부에
올리지 말아 주십시오.
(시편 69 : 28)
책들을 펴놓고, 또 다른 책 하나를 펴놓았는데, 그것은 생명의 책이었습니다. 죽은 사람들은 그 책에 기록되어 있는 대로, 자기들의 행위대로 심판을 받았습니다.……이 생명책에 기록되어 있지 않은 사람은 누구나 다 이 불바다에 던져졌습니다.
(묵시록 20 : 12, 15)
속된 것은 무엇이나 그 도시에 들어가지 못하고……다만 어린 양의 생명책에 기록되어 있는 사람들만이 들어갈 수 있습니다.
(묵시록 21 : 27)
그러므로 땅 위에 사는 사람 가운데서, 죽임을 당한 어린 양의 생명책에 창세 때부터 이름이 기록되어 있지 않은 사람들, 모두 그에게(=그 짐승에게) 경배할 것입니다.
(묵시록 13 : 8 ; 17 : 8)

그 "책"(=두루마리·the book)은 싱인을 뜻합니다. 시편서의 말씀입니다.

> 나에게 주신 주의 교훈이
> 율법책에 있습니다(=나에 관해서 기록한 것이 그 책에 있습니다).
> (시편 40 : 7)

에스겔서의 말씀입니다.

> 내가 바라보니, 손 하나가 내 앞으로 뻗쳐 있었고, 그 손에는 두루마리 책이 있었다. 그가 그 두루마리 책을 내 앞에 펴서 보여 주셨는데, 앞뒤로 글이 적혀 있었다.
> (에스겔 2 : 9, 10)
> 그것은 이사야의 예언서에 적혀 있는 대로였다.
> (누가 3 : 4)
> 다윗이 친히 시편에서 이렇게 말하였다.
> (누가 20 : 42)

257. 그 두루마리는 일곱 인을 찍어 봉하여 놓은 것이었습니다.

이 말씀은 천사나 사람에게는 전적으로 감추어져 있다는 것을 뜻합니다. "인을 찍어 봉하였다"는 말씀이 감추어진 것을 뜻한다는 것은 아주 명확합니다. 따라서 "일곱 인을 찍어 봉하였다"는 말씀은 전적으로 감추어진 것을 뜻합니다. 왜냐하면 "일곱"(7)은 전부나 모두를 뜻하기 때문에(본서 10항 참조), 따라서 전적으로 감추어진 것을 뜻합니다. 그리고 천사나 사람에게 전적으로 감추어졌다는 것은 아래의 장절들에 이와 같이 곧 언급되었습니다.

> 두루마리를 펴거나 그것을 볼 수 있는 이는, 하늘에도 없고 땅 위에도 없고 땅 아래에도 없었습니다.
> (묵시록 5 : 3, 4)

어린 양 곧 주님께서 그것을 열어 주시는 사람이 아니면 누구나 모두에게 열리지 않는 것이 성언입니다. 여기서는 최후심판에 앞서 모두에 대한 조사(調査)가 다루어지고 있기 때문에, 전적으로 감추어진 것은, 일반적이든 개별적이든, 모두의 생명의 상태들(the states of life)입니다.

258. 2절. **내가 보니, 힘센 천사가 큰소리로 외쳤습니다.**
이 말씀은 주님에게서 비롯된 신령진리가 천사들과 사람들의 생각(思想) 속에 깊이 입류하는 것과 그리고 조사(調査)를 뜻합니다. 큰소리로 외치는 "천사"는 영적인 뜻으로는 주님을 뜻하는데, 그 이유는 천사는, 자기 스스로는 크게 외치지 못하고, 가르칠 수도 없지만, 다만 주님으로 말미암아 그렇게 할 뿐이기 때문입니다. 그럼에도 불구하고 천사는 자기 스스로 그렇게 하는 것처럼 보일 뿐입니다. "힘센 천사"(a strong angel)라고 언급되었는데, 그 이유는 능력을 가지고 한 것이기 때문인데, 그리고 능력을 가지고 외친 것은 그 생각 속에 깊이 입류하기 때문입니다. "큰소리"(a great voice)는 능력(能力) 또는 힘(力·virture) 안에 계신 주님에게서 비롯된 신령진리를 뜻합니다. 그것은 역시 지금 아래에 이어지고 있듯이, 그가 "두루마리를 펴기에 합당한 사람이 누구인가?"라고 물었기 때문입니다.

259. **"이 봉인을 떼고 두루마리를 펴기에 합당한 사람이 누구인가?"**
이 말씀은 천계와 지상에 있는 모든 자의 생명의 상태를 아는 능력을 누가 가지고 있는가? 그리고 각자의 상태에 일치하여 각자를 심판하는 능력을 누가 가지고 있는가?를 뜻합니다. "누구가 합당한가?"(=누구가 가치가 있는가?)라는 말씀은 누구가 가능한가? 또는 누구가 능력을 가졌는가?를 뜻합니다. "봉인을 떼고, 두루마리를 편다"(=연다)는 말은 여기서는 천계와 지상에 있는 모두의 생명의 상태를 아는 것을 뜻하고, 그리고 또한 그의 상태에 일치하여 각자를 심판하는 것을 뜻합니다. 왜냐하면 "두루마리가 열릴" 때는, 거기에는 그들의 성품에 대한 검사(=조사·examination)가 있기 때문입니다. 그리고 그 때 거기에는 판결(判決·sentence)이 있기 때문인데, 그것은 비교하면 마치 판사가 법률에 속한 책을 가지고, 그것으로부터 행동하는 것과 같습니다. "두루마리를 편다"는 것이 전부나 각자 안에 있는 삶의 상태들의 성질에 대한 조사(調査)를 뜻한다는 것은, 어린 양이 그것들의 순서에 따라서 일곱 봉인들을 열 때, 보여진 것들이 기술된, 뒤이어지는 장들에서 잘 알 수 있겠습니다.

260. 3절. **그러나** (두루마리를 펴거나 그것을 볼 수 있는 이는) **하늘에도 없고, 땅 위에도 없고, 땅 아래에도 없었습니다.**
이 말씀은 보다 높은 천계(the higher heaven)나 낮은 천계(the lower

heaven) 안에 있는 자는 모두 불가능하다는 것을 뜻합니다. "하늘 위, 땅 위, 땅 아래"라는 말은, 13절에 언급된 것과 마찬가지로, 보다 높은 천계(the higher heavens)나 보다 낮은 천계(the lower heavens)를 뜻합니다. 13절에는 이런 말씀이 언급되었습니다.

> 나는 또 하늘과 땅 위와 땅 아래와 바다에 있는 모든 피조물과, 또 그들 가운데 있는 만물이, 이런 말로 외치는 소리를 들었습니다.
> (묵시록 5 : 13)

그가 후자와 전자가 하는 말을 들었기 때문에, 말하는 그들은 바로 천사들이고, 영들이다는 것은 명확합니다. 왜냐하면 요한은, 앞장에서(4 : 2), 그가 말한 것과 같이, 영적인 상태에 있었기 때문입니다. 그리고 그 영적인 상태에서는 영계에 있는 땅 이외의 다른 땅은 그에게 나타나지 않았기 때문입니다. 왜냐하면 자연계와 꼭 같이, 영계에는 땅들(earths)이 있기 때문인데, 이러한 사실은 천계와 지옥에 관한 그 세계에 관한 기록들로부터 잘 나타나고 있습니다. 그리고 또한 ≪영계에 관한 속편≫ 32-38항에서도 볼 수 있습니다. 보다 높은 천계(the higher heavens)는 산들이나 언덕들 위에 보이고, 보다 낮은 천계(the lower heavens)는 낮은 땅에 보이고, 궁극적인 천계(the ultimate heavens)는 이른바 땅 아래에 보입니다. 왜냐하면 천계는 하나가 다른 것 위에 겹 놓인 공간들(空間・expanses)이기 때문이고, 그리고 각각의 공간은 거기에 있는 자들의 발 아래에 있는 땅과 같기 때문입니다. 가장 높은 공간은 산봉우리와 같고, 그 다음 공간은 그것 아래에 있지만, 그러나 그것 자체의 넓이는 두루 보다 넓게 퍼져 있고, 그리고 가장 낮은 공간은 더욱 더 넓게 퍼져 있습니다. 그리고 이 마지막 공간이 나머지 것들 아래에 있기 때문에, 거기에 있는 자들은 "땅 아래에 있다"고 하겠습니다. 세 천계들(three heavens)은 보다 높은 천계에 있는 천사들에게는 이와 같이 역시 보입니다. 그 이유는 그들에게 이 두 천계는 그들 아래에 있는 것으로 보이기 때문입니다. 그러므로 마찬가지로 그들은 요한에게 보였는데, 그 이유는 그가 그들과 함께 있었기 때문입니다. 왜냐하면 그는 그들에게서 올리워졌기 때문입니다. 이러한 사실은 묵시록 4장 1절에서 명확한데, 거기에는 이렇게 언급되었습니다.

그 음성이 "이리로 올라오너라. 이 뒤에 일어나야 할 일들을 너에게 보여 주겠다" 하고 말하였습니다.
(묵시록 4 : 1)

영계나 거기에 있는 땅에 속한 것을 알지 못하는 사람은, 이사야서에 언급된 것과 같은, "땅 아래"(under the earth)나 "땅의 깊은 곳"(=땅의 얕은 곳)이 무엇을 뜻하는지 전혀 알 수 없습니다. 이사야서의 말씀입니다.

주께서 이 일을 하셨으니,
하늘아, 기쁘게 노래하여라.
땅의 깊은 곳들아, 함성을 올려라.
산들아, 숲아,
그리고 그 속에 있는 모든 나무들아,
소리를 높여 노래하여라.
주께서 야곱을 구원하심으로써,
주께서 이스라엘을 구원하심으로써,
위대하신 영광을 나타내셨다.
(이사야 44 : 23 ; 그 밖의 장절)

영계의 땅들이 여기서 뜻하는 것이 무엇인지 그 누구가 알겠습니까? 왜냐하면 자연계에 있는 땅 아래에는 사람 누구도 살지 않기 때문입니다.

261. 두루마리를 펴거나……
이 말씀은, 위에 설명한 것에서 나타나 있듯이, 모두의 삶의 상태(=생명의 상태)를 안다는 것과, 그리고 그의 상태에 따라서 모두를 각각 심판한다는 것을 뜻합니다(본서 259항 참조).

262. 그것을 볼 수 있는 이는 없었습니다.
이 말씀은 아무것도 할 수 없다는 것을 뜻합니다. "두루마리(=책)를 편다"(opening the book)는 것이 모두의 삶의 상태들을 안다는 것을 뜻하기 때문에, "그것을 본다"(looking on it)는 것이 이 사람이나 저 사람의 삶의 상태가 어떠한지를 본다는 것을 뜻하기 때문에, 그러므로 "두루마리를 펴거나 그것을 볼 수 있는 이가 없다"는 말씀은 그들은 그 일을 조금도 할 수 없다는 것을 뜻합니다. 왜냐하면 주님께서 홀로 가장 극내적인 것에서부터 극외적인 것에 이르기까지 각자의 상태를 직시(直視)하시고, 그리고 또한 사람이 젖먹이 때부터 노인 때까지 산 것이 무엇이고, 그리고 그가 영원까지 존재할 수 있는 것이 무엇인지를 주님 홀로 직시하시고, 마찬가지로 주님께서는 홀로 천계나 지옥에서 그 사람에게 지정될 곳이 어떤 곳인지를 직시하시기 때문입니다. 주님께서 이러한 사실을 즉시 보시고, 그분 스스로 보십니다. 그 이유는 주님께서 신령진리 자체, 즉 성언이시기 때문입니다. 그러나 천사들이나 사람은 이것을 전혀 아무것도 보지 못하는데, 그 이유는 그들은 유한(有限)한 존재이고, 그리고 유한한 존재는 다만 조금밖에 볼 수 없지만, 그것까지도 외적인 것입니다. 그들이 이렇게 할 수 있는 것도 사실 자기 자신들로는 불가능하고, 다만 주님에 의해서 가능할 뿐입니다.

263. 4절. **이 두루마리를 펴거나 볼 자격이 있는 이가 하나도 보이지 않으므로, 나는 슬피 울었습니다.**
이 말씀은, 마음의 심한 비애(悲哀・슬픔)를 뜻합니다. 그 이유는, 만약에 어느 누구도 그 일을 할 수 없다면, 모든 것들은 반드시 소멸할 것이기 때문입니다. "슬피 울었다"(=크게 울었다)는 말이 마음에서 심히 슬퍼한다는 것을 뜻한다는 것은 아주 명확합니다. 그가 그와 같이 마음에서 슬퍼한 것은, 그렇지 않으면, 모든 것들이 멸망할 것이기 때문입니다. 왜냐하면 만약에 천계에 있는 것들이나 지상에 있는 것들이 모두 최후심판에 의하여 질서에 맞게 회복되지 않는다면, 그것은 그렇게 될 수밖에 없기 때문입니다. 왜냐하면 ≪묵시록서≫는 교회의 마지막 상태(the last state of the church)를 다루고 있고, 교회가 종말에 이르게 되면, 주님께서는 그 상태의 내용을 이런 말씀으로 기술하였기 때문입니다. 마태복음서의 말씀입니다.

> 그 때에 큰 환난이 닥칠 것인데, 그런 환난은 세상 처음부터 이제까지 없었고, 앞으로도 없을 것이다. 그 환난의 날들을 줄여 주지 않으시면, 구원 받을 사람이 하나도 없을 것이다.
> (마태 24 : 21, 22)

이 내용은, 최후심판이 일어날 때인 교회의 마지막 때에 관한 것입니다. 지금의 교회의 상태가 그러하다는 것은, 이러저러한 생각이나, 주의 주장들에서 명료하게 알 수 있겠습니다. 그것들은 기독교계의 대부분이 주님의 신령능력을 자기 자신들에게 전가(轉嫁)시킨 자들에 의하여, 그리고 하나님들(gods)로 예배받기를 갈망하는 자들에 의하여 점령되었다는 것입니다. 그런데 그들은 죽은 사람들(亡者·dead men)에게 빌고, 그들의 대부분은 주님에게 간구하지 않습니다. 그 교회에 속한 자들의 나머지들도 하나님을 셋(三神)으로 만들고, 주님을 둘(二主)로 만들며, 구원을 삶의 개선(改善)에 두지 않고, 경건한 어투로 하는 말의 낱말들 안에 둡니다. 따라서 구원을 회개(悔改)에 두지 않고, 만약에 그들의 두 손을 높이 들고, 위를 우러러 보며, 그리고 관습적인 모양으로 기도한다면, 그들이 의롭게 되고, 신성하게 된다는 그런 부류의 신뢰(信賴)에 둡니다.

264. 5절. 그런데 장로들 가운데서 하나가 나에게 "울지 마십시오" 하고 말하였습니다.
이 말씀이 위로(慰勞·consolation)를 뜻한다는 것은 명확합니다.

265. "사자가 승리하였습니다."
이 말씀은, 그분께서 세상에 계실 때, 자기 자신의 능력으로 그분께서 지옥을 정복하시고, 그리고 모든 것들을 질서에 맞게 회복하신 주님을 뜻합니다. "사자"(a lion)가 성언의 능력의 측면에서 성언에 속한 신령진리를 뜻한다는 것은 앞서의 설명에서(본서 241항 참조) 잘 알 수 있습니다. 주님께서 신령진리 자체이시고, 즉 성언이시기 때문에, 주님은 "사자"라고 불리웠습니다. 주님께서 세상에 계실 때, 지옥을 정복하시고, 천계에 있는 모든 것들을 질서에 맞게 회복하셨다는 것, 그리고 마찬가지로 그분의 인성(His Human)을 영광화하셨다는 것 등은 위의 설명에서 잘 볼 수 있습니다(본서 67항 참조). 주님께서 이 일을 어떻게 완성하셨는지는 ≪주님론≫ 12-14항에서 읽을 수 있겠습니다.

266. "유다 지파에서 난 사자, 곧 다윗의 뿌리가 (승리하였다)."
이 말씀은 그분의 인성 안에 있는 신령신리에 합일(슴一)한 신령선에 의하여 이루어졌다는 것을 뜻합니다. 성경에서 "유다"는 주님사랑에 속한 선 안에 있는 교회를 뜻하고, 최고의 뜻으로는 신령사랑에 속한 신령선의 측면에서 주님을 뜻합니다. 그리고 "다윗"은 신령지혜에 속한 신령진리의 측면에서 주님을 뜻합니다. "다윗"이 이런 뜻을 뜻한다는 것은 ≪주님론≫ 43·44항을 참조하십시오. "유다"가 전자를 뜻한다는 것은 본서 96·266·350항을 참조하십시오. 따라서 "보아라, 유다 지파에서 난 사자, 곧 다윗의 뿌리가 승리하였다"는 말씀이 그분의 인성 안에 있는 신령진리에 합일된 신령선에 의하여 주님께서 지옥을 정복하시고, 모든 것들을 질서에 맞게 회복하셨다는 것을 뜻한다는 것이 잘 나타나고 있습니다. 이것이 우리의 본문의 뜻이다는 것은 성언의 문자적인 뜻에서는 알 수 없지만, 그럼에도 불구하고 그분 자신은 유다 지파, 그리고 다윗의 줄기로 이 세상에 태어나신 분이십니다. 더욱이 어쨌든 우리의 본문은 그것들 안에 영적인 뜻을 담고 있는데, 그 뜻에서 사람들의 이름(人名)들은, 앞에서 자주 살펴본 바와 같이, 사물(事物)들을 뜻합니다. 따라서 "유다"는 유다를 뜻하지 않고, 또한 "다윗"도 다윗을 뜻하지 않고, 오히려 "유다"는 신령선의 측면에서 주님을 뜻하고, "다윗"은 신령진리의 측면에서 주님을 뜻합니다. 따라서 우리의 본문이 뜻하는 내용은 거기에서 빚어진 결과인 것입니다. 이 뜻이 여기에서 설명된 이유는 묵시록서는, 성언의 영적인 뜻으로, 지금 열리고 있기 때문입니다.

267. "**그가 이 일곱 봉인을 떼고, 이 두루마리를 펼 수 있습니다**" **하고 말하였습니다.**
이 말씀은, 위에서 언급한 것과 같이(본서 258·259항 참조) 천계에 있는, 그리고 땅 위에 있는 모든 것들의 생명(=삶)의 상태를 안다는 것과, 그의 상태에 따라서 각자를 심판한다는 것을 뜻합니다.

268. 6절. **나는 또 보좌와 네 생물과 장로들 가운데** (어린 양이 하나서 있는 것을) **보았습니다.**
이 말씀은, 성언(聖言·the Word)과 교회가 극내적인 것들로부터, 그리고 그것에서 비롯된 천계의 모든 것들 안에 있다는 것을 뜻합니다. "가운데"(=한가운데·in the midst)라는 말은 극내적인 것(in the inmosts) 안에, 따라서 모든 것들 안에 있다는 것을 뜻합니다(본서 44항 참조). "보좌"는 천계를 뜻하고(본서 14항 참조), "네 생물들" 또는 그룹(=게르빔)은 성언을 뜻하고(본서 239항 참조), "스물네 장로들"은 교회에 속한 모든 것들의 측면에서 교회를 뜻합니다(본서 233·251항 참조). 이런 내용에서 볼 때 뒤이어지는 결론은, 즉 "보좌와 네 생물과 장로들 가운데"라는 우리의 본문은 성언과 교회가 극내적인 것들로 말미암아 천계에 속한 모든 것들 안에 내재한다는 것을 뜻합니다.

269. 그 어린 양은 죽임을 당한 것과 같았습니다(=그 어린 양은 일찍 죽임을 당한 것 같았습니다).

이 말씀은 신령한 것으로 교회 안에서 시인되지 않는 그분의 인성의 측면에서 주님을 뜻합니다. 묵시록서에서 "어린 양"(Lamb)은 신령인성(=신령인간 · the Divine Human)의 측면에서 주님을 뜻하고, "죽임을 당한 어린 양"(=살해된 어린 양 · a Lamb slain)은 그분의 인성(=주님의 신령인성 · 신령인간)이 신령한 것으로 교회에서 시인되지 않고 있다는 것을 뜻합니다. 묵시록 1장 18절에서도 이와 같은 것을 뜻합니다. 거기에는 이렇게 언급되고 있습니다.

나는 한 번 죽었으나, 보아라, 영원무궁 하도록 살아 있다.
(묵시록 1 : 18)

이 말씀은 교회에서 주님이 무시되고, 부인(否認)되었다는 것을 뜻합니다. 그리고 그분의 인성(His Human)이 신령한 것으로 시인되지 않았다는 것을 뜻합니다(본서 59항 참조). 이러한 내용이 어떠한 것인지는 아래의 설명을 참조하십시오(본서 294항 참조). 그러므로 "어린 양"이 신령인성의 측면에서 주님을 뜻하고, 그리고 그분에 관해서 "그 어린 양이 나와서, 보좌에 앉으신 분의 오른손에서 그 두루마리를 받았다"는 말씀과 그리고 그 아래에 가서는 "그 어린 양이 그것을 열고 그 일곱 봉인을 떼었다"고 언급하고 있기 때문에, 그리고 또한 혈육(血肉 · mortal)은 어느 누구도 이 일을 할 수 없고, 오직 하나님 홀로 하실 수 있기 때문에, 뒤이어지는 것은, "어린 양"이 신령인성의 측면에서 주님을 뜻한다는 것이고, 그리고 "죽임을 당하였다"(=살해되었다 · slain)는 말은 그분의 인성의 측면에서 하나님으로(as God) 그분이 시인되고 있지 않다는 것을 뜻한다는 것입니다.

270. 그에게는 뿔 일곱이 있었다.
이 말씀은 그분의 전능(全能 · His omnipotence)을 뜻합니다. 성경에는 "뿔"(horn)이 자주 언급되고 있는, 그것은 어디에서나 능력(能力 ·

power)을 뜻합니다. 그러므로 "뿔"이 주님에 관해서 서술하고 있을 때에는 그것은 주님의 전능(全能·omnipotence)을 뜻합니다. "일곱 뿔들"(seven horns)이 언급된 이유는, "일곱"(7)이 모든 것(=전부·all)을 뜻하고(본서 10항 참조), 따라서 전능(全能)을 뜻하기 때문입니다. "뿔"(horn)이 능력을 뜻하고, 주님에게 적용되는 경우 그것이 주님의 전능(全能)을 뜻한다는 것은 아래의 장절에 아주 잘 나타나고 있습니다.

> 너희가 로드발*을 점령하였다고 기뻐하며, 가르나임**을 우리의 힘만으로 정복하지 않았느냐"고 말한다(=너희는 로드발이 점령되었다고 기뻐하고, "우리가 우리의 힘으로 가르나임을 정복했다"고 말한다).
> (아모스 6 : 13)
> (하나님께서 말씀하셨습니다.)
> 악한 자에게는
> "오만한 뿔을 들지 말아라.
> 오만한 뿔을 높이 들지 말아라.
> 목을 곧게 세우고,
> 거만하게 말을 하지 말아라" 하였다.……
> 주님은
> 악인의 오만한 뿔을 모두 꺾어 부수시고,
> 의인의 자랑스러운 뿔은
> 높이 들어 올리실 것이다.
> (시편 75 : 4, 5, 10)
> 주께서는……
> 네 대적의 뿔을 높이셨다(=네 대적이 한껏 뽐내게 하셨다).
> (애가 2 : 17)
> 모압의 뿔이 잘리고,
> 모압의 팔이 부러졌다!
> (예레미야 48 : 25)
> 너희가 병든 것들을 다 옆구리와 어깨로 밀어내고, 너희 뿔로 받아서, 그것들을 바깥으로 내보내어 흩어지게 하였다.
> (에스겔 34 : 21)
> 주님이 그의 백성을 위하여 뿔을 높이셨다(=강하게 하셨다).

―――――――――――――――――
* "로드발"은 "아무것도 없다"는 뜻의 지명 (역자 주).
** "가르나임"은 "두 뿔"이라는 뜻의 지명 (역자 주).

(시편 148 : 14)
주께서는 그들의 영광스러운 힘이십니다.
주의 사랑으로 우리의 뿔을 높이셨습니다.
(시편 89 : 17)
그에게서 나오는 빛은,
밝기가 햇빛 같다.
두 줄기 불빛(=두 뿔들)이 그의 손에서 뻗어 나온다.
그 불빛(=두 뿔들) 속에 그의 힘이 숨어 있다.
(하박국 3 : 4)
내 손이 그를 붙들어 주고,
내 팔이 그를 강하게 할 것이니,……
나의 이름으로 그의 뿔이 높아질 것이다.
(시편 89 : 21, 24)
주님은
나의 반석, 나의 요새, 나를 건지시는 분,
나의 하나님은
나의 반석, 내가 피할 바위,
나의 방패, 나의 구원의 뿔,
나의 산성이십니다.
(시편 18 : 2 ; 사무엘 하 22 : 3)
도성 시온아(=도성의 딸들아, 일어나라),
너의 원수에게 가서, 그들을 쳐라!
내가 네 뿔을 쇠 같게 하고,
네 굽을 놋쇠 같게 할 것이니,
너는 많은 민족을 짓밟고,
그들이 폭력을 써서 착취한
그 재물을 빼앗아다가,
온 세상의 주 곧 나에게 가져 올 것이다.
(미가 4 : 13)
주께서 노하셔서,……
유다의 도성 성채들을 무너뜨려
땅에 엎으시고,……
주께서 타오르는 진노로
이스라엘의 힘(=뿔)을 모두 꺾으시더니,……
(애가 2 : 2, 3)

역시 아래의 장절들에서도 힘(=능력·powers)을 뜻합니다.

> 뿔 열 개가 달린 커다란 붉은 용 한 마리.
> (묵시록 12 : 3)
> 바다에서 짐승 하나가 올라오는데,……그 짐승은 뿔 열을 가졌다.
> (묵시록 13 : 1)
> 그 짐승은,……뿔 열 개가 달려 있었다.
> (묵시록 17 : 3, 7, 12)
> 그 숫양에게는 뿔이 둘 있고,……
> (다니엘 8 : 3, 4, 5, 7-12, 21, 25)
> 바다에서 올라온 짐승의 뿔.
> (다니엘 7 : 3, 7, 8, 20, 21, 23, 24)
> 내가 고개를 들어서 보니, 뿔 네 개가 내 앞에 나타났다.……이것들은 유다와 이스라엘과 예루살렘을 흩어 버린 뿔이다.
> (스가랴 1 : 18-21)
> 번제단의 뿔들과 분향단의 뿔들.
> (출애굽 27 : 2 ; 30 : 2, 3, 10)

마지막의 것들은 교회 안에 있는 신령진리의 능력을 뜻하고, 다른 한편에서는, 아모스서에서와 같이, "베델의 제단의 뿔"은 소멸할 능력을 뜻합니다.

> 내가 이스라엘의 죄를 징벌하는 날,
> 베델의 제단들도 징벌하겠다.
> 그 때에 제단의 뿔들을 꺾어,
> 땅에 떨어뜨리겠다.
> (아모스 3 : 14)

271. 눈 일곱이 있었다.

이 말씀은 그분의 전지(全知·omniscience)와 신령지혜를 뜻합니다. 주님에 관해서 언급되었을 경우, "눈"이 그분의 신령지혜를 뜻한다는 것은 앞서의 설명에서 볼 수 있겠습니다(본사 48·125항 참조). 따라서 역시 전지(全知)를 뜻합니다. 그리고 "일곱"(7)이 전부(=모두·all)를 뜻하고, 그리고 거룩한 것을 서술한다는 것은 본서 10항을 참조하십시오. 그러므로 "어린 양의 일곱 눈"은, 전자를 가리키는 주님의 신령지혜를 뜻합니다.

272. 그 눈들은 온 땅에 보내심을 받은 하나님의 일곱 영이십니다.
이 말씀은 종교가 있는 곳인 온 세상에 온 신령진리가 신령지혜에서 나왔다(由來)는 것을 뜻합니다. "하나님의 일곱 영"(the seven spirits of God)은 위에서 언급한 것과 같이(본사 14・155항 참조), 주님에게서 발출하는 신령진리입니다. "온 땅에 보내심을 받았다"(=보내졌다)는 말이 종교가 존재하는 장소인 온 세상(=온 땅)에 보내졌다는 것을 가리킨다는 것은 명확합니다. 왜냐하면 종교가 있는 곳에서는, 언제나 한 분 하나님(God)이 계신다는 것, 그리고 악마가 있다는 것, 그리고 하나님께서는 선 자체이시다는 것, 모든 선은 그분에게서 왔다는 것, 그리고 악마는 악 자체이고, 모든 악은 그 악마에게서 왔다는 것을 가르치고 있기 때문입니다. 그리고 그것들, 즉 선과 악은 정반대이기 때문에, 그러므로 악은, 그것이 악마에게서 온 것이기 때문에 반드시 끊어야 한다는 것이고, 선은 그것이 하나님에게서 온 것이기 때문에, 반드시 행해져야 한다는 것도 역시 가르치고 있습니다. 결과적으로 어느 누구가 악을 행하는 것에 비례하여 그 사람은 악마를 사랑하는 것이고, 또한 하나님에 거슬러서 행동하는 것입니다. 이와 같은 신령진리는 종교가 있는 온 세상에 존재합니다. 그러므로 악이 무엇인지를 안다는 것은 필수적입니다. 그리고 이것은 종교를 가진 사람은 누구나 역시 잘 알고 있습니다. 왜냐하면 모든 종교의 가르침들(戒律・precepts)은 십성언(十聖言・the Decalogue)에 담겨 있는 그것들과 비슷하기 때문입니다. 다시 말하면 어느 누구도 반드시 살인(殺人)하지 말 것, 간음 또한 범하지 말 것, 도둑질 하지 말 것, 거짓 증거하지 말 것 등등에 비슷하기 때문입니다. 이런 것들이 일반적으로 주님에게서부터 "온 땅에 보내진" 신령진리들이다는 것은 ≪성서론≫ 101-118항에서 읽을 수 있겠습니다. 그러므로 그것들이 신령진리들이기 때문에, 그리고 하나님의 명령들이기 때문에, 거기에서부터 종교에 속한 것이 왔기 때문에, 그것들에 일치하여 사는 사람은 구원을 받습니다. 그러나 그것들이 시민법적인 진리들이고, 도덕적인 진리들(moral truths)이기 때문에 그것들에 일치하는 삶을 사는 자는 구원을 받지 못합니다. 왜냐하면 하

나님을 부인하는 사람은 역시 그렇게 살지만, 그러나 하나님을 시인,
고백하는 사람은 그렇지가 않기 때문입니다.

273. 7절. 그 어린 양이 나와서, 보좌에 앉으신 분의 오른손에서 그 두루마리를 받았습니다.

이 말씀은, 그분의 신령인간(=인성)의 측면에서 주님이 성언이시다는 것을 뜻하고, 그리고 이것은 그분 안에 있는 그분의 신성(His Divine)에서 온 것이고, 그러므로 그분께서는 그분의 신령인성(His Divine Human)으로 말미암아 심판을 단행하실 것이다는 것을 뜻합니다. 이러한 사실은 여기서 아주 명확하게 드러나고 있는 것은 "보좌에 앉으신 분" "어린 양"은 한 분(one Person)이시다는 것이고, 그리고 "보좌에 앉으신 분"은 모든 것들의 근원되시는 그분의 신성(His Divine)을 뜻하고, 그리고 "어린 양"은 그분의 신령인성(His Divine Human)을 뜻합니다. 왜냐하면, 앞 절에 언급되고 있기 때문입니다. 다시 말하면 "그는 보좌 가운데 서 있는 어린 양을 보았다"고 하였고, 그리고 우리의 본문절에서는 "보좌에 앉으신 분에게서 그 두루마리를 받았습니다"라고 언급되었기 때문입니다. 그분께서 성언이시기 때문에, 주님께서 그분의 신령인성으로 말미암아 심판을 주관(主管)하신다는 것은 아래의 장절들에게서 아주 명확합니다.

> 그 때에 인자가 올 징조가 하늘에서 나타날 터인데, 그 때에는 땅에 있는 모든 민족이 가슴을 치며, 인자가 큰 권능과 영광으로 하늘 구름을 타고 오는 것을 볼 것이다.
> (마태 24 : 30)
> 인자가 자기의 영광스러운 보좌에 앉고, ……이스라엘의 열두 지파를 심판할 것이다.
> (마태 19 : 28)
> 인자가 자기 아버지의 영광에 싸여, 자기 천사들을 거느리고 올 터인데, 그 때에 그는 각 사람에게 그 행실대로 갚아 줄 것이다.
> (마태 16 : 27)
> 너희는 앞으로 일어날 이 모든 일을 능히 피하고, 또 인자 앞에 설 수 있도록, 기도하면서 늘 깨어 있어라.
> (누가 21 : 36)
> 그러므로 너희도 준비하고 있어라. 너희가 생각하지도 않은 때에 인자가

올 것이기 때문이다.
(마태 24 : 44)
아버지께서는 아무도 심판하지 않으시고, 심판하는 일을 모두 아들에게 맡기셨다.……그것은, 아들이 인자이기 때문이다.
(요한 5 : 22, 27)

여기서 "인자"(=사람의 아들·the Son of man)는 신령인성(=신령인간)의 측면에서 주님이시고, 그리고 이 분이 하나님이셨고, 육신이 되셨던 성언이십니다(요한 1 : 1, 14).

274. 8절. **그가 그 두루마리를 받아 들었을 때에…….**

이 말씀은 주님께서 심판을 단행하시기로 결정하셨을 때를 뜻하고, 그리고 그것에 의하여 천계와 지상에 있는 모든 것들을 질서에 맞게 회복시키기로 결정하셨을 때를 뜻합니다. "그 두루마리를 받는다"는 말이나, 그것을 연다는 말은 모두의 생명의 상태를 상세하게 검증(檢證)하는 것과, 그리고 위에서 언급한 것과 같이, 각자의 상태에 따라서 모두를 심판하는 것을 뜻합니다. 그러므로 여기서 "그분이 두루마리를 취하였다"는 말은 최후심판(最後審判)을 단행하시려는 그분의 결정(決定·His decision)을 뜻합니다. 그리고 최후심판이 천계에 있는 무든 것들을 질서에 맞게 회복시킬 목적으로 단행되고, 그리고 천계를 통하여 땅들 위에 있는 모든 것들을 질서에 맞게 회복시킬 목적으로 최후심판이 단행되기 때문에, 역시 앞서의 설명내용을 뜻하고 있습니다.

275. **네 생물과 스물네 장로가 어린 양 앞에 엎드렸습니다.**

이 말씀은 겸비(謙卑·humiliation)를 뜻하고, 그리고 겸비로부터 보다 높은 천계(the higher heaven)에서 비롯된 주님의 경배(敬拜)를 뜻합니다. 위의 것(=최후심판) 때문에 지금은 주님의 영광화(=광영화·the glorification of the Lord)가 뒤이어지고 있습니다. 왜냐하면, 위에서 설명된 것과 같이(본서 263항 참조), 만약에 주님께서 지금 최후심판을 단행하지 않으신다면, 그리고 그것에 의하여 천계나 땅들 위에 있는 것들을 질서에 맞게 회복시키시지 않는다면 모든 것들이 멸망할 것이기 때문입니다. 지금 아래에 이어지는 주님의 영광화(榮光化)는 제일 먼저 보다 높은 천계(the higher heaven)에 일어났고, 그 뒤에는 낮은 천계(the lower heaven)에서 일어났고, 그 마지막에는 가장 낮은 천계(the lowest heaven)에서 일어났습니다. 보다 높은 천계에 의한 영광화가 8-10절의 내용이고, 보다 낮은 천계에 의한 영광화가 11, 12절의 내용이고, 가장 낮은 천계에 의한 영광화가 13절의 내용입니다. 그리고 보다 높은 천계의 마지막 확증과 경배가 14절의 내용입니다. 따라서 "네 생물들"과 "스물네 장로들"은 보다 높은 천계를 뜻합니다. 왜냐하면 "보좌 가운데 있는 네 생물들"을 가리키는 "그룹"(=게르빔)은 성언의 측면에서 주님을 뜻하지만, 그러나 "보좌 둘에 있는" 네 생물들, 즉 "그룹"(=게르빔)은 성언의 측면에서 천계를 뜻하기 때문입니다. 그 이유는 이렇게 언급되고 있기 때문입니다.

    그 보좌 가운데와 그 둘레에는, 앞 뒤에 눈이 가득 달린 네 생물이 있었습니다.
    (묵시록 4 : 6)

왜냐하면 천계는, 주님에게서 비롯된 성언을 통하여 신령진리의 수용(受容)으로 말미암아 천계이기 때문입니다. "스물네 장로들"이 보다 높은 천계에 있는 천사들을 뜻하는데, 그 이유는 이들 장로들이 보좌 주위 가까이에 있기 때문입니다(묵시록 4 : 4). "어린 양 앞에 엎드린다"는 것은 겸비(謙卑)를 뜻하고, 그리고 겸비에서 비롯된 경배(敬拜)를 뜻한다는 것은 아주 잘 알 수 있습니다.

276. 각각 거문고를 가지고 있었습니다.

이 말씀은 신령진리들로 말미암은 주님의 신령인성에 속한 고백(告白·찬양·confession)을 뜻합니다. 우리가 잘 알고 있는 것은, 여호와에 속한 고백은 예루살렘에 있는 성전에서 노래를 부르는 것(singing)에 의하여, 그리고 동시에 그것에 대응하는 악기(樂器)들에 의하여 행해졌다는 것입니다. 그 악기들은 주로 나팔과 북(trumpets and timbrels)이고, 비파와 거문고(psalteries and harps)였습니다. 그리고 나팔과 북은 천적인 선들이나 천적인 진리들에 대응하고, 비파와 거문고는 영적인 선들이나 영적인 진리들에 대응합니다. 그 대응들은 그것들의 소리들에 의한 것입니다. 천적인 선이나 진리가 어떤 것이고, 영적인 선이나 진리가 어떤 것인지는 천계와 지옥에 관한 저서에서 볼 수 있습니다(천계와 지옥 13-19·20-28항 참조). "거문고"(harps)가 영적인 진리들로 말미암은 주님에 속한 고백이나 찬양을 뜻한다는 것은 아래의 여러 장 절들에게서 잘 드러나고 있습니다.

> 수금(=비파)을 타면서, 주님을 찬양하여라(=고백하여라).
> 열 줄 거문고를 타면서,
> 주께 노래하여라.
> (시편 33 : 2)
> 하나님, 나의 하나님,
> 내가 기뻐하면서,
> 수금(=거문고)으로 주께 감사(=고백)하렵니다.
> (시편 43 : 4)
> 내가 거문고(=수금)를 타며,
> 주님께 감사의 노래를 부르렵니다.……
> 내가 수금(=거문고)을 타면서
> 주님께 노래를 불러 올리렵니다.
> (시편 71 : 22)
> 내 영혼아, 깨어나라.
> 거문고야, 수금아, 깨어나라.
> 내가 새벽을 깨우렵니다.
> 주님,
> 내가 만민 가운데서 주님께 감사를 드리며,
> 뭇 나라 가운데서 노래를 불러,
> 주님을 찬양하렵니다.
> (시편 57 : 8, 9 ; 108 : 2-4)
> 주님께 감사의 노래를 불러드려라.
> 우리의 하나님께
> 수금을 타면서 노래를 불러드려라.
> (시편 147 : 7)
> 가장 높으신 하나님,
> 주님께 감사를 드리며,……
> 열 줄 현악기와 거문고를 타며
> 수금 가락에 맞추어서
> 노래하는 것이 좋습니다.
> (시편 92 : 1-4)
> 온 땅아,

소리 높여 즐거이 주님을 찬양하여라.
함성을 터뜨리며,
즐거운 노래로 찬양하여라.
수금을 뜯으며, 주님을 찬양하여라.
수금과 아우르는 악기들을 타면서
찬양하여라.
왕이신 주님 앞에서
나팔과 뿔나팔 소리로 환호하여라.
(시편 98 : 4-6 ; 43 : 4 ; 137 : 2 ; 욥기 30 : 31 ; 이사야 24 : 7-9 ; 30 : 31, 32 ; 묵시록 14 : 2 ; 18 : 22)

수금(harp)이 주님의 고백이나 찬양에 대응하기 때문에, 그리고 악령들이 그것을 참을 수 없기 때문에, 그러므로 다윗은 수금에 의하여 악령들을 사울 왕에게서 쫓았습니다(사무엘 상 16 : 14-16, 23). 요한이 들은 것들은 수금이 아니고, 주님의 고백들이고, 찬양들이다는 것은 아래에서 잘 알 수 있겠습니다(본서 661항 참조).

277. (각각) **향이 가득히 담긴 금 대접을 가지고 있었습니다.**
이 말씀은 영적인 선으로 말미암은 주님의 신령인성에 속한 고백(告白 · confession)을 뜻합니다. "향"(香 · incense)이 영적인 선들에게서 비롯된 예배를 뜻하지만, 그러나 이 경우에는 그런 부류의 선들에서 말미암은 고백을 뜻하는 이유는 유대 교회나 이스라엘 교회에 있었던 주된 예배는 희생제물과 향으로 이루어졌기 때문입니다. 그러므로 거기에는 두 제단(祭壇)이 있었는데, 하나는 희생제물을 위한 것이고, 다른 하나는 향을 위한 것입니다. 후자의 제단은 성막(聖幕) 안에 있었고, 금 제단(金祭壇)이라고 불리웠습니다. 그러나 전자의 제단은 성막 밖에 있었고, 번제단(燔祭壇)이라고 불리웠습니다. 그 이유는 모든 예배가 존재하는 근원이 되는 선들은 두 종류가 있기 때문인데, 그것은 바로 천적인 선(celestial good)과 영적인 선(spiritual good)입니다. 천적인 선은 주님 사랑에 속한 선이고, 영적인 선은 이웃사랑에 속한 선입니다. 희생제물에 의한 예배는 천적인 선에서 비롯된 예배를 가리키고, 향에 의한 예배는 영적인 선에서 비롯된 예배를 가리킵니다. 여러분들이 예배라고 부르든, 고백이라고 부르든, 그것은 동일한 것입니다. 왜냐하면 모든 예배는 고백이기 때문입니다. 향(香 · incense)이 뜻하는 것은 향이 담겨 있는 대접(vials)이 뜻하는 것을 가리키는데, 그 이유는 담는 것 (containing)이나 담겨 있는 것(contained)은, 마치 보조적인 것과 주된 것과 같이, 하나의 원인처럼 행동하기 때문입니다. 영적인 선에서 비롯된 예배는 아래 장절들에서는 "향"이 뜻합니다.

> 해가 뜨는 곳에서부터 해가 지는 곳까지, 내 이름이 이방 민족들 가운데서 높임을 받을 것이다. 곳곳마다, 사람들이 내 이름으로 분향하며, 깨끗한 제물을 바칠 것이다.
> (말라기 1 : 11)
> 그들은 주의 백성 야곱에게
> 주의 바른길을 가르치며,
> 이스라엘에게 주의 율법을 가르치며,
> 주 앞에 향을 피워 올리고,
> 주의 제단에 번제 드리는 일을
> 계속 하고 있습니다.
> (신명기 33 : 10)
> 내가 번제를 드리러
> 주의 집으로 왔습니다.……
> 내가 숫양의 향기와 함께
> 살진 번제물을 가지고,
> 주님께로 나옵니다.
> (시편 66 : 13, 15)
> 유다의 성읍들과 예루살렘 주변과 베냐민 땅과 평원지대와 산간지역과 남방에서부터 사람들이 번제물과 희생제물과 곡식제물과 유향을 가지고 와서, 주의 성전에서 감사의 제물을 바칠 것이다.
> (예레미야 17 : 26)
> 스바의 모든 사람이
> 금과 유향을 가지고 와서,
> 주께서 하신 일을 찬양할 것이다.
> (이사야 60 : 6)

여기서 "유향"(frankincense)은 "향"(incense)이 뜻하는 것과 동일한 것을 뜻하는데, 그 이유는 유향이 향을 만드는 주된 향료(香料)이기 때문입니다. 마태복음서에서도 마찬가지입니다.

> 그들은 그들의 보물 상자를 열어서, 그에게 황금과 유향과 몰약을 예물로 드렸다.
> (마태 2 : 11)

그들이 이 세 가지를 드린 이유는, "금"(金·gold)이 천적인 선을 뜻하고, "유향"(乳香)이 영적인 선을 뜻하고, "몰약"(沒藥)이 자연적인 선을 뜻하기 때문입니다. 그리고 이런 세 종류의 선들로부터 모든 예배는 완성되기 때문입니다.

278. 그 향은 곧 성도들의 기도입니다.

이 말씀은 믿음에 속한 생각들(思想·thought)을 뜻하는데, 이것은 영적인 선들이나 진리들로부터 주님을 예배하는 자들에게 있는 인애에 속한 정동들에게서 비롯됩니다. "기도들"(prayers)은 믿음에 속한 것들을 뜻하고, 동시에 인애에 속한 것들을 뜻하는데, 그것들은 모두가 기도를 드리는 사람들에게 있습니다. 그 이유는 그런 것들이 결여(缺如)된 기도는 기도가 아니고, 오히려 빈 소리들에 지나지 않기 때문입니다. "성도"(=성인·聖徒·saints)가 영적인 선들과 영적인 진리들 안에 있는 자들을 뜻한다는 것은 본서 173항에서 볼 수 있겠습니다. "향"(香)이 "성도들의 기도"(the prayers of saints)라고 불리운 이유는, 향기가 선에 속한 정동들이나, 진리에 속한 정동들에 대응(對應)하기 때문입니다. 이런 이유 때문에 "향기로운 냄새"라는 말이나, "주께 드리는 그 밖의 향기"가 성경에 자주 언급되고 있습니다(출애굽기 29 : 18, 25, 41 ; 레위기 1 : 9, 13, 17 ; 2 : 2, 9, 12 ; 3 : 5 ; 4 : 31 ; 6 : 15, 21 ; 8 : 28 ; 23 : 13, 18 ; 26 : 31 ; 민수기 15 : 3, 7 ; 28 : 6, 8, 13 ; 29 : 2, 6, 8, 13, 36 ; 에스겔 20 : 41 ; 호세아 14 : 7). "향"이라고 불리운 "기도"는 묵시록서의 여러 장절들에서도 유사한 뜻을 가지고 있습니다.

> 또 다른 천사가 와서, 금향로를 들고 제단 앞에 섰습니다. 그는 모든 성도의 기도에 향을 더해서 보좌 앞 금제단에 드리려고 많은 향을 받았습니다. 그래서 향의 연기가 성도들의 기도와 함께 천사의 손으로부터 하나님 앞으로 올라갔습니다.
> (묵시록 8 : 3-5)

시편서의 말씀입니다.

> 주님, 내가 주님을 부르니,……
> 주님께 부르짖는 내 음성에
> 귀를 기울여 주십시오.
> 내 기도를
> 주님께 드리는 분향으로 받아 주시고,
> 손을 위로 들고서 드리는 기도는
> 저녁 제물로 받아 주십시오.
> (시편 141 : 1, 2)

279. 9절. 그들은 이런 말로 새로운 노래를 불렀습니다.

이 말씀은 주님의 시인(是認)과 주님의 영광화(榮光化)를 뜻합니다. 그것은 곧 주님께서 홀로 심판주요, 구속주요, 구원주이시다는 것과 따라서 주님께서 천지(天地)의 하나님이시다는 것입니다. 이런 내용들은 그들이 부른 노랫말에 담겨 있고, 그리고 담겨 있는 것들 역시 이런 것들을 뜻하고 있습니다. 예를 들면 주님께서 심판주(審判主 · the Judge)이시다는 시인(是認)은 아래의 가사들 안에 담겨 있습니다.

> 주께서는 그 두루마리를 받으시고,
> 봉인을 떼실 자격이 있습니다.

주님께서는 구속주(救贖主 · the Redeemer)이시다는 시인은 이 가사에 있습니다.

> 주께서 그들에게
> 우리 하나님 앞에서 나라를 이루게 하시고,
> 제사장이 되게 하셔서,
> 땅 위에서 다스리게 하실 것입니다.

그리고 주님께서 천지(天地)의 하나님이시다는 시인은 이 가사에 담겨 있습니다.

> 그러자 네 생물들은 "아멘!" 하고, 장로들은 엎드려서 경배하였습니다.

(묵시록 5 : 14).

주님께서 천지(天地)의 하나님이시다는 것, 그분의 인성(His Human)은 신령하시다는 것, 그리고 그분께서 구속주요, 구세주이시다고 불리울 수밖에 다른 길이 없다는 것 등의 시인(是認)이 종전에는 교회 안에 없었기 때문에, 따라서 그 가사가 "새로운 노래"(a new song)라고 불리웠습니다. 이 "노래"가, 마음의 기쁨(喜悅)에서 비롯된 고백(告白·찬양·confession)을 가리키는 광영(光榮·glorification)을 뜻하는 이유는 노래를 부르는 것(熱唱·singing)이, 마음에서부터 소리를 터져 나오게 하는 정동을 고양(高揚)시키는 것이고, 그리고 그 정동을 일으키는 것이고, 그리고 그런 삶 가운데서 의도적으로 그것 자체를 드러내는 것이기 때문입니다. 다윗의 시들도 이런 노랫말 이외의 다른 것들이 아닙니다. 왜냐하면 그 노랫말은 연주되고, 애창되었기 때문입니다. 그러므로 그것들은 수많은 장절들에서 "노래들"(songs)이라고 불리웠습니다. 예를 들면, 시편서 18 : 1 ; 33 : 1 ; 45 : 1 ; 46 : 1 ; 48 : 1 ; 65 : 1 ; 66 : 1 ; 67 : 1 ; 68 : 1 ; 75 : 1 ; 76 : 1 ; 87 : 1 ; 88 : 1 ; 92 : 1 ; 96 : 1 ; 98 : 1 ; 108 : 1 ; 120 : 1 ; 121 : 1 ; 122 : 1 ; 123 : 1 ; 124 : 1 ; 125 : 1 ; 126 : 1 ; 127 : 1 ; 128 : 1 ; 129 : 1 ; 130 : 1 ; 132 : 1 ; 133 : 1 ; 134 : 1 등입니다. 이 노랫말들이 사랑에 속한 삶이나, 그것에서 비롯된 즐거움을 고취(鼓吹)시키고, 고양시키는 것이 목적이다는 것은 아래의 장절들에게서 아주 잘 나타나고 있습니다.

> 새 노래로 주님을 찬양하여라.……
> 온 땅아,
> 소리 높여 즐거이 주님을 찬양하여라.
> 함성을 터뜨리며,
> 즐거운 노래로 찬양하여라.
> 수금을 뜯으며, 주님을 찬양하여라.……
> 왕이신 주님 앞에서
> 나팔과 뿔나팔 소리로 환호하여라.
> 바다와 거기에 가득 찬 것들과
> 세계와 거기에 살고 있는 것들도……

강들도 손뼉을 치고,
산들도 함께 큰소리로 환호성을 올려라.
(시편 98 : 1, 4-8)
새 노래로 주님께 노래하며,
성도와 회중 앞에서 찬양하여라.
이스라엘아, 창조주를 모시고 기뻐하여라.
시온의 주민아, 너희의 왕을 뵙고,
큰소리로 즐거워하여라.
춤을 추면서 그 이름을 찬양하여라.
(시편 149 : 1-3)
새 노래로 주를 찬양하여라.
땅 끝에서부터 그를 찬송하여라.……
주께 영광을 돌려라.
주를 찬양하는 소리가
섬에까지 울려 퍼지게 하여라.
(이사야 42 : 10, 12)
주께서 이 일을 하셨으니,
하늘아, 기쁘게 노래하여라.
땅의 깊은 곳들아, 함성을 올려라.
산들아, 숲아,
그리고 그 속에 있는 모든 나무들아,
소리를 높여 노래하여라.
(이사야 44 : 23 ; 49 : 13)
우리의 힘이신 하나님께
즐거이 노래를 불러라.
야곱의 하나님께 큰 환성을 올려라.
(시편 81 : 1)
주께서 시온을 위로하신다!
그 모든 황폐한 곳을 위로하신다.
주께서 그 광야를 에덴처럼 만드시고,
그 사막을 주의 동산처럼 만드실 때에,
그 안에 기쁨과 즐거움이 깃들며,
감사의 찬송과 기쁜 노랫소리가
깃들 것이다.
(이사야 51 : 3 ; 52 : 8, 9)

그 날이 오면, 너는 찬송할 것이다.……
시온의 주민아!
소리를 높여서 노래하여라.
너희 가운데 계시는
이스라엘의 거룩하신 분은
참으로 위대하시다.
(이사야 12 : 1-6)
하나님, 내 마음은 흔들림이 없습니다.
진실로, 내 마음은 확고합니다.
내가 가락에 맞추어 노래를 부르겠습니다.
내 영혼아, 깨어나라.
거문고야, 수금아, 깨어나라.
내가 새벽을 깨우련다.
주님,
내가 만민 가운데서 주님께 감사를 드리며,
뭇 나라 가운데서 노래를 불러,
주님을 찬양하렵니다.
(시편 57 : 7-9)

280. "주께서는 그 두루마리를 받으시고, 봉인을 떼실 자격이 있습니다."

이 말씀은, 위에서 언급한 것과 같이(본서 256 · 259 · 261 · 267 · 273항 참조), 그분 홀로 모두의 생명 상태들을 아실 수 있고, 그리고 그 사람 자신의 상태에 따라서 모든 사람을 심판하실 수 있으시다는 것을 뜻합니다.

281. "주님은 죽임을 당하시고, 주님의 피로…… 사람들(=우리들)을 사셔서 하나님께 드리셨습니다."

이 말씀은 지옥으로부터의 구출(救出 · deliverance)과 그리고 그분과의 결합에 의한 구원(救援 · salvation)을 뜻합니다. 여기에 언급된 개별적인 것들, 예를 들면, "죽임을 당하셨다" "사람들(=우리들)을 사셔서 하나님께 드리셨다"는 말이 특별하게 무엇을 뜻하는지, 그리고 "그분의 피"가 무엇을 뜻하는지, 영적인 뜻으로 꼭 설명할 필요는 없겠습니다.

왜냐하면 그런 것들은 문자적인 뜻 안에 나타나지 않고 있는 비의(秘義・arcana)이기 때문입니다. 다만 이와 같이 기술된 것이 바로 구속(救贖・redemption)이라는 것을 아는 것으로 충분하겠습니다. 그리고 그것이 구속이기 때문에 그것은 바로 지옥으로부터의 구출을 가리키고, 그리고 그것이 뜻하는, 주님과의 결합에 의한 구원을 가리킵니다. 여기서는 여호와께서 친히 이 세상에 오셨다는 것과, 한 사람으로 태어나셨다는 것과, 그리고 인애의 믿음에 의하여 그분의 신령인성(His Human)과 결합된 모든 자들의 구속주(救贖主)요, 구원주(救援主)가 되셨다는 것과, 여호와께서 영원 전부터 주님이시다는 것 등등을 성언으로부터 확증하고자 합니다. 결과적으로 결합에 반드시 있어야 하는 주님의 신령인성(the Divine Human of the Lord)은 여호와 그분 자신의 신령인성(=신령인간・神靈人間・the Divine Human)이시다는 것을 성언으로 확인할 것입니다. 그러므로 여기에 몇몇 장절들을 인용하겠는데, 그것들이 여호와와 주님이 한 분(one)이시다는 것을 증거합니다. 그분, 즉 여호와와 주님(Jehovah and the Lord)이, 두 존재가 아니고, 한 분 존재이시기 때문에, 친히 여호와이신 영원 전부터 계신 주님께서 인성을 입으심으로 말미암아 구속주이시고, 구원주이십니다. 이러한 내용은 아래의 장절들로부터 아주 명확합니다.

주께서는 우리의 아버지이십니다.……
오직 주 하나님은
우리의 아버지이십니다.
옛적부터 주의 이름은
"우리의 속량자"이십니다.
(이사야 63 : 16)
이스라엘의 왕이신 주,
이스라엘의 속량자이신
만군의 주께서 말씀하신다.
"나는 시작이요, 마감이다.
나 밖에 다른 신은 없다."
(이사야 44 : 6)
너의 구원자,
너를 모태에서 만드신 주께서 말씀하신다.

"내가 바로 만물을 창조한 주다.
나와 함께 한 이가 없이,
나 혼자서 하늘을 폈으며, 땅도 넓혔다."
(이사야 44 : 24)
주, 너의 속량자,
이스라엘의 거룩하신 분께서 이르시기를
"나는 주, 네 하나님이다.
네게 유익하도록 너를 가르치며,
네가 마땅히 걸어야 할 길로
너를 인도하는 하나님이다" 하셨다.
(이사야 48 : 17)
나의 반석이시요 구원자이신 주님…….
(시편 19 : 14)
그들의 구원자는 강하니,
그 이름은 '만군의 주'다.
(예레미야 50 : 34)
그분의 이름은 만군의 주님이시다.
너를 구속하신 분은
이스라엘의 거룩하신 하나님이시다.
그분은 온 세상의 하나님으로 불릴 것이다.
(이사야 54 : 5)
모든 사람이,
나 주가 네 구원자요,
네 속량자요,
야곱의 전능자임을 알게 될 것이다.
(이사야 49 : 26 ; 60 : 16)
우리의 속량자는
그 이름이 만군의 주님,
이스라엘의 거룩하신 하나님이시다.
(이사야 47 : 4)
나의 영원한 사랑(=자비)으로
너에게 긍휼을 베풀겠다.
너의 속량자이신 나 주의 말이다.
(이사야 54 : 8)
너희들의 속량자요,

이스라엘의 '거룩하신 분'이신 주께서
이렇게 말씀하신다.
(이사야 43 : 14)
이스라엘의 속량자, 거룩하신 주께서……
(이사야 49 : 7)
진리의 하나님이신 주님,
나를 속량하여 주실 줄 믿습니다.
(시편 31 : 5)
이스라엘아,
주님만을 의지하여라.
주님께만 인자하심이 있고,
속량하시는 큰 능력은 그에게만 있다.
오직, 주님만이 이스라엘을
모든 죄에서 속량하신다.
(시편 130 : 7, 8)
일어나십시오.
우리를 어서 도와주십시오.
주님의 신실하심으로
우리를 구하여 주십시오.
(시편 44 : 26)
나는,
너희를 이집트 땅(=지옥의 손)에서 데리고 나올 때부터
주 너희의 하나님이다.……
내가 그들을 사망에서 구속하겠다.
(호세아 13 : 4, 14)
내가 울부짖는 소리를
주께서 들으실 것이다.……
주께서는, 나에게 덤벼드는 자들에게서,
내 생명을 안전하게 지켜 주실 것이다.
(시편 55 : 17, 18)

이 밖에도 여러 장절들이 기술되었습니다(시편 49 : 15 ; 69 : 18 ; 71 : 23 ; 103 : 1, 4 ; 107 : 2 ; 예레미야 15 : 20, 21). 주님의 인성의 측면에서 주님은 속량자이시다는 것은 교회에서 부인되지 않습니다. 그 이유는 그것이 성경에서 일치하기 때문이고, 그리고 아래의 장절들에게

도 일치하기 때문입니다.

> 에돔에서 오시는 이분은 누구신가?……
> 화려한 옷차림으로
> 권세 당당하게 걸어오시는 이분은
> 누구신가?……
> 구원의 해가 이르렀다.……
> 주께서 친히 사랑과 긍휼로
> 그들을 구하여 주시고,……
> 그들을 치켜들고 안아 주셨습니다.
> (이사야 63 : 1, 4, 9)
> 딸 시온에게 일러주어라.
> 보아라, 너의 구원자가 오신다.
> 그가 구원한 백성을 데리고 오신다.
> 그가 찾은 백성을 앞장 세우고 오신다.
> 사람들은 그들을
> '거룩한 분의 백성'이라고 부르며,
> '주께서 속량하신 백성'이라고 부를 것이다.
> (이사야 62 : 11, 12)
> 주 이스라엘의 하나님은
> 찬양받으실 분이시다.
> 그분은 당신의 백성을 돌보아 속량하시고,…….
> (누가 1 : 68)

이 밖에 수많은 장절들이, 영원 전부터 주님께서는 여호와이시고, 그리고 사람들을 속량하시기 위하여 세상에 강림하셨고, 인성을 취하셨다는 것을 증명하고 있는데, 이러한 사실은 《주님론》 37-46항에서 볼 수 있겠습니다. 여호와께서는 수많은 장절들에서 구원주(救援主)라고 불리웠는데, 그 장절들은 너무나 많아서 일일이 다 인용할 수 없겠습니다.

282. "모든 종족과 언어와 백성과 민족 가운데서……."

이 말씀은 교회 안에, 또는 어떤 종교 안에 있든, 교리의 측면에서 진리들 안에 있고, 삶의 측면에서 선들 안에 있는 자들은 주님에 의하여 속량받는다는 것을 뜻합니다. 모든 "종족"은 종교의 측면에서 교회를 뜻하고, "모든 언어"는 우리들이 현재 그것들에 관해서 말하고 있는, 그것의 교리를 뜻하고, "모든 백성"은 교리에 속한 진리들 안에 있는 자들을, 그리고 추상적으로는 교리의 진리들을 뜻하고(본서 483항 참조), "모든 민족"은 삶에 속한 선들 안에 있는 자들을, 그리고 추상적으로는 삶에 속한 선들을 뜻합니다(본서 483항 참조). 이상에서 볼 때 "모든 종족과 언어와 백성과 민족 가운데서"라는 말씀은, 위에 설명된 내용들을 뜻한다는 것은 아주 명백합니다(본서 627항 참조). 영적인 뜻으로 "언어"가 교회의 교리, 또는 어떤 종교의 교리를 뜻한다는 것은 지금 입증될 것인데, 이러한 내용은 아래 장절들에게서 명확합니다.

> 내 혀(=언어·tongue)로 주의 의를 선포하겠습니다.
> 온 종일 주님을 찬양하겠습니다.
> (시편 35 : 28 ; 71 : 24)
> 그 때에
> 다리를 절던 사람이 사슴처럼 뛰고,
> 말을 못하던 혀가 노래를 부를 것이다.
> (이사야 35 : 6)
> 그들은 경솔하지 않으며,
> 사려깊게 행동할 것이며,
> 그들이 의도한 것을 분명하게 말할 것이다.
> (이사야 32 : 4)

이런 장절들에서는 마치 "혀"가 말(言語·speech)을 뜻하는 것처럼 보이지만, 그러나 영적인 뜻으로는 말을 한다는 것은, 다시 말하면, 그것은 교리에 속한 진리를 뜻합니다. 그것들은 그들이 주님에게서 취할 것입니다. 마찬가지의 뜻입니다.

> "내가 나를 두고 맹세한다.
> 나의 입에서 공의로운 말이 나갔으니,
> 그 말이 거저 되돌아오지는 않는다."
> 모두가 내 앞에서 무릎을 꿇을 것이다.
> 모두들 나에게 충성을 맹세할 것이다.
> (이사야 45 : 23)
> 내가 그들의 일과 생각을 알기에,

> 언어가 다른 모든 민족을
> 모을 때가 올 것이니,
> 그들이 와서 나의 영광을 볼 것이다.
> (이사야 66 : 18)
> 나 만군의 주가 말한다. 그 때가 되면, 말이 다른 이방 사람 열 명이 유다 사람 하나의 옷자락을 붙잡고, '우리가 너와 함께 가겠다. 하나님이 너희와 함께 계신다는 말을 들었다' 하고 말할 것이다.
> (스가랴 8 : 23)

이 구절은 역시 주님에 의하여 이방 사람이 교리에 속한 진리에의 개심(改心·改宗·conversion)에 관한 내용입니다. 그러나 나쁜 뜻으로 "혀"(=말)는, 아래 장절에서와 같이, 거짓된 교리를 뜻합니다.

> 혀를 놀려 남을 모함하는 사람은,
> 세상에서 다시는 버티지 못하게 해주십시오.
> (시편 140 : 11)
> 주님은 그들을
> 주님 앞 그윽한 곳(=그의 성막)에 숨기시어,
> 헐뜯는 무리에게서 그들을 지켜 주시고,
> 그들을 안전한 곳에 감추시어,
> 말다툼하는 자들에게서 건져 주셨습니다.
> (시편 31 : 20)
> 이스라엘 백성아,
> 내가 먼 곳에서 한 민족을 데려다가,
> 너희를 치도록 하겠다.……
> 그 민족은 강하며,……
> 그 민족의 언어를 네가 알지 못하며,
> 그들이 말을 하여도
> 너는 알아듣지 못한다.
> (예레미야 5 : 15)
> 어렵고 알기 힘든 외국말을 하는 민족에게 내가 너를 보내는 것이 아니다. 알아들을 수 없는 말, 알기 힘든 외국어를 사용하는 여러 민족에게 내가 너를 보내는 것이 아니다.
> (에스겔 3 : 5, 6)
> 악한 백성,

> 네가 알아듣지 못하는 언어로 말을 하며,
> 이해할 수도 없는 언어로 말하는,
> 그 악한 이방인을
> 다시는 더 보지 않을 것이다.
> (이사야 33 : 19)

하나의 기관으로서 "혀"(舌·tongue)가 교리(敎理)를 뜻한다는 것, 그러나 언어로서의 그것은 종교를 뜻한다는 것은 알아두어야 할 내용입니다. "혀"가 교리를 뜻한다는 것을 아는 사람은 지옥에 있는 부자가 아브라함에게 한 말의 뜻이 무엇인지 이해할 것입니다. 누가복음서의 말씀입니다.

> 아브라함 조상님, 나를 불쌍히 여겨 주십시오. 나사로를 보내서, 그 손가락 끝에 물을 찍어서, 내 혀를 시원하게 하도록 해주십시오. 나는 이 불 속에서 몹시 고통을 당하고 있습니다.
> (누가 16 : 24)

여기서 "물"(water)은 진리를 뜻하고, "혀"(tongue)는 교리를 뜻합니다. 그리고 그것에 속한 거짓들에 의하여 그는 고통을 겪는 것이지, 불에 의해서 고통을 당하는 것은 아닙니다. 왜냐하면 지옥에 있는 자는 어느 누구도 불꽃 안에 있지 않고, 오히려 거기에 있는 불꽃은 거짓에 속한 애욕(the love of falsity)의 외현(外現)이기 때문입니다. 그리고 불(fire)은 악에 속한 애욕(the love of evil)의 외현이기 때문입니다.

283. 10절. **"주께서 그들에게**
우리 하나님 앞에서 나라를 이루게 하시고
제사장이 되게 하셔서,……"
이 말씀은 주님으로 말미암아 그들이 신령진리들에게서 비롯된 지혜 안에 있다는 것과 신령선들에게서 비롯된 사랑 안에 있다는 것, 따라서 위에서 언급한 것과 같이(본서 21항 참조), 주님의 신령지혜(His Divine Wisdom)의 형상들 안에, 그리고 주님의 신령사랑(His Divine love)의 형상들 안에 있다는 것을 뜻합니다.

284. "우리가 땅 위에서 다스리게 하실 것입니다."
이 말씀은 그들이 주님의 나라에 있을 것이다는 것과, 그리고 주님이 그들 안에, 그들이 주님 안에 있을 것이다는 것을 뜻합니다. "땅 위에서 다스린다"는 말은, 주님의 나라 안에 있을 것이다는 것과, 그리고 주님께서 하신 말씀과 같이, 거기에서 그분과 하나가 되는 것 이외의 다른 것을 뜻하지 않습니다. 요한복음서의 말씀입니다.

> 나는 이 사람들을 위해서만 비는 것이 아니고, 이 사람들의 말을 듣고 나를 믿는 사람들을 위해서도 빕니다. 아버지, 아버지께서 내 안에 계시고, 내가 아버지 안에 있는 것과 같이, 그들도 하나가 되어서 우리 안에 있게 하여 주십시오.……나는 아버지께서 내게 주신 영광을 그들에게 주었습니다. 그것은, 우리가 하나인 것과 같이, 그들도 하나가 되게 하려는 것입니다. 내가 아버지 안에 있고 아버지께서 내 안에 계신 것은, 그들이 완전히 하나가 되게 하려는 것입니다.……아버지, 아버지께서 내게 주신 사람들도, 내가 있는 곳에 나와 함께 있게 하여 주시고,…….
> (요한 17 : 20-24)

그러므로 그들이 이와 같이 주님과 하나이기 때문에, 그리고 주님과 더불어, 그들이 하나님의 나라라고 부르는 나라를 형성하기 때문에, "다스린다"(reigning)는 말이 그 밖의 아무것도 뜻하지 않는다는 것은 명확하겠습니다. "다스린다"(to reign)라고 언급되었는데, 그 이유는 앞에서 "우리로 나라를 이루게 하시고(=왕들이 되게 하시고), 제사장이 되게 하셨다"고 언급되었기 때문입니다. 그리고 "왕들"은 주님에게서 온 신령진리에서 비롯된 지혜 안에 있는 자들을 뜻하고, 그리고 "제사장들"은 그분에게서 온 신령선에서 비롯된 사랑 안에 있는 자들을 뜻하기 때문입니다(본서 20항 참조). 그러므로 여기서 알 수 있는 것은 주님의 나라가 "성도들의 나라"라고 불리웠다는 것(다니엘 7 : 18, 27)입니다. 그리고 사도들에 관해서는 이렇게 언급되었습니다.

> 나를 따라온 너희도 열두 보좌에 앉아서, 이스라엘의 열두 지파를 심판할 것이다.
> (마태 19 : 28)

그럼에도 불구하고, 주님께서 홀로 심판하시고, 다스리십니다. 왜냐하면 주님께서는 그들 안에 있는 그분에게서 온 신령선에서 비롯된 신령진리에 의하여 심판하시고, 다스리시기 때문입니다. 그러나 주님에게서 온 그들 안에 있는 것을 자신들의 것이다고 믿는 사람은 그 나라에서, 다시 말하면, 천계에서 쫓겨납니다. "다스린다"는 말의 뜻은 묵시록서의 아래 장절에서도 동일한 뜻입니다.

> 이 사람들은 하나님과 그리스도의 제사장이 되어서, 천 년 동안 그와 함께 다스릴 것입니다.
> (묵시록 20 : 4, 6)

새 예루살렘에 들어 올 자들에 관한 것입니다.

> 그것은 주 하나님(=어린 양)께서 그들을 비추시기 때문입니다. 그들은 영원무궁 하도록 다스릴 것입니다.
> (묵시록 22 : 5)

285. "그들이 땅 위에서 다스릴 것이다"고 언급되었는데, 그 이유는 "땅"(earth)이, 여기서나, 또는 성경의 여러 곳에서, 천지(天地)에 있는 주님의 교회를 뜻하기 때문입니다. 주님의 교회는 어디에 있든지, 주님의 나라입니다. 그러므로 어느 누구나 주님에 의하여 속량된 자들이 왕들이나 제사장들이 된다는 것을, 그리고 그들이 땅을 다스릴 것이다는 것을 믿지 않게 하기 위하여, 땅이 교회를 뜻한다는 것을 성경에서 입증한다는 것은 매우 중요하겠습니다. 이러한 내용은 아래의 장절들에게서 잘 알 수 있겠습니다.

> 주께서 땅을 텅 비게 하시며,
> 황폐하게 하시며,
> 땅의 표면을 뒤엎으시며,
> 그 주민을 흩으실 것이니,……
> 땅이 완전히 텅 비며,
> 완전히 황무하게 될 것이다.
> 주께서
> 그렇게 된다고 선언하셨기 때문이다.
> 땅이 메마르며 시든다.……
> 땅이 사람 때문에 더럽혀진다.

사람이 율법을
어기고 법령을 거슬러서,
영원한 언약을 깨뜨렸기 때문이다.
그러므로 땅은 저주를 받고,
거기에서 사는 사람이 형벌을 받는다.
그러므로 땅의 주민들이 불에 타서,
살아 남은 자가 얼마 되지 않을 것이다.……
이 땅에 이러한 일이 일어나고
거기에 사는 백성에게
이러한 일이 일어날 것이니,
마치 올리브 나무를 떤 다음과 같고,
포도나무에서 포도를 걷은 뒤에
남은 것을 주울 때와 같을 것이다.……
땅의 기초가 흔들린다.
땅덩이가 여지없이 부스러지며,
땅이 아주 갈라지고,
땅이 몹시 흔들린다.
땅이 술 취한 자처럼 몹시 비틀거린다.……
그 날이 오면, 주께서,
위로는 하늘의 군대를 벌하시고,
아래로는 땅에 있는 세상의 군왕들을
벌하실 것이다.……
만군의 주께서 왕이 되실 터이니,
달은 볼 낯이 없어 하고,
해는 부끄러워할 것이다.
(이사야 24 : 1-23)
사자가 일어나서 숲 속에서 뛰쳐 나오듯이,
세계 만민을 멸망시키는 자가 길을 나섰다.
그가 너의 땅을 황무지로 만들려고
제 자리를 떴다.
이제는 너의 모든 성읍이 폐허가 되어,
주민이 없을 것이다.……
땅을 바라보니,
온 땅이 혼돈하고 공허합니다.
하늘에도 빛이 전혀 보이지 않습니다.

산들을 바로 보니,
모든 산들이 진동하고,
모든 언덕이 요동합니다.……
이 일 때문에 온 땅이 애곡하고,
하늘이 어두워질 것이다.
(예레미야 4 : 7, 23-28)
이 땅이 언제까지 슬퍼하며,
들녘의 모든 풀이 말라 죽어야 합니까?
이 땅에 사는 사람의 죄악 때문에
짐승과 새도 씨가 마르게 되었습니다.……
그들이 내 땅을 황무지로 바꾸어 놓았습니다.
황무지가 된 이 땅이 나를 보고 통곡한다.
온 땅이 이렇게 황무지가 되었는데도,
걱정하는 사람이 하나도 없구나.……
그들은 나의 맹렬한 분노 때문에,
아무런 소출도 없이 수치만 당하였다.
(예레미야 12 : 4, 11-13)
땅이 통곡하고 고달파 하며,
레바논이 부끄러워하고 메마르며,……
나뭇잎이 모조리 떨어진다.
(이사야 33 : 9)
흙이 유황으로 변하고,
온 땅이 역청처럼 타오를 것이다.……
영원토록 황폐하여,
영원히
그리로 지나가는 사람이 없을 것이다.
(이사야 34 : 9, 10)
주께서 강하고 힘 있는 이를 보내신다.……
만군의 주께서 온 세상을
멸하시기로 결정하셨다는 말씀을,
내가 들었다.
(이사야 28 : 2, 22)
주의 날이 온다.……
땅을 황폐하게 하고
그 땅에서 죄인들을 멸절시키는,

주의 날이 온다.……
하늘이 진동하고 땅이 흔들리게 하겠다.
(이사야 13 : 9, 13)
주께서 크게 진노하시니,
땅이 꿈틀거리고, 흔들리며,
산의 뿌리가 떨면서 뒤틀렸다.
(시편 18 : 7)
땅이 흔들리고 산이 무너져
바다 속으로 빠져 들어도,
우리는 두려워하지 않는다.
물이 소리를 내면서 거품을 내뿜고
산들이 노하여서 뒤흔들려도,
우리는 두려워하지 않는다.……
민족들이 으르렁거리고
왕국들이 흔들리는데,
주님이 한 번 호령하시면 땅이 녹는다.……
땅을 황무지로 만든 주의 업적을
와서 보아라.
(시편 46 : 2, 3, 6, 8)
너희는 땅의 기초가 어떻게 세워졌는지
알지 못하였느냐?……
그는 통치자들을 허수아비로 만드시며,
땅의 지배자들을
쓸모 없는 사람으로 만드신다.
(이사야 40 : 21, 23)
하나님,
주께서 우리를 내버리시고, 흩으시고,
우리에게 노하셨으나,
이제는 우리를 회복시켜 주십시오.
주께서
땅을 흔드시고 갈라지게 하셨으니,
이제는 그 갈라지고 깨어진 틈을
메워 주시어서,
땅이 요동치 않게 해주십시오.
(시편 60 : 1, 2)

땅이 진동하고,
거기에 사는 주민들이
흔들리고 비틀거릴 때에,
땅의 기둥을 견고하게 붙드는 자는
바로 나다.
(시편 75 : 3)
벌레들이 날개 치는 소리가 나는 땅에
재앙이 닥칠 것이다.……
너희 날쌘 대사들아, 가거라.
강물이 여러 갈래로 나뉘어 흐르는 땅으로
가거라.
(이사야 18 : 1, 2)
만군의 주의 진노로 땅이 바싹 타버리니,
그 백성이 마치 불을 때는 땔감같이 되며,……
(이사야 9 : 19)
너희 땅이 이처럼 비옥하여지므로,
모든 민족이 너희를 복되다고 할 것이다.
(말라기 3 : 12)
내가 너를 시켜서
뭇 백성과 언약을 맺겠다.……
내가 너희를 다시 너희 땅에 정착시키겠다.……
하늘아, 기뻐하여라!
땅아, 즐거워하여라!
산들아, 노랫소리를 높여라.
주께서 그의 백성을 위로하셨고,
또한 고난을 받은 그 사람들을
긍휼히 여기셨다.
(이사야 49 : 8, 13)
내가 다시는 주님을 뵙지 못하겠구나.
사람이 사는 땅에서는
다시는 주님을 뵙지 못하겠구나.
(이사야 38 : 11)
그들은 살아 있는 사람들의 세상에서 사람들에게 겁을 주던 용사들이다.
(에스겔 32 : 23-27)
이 세상에 머무는 내 한 생애에,

내가 주님의 은덕을 입을 것을
나는 믿는다.
(시편 27 : 13)
온유한 사람은 복이 있다.
그들이 땅을 차지할 것이다.
(마태 5 : 5)
주께서 이 일을 하셨으니,
하늘아, 기쁘게 노래하여라.……
너의 구원자,
너를 모태에서 만드신 주께서 말씀하신다.
"내가 만물을 창조한 주다.
나와 함께 한 이가 없이,
나 혼자서 하늘을 폈으며, 땅도 넓혔다."
(이사야 44 : 23, 24 ; 스가랴 12 : 1 ; 예레미야 10 : 11-13 ; 51 : 15
; 시편 136 : 6)
땅아, 너는 열려서,
구원이 싹나게 하고, 공의가 움돋게 하여라.……
바로 내가 친히 이 땅을 만들었으며,
바로 내가 그 위에 인류를 창조하였다.
내가 손수 하늘을 폈으며,
그 모든 별에게 명령을 내렸다.
(이사야 45 : 8, 12, 18, 19)
내가 새 하늘과 새 땅을 창조할 것이다.
(이사야 65 : 17 ; 66 : 22)

여기에 더 인용한다면, 아주 수많은 장절들이 아마도 수 페이지를 채우고도 남을 것입니다. "땅"(the earth)이 교회를 뜻하는 이유는, "땅"이 거기에 교회가 존재했던, 가나안 땅을 자주 뜻하기 때문입니다. "천계적인 가나안"(the heavenly Canaan)은 그 밖의 다른 것을 뜻하지 않습니다. 그렇기 때문에, "땅"이 거명되면, 영적인 존재들인 천사들은 땅에 관해서 생각하지 않고, 땅 위에 있는 인류에 대해서 생각하고, 그리고 그것의 영적인 상태에 관해서 생각합니다. 그리고 그것의 영적인 상태가 바로 교회에 속한 상태이다는 것을 생각합니다. "땅"은 역시 반대의 뜻을 가지고 있습니다. 그 뜻에서 보면 "땅"은 저주(詛呪)를 뜻합니다. 그 이유는 거기에 사람과 함께 하는 교회가 없으면, 거기에 저주가 있기 때문입니다. 이 뜻으로 땅이 언급된 장절들입니다(이사야 14 : 12 ; 21 : 9 ; 26 : 19, 21 ; 29 : 4 ; 47 : 1 ; 63 : 6 ; 애가 2 : 10 ; 에스겔 26 : 20 ; 32 : 24 ; 민수기 16 : 29-33 ; 26 : 10 ; 그 밖의 여러 곳).

286. 11절. **나는 또 그 보좌와 생물들과 장로들을 둘러선 많은 천사를 보았고, 그들의 음성을 들었습니다.**
이 말씀은 낮은 천계에 있는 천사들에 의한 주님에 속한 고백(告白·confession)과 광영(光榮·glorification)을 뜻합니다. 세 천계의 천사들에 의한 주님에 속한 고백과 광영이 있었다는 것은 앞에서 볼 수 있습니다(본서 275항 참조). 그리고 보다 높은 천계의 천사들에 의한 고백과 광영은 8절부터 10절까지 기술되었습니다. 지금은 보다 낮은 천계(the lower heavens)의 천사들에 의한 그것들이 11-12절에 기술되었는데, 그러므로 "보좌 둘레에 선 천사들"은 낮은 천계의 천사들에 의한 주님에 속한 고백과 광영을 뜻합니다. 그 때 요한 사도가 그들과 더불어 생물들과 장로들을 보았다고 하였는데, 그 이유는 "생물들"과 "장로들"이 보다 높은 천계(the higher heavens)의 천사들을 뜻하기 때문입니다(본서 275항 참조). 그리고 낮은 천계는 보다 높은 천계에서 분리되어 결코 행동할 수 없고, 오히려 그들과의 결합 가운데 있기 때문입니다. 왜냐하면 주님께서는 자기 자신으로부터 모든 천계에 직접적으로 입류(入流)하시기 때문이고, 따라서 이와 같이 낮은 천계도 역시 입류하시기 때문입니다. 그리고 동시에 높은 천계를 통하여 간접적으로 낮은 천계에 입류하시기 때문입니다. 이것이 먼저 자신들에 의하여 "그가 생물들과 장로들을 보았고, 그들의 음성을 들었다"고 하는 이유이고, 그리고 그 뒤에는 다른 나머지 것들과의 결합에서 보고, 들었다고 한 이유입니다.

287. 그들의 수는 수천 수만이었습니다.
이 말씀은 진리들 안에, 그리고 선들 안에 있는 전부를 뜻합니다. 자연적인 뜻으로 "숫자"(數字·number)는 치수(measure)나 무게(weight)에 관계되는 것을 뜻하지만, 그러나 영적인 뜻으로 "숫자"는 성질(=됨됨이·quality)에 관계를 가지고 있습니다. 그리고 여기서 "수천" "수만"이라는 그들의 존재에 의해서는 그들의 성품(性禀·quality)이 기술되었습니다. 왜냐하면 "만"(萬·myriad)은 진리들에 관해서 서술하고, "천"(千·thousand)은 선들에 관해서 서술하기 때문입니다. "만"이 매우 큰 수이고, "천"은 덜 큰 수이고, 그리고 진리들은 다중(多重)적이지만, 선들은 단순하기 때문입니다. 그리고 또한 성경에서 진리들이 다루어진 곳에서는 선들 역시 다루어지고 있기 때문입니다. 그리고 모든 개별적인 것들 안에는 선과 진리의 혼인(婚姻·結合·marriage of good and truth)이 존재하기 때문입니다. 그렇지 않다면 "만만"이라고 언급하는 것으로 충분할 것입니다. 이들 두 종류의 숫자들은 이런 뜻과 내용을 가지고 있기 때문에, 그 숫자들은, 아래에서와 같이, 다른 장절들에서도 역시 언급, 기술되고 있습니다.

> 하나님의 병거는 천천이요, 만만이다.
> 주께서 그 수많은 병거를 거느리시고,
> 시내 산을 떠나 거룩한 곳으로 오셨다.
> (시편 68 : 17)
> 내가 바라보니,······
> 한 옥좌에 옛적부터 계신 분이 앉으셨는데,······
> 수종 드는 사람이 수천이요,
> 모시고 서 있는 사람이 수만이다.
> (다니엘 7 : 9, 10)

모세가 요셉에 관해서 언급할 때의 말씀입니다.

> 그들은 첫 수송아지와 같은 힘으로,
> 황소의 뿔과 같은 위력으로,
> 그 뿔로 만방을 들이받아
> 땅 끝까지 휩쓸 것이니,
> 에브라임의 자손은 만만이요,
> 므낫세의 자손은 천천이다.
> (신명기 33 : 17)
> 그러므로 너는
> 밤에 찾아드는 공포를 두려워하지 않고,
> 낮에 날아드는 화살을
> 무서워하지 않을 것이다.

흑암을 틈타서 퍼지는 염병과
백주에 덮치는 재앙도 두려워하지 말아라.
네 왼쪽에서 천 명이 넘어지고,
네 오른쪽에서 만 명이 쓰러져도,
네게는 재앙이 다가가지 못할 것이다.
(시편 91 : 5-7)
우리의 곡간에는 온갖 곡식이 가득하고,
우리가 기르는 양 떼는 넓은 들판에서
수천 배, 수만 배나 늘어나며…….
(시편 144 : 13)
수천 마리의 양이나,
수만의 강 줄기를 채울
올리브 기름을 드리면,
주께서 기뻐하시겠습니까?
(미가 6 : 7)

법궤가 쉴 때 모세가 한 말씀입니다.

주님, 수천만 이스라엘 사람에게로 돌아오십시오.
(민수기 10 : 36)

이상의 장절에서 "수만"은 진리들에 관해서 언급하고, "수천"은 선들에 관해서 언급하고 있습니다.

288. 12절. **그들은 큰소리로
"죽임을 당하신 어린 양은
권세와 부와 지혜와 힘과
존귀와 영광과 찬양을
마땅히 받으실 만합니다"
하고 외치고 있었습니다.**
이 말씀은, 신령인성(神靈人性·神靈人間·the Divine Human)의 측면에서 주님께서는 전능(全能)·전지(全知)·신령선·신령진리를 소유하시고 있다는 마음으로부터의 고백(告白)을 뜻합니다. "큰소리로 말한다"는 말은 그분 안에는 아래에 이어지는 것들이 있다는 것을 뜻합니다. "어린 양"은 신령인성의 측면에서 주님을 뜻하고, "권세"(power)는 전능을 가리키는 신령능력을 뜻하고, "부와 지혜"(riches and wisdom)는 전지를 가리키는 신령지식과 신령지혜를 뜻하고, "존귀와 영광"(honor and glory)은 신령선과 신령진리를 뜻합니다. "부"(富·riches)가 선과 진리의 지식들을 뜻한다는 것, 따라서 학문(=과학·science)을 뜻한다는 것은 앞서의 설명을 참조하십시오(본서 206항 참조). 그러므로 주님에 관해서 언급될 경우, 그것들은 전지(全知)를 뜻한다는 것, 그리고 "존귀와 영광"은 주님에 관해서 언급될 경우, 신령선과 신령진리를 뜻한다는 것은 본서 249항을 참조하십시오.

289. "찬양(=축복)을 받는다."

이 말씀은 그분 안에 있는 이런 모든 것들과, 그리고 그분에게서 비롯된 그것들 안에 있는 모든 것들을 뜻합니다. "찬양한다"(=축복한다·blessing)는 말은, 예컨대 능력이나 풍부함(opulence) 같이, 사람이 주님으로부터 받는 모든 선을 뜻하고, 그리고 그것들이 뜻하고, 암시하는 모든 것들을 뜻합니다. 그러나 특별하게는 모든 영적인 선을, 예컨대 사랑과 지혜, 인애와 믿음, 그리고 거기에서 비롯된 즐거움과 지복(至福)을 뜻하는데, 이런 것들은 영원한 삶(永生)에 속한 것들입니다. 이런 모든 것들은 주님에게서 오기 때문에, 거기서 얻는 결론은 그것들이 모두 주님 안에 존재한다는 것입니다. 왜냐하면 그것들이 주님 안에 존재하지 않는다면 그것들은 그분에게서 온 다른 것들 안에는 존재할 수 없기 때문입니다. 따라서 여기서 얻는 결론은, 성경말씀에서 주님은 "찬양 받으신 분"(Blessed) 또는 "찬양"(Blessing)이라고 불리웠고, 다시 말하면 찬양 자체(Blessing Itself)라고 하였습니다. 주님을 가리키는 여호와께서 "찬양 받으신 분"(Blessed)이라고 한 것은 아래의 장절들에게서 명확합니다.

> 대제사장이 예수께 묻기를 "그대는 찬양을 받으실 분의 아들 그리스도요?" 하였다.
> (마가 14 : 61)
> 내가 너희에게 말한다. 너희가 '주님의 이름으로 오시는 분은 복되시다!' 하고 말할 그 때까지, 너희는 나를 보지 못할 것이다.
> (마태 23 : 39 ; 누가 13 : 35)

5 : 1 - 14

살렘 왕 멜기세덱이 아브람에게 복을 빌어 주었다.
"천지의 주재, 가장 높으신 하나님,
아브람에게 복을 내려 주십시오.
아브람은 들으시오.
그대는, 원수들을 그대의 손에 넘겨 주신
가장 높으신 하나님을 찬양하시오."
(창세기 14 : 18-20)
셈의 주 하나님은 찬양받으실 분이시다.
(창세기 9 : 26)
애원하는 나의 간구를 들어 주셨으니,
주님을 찬양하여라.
(시편 28 : 6)
주님, 내가 주님을 찬양합니다.……
주께서 나에게 놀라운 은총을 베푸셨기에,
내가 주님을 찬양합니다.
(시편 31 : 21)
이스라엘의 하나님이신 주님,
찬양을 받으십시오.
영원에서 영원까지.
(시편 41 : 13)

그 밖에도 여러 장절들이 있습니다(시편 66 : 20 ; 68 : 19, 35 ; 72 : 18, 19 ; 89 : 52 ; 119 : 12 ; 124 : 6 ; 135 : 21 ; 144 : 1 ; 누가 1 : 68). 이것이 여기서 "찬양"(=축복)이 언급된 이유입니다. 그리고 묵시록서 7장 12절이나 시편서에서도 마찬가지입니다.

주께서 승리를 안겨 주셔서
왕이 크게 영광을 받게 하셨으며,……
주께서 영원한 복을
왕에게 내려 주시고,…….
(시편 21 : 5, 6)

이런 내용들은 모두가 주님에 관한 것들입니다. 따라서 밝히 알 수 있는 것은, 성경에서 "하나님을 찬양한다"는 말은 곧 모든 찬양을 그분에게 돌린다는 것을 뜻합니다. 그리고 또한 그분께서 축복하여 주십시오 하고 기도하는 것을 뜻하고, 그리고 그분께서 주신 축복에 감사하는 것을 뜻합니다. 이러한 내용은 아래의 장절들에게서 잘 알 수 있겠습니다.

> 사가랴의 입이 열리고 혀가 풀려서, 말을 하며 하나님을 찬양하였다.……
> "주 이스라엘의 하나님은
> 찬양받으실 분이시다."
> (누가 1 : 64, 68)
> 시므온이 아기를 자기 팔에 받아서 안고, 하나님을 찬양하였다.
> (누가 2 : 28)
> 주께서 날마다 좋은 생각을 주시며,
> 밤마다 나의 마음에 교훈을 주시니,
> 내가 그를 찬양합니다.
> (시편 16 : 7)
> 새 노래로 주님께 노래하여라.……
> 그 이름에 영광을 돌려라.
> 그의 구원을 날마다 전하여라.
> 그의 영광을 만국에 알리고
> 그가 일으키신 기적을 만민에게 알려라.
> (시편 96 : 1-3)
> 날마다 주님을 찬양하여라.
> 하나님께서 우리의 짐을 대신 짊어지신다.……
> 회중 한가운데서 하나님을 찬양하여라.
> 이스라엘 자손아,
> 주님을 찬양하여라.
> (시편 68 : 19, 26)

290. 13절. 나는 또 하늘과 땅 위와 땅 아래와 바다에 있는 모든 피조물과, 또 그들 가운데 있는 만물이, 이런 말로 외치는 소리를 들었습니다.
이 말씀은 가장 낮은 천계(the lower heavens)의 천사들에 의한 주님의 고백과 광영을 뜻합니다. 이것이 가장 낮은 천계의 천사들에 의한 주님의 고백과 광영이다는 것은 계속되는 시리즈에서 명확합니다. 그 이유는 앞서의 주님의 고백과 광영은 보다 높은 천계의 천사들과 보다 낮은 천계의 천사들에 의하여 행해졌기 때문입니다(본서 275항과 그 이하의 항수들, 그리고 본서 286항과 그 이하의 항수들 참조). 왜냐하면 거기에는 세 천계(three heavens)가 있고, 그 각각의 천계에는 헤아릴 수 없는 사회들이 있기 때문이고, 그리고 그것들의 각각을 하나의 천계(a heaven)라고 부르기 때문입니다. "하늘과 땅 위와 땅 아래와 바다에 있는 모든 피조물들"이 천사들을 뜻한다는 것은 아주 명확합니다. 왜냐하면 그것이 "내가 말하는 것을 들었다"고 말하였기 때문이고, 그리고 그들이 "보좌에 앉으신 분과 어린 양께서는 찬양과 존귀와 영광과 권능을 영원무궁 하도록 받으십시오"라고 말하였기 때문입니다. "피조물"이라고 하는 그들의 존재는 성언의 문체(文體)에 일치하는데, 그 문체에서 피조물(=만물)은, 식물계에 속한 것들과 마찬가지로 동물계에 속한 것들은 사람에게 있는 다종다양한 것들을 뜻하는데, 이런 것들은 일반적으로는 사람의 의지, 또는 정동에 속한 그런 것들이고, 그리고 사람의 이해, 또는 생각에 속한 그런 것들이 되겠습니다. 왜냐하면 그것들은 그런 것들을 뜻하기 때문인데, 그 이유는 그것들이 그것들에게 서로 대응하기 때문입니다. 그리고 성경말씀은 순전히 대응들에 의하여 기술되었기 때문에 유사한 것들이 천계의 천사들에 관해서, 그리고 교회의 사람들에 관해서 언급되고 있습니다. 이런 사실에 관한 증거로 몇몇 장절들을 인용하고자 합니다. 그 장절들은 아래와 같습니다.

    예수께서 제자들에게 말씀하셨다. "너희는 온 세상에 나가서, 만민에게 복음을 전파하여라."
(마가 16 : 15)
이제 짐승들에게 물어 보아라.
그것들이 가르쳐 줄 것이다.
공중의 새들에게 물어 보아라.
그것들이 일러줄 것이다.
땅에게 물어 보아라.
땅이 가르쳐 줄 것이다.
바다의 고기들도 일러줄 것이다.
주께서 손수 이렇게 하신 것을,
이것들 가운데서 그 무엇이 모르겠느냐?

(욥기 12 : 7-9)
하늘아, 땅아, 주를 찬양하여라.
바다와 그 속에 살고 있는 모든 생물아,
주를 찬양하여라.
하나님께서 시온을 구원하셨다.
(시편 69 : 34, 35)
땅에서도 주님을 찬양하여라.
바다의 괴물들과 바다의 심연아,
모두 주의 이름을 찬양하여라.
(시편 148 : 7)
땅 위에 있는 모든 것을
내가 말끔히 쓸어 없애겠다.
나 주의 말이다.
사람도 짐승도 쓸어 없애고,
공중의 새도 바다의 고기도 쓸어 없애겠다.
(스바냐 1 : 2, 3 ; 이사야 50 : 2, 3 ; 에스겔 38 : 19, 20 ; 호세아 4 : 2, 3 ; 묵시록 8 : 7-9)
하늘은 즐거워하고, 땅은 기뻐 외치며,
바다와 거기에 가득 찬 것들도
다 크게 외쳐라.
들과 거기에 있는 모든 것도
다 기뻐하며 뛰어라.
그러면 숲 속의 나무들도 모두
즐거이 노래할 것이다.
주님이 오실 것이니,
주께서 땅을 심판하러 오실 것이다.
(시편 96 : 11-13 ; 그리고 그 밖의 많은 장절들).

"모든 피조물들"이 언급되었는데, 그것들은 모든 개혁된 것들이나 개혁된 사람들을 뜻합니다. 왜냐하면 "창조한다"(to create)는 말은 개혁하고(to reform), 중생하는 것(to regenerate)을 뜻하기 때문입니다(본서 254항 참조). "하늘과 땅 위와 땅 아래"가 뜻하는 것이 무엇인지는 위에 설명된 것에서 볼 수 있고(본서 260항 참조), "바다"가 뜻하는 것 역시 본서 238항에서 읽을 수 있겠습니다. 따라서 "바다에 있는 모든 피조물과, 또 그들 가운데 있는 만물"이 뜻하는 것이 무엇인지도 잘 알 수 있겠습니다. "바다의 물고기들"도 성경에서 이런 것들을 뜻하는데, 그것은, 자연적인 사람(the natural man)의 가장 낮은 것들인 감관적인 정동(the sensual affection)들을 가리킵니다. 왜냐하면 영계에서 이런 부류의 정동들은 멀리 떨어져서는 "물고기들"처럼 보이기 때문입니다. 그리고 마치 그들이 "바다에 있는 것"처럼 보이기 때문입니다. 그들이 있는 대기(大氣)는 물과 같이 보이기 때문에, 그러므로 천계나 땅 위에 있는 그들에게는 그것이 "바다"로 보이기 때문입니다. 이러한 내용은 본서 238항을 참조하시고, "물고기들"에 관해서는 본서 405항을 참조하십시오.

291. "보좌에 앉으신 분과 어린 양께서는 찬양과 존귀와 영광과 권능을 영원무궁 하도록 받으십시오."

이 말씀은 영원 전부터 주님 안에는, 그리고 따라서 그분의 신령인성(His Divine Human) 안에는 천계와 교회에 속한 모든 것들, 신령선과 신령진리, 그리고 신령권능(the Divine power)이 존재해 있다는 것, 그리고 주님으로 말미암아 천계와 교회 안에 있는 자들 안에도 존재한다는 것을 뜻합니다. 영원 전부터 주님은 여호와이시고, 그분께서는 사람들을 속량하시고, 구원하시기 위하여 시간 안에서 인성(人性·the Human)을 입으셨다는 것은 본서 281항을 참조하십시오. 그러므로 "보좌에 앉으신 분"은 아버지(聖父·the Father)로 불리우시는 영원 전부터 계신 주님을 뜻하고, "어린 양"(the Lamb)은, 성자(聖子·the Son)를 가리키는 신령인성(神靈人性·the Divine Human)의 측면에서 주님을 뜻합니다. 그리고 아버지(聖父)께서 아들(聖子) 안에 계시기 때문에, 그리고 아들도 아버지 안에 계시기 때문에, 따라서 그분들이 하나이시기 때문에, 이 두 분, 즉 "보좌에 앉으신 분과 어린 양"이 주님을 뜻한다는 것은 아주 명확합니다. 그리고 두 존재는 하나이기 때문에, "어린 양이 보좌 가운데 서 있다"고 언급되었습니다(묵시록 5 : 6 ; 7 : 17). 주님에 관해서 언급될 경우, "찬양"(=찬양한다·blessing)은, 그분 안에 있고, 그리고 그분에게서 비롯된 천계와 교회에 속한 모두를 가리키고, 그리고 천계에 있고, 교회에 있는 모든 자들 안에 있다는 것을 뜻한다는 것은 본서 289항을 참조하십시오. "존귀와 영광"(=광영·honor and glory)이 신령선과 신령진리이다는 것은 역시 앞서의 설명을 참조하십시오(본서 249항 참조). 주님에 관해서 언급될 경우 "권능"(權能·power)이 신령권능(the Divine power)을 가리킨다는 것 역시 확실합니다. 이런 것들이 모두 주님의 것이다는 것은 다니엘서에 언급된 것에서 잘 나타나고 있습니다. 다니엘서의 말씀입니다.

> 내가 밤에 이러한 환상을 보고 있을 때에
> 인자 같은 이가 오는데,
> 하늘 구름을 타고 와서,
> 옛적부터 계신 분에게로 나아가,
> 그분 앞에 섰다.
> 옛부터 계신 분이
> 그에게 권세와 영광과 나라를 주셔서,
> 민족과 언어가 다른 뭇 백성이
> 그를 경배하게 하셨다.
> 그 권세는 영원한 권세여서,
> 옮겨 가지 않을 것이며,
> 그 나라가 멸망하지 않을 것이다.
> (다니엘 7 : 13, 14)

"옛적부터 계신 분"(the Ancient of Days)이 영원 전부터 계신 주님이시다는 것은 미가서의 이런 말씀들에서 잘 나타나고 있습니다.

> "너 베들레헴 에브라다야,
> 너는 유다의 여러 족속(=통치자들) 가운데서
> 작은 족속이지만,
> 이스라엘을 다스릴 자가
> 네게서 내게로 나올 것이다.
> 그의 기원은 아득한 옛날,
> 태초에까지 거슬러 올라간다."
> (미가 5 : 2)

그리고 이사야서의 이런 말씀에서도 잘 나타나고 있습니다.

> 한 아기가 우리에게서 태어났다.

우리가 한 아들을 얻었다.
그는 우리의 통치자가 될 것이다.
그의 이름은 "기묘자, 모사,
전능하신 하나님,
영존하시는 아버지,
평화의 왕"이라고 불릴 것이다.
(이사야 9 : 6)

292. 14절. 그러자 네 생물은 "아멘!" 하였다.
이 말씀은 성언에서 비롯된 신령확증(Divine confirmation)을 뜻합니다. "네 생물들" 즉 그룹들이 성언을 뜻한다는 것은 앞서의 설명에서 볼 수 있습니다(본서 239항 참조). 그리고 "아멘"은 진리 자체에서 비롯된, 따라서 성언에서 비롯된 신령확증을 뜻합니다(본서 23·28·61항 참조).

293. 장로들은 엎드려서 경배하였습니다.
이 말씀은 앞에서 설명한 것과 같이(본서 251·58·60항 참조), 주님 앞에서의 겸비(謙卑·humiliation)를 뜻하고, 그리고 그분 안에 있고, 그리고 그분으로 말미암아 영생이 있는 천계의 모든 것들에 의한 주님의 경배와 찬양을 뜻합니다.

294. 나는 이상의 설명내용에 이와 같은 <영계 체험기>를 부가하고자 합니다. 자연계에 있는 사람의 언어는 두 겹(二重)으로 되어 있습니다. 그 이유는 사람의 생각(思想)도, 내면적인 것과 외면적인 것, 이중으로 되어 있기 때문입니다. 왜냐하면 사람은 내면적인 생각(interior thought)에서, 그리고 동시에 외면적인 생각(exterior thought)에서 말할 수 있기 때문입니다. 그리고 사람은 외면적인 생각에서는 말할 수 있지만, 내면적인 생각에서는 말할 수 없습니다. 사실은 내면적인 생각에 반대해서 말할 수 있습니다. 이것으로 인하여 시치미를 떼고, 그리고 아첨과 위선적인 언행을 할 수 있습니다. 그러나 영계에서 사람의 언어는 두 겹(二重)이 아니고, 홑겹입니다. 사람은 거기에서 그가 생각한 것을 말합니다. 그렇지 않으면 음성이 거칠고(harsh), 귀를 매우 거슬리게 합니다. 그러나 그는 잠자코 있을 수는 있지만, 그렇다고 자신의 마음의 생각이 안 드러나는 것은 아닙니다. 그러므로 위선자가 현

명한 사람들에게 있게 되면, 어디로 가버리든가, 아니면 방구석으로 물러가서, 다른 사람의 눈에 띄지 않게 조용히 앉아 있어야 합니다. 한 번은 영들의 세계에 모여서 이 주제에 관해서 대화를 가진 적이 있었는데, 거기에서 일러진 것은 자기 자신이 생각한 것을 제외하면 말할 수 없다는 것은 선한 자들과 함께 있을 수 있지만, 하나님이나 주님에 관해서 바른 생각을 할 수 없는 자에게는 어려운 일이라는 것이었습니다. 그 무리 가운데에는 개신교에 속한 자들과 많은 성직자들이 있었고, 그들 다음에는 로마가톨릭 교도들과 수도사들이 있었습니다. 그들은 모두가 처음에는 그런 일은 어려운 일이 아니다고 말하였습니다. "사람이 생각한 것 이외의 다른 것을 말한다는 것이 무슨 필요가 있겠는가? 만약에 바르게 생각하지 않은 것이 일어난다고 해도, 입을 다물고 조용히 있으면 되지 않겠는가?" 성직자 중의 하나가 "어느 누구가 하나님이나 주님에 대해서 바르게 생각하지 않겠는가?"라고 말하였습니다. 그리하여 특히 아타나시우스 교리에 있는 "아버지이신 한 분 인격과 아들이신 다른 한 분 인격과 성령이신 또다른 한 분 인격이 있다는, 그리고 아버지가 하나님이듯이, 아들도 하나님이시고, 그리고 성령도 하나님이시다"는 하나님의 세 분 인격의 개념(the ideas of Trinity of Persons in God)으로 굳게 다짐한 사람들에게, 그들이 "한 분 하나님이다"라고 말하도록 하였습니다. 그러나 그들은 할 수 없었습니다. 그들은 여러 가지 방법으로 자신들의 입술을 뒤틀었고, 접어 겹치었지만, 그러나 세 인격들에 속한 개념들인 그들의 생각의 개념들에 일치하는 것, 즉 거기에서 비롯된 세 분 하나님 이외의 다른 어떤 낱말도 소리 내어 명료하게 발음할 수 없었습니다. 인애에서 분리된 믿음으로 자신을 다짐한 자들에게 "예수"라는 이름을 부르게 하였지만, 그러나 그들은 그 이름을 부를 수 없었습니다. 그럼에도 불구하고 그들은 모두 "그리스도"를 말할 수 있었고, 또한 "하나님 아버지"(God the Father)라는 말도 할 수 있었습니다. 그들은 이런 일을 이상하게 생각하였고, 그리고 그 원인을 조사하였고, 그 이유를 알게 되었습니다. 그들은 아들(聖子)을 위해서는 하나님 아버지에게 기도하였지만, 구세주 그분에게는 기도하지 않았습니다. 왜냐하면 "예수"는 구세주이시기 때문입니다. 다음에 다시 그들에게 주님의 신령인성(the Lord's Divine Human)에 관해서 생각하면서 그들이 "신령인성"(神靈人性・神靈

人間・Divine Human)을 말하도록 다시 요청되었지만, 그러나 거기에 있는 성직자들 중 어느 누구도 그렇게 할 수 있는 자는 아무도 없었지만, 비록 평신도들 중에 몇몇은 할 수 있었습니다. 그러므로 이 문제가 진지하게 토의되었습니다. 그 때 토의된 내용입니다.

1. 복음서에서 비롯된 아래의 장절들이 그들에게 낭독되었습니다.

    아버지는……모든 것을 아들의 손에 맡기셨다.
    (요한 3 : 35)
    아버지께서는 아들에게 주신 모든 사람(=육체)에게 영생을 주게 하시려고 모든 사람을 다스리는 권세를 아들에게 주셨습니다.
    (요한 17 : 2)
    내 아버지께서는 모든 것을 내게 맡겨 주셨습니다.
    (마태 11 : 27)
    예수께서 다가와서, 그들에게 말씀하셨다. "나는 하늘과 땅의 모든 권세를 받았다."
    (마태 28 : 18)

그리고 생각 안에 그리스도가, 그의 신성(神性・His Divine)과 인성(人性・His Human)의 측면에서, 천지(天地)의 하나님이시다는 것을 간직할 것이 그들에게 지시되었고, 그리고 따라서 "신령인성"(神靈人性・Divine Human)을 공언(公言)할 것도 지시되었습니다. 그럼에도 불구하고 그들은 그렇게 할 수 없었습니다. 그들이 말할 수 있었던 것은, 그들이 사실은 이런 장절들로부터 그것에 관한 그들의 이해로부터 그것에 속한 생각의 몇몇을 간직하였지만, 그러나 시인(是認)하지 않았다는 것과 그리고 이런 이유 때문에 그들은 말할 수 없다는 것 등입니다.

2. 그런 뒤에 그들에게 누가복음서의 몇몇 장절들(누가 1 : 32, 34, 35)이 낭독되었습니다. 그것은 인성의 측면에서 주님은 여호와 하나님의 아들(the Son of Jehovah God)이시다는 것과 성경 어디에서나 그분께서는 인성의 측면에서 "하나님의 아들"(the Son of God) "독생자"(the Only-begotten)라고 불리셨다는 것이었습니다. 그리고 이 사실을 생각 안에 계속 간직할 것도 그들에게 명령되었습니다. 마찬가지로

그들이 생각 안에 간직하도록 명령된 것은, 이 세상에 태어나신 독생자 하나님 아들은, 아버지께서 하나님이신 것과 같이, 하나님일 수밖에 없다는 것과 "신령인성"(Divine Human)이라는 낱말을 공언하여야 한다는 것 등입니다. 그러나 그들은 "우리는, 내면적인 것을 가리키는, 우리의 영적인 생각이, 유사한 개념 이외의 다른 어떤 것이 언어 가까이에 들어가는 것을 허락하지 않는다는 이유 때문에, 그렇게 할 수 없다"고 말하였고, 그리고 그것에서 그들이 깨달을 수 있었던 것은, 자연계에 있었을 때와 같이, 그들의 생각들을 분열시키는 그것들을 허용하지 않는다는 것입니다.

3. 그 때 주님께서 빌립에게 하신 말씀이 그들에게 낭독되었습니다.

> 빌립이 예수께 말하였다. "주님, 우리에게 아버지를 보여 주십시오. 그러면 좋겠습니다." 예수께서 대답하셨다. "나를 본 사람은 아버지를 본 사람이다.······내가 아버지 안에 있고, 아버지께서 내 안에 계심을 믿어라."
> (요한 14 : 8-11)

그리고 다른 곳의 말씀입니다.

> 나와 아버지는 하나다.
> (요한 10 : 30)

이런 사실을 생각 안에 간직할 것과 그들이 "신령인성"을 고백할 것이 그들에게 명령되었습니다. 그러나 그들의 생각이 주님께서는 그분의 인성의 측면에서 주님이시다는 시인(是認)에 뿌리를 내지리 못하였기 때문에, 그러므로 그들은 그렇게 할 수 없었습니다. 그들은 심지어 분노 때문에 자신들의 입술을 뒤틀고, 깨물었습니다. 그리고 그들은 그것을 그들의 입으로 발설하려고 애를 쓰고, 힘을 썼지만, 그들은 할 수 없었습니다. 그 이유는 시인에서 나온 그들의 생각은, 영계에 있는 자들에게 있는 혀에 의하여 발설되는 낱말들과 하나를 이루기 때문입니다. 개념들이 존재하지 않는 곳에서는 낱말들도 결코 존재하지 않습니다. 왜냐하면 개념들이 말하는 낱말들이 되기 때문입니다.

4. 더욱이 아타나시우스 신조에서 발췌한 기독교계에 두루 수용된 아래의 구절인 교회의 가르침이 그들에게 낭독되었습니다. 그 내용은 이렇습니다. "주님 안에 있는 신성(神性)과 인성(人性)은 둘(2)이 아니고 하나이고, 사실은 영혼과 육체(soul and body)가 전적으로 결합된 것과 같이, 한 인격(one Person)입니다." 그리고 그들에게 일러진 것은 "이것으로부터 여러분은, 그분의 영혼(His Soul)이 신령하기 때문에, 주님의 인성(the Lord's Human)은 신령하다는 시인으로부터 한 개념을 가질 수 있을 것입니다. 왜냐하면 그것은 여러분들이 이 세상에 있을 때 여러분들이 시인한 여러분의 교회의 교리에서 비롯된 것이기 때문입니다. 더욱이 영혼은 본질(本質) 자체이고, 육신은 그것의 형체(form)입니다. 그리고 본질과 형체는 하나를 이룹니다. 그것은 마치 존재(存在·being)가 현현(顯現·existing·實在)과 같고, 결과에 속한 낳게 하는 원인과 결과 자체와 같습니다." 그들이 이 개념을 간직하였고, "신령인성"(Divine Human)이라는 말을 발설하려 하였지만, 그들은 할 수가 없었습니다. 왜냐하면 주님의 인성에 관한 그들의 내면적인 개념은, 그들이 그것을 부르는 것과 같이, 이와 같은 우연히 얻은 새로운 개념을 근절(根絶)시키고, 지워버렸기 때문입니다.

5. 또다시 요한복음서에서 이런 장절이 그들에게 낭독되었습니다.

    태초에 말씀이 계셨다. 그 말씀은 하나님과 함께 계셨다.······말씀이 육신이 되어 우리 가운데 사셨다.
    (요한 1 : 1, 14)

바울의 글에서 인용된 아래의 장절도 낭독되었습니다.

    그리스도 안에서는 하나님의 모든 신성이 몸이 되어서, 충만하게 머물러 있습니다.
    (골로새 2 : 9)

그들에게 일러진 것은, 성언(聖言·말씀·the Word)이신 하나님께서 육신이 되셨다는 것과, 모든 신령한 것이 육체적으로 그분이 살아계신다는 것을 굳게 생각한다는 것이었습니다. 아마도 그러면 여러분은

"신령인성"이라는 말을 발설할 수 있을 것이다는 것 등입니다. 그럼에도 불구하고 그들은, 하나님은 하나님이시고, 사람은 사람이고, 그리고 하나님은 하나의 영(a Spirit)이시고, 우리는 이 영에 관해서 바람(wind)이나 에텔(ether) 이상의 그 어떤 것으로 결코 생각하지 못하기 때문에, 그들은 신령인성의 개념을 가질 수 없다는 것을 공개적으로 말할 수 없었습니다.

6. 마지막으로 그들에게 일러진 것은 여러분은 주님께서 말씀하신 것을 잘 알 것이다는 것이었습니다.

> 언제나 내 안에 머물러 있어라. 그러면 나도 너희 안에 머물러 있겠다.……너희도 내 안에 머물러 있지 않으면, 열매를 맺을 수 없다.……너희는 나를 떠나서는 아무것도 할 수 없다.
> (요한 15 : 4, 5)

영국의 성직자들 몇몇이 나타났기 때문에 성만찬에 참여하기에 앞서 그들의 경고문 중에서 이 구절이 그들에게 낭독되었습니다. 즉 "우리가 그리스도의 살과 피를 영적으로 먹고 마실 때, 그 때 우리는 그리스도 안에, 그리고 그리스도는 우리 안에 살기 때문이다"는 구절과 "주님의 인성이 신성이시다는 것을 제외하면, 여러분이 이런 일이 일어날 수 없다고 만약에 생각한다면, 여러분은, 생각 안에 있는 시인으로부터, '신령인성'이라는 말을 발설할 수 있을 것입니다"는 구절입니다. 그러나 여전히 그들은 그렇게 할 수가 없었습니다. 그래서 그들에게 깊이 각인(刻印)된 개념은 주님의 신성은 이것이고, 그분의 인성은 저것이다는 것이고, 그리고 그분의 신성(His Divine)은 아버지의 신성과 같고, 그분의 인성(His Human)은 다른 보통 사람의 인성(human)과 같다는 것입니다. 그러나 그들에게 일러진 것은 "여러분은 어떻게 이것을 생각할 수 있는가? 그리고 하나님은 셋(3)이고, 주님은 둘(2)이시다는 것을 생각하다는 것이 합리적인 마음(a rational mind)에 가능한가?"라는 것입니다.

7. 그런 뒤에 그들은 루터교도들에게 돌아와서, "어거스틴의 신앙고

백이나 루터는 그리스도 안에 있는 하나님의 아들(聖子)과 사람의 아들(人子)은 한 분 인격(one Person) 안에 있다는 것과, 그리고 인성의 본질(the Human nature)의 측면에서도 그분은 참되고, 전능하고, 무한하신 하나님이시다는 것과, 그리고 이 본질의 측면에서도 역시 하나님 전능자의 오른쪽에 계시기 때문에 그분께서는 천지(天地)에 있는 삼라만상(森羅萬象)을 다스리시고, 삼라만상을 채우시고, 우리와 함께 계시고, 우리 안에서 살아 계시고, 역사하신다는 것과, 그리고 경배(敬拜・adoration)에 결코 어떤 차이가 없다는 것, 그 이유는 보이지 않는 신성(神性・the Divinity)은 보이는 본질들에 의하여 경배되기 때문이다는 것, 따라서 그리스도 안에서 하나님은 사람(Man)이시고, 사람(Man)은 하나님이시다"는 등등을 말하였습니다. 이런 내용을 듣자, 그들은 "그것이 사실이요?" 하고 말하였습니다. 그들은 주위를 둘러보고서 다시 "이것은 전에 우리가 알지 못했던 것이요. 따라서 우리는 불가능합니다"라고 즉시 말하였습니다. 그러나 이 사람 저 사람은 "우리는 그것을 읽고, 기록하기도 하였습니다. 그럼에도 불구하고 우리가 그것을 우리 스스로 생각할 때 그것들은, 우리가 그것들에 관해서 내면적인 개념을 가질 수 없는, 단순한 낱말들입니다"라고 말하였습니다.

8. 종국에 그들은 가톨릭교도들에게로 돌아갔고, 그들은 "아마도 여러분은 '신령인성'(the Divine Human)이라는 이름을 부를 수 있을 것입니다. 그 이유는 여러분은 여러분의 성만찬에서 빵과 포도주에, 그리고 모든 것 안에 그리스도의 전체(the whole of Christ)가 존재한다고 믿기 때문이고, 그리고 역시 여러분은 성찬식에 그것을 옮기고, 보일 때 하나님으로서 그분을 경배하기 때문입니다. 마찬가지로 마리아를 하나님의 출생자(the bringer forth of God)라고 부르고, 결과적으로 여러분은 그녀가 하나님을 낳으셨다고, 다시 말하면 신령인성을 낳았다고 믿기 때문이요"라고 말하였습니다. 그 때 그들은 주님에 관해서 생각에 속한 이런 개념들로부터 그것을 선언하려고 하였지만, 그들이 그렇게 할 수 없었습니다. 그 이유는 그분의 몸과 피(His body and blood)에 속한 물질적인 개념을 생각하는 그들의 관념 때문입니다. 그리고 신령능력이 아니고 인성(人性・the Human)만 그분에 의하여 교황에게 옮겨졌다는 주장 때문에 그들은 그것을 선언할 수가 없었습니다.

그 때 어떤 수도승이 일어나서, "그는 신령인성에 관해서, 그리고 하나님의 수태자(the God-bearer)인 가장 거룩한 처녀 마리아에 관해서, 그리고 그의 수도원에 관해서 능히 생각할 수 있다"고 말하였습니다. 또 다른 수도승이 왔는데, 그는 "내 생각의 개념으로 나는 그리스도보다는 교황이 거룩하고, 신령인성이라고 말할 수 있다"고 말하였습니다. 그러나 다른 몇몇 수도승들은 그들의 등을 잡아끌면서 "당신 때문에 창피하오"라고 말하였습니다. 이런 일이 있은 뒤, 열려 있는 하늘이 보였고, 그리고 거기에 혀(舌)들이 있는 것이 보였습니다. 그것은 마치 작은 불꽃처럼 내려와서 몇몇에게 들어갔습니다. 그 때 그들은 주님의 신령인성(the Divine Human of the Lord)을 찬양하면서, "세 분 하나님들의 신관"(the idea of three of God)을 씻어 버리시오! 주님 안에는 신성의 충만함이 육체로 산다는 것과, 영혼과 육신이 하나인 것과 같이 아버지(the Father)와 그분(=아들)은 하나이다는 것과, 하나님은 바람(wind)이나 에텔(ether)이 아니고, 그분은 사람이시다(He is Man)는 것을 믿으십시오. 그러면 그 때 여러분은 하늘과 결합할 것이고, 그것에 의하여 여러분은 주님에게서 "예수"의 이름을 선언할 힘을 받고, '신령인성'을 말할 것입니다 라고 말하였습니다.

제 6장 본   문(6장 1-17절)

1 나는 그 어린 양이 그 일곱 봉인 가운데 하나를 떼는 것을 보았습니다. 그리고 나는 네 생물 가운데 하나가 우뢰 같은 소리로 "오너라!" 하고 말하는 것을 들었습니다.

2 그리고 내가 보니, 흰 말 한 마리가 있는데, 그 위에 탄 사람은 활을 가지고 있었습니다. 그는 면류관을 쓰고 있는데, 그는 이기면서 나아가고, 이기려고 나아갔습니다.

3 그 어린 양이 둘째 봉인을 뗄 때에, 나는 둘째 생물이 "오너라!" 하고 말하는 것을 들었습니다.

4 그 때에 불빛과 같은 다른 말 한 마리가 뛰어나오는데, 그 위에 탄 사람은 땅에서 평화를 걷어 버리고, 사람들이 서로 죽이게 하는 권세를 받아 가졌고, 또 그는 큰 칼을 받아 가지고 있었습니다.

5 그 어린 양이 셋째 봉인을 뗄 때에, 나는 셋째 생물이 "오너라!" 하고 말하는 것을 들었습니다. 그리고 내가 보니, 검은 말 한 마리가 있는데, 그 위에 탄 사람은 손에 저울을 들고 있었습니다.

6 그리고 네 생물 가운데서 나오는 듯한 음성이 들려 왔는데 "밀 한 되도 하루 품삯이요, 보리 석 되도 하루 품삯이다. 올리브 기름과 포도주를 불순하게 만들지 말아라" 하고 말하였습니다.

7 그 어린 양이 넷째 봉인을 뗄 때에, 나는 이 넷째 생물이 "오너라!" 하고 말하는 것을 들었습니다.

8 그리고 내가 보니, 청황색 말 한 마리가 있는데, 그 위에 탄 사람의 이름은 '사망'이고, 지옥이 그를 뒤따르고 있었습니다. 그들은 칼과 기근과 죽음과 들짐승으로써 사분의 일에 이르는 땅의 주민들을 멸하는 권세를 받아 가지고 있었습니다.

9 그 어린 양이 다섯째 봉인을 뗄 때에, 나는 제단 아래에서, 하나님의 말씀 때문에, 또 그들이 말한 증언 때문에, 죽임을 당한 사람들의 영혼을 보았습니다.

10 그들은 큰소리로 "거룩하고 참되신 통치자님, 우리가 얼마나 더 오래 기다려야 땅 위에 사는 자들을 심판하시고 또 우리가 흘린 피의 원수를 갚아 주시겠습니까?" 하고 부르짖었습니다.

11 그리고 그들은 흰 두루마기를 한 벌씩 받아 가지고 있었고, 그들은 그들과 같은 동료 종들과 그들의 형제자매들 가운데서 그들과 같이 죽임을 당하기로 되어 있는 사람의 수가 차기까지, 아직도 더 쉬어야 한다는 말씀을 들었습니다.

12 그 어린 양이 여섯째 봉인을 뗄 때에, 나는 큰 지진이 일어나는 것을 보았습니다. 그리고 해는 검은 머리털로 짠 천과 같이 검게 되고, 달은 온통 피와 같이 되고,

13 하늘의 별들은, 무화과나무가 거센 바람에 흔들려서 설익은 열매가 떨어지듯이, 떨어졌습니다.

14 하늘은 두루마리가 말리듯이 사라지고, 제 자리에 그대로 남아 있는 산이나 섬은 하나도 없었습니다.

15 그러자 땅의 왕들과 고관들과 장군들과 부자들과 세도가들과 노예와 자유인과, 모두가 동굴과 산의 바위들 틈에 숨어서,

16 산과 바위를 바라보고 말하였습니다. "우리 위에 무너져 내려서, 보좌에 앉으신 분의 얼굴과 어린 양의 진노에서 우리를 숨겨다오.

17 그들의 큰 진노의 날이 이르렀다. 누가 이것을 버티어 낼 수 있겠느냐?"

간추린 영적인 뜻(6장 1-17절)

◆ 전장의 간추린 대의(大意)

우리의 본문장은 최후심판(最後審判 · the Last Judgment)이 단행될 자들에 관한 조사(=검증 · exploration)를 다루고 있고, 그리고 그 조사나 검증은 성언에 대한 그들의 이해의 성질이 어떤 것인지에 관한 것입니다. 거기에는 선에서 비롯된 진리들 안에 있는 자들이 있다는 것(1, 2절), 그리고 선이 결여된 자들도 있다는 것(3, 4절), 진리를 멸시하는 자들도 있다는 것(5, 6절), 그리고 선이나 진리의 측면에서 전적으로 박탈된 자들도 있다는 것(7, 8절) 등입니다. 그리고 악한 자들 때문에

주님에 의하여 낮은 땅에서 보호받는 자들의 상태에 관해서, 그리고 최후심판 때에 구원받을 자들의 상태에 관해서 다루고 있습니다(9-11절). 악들 안에, 그리고 그것에서 비롯된 거짓들 안에 있는 자들의 상태에 관해서, 최후심판의 날에 그들의 상태에 관해서 다루고 있습니다(12-17절).

◆ 각절의 간추린 대의(大意)

[1절] :
"나는 그 어린 양이 그 일곱 봉인 가운데 하나를 떼는 것을 보았습니다"는 말씀은 그들의 성언의 이해의 측면에서, 그리고 그것에서 비롯된 그들의 삶의 상태의 측면에서, 곧 다가올 최후심판을 겪을 모든 자들에 관해서 주님에 의한 조사(調査·檢査·exploration)를 뜻합니다(본서 295항 참조). "나는 네 생물 가운데 하나가 우뢰 같은 소리로 말하는 것을 들었습니다"라는 말씀은 성언의 신령진리에 일치한다는 것을 뜻하고(본서 296항 참조), "오너라"(=와서 보아라·come and look)라는 말씀은 순서에 따른 첫 번째에 관한 명시(明示)를 뜻합니다(본서 297항 참조).

[2절] :
"그리고 내가 보니, 흰 말 하나가 있는데"라는 말씀은 그들에게 있는 성언에서 비롯된 진리와 선에 관한 이해를 뜻하고(본서 298항 참조), "그 위에 탄 사람은 활을 가지고 있었습니다"는 말씀은 그들이 성언에서 비롯된 진리와 선에 속한 교리를 가지고 있다는 것과, 그들은 그것으로 말미암아 지옥에서 비롯된 온갖 거짓들과 악들에 대항하여 싸운다는 것을 뜻합니다(본서 299항 참조). "그는 면류관을 쓰고 있는데"라는 말씀은 그들의 전쟁에 속한 기장(記章)을 뜻하고(본서 300항 참조), "그는 이기면서 나아가고, 이기려고 나아갔습니다"라는 말씀은 온갖 악들이나 거짓들을 영원히 정복, 승리한다는 것을 뜻합니다(본서 301항 참조).

[3절] :
"그 어린 양이 둘째 봉인을 뗄 때에, 나는 둘째 생물이 '오너라!' 하고 말하는 것을 들었습니다"는 말씀은 거기에 위에 설명한 것과 꼭 같은

것이 있다는 것을 뜻합니다(본서 302-304항 참조).
[4절] :
"그 때에 불빛과 같은 다른 말 하나가 뛰어나오는데"라는 말씀은 그들에게 있는 선의 측면에서, 그리고 그것에서 비롯된 삶의 측면에서, 파괴된 성언에 속한 이해를 뜻하고(본서 305항 참조), "그 위에 탄 사람은 땅에서 평화를 걷어 버리고"라는 말씀은 인애를 제거하고, 영적인 안전과 내적인 쉼(休息)을 제거하는 것을 뜻합니다(본서 306항 참조). "(그는) 사람들이 서로 죽이게 하는 권세를 받아가졌다"라는 말씀은 내적인 증오들을 뜻하고, 그리고 지옥에서 비롯된 내습(來襲)이나 괴롭힘들을 뜻하고, 그리고 내적인 불안(不安)을 뜻합니다(본서 307항 참조). "또 그는 큰 칼을 받아 가지고 있었습니다"라는 말씀은 악에 속한 거짓들에 의한 진리의 파괴를 뜻합니다(본서 308항 참조).
[5절] :
"그 어린 양이 셋째 봉인을 뗄 때에, 나는 셋째 생물이 '오너라' 하고 말하는 것을 들었습니다"는 말씀은 여기서는 위와 동일한 내용을 뜻합니다(본서 309-311항 참조). "내가 보니, 검은 말 하나가 있는데"라는 말씀은 그들에게 있는 진리의 측면에서, 그리고 그것에서 비롯된 교리의 측면에서 파괴된 성언의 이해를 뜻합니다(본서 312항 참조). "그 위에 탄 사람은 손에 저울을 들고 있었습니다"라는 말씀은, 그들에게 있는 그것이 어떤 것인지, 선과 진리에 관한 평가(評價)를 뜻합니다(본서 313항 참조).
[6절] :
"네 생물 가운데서 나오는 듯한 음성이 들려 왔는데"라는 말씀은 주님에 의한 성언에 속한 신령보호를 뜻하고(본서 314항 참조), "밀 한 되도 하루 품삯이요, 보리 석 되도 하루 품삯이다"는 말씀은 선과 진리의 평가가 아주 적기 때문에 별것이 아니다는 것을 뜻합니다(본서 315항 참조). "올리브 기름과 포도주를 불순하게 만들지 말아라"는 말씀은 성언 안에 내면적으로 숨겨져 있는 거룩한 선들이나, 거룩한 진리들이 공격을 받고, 더럽혀지고, 모독되지 않도록 하는 주님에 의한 섭리를 뜻합니다(본서 316항 참조).
[7절] :
"그 어린 양이 넷째 봉인을 뗄 때에, 나는 이 넷째 생물이 '오너라!'

하고 말하는 것을 들었습니다"는 말씀은 여기서도 꼭 같은 것을 뜻합니다(본서 317-319항 참조).
[8절] :
"그리고 내가 보니, 청황색 말이 한 마리가 있는데"라는 말씀은 선이나 진리 양자의 측면에서 파괴된 성언에 속한 이해를 뜻합니다(본서 320항 참조). "그 위에 탄 사람의 이름은 '사망'이고, 지옥이 그를 뒤따르고 있었습니다"는 말씀은 영적인 생명의 소멸과 그것으로 인한 영벌을 뜻합니다(본서 321항 참조). "그들은 사분의 일에 이르는 땅의 주민들을 멸하는 권세를 받아 가지고 있었습니다"는 말씀은 교회 안에 있는 모든 선의 파괴를 뜻하고(본서 322항 참조), "(그들은) 칼과 기근과 죽음과 들짐승들로써……"라는 말씀은 교리에 속한 거짓들에 의해, 삶에 속한 악들에 의해, 고유속성(=자아·proprium)에 속한 사랑에 의해, 그리고 온갖 정욕들에 의한다는 것을 뜻합니다(본서 323항 참조).
[9절] :
"그 어린 양이 다섯째 봉인을 뗄 때에"라는 말씀은 주님에 의한 최후심판의 날에, 한 동안 보호되었던, 구원받을 수 있는 자들의 삶의 상태에 관한 조사(=검증·exploration)를 뜻합니다(본서 324항 참조). "나는 제단 아래에서, 하나님의 말씀 때문에, 또 그들이 말한 증언 때문에, 죽임을 당한 사람들의 영혼을 보았습니다"라는 말씀은 성언에 속한 진리에 일치하는, 그리고 주님의 신령인성에 속한 그들의 시인에 일치하는, 그들의 삶 때문에 악한 자에 의하여 배척당한 자들을 뜻하고, 그리고 그들이 타락하지 않도록 주님께서 보호하시는 자들을 뜻합니다(본서 325항 참조).
[10절] :
"그들은 큰소리로 부르짖었습니다"는 말씀은 마음(=심령)에 속한 슬픔을 뜻하고(본서 326항 참조), "거룩하고 참되신 통치자님, 우리가 얼마나 더 오래 기다려야 땅에 사는 자들을 심판하시고, 또 우리가 흘린 피의 원수를 갚아 주시겠습니까?"라는 말씀은 최후심판이 연기되었기 때문에 성언에 대하여, 주님의 신성에 대하여 공격을 하였던 자들이 제기되지 않았다는 것을 뜻합니다(본서 327항 참조).
[11절] :
"그들은 흰 두루마기를 한 벌씩 받아 가지고 있었다"는 말씀은 신령진

리들 안에 있는 천사들과 함께 하는 그들의 내통(內通)과 결합을 뜻합니다(본서 328항 참조). "그들은 그들과 같은 동료 종들과 그들의 형제자매들 가운데서 그들과 같이 죽임을 당하기로 되어 있는 사람의 수가 차기까지, 아직도 더 쉬어야 한다는 말씀을 들었다"는 말씀은, 같은 방법으로 악한 자에 의해서 배척된 자들이 모여야 할 때까지 최후의 심판이 약간 연기될 것이다는 것을 뜻합니다(본서 329항 참조).
[12절] :
"그 어린 양이 여섯째 봉인을 뗄 때에 나는 보았습니다"는 말씀은 심판이 행하여질 내면적으로 악한 자들의 삶의 상태를 주님께서 조사, 검증한다는 것을 뜻합니다(본서 330항 참조). "보아라, 거기에 큰 지진이 있었습니다"는 말씀은 전적으로 변한 자들에게 있는 교회의 상태와 그리고 공포(恐怖)를 뜻합니다(본서 331항 참조). "그리고 해는 검은 머리털로 짠 천과 같이 검게 되고, 달은 온통 피와 같이 되었다"는 말씀은 그들이 가지고 있는 사랑에 속한 모든 선의 섞음질(adulteration)과 그들이 가지고 있는 믿음에 속한 모든 진리의 위화(僞化・falsification)를 뜻합니다(본서 332항 참조).
[13절] :
"하늘의 별들은 땅에 떨어졌습니다"는 말씀은 선과 진리에 속한 모든 지식들이 흩어져 없어지는 것(消散・dispersion)을 뜻합니다(본서 333항 참조). "무화과나무가 거센 바람에 흔들려서 설익은 열매가 떨어지듯이 떨어졌다"는 말씀은 영적인 것에서 분리된 자연적인 사람의 추론(推論)들을 뜻합니다(본서 334항 참조).
[14절] :
"하늘은 두루마리가 말리듯이 사라지고"라는 말씀은 천계로부터의 분리(分離)와 지옥과의 결합(結合)을 뜻합니다(본서 335항 참조). "제 자리에 그대로 남아 있는 산이나 섬은 하나도 없었습니다"는 말씀은 사랑에 속한 모든 선과 믿음에 속한 모든 진리가 이탈(離脫)된 것을 뜻합니다(본서 336항 참조).
[15절] :
"그러자 땅의 왕들과 고관들과 장군들과 부자들과 세도가들 노예와 자유인 모두"라는 말씀은 분리(分離)에 앞서 선과 진리의 이해 안에 있었고, 그리고 그것의 지식들에 속한 학문 안에 있었고, 다른 자들에게서

또는 자신들에게서 비롯된 박학(博學) 안에 있었지만, 그럼에도 불구하고 그것들에 일치하는 삶 안에 있지 않은 자들을 뜻합니다(본서 337항 참조). "모두가 동굴과 산의 바위들 틈에 숨었다"는 말씀은 그들이 지금은 온갖 악들 안에 있고, 악에 속한 거짓들 안에 있다는 것을 뜻합니다(본서 338항 참조).

[16절] :
"산과 바위를 바라보고 말하였습니다. '우리 위에 무너져 내려서, 보좌에 앉으신 분의 얼굴과 어린 양의 진노에서 우리를 숨겨다오'"라는 말씀은, 그들이 주님의 신성을 시인하지 않을 때까지, 악에서 비롯된 거짓들에 의한 악에 속한 확증들을 뜻합니다(본서 339항 참조).

[17절] :
"그들의 큰 진노의 날이 이르렀다. '누가 이것을 버티어 낼 수 있겠느냐?'"라는 말씀은, 최후심판 때문에 그들이 선한 사람과 신실한 사람에게서의 분리에 의하여 자신들이 그런 자들이 되었다는 것과 그렇지 않으면 그들이 최후심판을 견디어 낼 수 없다는 것을 뜻합니다(본서 340항 참조).

제 6장 상세한 영적인 해설(6장 1-17절)

295. 1절. **나는 그 어린 양이 그 일곱 봉인 가운데 하나를 떼는 것을 보았습니다.**

그들의 성언의 이해와 그리고 그것에서 비롯된 그들의 삶의 상태에 대하여 최후심판을 받게 될 모든 자들에 대하여 주님께서 행하신 조사와 검증을 뜻합니다. 우리의 본문이 이런 내용을 뜻한다는 것은, 최후심판이 단행될 모든 자들에 대해서 그들의 삶의 상태에 관해서 주님께서 행하신 조사와 검증이 차례로 이어진다는 것 때문에, 그리고 이것은 성언에 일치하는 주님에게서 비롯된 것이기 때문입니다. 이런 내용이 바로 "두루마리의 봉인들을 떼신 주님의 개봉"(開封)의 뜻입니다. "두루마리를 연다" "그것의 봉인들을 뗀다"는 말은 모두의 삶의 상태들을 안다는 것을 뜻하고, 그리고 모두의 고유속성에 일치하여 각자를 심판한다는 것을 뜻한다는 것은 앞서의 설명에서 잘 알 수 있습니다(본서 259-265・267・273・274항 참조).

296. 나는 네 생물 가운데 하나가 우뢰와 같은 소리로 말하는 것을 들었습니다.
이 말씀은 성언에 속한 신령진리에 일치한다는 것을 뜻합니다. "네 생물들" 또는 "게르빔"이 성언을 뜻한다는 것은 본서 239・275・286항을 참조하십시오. 그리고 "우뢰 같은 소리"는 신령진리에 대한 지각(知覺)을 뜻합니다(본서 236항 참조). 여기서 "우뢰 같은 소리"(=우뢰 소리)라고 언급된 것은, 이 생물이 사자(lion)를 가리키고, 그리고 그 사자는 능력의 측면에서 성언에 속한 신령진리를 뜻하기 때문입니다(본서 241항 참조). 그러므로 이 동물이 "우뢰 같은 소리"로 말한 것처럼 언급되었습니다. 왜냐하면 그 뒤에는 둘째 생물이 말하였고, 그 뒤에는 셋째 생물이, 넷째 생물이 말하였기 때문입니다.

297. "오너라!"(=와서 보아라・come and look).
이 말씀은 순서에 따른 첫 번째에 관한 밝힘(表明・manifestation)이나 명시를 뜻합니다. 우리의 본문장에서는 그들의 삶의 상태에 관하여 최후심판이 단행될 모든 사람에 대한 조사와 검증이 기술되었다는 것과 그리고 이런 일은 주님으로부터 성언에 따라서 시행될 것이다는 것 등이 기술되었다고 앞에서 언급되었습니다(본서 295항 참조). 그러므로 여기서는 그들의 성언의 이해와 그것에서 비롯된 그들의 삶의 상태에 관해서 순서에 따라 제일 처음의 조사와 검증이 기술되었습니다. 교회가 성언으로 말미암아 존재한다는 것, 그리고 그것은 곧 성언의 이해와 같다는 것 등은 ≪성서론≫ 76-79항에서 잘 볼 수 있습니다.

298. 2절. 내가 보니, 흰 말 한 마리가 있는데…….
이 말씀은 그들에게 있는 성언에서 비롯된 진리와 선의 이해를 뜻합니다. 여기서 "말"(馬・horse)은 성언의 이해를 뜻하고, "흰 말"(白馬・a white horse)은 성언에서 비롯된 진리의 이해를 뜻합니다. 왜냐하면 백색(白色・white)은 진리에 관해서 서술하기 때문입니다(본서 167항 참조). "말"(馬・horse)이 성언의 이해를 뜻한다는 것은 소책자 ≪백마론≫(白馬論・the White Horse)에서 입증되었지만, 그러나 거기에서는 몇몇 장절들만 인용되고 있기 때문에 여기서는 더 확증하기 위하여 다른 장절들을 인용하고자 합니다. 어린 양이 봉인을 뗀 두루마리(book)에서 "말들"(horses)이 나왔다는 것을 보았다는 것과, "생물들이 와서 보아라! 하고 말하였다"는 것 등에서 그것은 아주 명확합니다. 왜냐하면 "생물들"은 성언을 뜻하기 때문이고(본서 239・275・286항 참조), 그리고 마찬가지로 "두루마리"도 성언을 뜻하기(본서 256항 참조) 때문입니다. 그리고 여기서 "어린 양"이 가리키는 "인자"(=사람의 아들・the Son of man)가 성언의 측면에서 주님을 뜻하기 때문입니다(본서 44항 참조). 이런 내용들에서 볼 때 "말"이 성언의 이해 이외의 아무것도 뜻하지 않는다는 것은 아주 명백합니다. 이러한 사실은 묵시록서에 있는 아래의 장절들에게서 보다 더 명확하게 나타나고 있습니다.

> 나는 또 하늘이 열려 있는 것을 보았습니다. 거기에 흰 말이 있었는데, '신실하신 분' '참되신 분'이라는 이름을 가지신 분이 그 위에 타고 계셨습니다.……그분은 피로 물든 옷을 입으셨고, 그분의 이름은 '하나님의 말씀'이라고 하였습니다. 그리고 하늘의 군대가 희고 깨끗한 고운 모시 옷을 입고, 흰 말을 타고 그분을 따르고 있었습니다.……그분의 옷과 넓적다리에는 '왕들의 왕' '군주들의 군주'라는 이름이 적혀 있었습니다.
> (묵시록 19 : 11, 13, 14, 16)

"말"(馬)이 성언의 이해를 뜻한다는 것은 아래의 장절들에게서 역시 잘 드러나고 있습니다.

> 주님,
> 강을 보고 분히 여기시는 것입니까?
> 강을 보고 노를 발하시는 것입니까?
> 바다를 보고 진노하시는 것입니까?……
> 주께서는 말을 타고 바다를 밟으시고
> 큰 물결을 휘저으십니다.
> (하박국 3 : 8, 15)
> 달리는 말발굽은 부싯돌처럼 보이고,
> 병거 바퀴는 회오리바람과 같이 구른다.
> (이사야 5 : 28)
> 그 날에, 내가 모든 말을 쳐서 놀라게 하며, 말탄 자를 쳐서 미치게 할 것이다.……모든 이방 민족이 부리는 말들은 쳐서 눈이 멀게 하겠다.

(스가랴 12 : 4)
그 날이 오면, 말방울에까지 '주께 거룩하게 바친 것'이라고 새겨져 있을
것이다.
(스가랴 14 : 20)
이것은 나 하나님이
타조를 어리석은 짐승으로 만들고,
지혜를 주지 않았기 때문이다.
그러나 타조가
한 번 날개를 치면서 달리기만 하면,
말이나 말 탄 사람쯤은 우습게 여긴다.
(욥기 39 : 17, 18 및 그 아래)
내가 에브라임에서 병거를 없애고,
예루살렘에서 군마를 없애며,……
그 왕은 이방 민족들에게
평화를 선포할 것이다.
(스가랴 9 : 10)
야곱의 하나님,
주께서 한 번 호령하시면,
병거를 탄 병사나 기마병이
모두 기절합니다.
(시편 76 : 6)
민족이 세운 왕국들의 권세를
내가 깨뜨리겠다.
병거들과 거기에 탄 자들을
내가 뒤집어엎겠다.
말들과 말을 탄 자들은,
저희끼리 칼부림하다가 쓰러질 것이다.
(학개 2 : 22)
너는 나의 철퇴요, 나의 무기다.
나는 너를 시켜서
뭇 민족을 산산이 부수고,
뭇 나라를 멸망시켰다.
나는 너를 시켜서
말과 기병들을 산산이 부수고,
병거와 병거대를 산산이 부수었다.

(예레미야 51 : 20, 21)
산 위에서 희생제물을 잡아서, 큰 잔치를 준비할 터이니, 너희가 사방에서 몰려와서, 고기도 먹고 피도 마셔라.……너희는 내가 마련한 잔칫상에서 군마와 기병과 용사와 모든 군인을 배부르게 뜯어 먹어라.……내가 이와 같이 여러 민족 가운데 내 영광을 드러낼 것이다.
(에스겔 39 : 17, 20, 21)
"하나님의 큰 잔치에 모여라.……말들과 그 위에 탄 자들의 살을 먹어라."
(묵시록 19 : 17, 18)
단은 길가에 숨은 뱀 같고,
오솔길에서 기다리는 독사 같아서,
말발굽을 물어,
말에 탄 사람을 뒤로 떨어뜨릴 것이다.
주님,
제가 주님의 구원을 기다립니다.
(창세기 49 : 17, 18)
용사이신 임금님,
칼을 허리에 차고,
위엄과 영광을 보여 주십시오.
영광스러운 승리를 거두어 주십시오.
진리와 겸손과 정의를 세우셔야 하니,
전차(=진리의 성언)에 오르십시오.
(시편 45 : 3, 4)
하나님을 찬양하여라.
그의 이름을 노래하여라.
구름을 타고 오시는 분에게,……
주의 이름을 찬양하여라.
(시편 68 : 4)
주께서 빠른 구름을 타시고,…….
(이사야 19 : 1)
세상의 왕들아,
하나님을 찬양하여라.
주님께 노래하여라.
하늘, 태고의 하늘을
병거삼아 타고 다니시는 분을 찬송하여라.
(시편 68 : 32, 33)

주께서 그룹을 타고 날아오셨다.
바람 날개를 타고 오셨다.
(시편 18 : 10)
그 때에,
너는 주 안에서 즐거움을 얻을 것이다.
내가 너를 땅에서 영화롭게 하겠다.
(이사야 58 : 14)
주께서만 홀로 그 백성을 인도하셨다.……
주께서 그 백성에게,
고원지대를 차지하게 하시며,……
(신명기 32 : 12, 13)
나는……에브라임은 수레를 끌게 하고(=나는 에브라임이 말을 타게 하겠다).
(호세아 10 : 11)

역시 에브라임은 성언의 이해를 뜻합니다. 엘리야나, 엘리사가 성언의 측면에서 주님을 표징하기 때문에, 그러므로 그들은 "이스라엘의 병거와 그의 마병들"이라고 불리웠습니다. 엘리사가 엘리야에게 한 말입니다.

엘리사가 이 광경을 보면서 외쳤다. "나의 아버지! 나의 아버지! 이스라엘의 병거이시며 마병이시여!"
(열왕기 하 2 : 12)
이스라엘의 왕 여호아스가 엘리사에게로 와서, 눈물을 흘리며 말하였다, "나의 아버지, 나의 아버지, 이스라엘의 병거와 마병이시여!"
(열왕기 하 13 : 14)
주께서 그 시종의 눈을 열어 주셨다. 그가 바라보니, 온 언덕에는 불 말과 불 수레가 가득하여, 엘리사를 두루 에워싸고 있었다.
(열왕기 하 6 : 17)

여기서 "병거"(=전차·chariot)는 성언에서 비롯된 교리를 뜻하고, "마병"(馬兵·horseman)은 그것에 의하여 지혜롭게 된 사람을 뜻합니다. 동일한 뜻의 말씀입니다. 스가랴서의 말씀입니다.

내가 고개를 들고 바라보니, 내 앞에 두 산 사이에서 병거 네 대가 나왔다.……첫째 병거는 붉은 말들이 끌고 있고, 둘째 병거는 검은 말들이, 셋째 병거는 흰 말들이, 넷째 병거는 얼룩 말들이 끌고 있었다. 말들은 모두 건장하였다.……그 천사가 나에게 대답하였다. "그것들은 하늘의 네 영이다. 온 세상을 다스리는 주님을 뵙고서, 지금 떠나는 길이다."
(스가랴 6 : 1-8)

이런 장절들에서 "말들"은 성언의 이해, 또는 성언에서 비롯된 진리의 이해를 뜻하고, 또한 다른 장절에서도 동일한 뜻을 가리킵니다. 반대의 뜻에서 "말들"에 관해서 언급된 내용에서 이런 뜻은 더욱 명료하게 드러나고 있는데, 반대의 뜻에서 말들은 추론들에 의하여 위화되고, 파괴된 성언이나 진리의 이해를 뜻합니다. 그런 것은 사람 자신의 자기 총명인데, 이런 뜻은 아래의 장절들에서 볼 수 있습니다.

> 도움을 청하러
> 이집트로 내려가는 자들에게
> 재앙이 닥칠 것이다.
> 그들은 군마를 의지하고
> 많은 병거를 믿고
> 기마병의 막강한 힘을 믿으면서,
> 이스라엘의 거룩하신 분은 바라보지도 않고,
> 주께 구하지도 않는다.……
> 이집트 사람은 사람일 뿐이고,
> 영이 아니다.
> (이사야 31 : 1, 3)
> 너희는 반드시 주 너희의 하나님이 택하신 사람을 너희 위에 왕으로 세워야 한다.……왕이라 해도 군마를 많이 가지려고 해서는 안 되며, 군마를 많이 얻으려고 그 백성을 이집트로 보내서도 안 된다.
> (신명기 17 : 15, 16)

이런 장절들이 언급된 것은, "이집트"가 사람 자신의 총명에서 비롯된 학문이나 추론을 뜻하고, 그리고 그런 것에서 성언에 속한 진리의 위화(僞化)가 생기기 때문입니다. 여기서 "말"은 이런 내용을 가리킵니다.

다시는 앗시리아에게
우리를 살려 달라고 호소하지 않겠습니다.
군마를 의지하지도 않겠습니다.
다시는 우리 손으로 만들어 놓은 우상을
우리의 신이라고
고백하지 않겠습니다.
(호세아 14 : 3)
어떤 이는 병거를 자랑하고,
어떤 이는 기마를 자랑하지만,
우리는
주 하나님의 이름만을 자랑합니다.
(시편 20 : 7)
나라를 구하는데,
군마가 필요한 것은 아니며,
목숨을 건지는 데
많은 군대가 필요한 것은 아니다.
(시편 33 : 17)
주님은 힘센 준마를 좋아하지 않으시고,
빨리 달리는 다리 힘센 사람도
반기지 아니하신다.
(시편 147 : 10)
주, 이스라엘의 거룩하신 하나님께서
이렇게 말씀하신다.
"너희는 회개하고 마음을 편하게 하여야
구원을 받을 것이며,
잠잠하고 신뢰하여야 힘을 얻을 것이다.
그러나 너희는
그렇게 하기를 바라지 않았다."
오히려 너희는 이렇게 말하였다.
'그렇게 하지 않겠습니다.……
우리는 차라리
날랜 말을 타고 달아나겠습니다.'
너희가 이렇게 말하였으니,
너희를 뒤쫓는 자들이
더 날랜 말을 타고 쫓아올 것이다.

(이사야 30 : 15, 16)
만군의 주께서……
그의 양 무리인 유다 백성을 돌보시고,
전쟁터를 달리는
날랜 말같이 만드실 것이다.……
주께서 그들과 함께 계시니,
원수의 기마대를 부끄럽게 할 것이다.
(스가랴 10 : 3, 5)
너는 망한다! 피의 도성!
거짓말과 강포가 가득하며
노략질을 그치지 않는 도성!
찢어지는 듯한 말채찍 소리,
요란하게 울리는 병거 바퀴 소리.
말이 달려온다.
병거가 굴러온다.
기병대가 습격하여 온다.……
사람이 시체 더미에 걸려서 넘어진다.
이것은 네가,
창녀가 되어서 음행을 일삼고,
마술을 써서 사람을 홀린 탓이다.
음행으로 뭇 나라를 홀리고,
마술로 뭇 민족을 꾀었기 때문이다.
(나훔 3 : 1-4)
내가……바빌로니아 왕을……데려다가 두로를 치겠다. 그가 말과 병거와 기병과 군대와 많은 백성을 이끌고 올 것이다.……
그의 군대들이 많아서,
너는 그들의 먼지에 묻힐 것이다.……
그의 기병과 병거의 바퀴 소리에
네 모든 성벽이 진동할 것이다.
그가 말발굽으로
네 거리를 짓밟을 것이고,
칼로 네 백성을 죽일 것이며,
네 튼튼한 돌기둥들도
땅 바닥에 쓰러뜨릴 것이다.
(에스겔 26 : 7-11)

"두로"는 일반적으로는, 진리의 지식들의 측면에서 교회를 뜻하지만, 여기서는 그 교회 안에 있는 위화된 그런 지식을 뜻하는데, 이것이 바로 "바빌론의 말들"이 가리킵니다. 이 밖의 다른 곳에서도 마찬가지입니다(이사야 5 : 26, 28 ; 예레미야 6 : 22, 23 ; 8 : 16 ; 46 : 4, 9 ; 50 : 37, 38, 42 ; 에스겔 17 : 15 ; 23 : 6, 20 ; 하박국 1 : 6, 8-10 ; 시편 66 : 12). 아래에 언급되고 있는 "붉은 말(=불빛과 같은 말)·검은 말·청황색 말"은 성언의 이해가 파괴된 것을 뜻합니다. 이러한 것은 영계에 있는 외현(外現)에서 알 수 있는데, 거기에서 "말"(馬·a horse)은 성언에서 비롯된 진리의 이해를 뜻합니다. 이러한 내용은 "백마"(白馬·the white horse)에 관해서 다룬 작은 책자를 참조하십시오.

299. 그 위에 탄 사람은 활을 가지고 있었습니다.

이 말씀이 그들은 성언에서 비롯된 진리와 선에 속한 교리를 가지고 있다는 것과, 그들은 그것들을 가지고 지옥에서 비롯된 온갖 거짓들과 악들에 대항하여 싸운다는 것, 따라서 지옥을 대항하여 싸운다는 것을 뜻합니다. "흰 말 위에 탄 사람"은, 묵시록 19장 13절에 언급한 것과 같이, 성언의 측면에서 주님을 뜻하지만, 그러나 여기의 흰 말 위에 탄 사람은 성언에서 비롯된, 따라서 주님에게서 비롯된 진리와 선에 속한 교리의 측면에서 사람─천사(a man-angel)를 뜻합니다. 아래의 장절도 같은 것을 뜻합니다.

> 하늘의 군대가 희고 깨끗한 고운 모시 옷을 입고, 흰 말을 타고 그분을 따르고 있었습니다.
> (묵시록 19 : 14)

흰 말(白馬)을 타신 분에 관해서는(묵시록 19장) 이렇게 언급되었습니다.

> 그분의 입에서 날카로운 칼이 나오는데, 그분은 그것으로 모든 민족을 치실 것입니다.
> (묵시록 19 : 15)

"그분의 입에서 나온 칼"은 온갖 거짓들이나 악들에 대항하여 싸우는 성언에 속한 신령진리를 뜻하지만(본서 52·108·117 참조), 그러나 여기서는 이 흰 말에 탄 사람이 "활"을 가지고 있다고 언급되었습니다. 여기서 "활"은 온갖 악들이나 거짓들에 대항하여 싸우는 성언에서 비롯된 진리나 선에 속한 교리를 뜻합니다. 거짓들이나 악들에 대항하여 싸운다는 것은 또한 지옥들을 대항하여 싸운다는 것을 가리킵니다. 그 이유는 악들이나 거짓들이 지옥에서 비롯되고, 따라서 지옥을 뜻하기 때문입니다. "성언"에서 "활"이, 진리와 선의 양면에서, 투쟁하는 교리를 뜻한다는 것은 아래의 장절들에게서 잘 나타나고 있습니다.

그들의 화살(=여호와의 화살)은 예리하게 날이 서 있고,
모든 활시위는 쏠 준비가 되어 있다.
달리는 말발굽은 부싯돌처럼 보이고,
병거 바퀴는 회오리바람과 같이 구른다.
(이사야 5 : 28)
(주께서는 타오르는 진노로)
우리가 원수가 되는 것처럼
활을 당기시고,……
(애가 2 : 4)
주님,……
어찌하여 구원의 병거를 타고
말을 몰아오시는 것입니까?
주께서
활을 꺼내시고, 살을 메우시며,
힘껏 잡아당기십니까.
(하박국 3 : 8, 9)
누가 민족들을 그에게 굴복하게 하였느냐?
누가 그를 왕들의 통치자로 만들었느냐?
그의 칼은 그들을 쳐서 티끌처럼 만들고,
그의 활은 그들을 흩어서
검불처럼 날리게 하였다.
(이사야 41 : 2)

이 장절들에서 "활"은, 그것이 여호와, 즉 주님에게 적용되고 있기 때문에, 성언을 뜻하고, 그것으로 주님께서는 사람과 함께 악들이나 거

짓들에 대항하여 싸우십시다.

> 내가 에브라임에서 병거를 없애고,
> 예루살렘에서 군마를 없애며,
> 전쟁할 때 쓰는 활도 꺾으려 한다.
> 그 왕은 이방 민족들에게
> 평화를 선포할 것이다.
> (스가랴 9:10)
> 그들은 활을 당기듯,
> 혀를 놀려 거짓을 일삼는다.
> 진실은 없고,
> 그들만이 이 땅에서 판을 친다.
> (예레미야 9:3)
> 악인이 활을 당기고,
> 시위에 화살을 메워서
> 마음이 바른 사람을
> 어두운 곳에서 쏘려 하지 않느냐?
> (시편 11:2)
> 사수들이 잔인하게 활을 쏘며 달려들어도,
> 사수들이 적개심을 품고서
> 그를 과녁으로 삼아도,
> 요셉의 활은 그보다 튼튼하고,
> 그의 팔에는 힘이 넘친다.
> 야곱이 섬기는 '전능하신 분'의 능력이
> 그와 함께 하시고······.
> (창세기 49:23, 24)
> 활을 당기는 모든 사람들아,
> 너희는 바빌론 도성을 에워싸고 진을 쳐라.
> 그 도성에 활을 쏘아라.
> 화살을 아끼지 말고 쏘아라.
> 그 도성은 나에게 범죄하였다.
> (예레미야 50:14, 29)
> 다윗이 사울과 그의 아들 요나단의 죽음을 슬퍼하며, 조가를 지어서 부르고, 그것을 '활 노래'라 하여, 유다 사람들에게 가르치라고 명령하였다.
> (사무엘 하 1:17, 18)

그 애가에는 거짓들에 대항하는 진리의 싸움이 다루어졌습니다.

"나 만군의 주가 말한다. 내가 엘람의 주력 무기인 활을 꺾어 버리겠다.
(예레미야 49 : 35)
(주께서)
내 입을 날카로운 칼처럼 만드셔서,
나를 주의 손 그늘에 숨기셨다.
나를 날카로운 화살로 만드셔서,
주의 화살통에 감추셨다.
(이사야 49 : 2)
자식은 주께서 주신 선물이요,……
젊어서 낳은 자식은
용사의 손에 쥐어 있는 화살과 같으니,
그런 화살이 화살통에 가득한 용사에게는
복이 있다.
(시편 127 : 3-5)

여기서 "아들들"은, 다른 곳에서와 같이, 교리에 속한 진리들을 뜻합니다.

그의 장막 살렘에 있고,
그의 처소 시온에 있다.
여기에서 하나님이 불화살을 꺾으시고,
방패와 칼과 전쟁 무기를 꺾으셨다.
(시편 76 : 2, 3)
땅 끝까지 전쟁을 그치게 하시고,
창을 꺾고 활을 부러뜨리고
방패를 불사르신다.
(시편 46 : 9 ; 에스겔 39 : 8, 9 ; 호세아 2 : 18)

이런 장절에서 "활"은 거짓들에 대항하여 싸우는 진리에 속한 교리를 뜻하고, 나쁜 뜻으로는 진리들에 대항하여 싸우는 거짓에 속한 교리를 뜻합니다. 그러므로 "화살들"이나 "던지는 화살들"(darts)은 진리들이나 또는 거짓들을 뜻합니다. 성경에서 "전쟁"이 영적인 전쟁을 뜻하기 때문에, 그러므로 칼·창·방패·둥근 방패·활·화살들과 같은 전쟁의 무기들은 영적인 전쟁에 속한 그런 것들을 뜻합니다.

300. 그는 면류관을 쓰고 있는데······.

이 말씀은 그의 전쟁의 기장(記章)을 뜻합니다. "면류관"이 전쟁의 기장(=증표)을 뜻한다는 것은, 옛날에 왕들은 전쟁에서 면류관을 썼기 때문인데, 이러한 사실은 역사에서 잘 나타나고 있고, 부분적으로는 사무엘 하서 1장 10절에서 볼 수 있는데, 거기의 말씀입니다.

> (그 젊은이가 사울 왕에 관해서 다윗에게 보고 하였다.)
> 제가 보기에도, 일어나서 사실 것 같지 않아서, 다가가서 명령하신 대로 하였습니다. 그런 다음에, 저는 머리에 쓰고 계신 왕관을 벗기고, 팔에 끼고 계신 팔찌를 빼어서, 이렇게 가져 왔습니다.
> (사무엘 하 1 : 10)

랍바 왕과 다윗 왕에 관해서 언급된 것에서도 잘 나타나고 있습니다(사무엘 하 12 : 29, 30). 그리고 시험들은 순교자(殉敎者)들이 겪은 영적인 전쟁을 가리키기 때문에, 그러므로 면류관(=왕관)들이 승리의 증표로서 그들에게 주어졌습니다(본서 103항 참조). 이상에서 밝히 알 수 있는 것은, 여기서 "면류관"이 그들의 전쟁의 증표를 뜻한다는 것입니다. 그러므로 뒤이어서 "그는 이기면서 나아가고, 이기려고 나아갔다"는 말이 이어지고 있습니다.

301. 그는 이기면서 나아가고, 이기려고 나아갔습니다.

이 말씀은 영원까지 온갖 거짓들이나 악들을 정복하는 승리(勝利)를 뜻합니다. "이긴다, 이기려고 나아간다"는 말이 언급되고 있는데, 그 이유는 온갖 시험들을 가리키는 영적인 전쟁에 있는 사람은 이 세상에서 이기고, 영원까지 이기기 때문입니다. 왜냐하면 지옥은 지옥을 정복한 자 어느 누구도 공격할 수 없기 때문입니다.

302. 3절. 그 어린 양이 둘째 봉인을 뗄 때에······.

이 말씀은 주님께서 최후심판이 집행될 자들의 삶의 상태에 관해서 조사하고 검증하는 것을 뜻합니다. 여기서의 뜻 역시 앞에서 입증한 내용과 같은데(본서 295항 참조), 다만 그 아래에 언급된 내용과는 다릅

303. 나는 둘째 생물이 말하는 것을 들었습니다.
이 말씀은, 위에서 언급한 것과 같이(본서 296항 참조), 성언에 속한 신령진리에 일치한다는 것을 뜻합니다.

304. "이리 오너라!"(=와서 보아라).
이 말씀은 순서에 따른 두 번째 것에 관한 밝힘(明示)을 뜻합니다. 이러한 사실은 위의 설명에서 잘 알 수 있겠습니다(본서 297항 참조). 그러나 거기에서는 순서의 첫 번째에 관한 것이고, 여기서는 그 두 번째에 관한 것입니다.

305. 4절. **그 때에 불빛과 같은 다른 말**(=붉은 말) **한 마리가 뛰어나오는데……**.
이 말씀은, 선의 측면에서, 그리고 그것에서 비롯된 이런 것들과 함께 한 삶의 측면에서 성언에 속한 파괴된 이해를 뜻합니다. "말"(馬・horse)이 성언에 속한 이해를 뜻하고(본서 298항 참조), "붉은 색"(red・적갈색・rufus・피딱지색)은 파괴된 선을 뜻합니다. 흰 색(白色)은 진리들에 관해서 서술하는데, 그것은 천계의 태양에 속한 빛에서 오기 때문이고, 그리고 붉은 색(赤色・ruber)은, 그것이 천계의 태양에 속한 불꽃에서 오기 때문에 선들에 관해서 서술한다는 것은 앞에서의 설명에서 (본서 167・231항 참조) 잘 읽을 수 있겠습니다. 그러나 "붉은 색"(=피딱지색・적갈색・rufus)이 파괴된 선(good destroyed)에 관해서 서술하는 이유는 여기서 붉은 색(=피딱지색・rufus)이 지옥적인 붉은 색(an infernal red)을 뜻하고, 그것은 지옥의 불꽃에서 비롯되기 때문이고, 그리고 또한 그것은 악에 속한 애욕(愛慾・the love of evil)이기 때문입니다. 지옥의 붉은 색인 붉은 색(=피딱지색)은 소름이 끼치는 것이고, 몹시 역겨운 것으로 거기에는 살아 있는 것, 즉 생명이 있는 것은 전무(全無)하고, 모두 죽은 것뿐입니다. 여기에서 알 수 있는 것은 "붉은 말"(=피딱지 색깔의 말)은 선의 측면에서 파괴된 성언에 속한 이해(the understanding of the Word destroyed)를 뜻한다는 것입니다. 이러한 내용은 아래에 있는 그것에 관한 기록에서 잘 나타나고 있습니다. 그 기록은 "그 위에 탄 사람은 땅에서 평화를 걷어 버리고, 사람들이 서로 죽이게 하는 권세를 받아 가졌다"는 것입니다. 그리고 송아지처럼 생긴 "둘째 생물"도 정동의 측면에서 성언에 속한 신령진리를 뜻하고(본서 242항 참조), 그 생물 역시 "와서 보아라"라고 말하였는데, 따라서 거기에는 선에 속한 정동이 전혀 없었고, 그것으로 인하여 그들에게 전혀 선이 없었다는 것을 보여 주고 있기 때문입니다. 붉은 색이, 악에 속한 것과 같이, 선에 속한 사랑인 사랑에 관해서 언급하고 있다는 것은 아래의 장절들에게서 잘 나타나고 있습니다.

> 그는 옷을 포도주에다 빨며,
> 그 겉옷은 포도의 붉은 즙으로 빨 것이다.
> 그의 눈은 포도주 빛보다 진하고,
> 그의 이는 우유 빛보다 흴 것이다.
> (창세기 49 : 11, 12)

이것은 주님에 관한 말씀입니다.

> 에돔에서 오시는 이분은 누구신가?
> 붉게 물든 옷을 입고 보스라에서 오시는
> 이분은 누구신가?……
> 어찌하여 네 옷이 붉으며,
> 어찌하여 포도주 틀을 밟는 사람의
> 옷과 같으냐?
> (이사야 63 : 1, 2)

이 말씀도 역시 주님에 관한 것입니다.

> 예전에는 귀하신 몸들(=나실 사람들)이
> 눈보다 깨끗하며 우유보다 희고,
> 그 몸이 산호보다 붉고,
> 그 모습이 청옥과 같더니,…….
> (애가 4 : 7)

이 장절에서 "붉다"는 것은 선에 속한 사랑에 관해서 서술하고, 아래의 장절에서는 악에 속한 애욕(愛欲·the love of evil)에 관해서 서술합니다.

적군들은 붉은 방패를 들고,
자주색 군복을 입었다.
병거가 대열을 지어 올 때에
그 철갑이 불꽃처럼 번쩍이고,……
그 모양이 횃불 같고,
빠르기가 번개 같다.
(나훔 2 : 3, 4)
너희의 죄가 주홍빛과 같다 하여도
눈과 같이 희어질 것이며,
진홍빛과 같이 붉어도
양털과 같이 희어질 것이다.
(이사야 1 : 18)

묵시록서 12장 3절의 "붉은 용"(the red dragon)이나, 스가랴서 1장 8절의 "화석류나무 사이에 서 있는 붉은 말"도 역시 그 밖의 다른 내용을 뜻하지 않습니다. 예컨대 주홍빛이나 자주빛 같이, 붉은 색(red)에서 파생된 색깔들에 관한 것도 동일한 내용들을 뜻합니다.

306. 그 위에 탄 사람은 땅에서 평화를 걷어 버리고…….

이 말씀은, 인애와 영적인 안전(spiritual security)과 내적인 안식(安息·internal rest)을 제거하는 것을 뜻합니다. 여기서 "평화"(平和·peace)는 주님에게서 비롯된 그들의 전체적인 것 안에 있는 모든 것들을 뜻하고, 그리고 그것에서 비롯된 천계나 교회에 속한 모든 것들을, 그리고 그것들 안에 있는 삶의 행복을 뜻합니다. 이것들이 최고의 뜻으로, 또는 극내적인 뜻으로 평화에 관한 것입니다. 그러므로 뒤이어지는 것은, "평화"는 인애이고, 영적인 안전이고, 내적인 안식이다는 것입니다. 왜냐하면 사람이 주님 안에 있게 되면, 그 사람은 그의 이웃과 함께 평화의 상태에 있게 되는데, 이웃과의 평화가 곧 인애이고, 지옥으로부터의 보호가 영적인 안전입니다. 사람이 그의 이웃과 함께 평화의 상태에 있을 때, 그리고 지옥으로부터 보호의 상태에 있을 때, 그는 온갖 악들이나 거짓들로부터 내적인 안식의 상태에 있습니다. 그러므로 이런 모든 것들이 주님으로 말미암아 존재하기 때문에, 아래의 장절에서, 일반적이든 개별적이든, "평화"가 뜻하는 것이 무엇인지 잘 나타나고 있습니다.

한 아이가 우리에게 태어났다.
우리가 한 아들을 얻었다.
그는 우리의 통치자가 될 것이다.
그의 이름은 '기묘자, 모사,
전능하신 하나님,
영존하시는 아버지,
평화의 왕'이라고 불릴 것이다.
그의 왕권은 점점 더 커지고
나라의 평화도 끝없이 이어질 것이다.
(이사야 9 : 6, 7)
(예수께서 말씀하셨다.) 나는 평화를 너희에게 남겨 준다. 나는 내 평화를 너희에게 준다.
(요한 14 : 27)
내가 이렇게 말한 것은, 너희로 하여금 내 안에서 평화를 얻게 하려는 것이다.
(요한 16 : 33)
그가 다스리는 동안,
정의가 꽃을 피우게 해주시고,……
평화가 넘치게 해주십시오.
(시편 72 : 7)
내가 그들과 평화의 언약을 세우고……그들이 자기들의 땅에서 평안히 살 것이다.
(에스겔 34 : 25, 27 ; 37 : 25, 26 ; 말라기 2 : 4, 5)
놀랍고도 반가워라.
희소식을 전하려고
산을 넘어 달려오는 저 발이여!
평화가 왔다고 외치며,
복된 희소식을 전하는구나.
구원이 이르렀다고 선포하면서
시온을 보고 이르기를
"너의 하나님께서 통치하신다" 하는구나.
(이사야 52 : 7)
주께서 너에게 복을 주시고
너를 지켜 주시며,

주께서 너를 밝은 얼굴로 대하시고,
너에게 은혜를 베푸시며,
주께서 너를 고이 보시어서
너에게 평화를 주시기를 빈다.
(민수기 6 : 24-26)
주님은 당신을 따르는 백성에게
평화의 복을 내리신다.
(시편 29 : 11)
주께서는, 나에게 덤벼드는 자들에게서,
내 생명 안전하게(=평화 가운데) 지켜 주실 것이다.
(시편 55 : 18)
의의 열매는 평화요,
의의 결실은 영원한 평안과 안전이다.
나의 백성은 평화로운 집에서 살며,
안전한 거처,
평온히 쉴 수 있는 곳에서 살 것이다.
(이사야 32 : 17, 18)
(주께서 달리 일흔두(=일흔) 사람을……각 성읍과 각 고장으로 보내시면서 말씀하셨다.)
"어느 집에 들어가든지, 먼저 '이 집에 평화가 있기를 빕니다!' 하고 말하여라. 거기에 평화를 바라는 사람이 있으면, 너희가 비는 평화가 그 사람에게 내릴 것이오,……."
(누가 10 : 5, 6 ; 마태 10 : 12-14)
겸손한 사람들이 오히려
땅을 차지할 것이며,
그들이 크게 기뻐하면서
평화를 누릴 것이다.
(시편 37 : 11, 37)
(사가랴가 이렇게 예언하였다.)
이것은 우리 하나님의 자비로운 심정에서
오는 것이다.
그분은 해를 하늘 높이 뜨게 하셔서,
어둠 속과
죽음의 그늘 아래에 사는 사람들에게
빛을 비추게 하시고,

우리의 발을 평화의 길로 인도하실 것이다.
(누가 1 : 78, 79)
악한 일을 피하고, 선한 일만 하여라.
평화를 찾기까지, 있는 힘을 다하여라.
(시편 34 : 14)
주의 법을 사랑하는 사람에게는
언제나 평안이 깃들고,
그들에게는 아무런 장애가 없습니다.
주님, 내가 주의 구원을 기다리며,
주의 계명을 실행합니다.
(시편 119 : 165, 166)
네가 나의 명령에
귀를 기울이기만 하였어도,
네 평화가 강같이 흐르고,……
주께서 말씀하신다.
"악인들에게는 평화가 없다."
(이사야 48 : 18, 22)
주께서……
주의 백성과 그 경건한 성도에게
평화를 약속할 것이다.……
사랑과 진실이 만나고,
정의와 평화가 입을 맞춘다.
(시편 85 : 8, 10)
내가 지은 죄 때문에,
이 몸(=뼈)에 성한 데가 없습니다.
(시편 38 : 3)
쓸개집으로 나를 배불리시고,
쓴 쑥으로 내 배를 채우신다.……
내게서 평안을 빼앗으시니,
나는 행복을 잊고 말았다.
(애가 3 : 15, 17)

이 밖에도 수많은 장절들이 있습니다. 이상에서 밝히 볼 수 있는 것은, "평화"(=평온·peace)가 위에 언급된 내용들을 뜻한다는 것입니다. 그리고 마음에 영적인 평화를 품으십시오. 그러면 여러분이 이 경우가 어떤 것인지를 명료하게 지각할 것입니다. 이 장절에서도 역시 같은 뜻을 가리킵니다(이사야 26 : 12 ; 53 : 5 ; 54 : 10, 13 ; 예레미야 33 : 6, 9 ; 학개 2 : 9 ; 스가랴 8 : 16, 19 ; 시편 4 : 6-8 ; 120 : 6, 7 ; 122 : 6-9 ; 128 : 5, 6 ; 147 : 14). 평화가 축복과 함께 모든 선을 가장 내적으로 감동시킨다는 것은 천계와 지옥에 관한 저서에서 볼 수 있겠습니다(천계와 지옥 284-290항 참조).

307. 사람들이 서로 죽이게 하는 권세를 받아 가졌고…….
이 말씀은 내적인 증오들과 지옥에서 비롯되는 내습과 괴롭힘과 내적인 불안 따위를 뜻합니다. 이런 내용을 뜻한다는 것은, "땅에서 평화를 걷어 버린다"고 언급될 때, 그리고 "붉은 말"(=피딱지색의 말)이 선의 측면에서 성언의 파괴된 이해를 뜻할 때, 그것은 인애・영적인 안전・내적인 안식을 제거하는 것을 뜻하기 때문입니다. 왜냐하면 이런 것들은, 더 이상 어떤 선도 없을 때, 존재하고, 그리고 선이 무엇인지 알지 못할 때 그 어떤 선도 더 이상 존재하지 않기 때문입니다. 내적인 증오들 따위는 인애가 전혀 없을 때 일어나고, 마찬가지로 지옥에서 비롯되는 내습이나 괴롭힘 따위도 거기에 영적인 안전이 없을 때 일어나고, 내적인 불안 따위도 온갖 악들로 인하여, 또는 그들의 정욕들로 인하여 전혀 안식이 없을 때 일어난다는 것은 아주 명백합니다. 그러나 이러한 일은 만약에 이 세상에서가 아니라면, 죽음 뒤에 있을 것입니다. "죽인다"(to kill)는 말이 이런 뜻을 가지고 있다는 것은 아래에 이어지는 "칼"(a sword)의 뜻에서 명백합니다.

308. 또 그는 큰 칼을 받아 가지고 있었습니다.
이 말씀은 악에 속한 거짓들에 의한 진리의 파괴를 뜻합니다. "칼"(sword)・기병검(saber)・장검(long sword) 등등이 거짓들에 대항해서 싸우는 투쟁하는 진리나 그것들을 멸망시키는 진리를 뜻하고, 반대의 뜻으로는 진리들에 대항하여 싸우는 거짓이나 진리들을 파괴하는 거짓을 뜻한다는 것은 앞서의 설명에서 알 수 있습니다(본서 52항 참조). 여기서 "큰 칼"(a great sword)은 선에 속한 진리들을 파괴하는 악에 속한 거짓들을 뜻합니다. 그것들이 악에 속한 거짓들이라고 불리운 것은, 악에 속한 거짓들이 아닌 그런 거짓들이 있고, 그리고 후자, 즉 악에 속하지 않은 거짓들은 진리들을 파괴하지 않고, 오히려 전자, 즉 악에 속한 거짓들이 그런 짓을 하기 때문입니다. "큰 칼"이 이런 내용의 뜻을 뜻한다는 것은 곧 "검은 말"(a black horse)에 관해서 언급된 내용에서 볼 수 있는데, 그 말은 진리의 측면에서 파괴된 성언의 이해를 뜻하고, 그리고 진리는 악 이외에는 그 어떤 것에 의해서도 파괴되지 않기 때문입니다.

309. 5절. **그 어린 양이 셋째 봉인을 뗄 때에……**
이 말씀은, 그들의 삶의 상태에 관해서 최후심판이 단행될 자들에 대한 주님의 조사와 검증을 뜻합니다. 앞서의 설명과 동일한 내용이 우리의 본문이 여기서 뜻하고 있는데(본서 295항 참조), 아래에서는 그것의 차이만을 설명하겠습니다.

310. 나는 셋째 생물이 말하는 것을 들었습니다.
이 말씀은, 위에 설명한 것과 같이(본서 296항 참조), 성언에 속한 신령 진리에 일치한다는 것을 뜻합니다.

311. **"와서 보아라!"**(=오너라 · come and look).
이 말씀이 순서에 따라서 세 번째에 관한 밝힘(明示)을 뜻하는데, 이러한 내용은 위의 설명에서(본서 297항 참조), 잘 나타나고 있습니다. 다만 순서에서 첫 번째가 거기에서 다루어졌고, 여기서는 셋째 순서가 다루어지고 있습니다.

312. 내가 보니, 검은 말 한 마리가 있는데,…….
이 말씀은, 진리의 측면에서, 따라서 그들이 가지고 있는 교리의 측면에서 성언에 속한 파괴된 이해를 뜻합니다. "말"(馬·horse)이 성언에 속한 이해를 뜻한다는 것은 이미 위에서 입증되었습니다. 그리고 "검은 것"이 참된 것이 아닌 것, 따라서 거짓을 뜻하는 이유는, 검은 것이 흰 것에 반대이고, 흰 것이 진리에 관해서 서술하기 때문입니다(본서 167·231·232항 참조). 그리고 흰 색은 빛에서 그것의 근원을 끌어왔고, 검은 색은 흑암에서, 따라서 빛이 없는 것에서, 그 근원을 끌어왔고, 그리고 빛이 진리를 가리키기 때문입니다. 그러나 영계에서 흑암은 그 두 근원에서 존재하는데, 하나는, 주님의 천적 왕국에 있는 자들이 가지고 있는 빛을 가리키는 불꽃의 빛(flaming light)이 전혀 없는 것에서 생겨나고, 다른 하나는 주님의 영적인 왕국에 있는 자들이 가지고 있는 빛을 가리키는 밝은 빛(bright light)이 없는 것에서 생겨납니다. 후자의 흑암은 "어둠"(darkness)과 같은 뜻을 가지고 있지만, 그러나 전자는 "짙은 어둠"(thick darkness)과 같은 뜻을 가지고 있습니다. 이 두 종류의 검음에는 차이가 있는데, 하나는 역겹고, 증오스럽지만, 다른 하나는 그렇지가 않습니다. 흑암이나 짙은 어둠이 뜻하는 거짓들로서는 마찬가지입니다. 역겹고 증오스러운 흑암 가운데 보이는 자들은 악마들(devils)이라고 불리우는데, 그들은 수리부엉이가 태양 빛을 싫어하듯이 역겹고 증오 가운데서 진리를 견디고 있습니다. 그러나 역겹지 않은 어둠에 있는 자들을 사탄이라고 부르는데, 그들은 진리들을 역겨워하지는 않지만, 그것을 싫어합니다. 성경에서 "검은 것"(black)이 거짓에 관해서 언급되고 있다는 것은 아래의 장절에서 잘 알 수 있습니다.

> 나실 사람들은
> 눈보다 깨끗하며 우유보다 희고,
> 그 몸이 산호보다 붉고,
> 그 모습이 청옥과 같더니,
> 이제 그들의 얼굴이 숯보다 더 검고,……
> (애가 4 : 7, 8)
> 이러한 예언자들에게는
> 해가 져서 낮이 캄캄할 것이다.
> (미가 3 : 6)
> 그 날에 네가 지옥으로 내려갈 때에, 내가 레바논을 너에게 검게 만들겠다.*
> (에스겔 31 : 15)
> 해는 검은 머리털로 짠 천과 같이 검게 되었다.
> (묵시록 6 : 12)
> 해와 달이 어두워지고,
> 별들이 빛을 잃는다.
> (요엘 2 : 10 ; 3 : 15 ; 예레미야 4 : 27, 28 ; 에스겔 32 : 7 ; 그 밖의 여러 장절들)

"셋째 생물"이 "검은 말"을 보여 준 이유는, 그것이 지혜의 측면에서 성언에 속한 신령진리를 뜻하는 사람과 같은 얼굴을 가졌기 때문입니다(본서 243항 참조). 그러므로 이 생물은 순서에서 세 번째인 그들에게

---

* 저자가 사용한 구절을 직역하였다. (역자 주)

는 지혜에 속한 진리가 전혀 없다는 것을 보여 줍니다.

313. 그 위에 탄 사람은 손에 저울을 들고 있었습니다.
이 말씀은, 이들에게 있는 선과 진리에 관한 평가(評價)와 그 종류가 어떤 것인지를 뜻합니다. "손에 있는 저울"은 진리와 선에 관한 평가를 뜻합니다. 왜냐하면 성경에서 모든 측량(測量·measures)이나 무게(weights)는 다루어지고 있는 것에 대한 평가를 뜻하기 때문입니다. 측량이나 무게가 이런 내용을 뜻한다는 것은 다니엘서의 아래 장절에서 아주 명확합니다.

> 바벨론 벨사살 왕이 예루살렘 성전에서 가지고 온 금그릇과 은그릇들을 가져 오게 하여,……그것으로 술을 마실 때에, 갑자기 사람의 손이 나타나서 글을 쓰기 시작하였다.……기록된 글자는 '메네, 메네, 데겔'과 '바르신'입니다. 즉 그것은 세고, 저울에 달고, 나눈다는 것이다. 그 글자를 해석하면, '메네'는 하나님이 이미 임금님의 나라의 시대를 계산하셔서, 그것이 끝나게 하셨다는 것이고, '데겔'은, 임금님이 저울에 달리셨는데, 무게가 부족함이 드러났다는 것이고, '바르신'은 임금님의 왕국이 둘로 나뉘어서 메데와 페르시아 사람에게 넘어갔다는 뜻입니다.
> (다니엘 5 : 1, 2, 25-28)

예루살렘 성전에서 가지고 온 금그릇과 은그릇으로 술을 마신다는 말과 동시에 다른 신들을 예배한다는 말은 선과 진리의 모독을 뜻합니다. 그리고 "바빌론"도 같은 뜻을 뜻합니다. "메네" 즉 수를 센다(to number)는 말은 진리의 측면에서 그것의 성질을 안다는 것을 뜻하고, "데겔" 즉 무게를 단다는 말은 선의 측면에서 그것의 성질을 안다는 것을 뜻하고, "바르신" 즉 나눈다는 것은 분산시키거나 내쫓는 것(to disperse)을 뜻합니다. 성경에서 측량이나 저울이 진리나 선의 성질을 뜻한다는 것은 이사야서의 말씀에서 명확합니다.

> 누가 바닷물을
> 손바닥으로 떠서 헤아려 보았으며,
> 뼘으로 하늘을 재어 보았느냐?
> 누가 온 땅의 티끌을 되로 되어 보고,
> 산들을 어깨 저울로 달아 보고,

언덕들을 손저울로 달아 보았느냐?
(이사야 40 : 12)

묵시록서의 말씀입니다.

천사가 성벽을 재어 보니, 사람의 치수로 백사십사 규빗이었는데, 그것은 천사의 치수이기도 합니다.
(묵시록 21 : 17)

314. 6절. 네 생물 가운데서 나오는 듯한 음성이 들려 왔는데…….
이 말씀은 주님에 의한 성언의 신령보호를 뜻합니다. "네 생물들" 즉 그룹은 처음 것에서부터 궁극적인 것까지의 성언을 뜻하고, 그리고 그것의 내면적인 진리들이나 선들이 공격을 받지 않도록 보호하는 것을 뜻한다는 것은 앞서의 설명에서 잘 알 수 있습니다(본서 239항 참조). 그리고 이런 보호들이 주님에게서 비롯되었기 때문에, 그러므로 음성은 네 생물 가운데서 나오는 듯하다고 하였습니다. 그들 "가운데"라는 말은 주님께서 보호하시는 그것의 내적 영적인 뜻의 측면에서 성언을 뜻합니다. 이 말이 보호를 뜻한다는 것은 그것이 말하고 있는 내용들에게서 명확합니다.

밀 한 되도 하루 품삯이요, 보리 석 되도 하루 품삯이다. 올리브 기름과 포도주를 불순하게 만들지 말아라.
(묵시록 6 : 6)

선과 진리의 평가가 아주 하찮아서 거의 아무것도 아니기 때문에, 성언 안에 내면적으로 숨겨져 있는 거룩한 선들이나 진리들이 공격을 받지 않도록, 그리고 모독되지 않도록 대비되어야 한다는 것을 뜻합니다. 그리고 주님께서는 이런 방법으로 준비, 섭리하였습니다. 다시 말하면 주님께서는 사람들이 종국에는 어떠한 선도 알지 못하게 하셨고, 이것으로 인하여 어떤 진리도 알지 못하게 하셨고, 다만 오로지 악과 거짓만 알게 하였습니다. 왜냐하면 선들이나 진리들을 아는 자들은 공격할 수 있고, 사실인즉슨 그들은 그것들을 모독할 수 있지만, 그러나 그것들을 알지 못하는 자들은 그렇게 할 수 없기 때문입니다. 이것이 바로 성언을 보호한다는 신령섭리의 역사(役事)라는 것은 ≪섭리론≫에서 볼 수 있습니다(섭리론 221-233·257·258항 참조).

315. "밀 한 되도 하루 품삯이요, 보리 석 되도 하루 품삯이다."
이 말씀은 선들이나 진리들의 평가가 너무나도 적어서 거의 아무것도 아니다는 것을 뜻합니다. 이런 내용이 뜻해지는 것은, 척량이나 개수를 헤아리는 "측량"(measure·測量)이, 위에서 설명한 것과 같이(본서 314항 참조), 성질(性質·質·quality)을 뜻하기 때문입니다. 그리고 "밀"(wheat)이나 "보리"(barley)가 선과 진리를 뜻하고, 아주 작은 동전을 가리키는 "데나리온"(=하루 품삯·penny)은 적게 지니는 것들, 또는 별 가치가 없는 것을 뜻하기 때문입니다. "보리 석 되"라고 언급되었는데, 그 이유는 여기서 "삼"(3)은 모두를 뜻하고, 그리고 진리에 관해서 서술하기 때문입니다(본서 515항 참조). "밀"과 "보리"가 선과 진리를 뜻하는 이유는, 그리고 여기서는 성언에서 비롯된 교회에 속한 선과 진리를 뜻하는 이유는, 밭이나 포도원에 속한 모든 것들은 교회에 속한 그런 것들을 뜻하기 때문입니다. 그 이유는 "밭"(field)이 선의 측면에서, 그리고 그것에서 비롯된 진리의 측면에서 교회를 뜻하기 때문이고, "포도원"은 진리의 측면에서, 그리고 그것에서 비롯된 선의 측면에서 교회를 뜻하기 때문입니다. 그러므로 성경에서 이런 것들이 언급된 곳에서 영적으로 모든 것들을 지각하는 천사들은 이 이외의 아무것도 이해하지 못합니다. 요엘서의 말씀입니다.

> 밭이 황폐하구나.
> 곡식이 다 죽고,
> 포도송이가 말라 쪼그라들고,
> 올리브 열매가 말라 비틀어지니,
> 땅이 통곡하는구나.
> 농부들아, 슬퍼하여라.
> 포도원 일꾼들아, 통곡하여라.
> 밀과 보리가 다 죽고,
> 밭 곡식이 모두 죽었다.
> 포도나무가 마르고,
> 무화과나무도 시들었다.……
> 밭에 있는 나무가 모두 말라 죽었다.

(요엘 1 : 10-12)

여기의 이런 모든 것들은 교회에 속한 그와 같은 것들을 뜻합니다. "밀"과 "보리"가 교회에 속한 선과 진리를 뜻한다는 것은 아래의 장절들에게서 잘 알 수 있겠습니다.

> (요한이 예수에 관해서 말하였다.) 그는 손에 키를 들었으니,……알곡은 곳간에 모아들이고, 쭉정이는 꺼지지 않는 불에 태우실 것이다.
> (마태 3 : 12)
> 예수께서 그들에게 또 다른 비유를 들어서 말씀하셨다. "하늘 나라는 자기 밭에다가 좋은 씨를 뿌리는 사람과 같다.……거둘 때가 될 때까지 둘 다 함께 자라게 내버려 두어라. 거둘 때에, 내가 일꾼에게, 먼저 가라지는 뽑아 단으로 묶어서 불태워 버리고, 밀은 내 곳간에 거두어들이라고 하겠다."
> (마태 13 : 24-30)
> 만군의 주께서 온 세상을
> 멸하시기로 결정하였다는 말씀을
> 내가 들었다.……
> 밀을 줄줄이 심고,
> 적당한 자리에 보리를 심지 않겠느냐?……
> 농부에게 밭농사를 이렇게 짓도록
> 일러주시고 가르쳐 주신 분은,
> 바로 하나님이시다.
> (이사야 28 : 22, 25, 26)
> 주 너희의 하나님이 너희를 데리고 가시는 땅은 좋은 땅이다.……밀과 보리가 자라고 포도와 무화과와 석류가 나는 땅이다.
> (신명기 8 : 7, 8)

"밀과 보리가 자라는 땅"은 여기서는 가나안 땅을 가리키는데, 그 땅은 교회를 뜻합니다.

> 그들은 돌아와서
> 시온 산 꼭대기에서 찬송을 부르고,
> 주의 좋은 선물, 곧
> 곡식과 새 포도주와 기름을 받고,……
> 기뻐할 것이다.

(예레미야 31 : 12)
주께서 그 백성에게······
밭에서 나온 열매를 먹게 하시며,······
잘 익은 밀과 붉은 빛깔 포도주를
마시게 하셨다.
(신명기 32 : 13, 14 ; 시편 81 : 16 ; 147 : 14)

주께서 선지자 에스겔에게 이렇게 말씀하셨습니다.

너는 그것을 보리빵처럼 구워서 먹되, 그들이 보는 앞에서, 인분으로 불을 피워서 빵을 구어라(=너는 똥과 섞은 보리떡을 만들어서 먹어라).
(에스겔 4 : 12, 15)

호세아 선지자에게는 이렇게 말씀하셨습니다.

"너는 다시 가서, 다른 남자의 사랑을 받고 음녀가 된 그 여인을 사랑하여라(=여인으로 취하여라)."······그래서 나는 은 열다섯 세겔과 보리 한 호멜 반을 가지고 가서, 그 여인을 사서 데리고 왔다.
(호세아 3 : 1, 2)

선지자들이 행한 그런 일들은 그들이 그 교회에 있는 진리의 위화(僞化)를 드러내 보이기 위한 것입니다. 왜냐하면 "보리"는 진리들을 뜻하고, "똥을 섞은 보리"는 위화되고, 섞음질된 진리들을 뜻하기 때문이고, 그리고 "창녀가 된 여인"은 역시 위화된 진리를 뜻하기 때문입니다(본서 134항 참조).

316. "올리브 기름과 포도주를 불순하게 만들지 말아라" 하고 말하였습니다.

이 말씀은 성언 안에 내면적으로 숨겨둔 거룩한 선들이나 진리들이 공격을 받지 않도록, 그리고 모독되지 않도록 주님께서 준비하신다는 것을 뜻합니다. "기름"(oil)은 사랑에 속한 선을 뜻하고, "포도주"(wine)는 그 선에서 비롯된 진리를 뜻합니다. 그러므로 "기름"은 거룩한 선(holy good)을 뜻하고, "포도주"는 거룩한 진리를 뜻합니다. "그것들을 불순하게 만들지 말라"(=상하게 하지 말라)는 말씀은 그것들이 공격을 받지 않고, 또 더럽혀지지 않도록 주님께서 그것을 미리 준비하신다(=섭리하신다)는 것을 뜻합니다. 왜냐하면 이 말이 "네 생물 가운데서 나오는 듯한 음성"이었기 때문입니다. 다시 말하면 주님에게서 비롯된 음성이었기 때문입니다(본서 314항 참조). 주님께서 말씀하신 것은 동일하게 주님께서 섭리하십니다. 그것이 그와 같이 섭리된다는 것은 위의 설명을 참조하십시오(본서 314·255항 참조). "기름"이 사랑에 속한 선을 뜻한다는 것은 아래의 설명에서도 볼 수 있겠습니다(본서 778·779항 참조). 그러나 "포도주"가 그 선에서 비롯된 진리를 뜻한다는 것은 아래의 장절들에게서 명확합니다.

> 너희 모든 목마른 사람들아,
> 어서 물로 나오너라.
> 돈이 없는 사람도 오너라.
> 너희는 와서 사서 먹되,
> 돈도 내지 말고 값도 지불하지 말고
> 포도주와 젖을 사거라.
> (이사야 55 : 1)
> 그 날이 오면,
> 산 마다 새 포도주가 넘쳐 흐를 것이다.
> 언덕마다 젖이 흐를 것이다.
> (요엘 3 : 18 ; 아모스 9 : 13, 14)
> "이제 기름진 밭에서
> 기쁨도 사라지고 즐거움도 사라졌다.
> 포도원에서 노랫소리가 나지 않고,
> 기뻐 떠드는 소리도 나지 않고,
> 포도주틀에는 포도를 밟는 사람도 없다.
> 내가 그 흥겨운 소리를 그치게 하였다."
> (이사야 16 : 10 ; 예레미야 48 : 32, 33)

여기서는 "기름진 밭"(=카멜·Carmel)은 영적인 교회를 뜻하는데, 그 이유는 거기에 포도원이 있기 때문입니다.

> 술을 즐기는 자들아, 깨어나서 울어라.
> 포도주를 좋아하는 자들아,

모두 다 통곡하여라.
포도 농사가 망하였으니,
새 술을 만들 포도가 없다.……
밭이 황폐하구나.
곡식이 다 죽고,
포도송이가 말라 쪼그라들고,……
밀과 보리가 다 죽고,
밭 곡식이 모두 죽었다.
(요엘 1 : 5, 10, 11)

이와 거의 동일한 장절들이 여러 책에 나옵니다(호세아 9 : 2, 3 ; 스바냐 1 : 13 ; 애가 2 : 11, 12 ; 미가 6 : 15 ; 아모스 5 : 11 ; 이사야 24 : 6, 7, 9, 11).

그는 옷을 포도주에다 빨며,
그 겉옷을 포도의 붉은 즙으로 빨 것이다.
그의 눈은 포도주 빛보다 진하고,
그의 이는 우유 빛보다 흴 것이다.
(창세기 49 : 11, 12)

이런 것들은 모두가 주님에 관한 것들입니다. "포도주"는 신령진리를 뜻합니다. 이것이 바로 성만찬(the Holy Supper)을 주님께서 친히 제정하신 이유입니다. 성만찬에서 빵(=떡)은 신령선의 측면에서 주님을 뜻하고, 포도주는 신령진리의 측면에서 주님을 뜻합니다. 성찬을 받는 자들에게서 빵(=떡)은, 주님에게서 온 거룩한 선을 뜻하고, 포도주는 거룩한 진리를 뜻합니다. 그러므로 주님께서 이렇게 말씀하셨습니다.

내가 너희에게 말한다. "이제부터 내가 나의 아버지의 나라에서 너희와 함께 새것을 마실 그 날까지, 나는 포도나무 열매로 빚은 것을 절대로 마시지 않을 것이다."
(마태 26 : 29 ; 누가 22 : 18)

"빵과 포도주"가 이런 내용과 뜻을 가지고 있기 때문에, 그러므로 역시 이렇게 언급되고 있습니다.

그 때에 살렘 왕 멜기세덱은 빵과 포도주를 가지고 나왔다. 그는 가장 높으신 하나님의 제사장이다. 그는 아브람에게 복을 빌어 주었다.
(창세기 14 : 18, 19)

희생제사에서 곡식제물이나 헌주(獻酒)도 동일한 뜻을 가지고 있습니다. 이러한 내용에 관해서는 성경 여러 곳에서 볼 수 있습니다(출애굽 29 : 40 ; 레위기 23 : 12, 13, 18, 19 ; 민수기 15 : 2-15 ; 28 : 6, 7, 18-25 ; 29 : 1-7과 그 뒤에 이어지는 절들). 곡식제물(meal-offering)은 고운 밀가루였습니다. 그러므로 그것은 빵 대신에 사용되었습니다. 그리고 헌주는 포도주였습니다. 이상에서 볼 수 있는 것은 주님께서 말씀하신 것들이 무엇을 뜻하는지 잘 나타나고 있습니다. 복음서의 말씀입니다.

새 포도주를 낡은 가죽 부대에 담는 자는 없다. 그렇게 하면, 가죽 부대가 터져서, 포도주는 쏟아지고, 가죽 부대는 못 쓰게 된다. 새 포도주는 새 가죽 부대에 담아야 둘 다 보존된다.
(마태 9 : 17 ; 누가 5 : 37)

"새 포도주"(new wine)는 신약(新約)의 신령진리를 가리키고, 따라서 새로운 교회의 신령진리를 뜻합니다. 그리고 "묵은 포도주"(=옛 포도주)는 구약(舊約)의 신령진리를, 따라서 옛 교회의 신령진리를 뜻합니다. 유사한 뜻이 갈릴리 가나 혼인 잔치에서 주님께서 하신 말씀의 뜻입니다.

잔치를 맡은 이는 신랑을 불러서 그에게 말하기를 "누구든지 좋은 포도주를 먼저 내놓고, 손님들이 취한 뒤에 덜 좋은 것을 내놓는데, 그대는 이렇게 좋은 포도주를 지금까지 남겨두었구려!" 하였다.
(요한 2 : 1-10)

강도들에게 상처를 입은 사람에 대한 주님의 비유 말씀에서도 "포도주"는 역시 같은 내용을 뜻합니다. 즉—.

사마리아 사람은, 그에게 가까이 가서, 그 상처에 올리브 기름과 포도주를 붓고, 싸매 주었다.

(누가 10 : 33, 34)

왜냐하면 여기서 "강도들에게 상처를 입은 그 사람"은 온갖 악들과 거 짓들에 의하여 유대 사람에게서 영적으로 상처를 입은 자들을 뜻하기 때문이고, 그리고 사마리아 사람이 그 사람에게 "올리브 기름과 포도 주를 부었다"는 도움은 곧 선과 진리를 가르치는 것에 의하여, 그리고 그가 할 수 있는 정도까지 치유하는 것을 뜻합니다. 거룩한 진리는 성 경의 다른 곳에서는 "새로 담근 포도주"나 "포도주"가 뜻합니다(이사야 1 : 21, 22 ; 25 : 6 ; 36 : 17 ; 호세아 7 : 4, 5, 14 ; 14 : 6-8 ; 아모스 2 : 8 ; 스가랴 9 : 15, 17 ; 시편 104 : 14, 15). 그러므로 성경에서 "포 도원"은 주님에게서 비롯된 진리들 안에 있는 교회를 뜻합니다. "포도 주"가 거룩한 진리(holy truth)를 뜻한다는 것은 그것의 반대적인 뜻에 서 잘 드러나고 있는데, 그 뜻에서 "포도주"는 위화된 진리나 더럽혀 진 진리를 뜻합니다. 이러한 내용은 아래의 장절에서 잘 알 수 있겠습 니다.

> 나의 백성은
> 음행하는 일에 정신을 빼앗기고,
> 묵은 포도주와 새 포도주에
> 마음을 빼앗겼다.……
> 에브라임은 우상들과 한 패가 되었으니,
> 그대로 버려 두어라.
> 그들은 술잔치를 벌인 다음에,
> 언제나 음행을 한다.
> (호세아 4 : 11, 17, 18)

"음행"(=간음 · whoredom)은 진리에 관한 위화를 뜻하는데, 여기서는 "포도주나 새로 담근 포도주"(wine and must)가 그것을 뜻합니다.

> 주님은 거품이 이는 잔을 들고 계신다.
> 잔 가득히 진노의 향료가 섞여 있다.
> 하나님이 이 잔에서 따라 주시면,
> 이 땅의 악인은 모두 받아 마시고,
> 그 찌꺼기까지도 핥아야 한다.

(시편 75 : 8)
바빌로니아는 주님의 손에 들린 금잔이었다.
거기에 담긴 포도주가
온 세상을 취하게 하였다.
세계 만민이
그 포도주를 마시고 미쳐 버렸다.
(예레미야 51 : 7)
"무너졌다. 무너졌다. 큰 도시 바빌론이 무너졌다. 바빌론은 자기 음행으로 빚은 진노의 포도주를 모든 민족에게 마시게 한 도시다."…… "그 짐승과 그 짐승 우상에게 절하고, 이마나 손에 표를 받은 사람은 누구든지, 하나님의 진노의 포도주를 마실 것이다. 그 포도주는 물을 섞어서 묽게 하지 않고 하나님의 진노의 잔에 부어 넣은 것이다."
(묵시록 14 : 8-10)
바빌론은, 모든 민족이
그 여자의 음행에서 비롯된
분노의 포도주를 마시게 하고…….
(묵시록 18 : 3)
그 큰 도시가 세 조각이 나고, 민족들의 성읍들도 무너졌습니다. 하나님께서 그 큰 도시 바빌론을 기억하셔서, 하나님의 진노를 나타내는 독한 포도주의 잔을 그 성읍에 내리시니,…….
(묵시록 16 : 19)
큰 바다 물 위에 앉은 큰 창녀가 받을 심판을 보여 주겠다. 세상의 왕들이 그 여자로 더불어 음행을 하였고, 땅에 사는 사람들이 그 여자의 음행의 포도주에 취하였다.
(묵시록 17 : 1, 2)

바빌론 왕 벨사살과 귀한 손님과 왕비들과 후궁들(=환관들)이 예루살렘 성전에서 가지고 온 그릇들을 가지고 술을 마셨습니다.

> 그들은 술을 마시고서, 금과 은과 동과 철과 나무와 돌로 만든 신들을 찬양하였다.
> (다니엘 5 : 4)

그들이 마신 술은 성언에 속한, 그리고 교회에 속한 거룩한 진리가 더럽혀진 것 이외의 아무것도 뜻하지 않습니다. 그러므로 그 때에 이 글자가 벽에 나타났고, 그 날 밤에 벨사살 왕은 살해되었습니다(다니엘 5 : 25, 30). "포도주"는 역시 위화된 진리를 뜻합니다(이사야 5 : 11, 12, 21, 22 ; 28 : 1, 3, 7 ; 29 : 9 ; 56 : 11, 12 ; 예레미야 13 : 12 ; 23 : 9, 10). 그들이 우상들에게 바친 제주(祭酒)도 동일한 것을 뜻합니다(이사야 65 : 11 ; 57 : 6 ; 예레미야 7 : 18 ; 44 : 17-19 ; 에스겔 20 : 28 ; 신명기 32 : 38). "포도주"가 거룩한 진리를 뜻하고, 반대의 뜻으로는 모독된 진리를 뜻한다는 것은 대응(對應)에서 비롯된 것입니다. 왜냐하면 영적으로 모든 것들을 지각하는 천사들은, 사람이 성경에서 "포도주"라는 낱말을 읽을 때, 그 이외의 다른 것으로는 이해하지 않기 때문입니다. 그리고 사람들의 자연적인 생각들과 천사들의 영적인 생각들 사이에는 이런 부류의 대응이 있기 때문입니다. 그것은 성만찬의 "포도주"와도 동일한 뜻을 가리키는데, 따라서 얻는 결론은, 천계에 들어가는 일은 성만찬에 의하여 이루어진다는 것입니다(본서 224항 참조).

317. 7절. **그 어린 양이 넷째 봉인을 뗄 때에……**.
이 말씀은 앞에서와 같이(본서 295·302항 참조), 최후심판을 겪게 될 자들에 대하여 그들의 삶의 측면에서 주님께서 행하시는 조사나 검증을 뜻하는데, 다만 그 차이는 아래와 같습니다.

318. 나는 이 넷째 생물이 말하는 것을 들었습니다.
이 말씀은, 위에 언급된 것과 같이(본서 296·303항 참조), 성언의 신령 진리에 일치한다는 것을 뜻합니다.

319. "이리 오너라!"(=와서 보아라).
이 말씀은 순서에 따른 네 번째에 관한 밝힘(明示)을 뜻하는데, 이러한 사실은 앞서의 설명에서 명확합니다(본서 297항 참조). 그러나 거기에서는 순서에 따라서 그것은 첫 번째에 적용되었고, 여기서는 네 번째에 적용되고 있습니다.

320. 8절. **내가 보니, 청황색 말 한 마리가 있는데……**.
이 말씀은 선과 진리 양쪽의 이해의 측면에서 성언의 파괴된 이해를 뜻합니다. "말"(馬)은 성언의 이해를 뜻하고(본서 298항 참조), 그리고 "청황색"(=파랗게 질린 색·pale)은 생기(生氣·vitality)가 전혀 없는 것을 뜻합니다. 성경에서 이와 같은 생기의 결핍(缺乏·want of vitality)은 교리에 속한 진리들로 말미암아 삶의 선들 안에 있지 않은 자들에 관해서 서술합니다. 왜냐하면 문자적인 뜻으로 성언은 교리가 없이는 이 해되지 않기 때문이고, 그리고 교리(教理)는, 그것에 일치하는 삶이 없으면, 역시 지각되지 않기 때문입니다. 그 이유는, 성언에서 비롯된 교리에 일치하는 삶은 영적인 마음을 열고, 그 때 천계로부터 빛이 그것 안에 입류하고, 그 빛이 밝게 비추고, 지각하는 것을 주기 때문입니다. 그러나 교리에 속한 진리들은 알고 있지만, 그럼에도 불구하고 그 진리들에 일치하는 삶을 살지 않는 사람은, 이 경우가 어떠한 것인지를 알지 못합니다. "넷째 생물"이 "청황색 말"을 보여 준 이유는, 그 생물이 "나르는 독수리"(a flying eagle) 같고, 그리고 그것이 지식들의 측면에서 성언에 속한 신령진리를 뜻하고, 그리고 그것에서 비롯된 이해를 뜻하기 때문입니다(본서 244항 참조). 그러므로 그가 보여 준 것은, 지금 본 사람들에게는 성언에서 비롯된 선과 진리의 지식들이 전혀 없다는 것이고, 또한 그것들에 관한 이해 역시 전혀 없다는 것입니다. 영계에서 이런 사람들은, 생명(=생기)이 없는 사람들처럼, 핏기가 없는 파리한 모습으로 나타납니다.

321. 그 위에 탄 사람의 이름은 '사망'이고, 지옥이 그를 따르고 있었습니다.

이 말씀은 영적인 생명의 사멸(死滅·the extinction of spiritual life)과 그리고 그것에서 비롯된 영벌(永罰)을 뜻합니다. 여기서 "사망"(死亡·death)이 영적인 생명의 소멸을 가리키는, 영적인 죽음(spiritual death)을 뜻하고, 그리고 "지옥"(hell)은 그 죽음에서 이어지는 저주와 영벌을 뜻합니다. 사람은 사실은 창조에서부터, 따라서 출생에서부터 영적인 생명을 가지고 있지만, 그러나 그 생명은, 그 사람이 하나님을 부인하고, 그리고 성언의 거룩함과 영생(永生)을 부인할 때, 소멸됩니다. 그것은 의지에서는 소멸하지만, 이해 안에서는 그대로 남아 있고, 아니 오히려 이해의 기능(the faculty of understanding) 안에 남아 있습니다. 이것에 의하여 사람은 짐승들과 분별됩니다. "사망"이 영적인 생명의 소멸을 뜻하고, 그리고 "지옥"은 그것에서 비롯된 영벌이나 저주 따위를 뜻하기 때문에, 그러므로 "사망과 지옥"(death and hell)은 몇몇 장절에서는 함께 거론되었습니다. 예를 들어 보겠습니다.

내가 그들을 스올의 권세(=지옥의 손)에서

속량하며
내가 그들을 사망에서 구속하겠다.
사망아, 네 재앙이 어디 있느냐?
스올아, 네 멸망이 어디 있느냐?
이제 내게 동정심 같은 것은 없다.
(호세아 13 : 14)
죽음의 사슬이 나를 휘감고
파멸의 파도가 나를 덮쳤으며,
스올의 줄이 나를 동여 묶고,
죽음의 덫이 나를 낚았다.
(시편 18 : 4, 5 : 116 : 3)
그들은 양처럼 스올로 끌려가고,
'죽음'이 그들의 목자가 될 것이다.……
스올이 그들의 거처가 될 것이다.
그러나 하나님은
분명히 내 목숨을 건져 주시며,
스올의 세력에서 나를 건져 주신다.
(시편 49 : 14, 15)
나는……사망과 지옥의 열쇠를 가지고 있다.
(묵시록 1 : 18)

322. 그들은 사분에 일에 이르는 땅의 주민들을 멸하는 권세를 받아 가지고 있었습니다.

이 말씀은 교회에 속한 모든 선의 파괴(破壞 · destruction)를 뜻합니다. "죽음"(death)이 사람의 영적인 생명의 소멸을 뜻하기 때문에, 그리고 "지옥"(hell)이 영벌이나 저주를 뜻하기 때문에, 뒤이어지는 것은 "죽인다"(=살해한다 · to kill)는 말은 여기서는 사람의 영혼에 속한 생명(the life of man's soul)을 파괴하는 것을 뜻합니다. 그리고 사람의 영혼의 생명은 곧 영적인 생명을 가리킵니다. "땅의 사분의 일"이라는 말은 교회에 속한 모든 선을 뜻하고, "땅"(the earth)은 역시 교회를 뜻합니다(본서 285항 참조). "사분의 일"이 모든 선을 뜻한다는 말은, 성경에서 숫자들이 뜻하는 것이 무엇인지를 알지 못하면, 어느 누구도 이해할 수 없는 말입니다. 성경에서 숫자 "둘"(2)이나 "넷"(4)은 선들에 관해서 서술하고, 그리고 선을 뜻합니다. 그리고 숫자 "셋"(3)과

"여섯"(6)은 진리들에 관해서 서술하고, 그리고 그것들을 뜻합니다. 따라서 "넷으로 나눈 것" 또는 단순히 "사분의 일"은 모든 선을 뜻하고, 그리고 "셋으로 나눈 것" 또는 단순히 "삼분의 일"은 모든 진리를 뜻합니다. 그러므로 "땅의 사분의 일을 죽인다"는 것은 여기서는 그 교회에 속한 모든 선을 파괴하는 것을 뜻합니다. "청황색 말 위에 탄 사람에게 땅의 주민들 사분의 일을 멸하는 권세를 주지 않았다"는 것은 다른 설명이 없이도 명확합니다. 뿐만 아니라, 성경에서 숫자 "넷"(4)은 선과 진리의 결합을 뜻합니다. "넷"(4)이 이런 뜻을 가지고 있다는 것은 사실 성경말씀에서 확증됩니다. 예를 들면 "네 생물이나 게르빔"(에스겔 1·3·10장과 묵시록 4장), 그리고 "두 개의 놋쇠 산 사이에 있는 병거 네 대"(스가랴 6장), "네 뿔"(스가랴 1 : 18), "제단의 네 뿔"(출애굽 27 : 1-8 ; 묵시록 9 : 13) 등이 되겠습니다. "땅의 네 모퉁이에 서서, 땅의 네 바람을 붙잡고 있는 네 천사들"(묵시록 7 : 1 ; 마태 24 : 3)이나, "자손 삼사 대까지 벌을 내린다"(민수기 14 : 18)는 말이나, 그리고 다른 여러 곳의 삼사 대 등등이 되겠습니다. 이런 장절들이나, 성경 다른 여러 곳의 장절들이, 내가 말할 수 있는 것은, "넷"(4)은 선들에 관해서 서술하고, 그것들을 뜻한다는 것이고, 그리고 또한 선과 진리의 결합을 서술, 뜻한다는 것입니다. 그러나 이러한 내용은 이런 장절들에 관한 긴 설명이 없이는 잘 나타나지 않기 때문에, 천계에서 "넷"(4)이나 "사분의 일"이 그 밖의 다른 것을 뜻하지 않는다고 언급하는 것으로 충분하겠습니다.

323. 그들은 칼과 기근과 죽음과 들짐승으로써…….
이 말씀은 교리의 거짓들과, 악한 삶들과, 고유속성(=자아)의 사랑(=자아애)과 온갖 정욕들에 의한 것을 뜻합니다. 여기서 "칼"이 좋은 뜻으로는 악들이나 거짓들에 대항하여 싸우는, 그리고 그것을 멸망시키는, 진리를 뜻하고, 반대의 뜻으로는 선들이나 진리들에 대항하여 싸우는, 그리고 그것들을 멸망시키는, 거짓을 뜻한다는 것은 본서 52·108·117항을 참조하십시오. 그러므로 여기서 "칼"은, 그 교회 안에 있는 모든 선들의 파괴가 다루어지고 있기 때문에, 교리에 속한 모든 거짓들을 뜻합니다. "기근"(=배고픔·hunger)이 악한 삶을 뜻한다는 것은 아래에서 확증되겠습니다. "죽음"(death)이 사람의 고유속성에 속한 사랑(the love of man's proprium·자기사랑)을 뜻한다는 이유는 "죽음"이 영적인 생명의 소멸을 뜻하기 때문이고, 그리고 그것으로 인하여 영적인 생명에서 분리된 자연적인 생명(natural life)을 뜻하기 때문입니다(본서 321항 참조). 왜냐하면 그것으로 말미암아 사람은 자기 자신이나 세상 이외에는 아무것도 사랑하지 않기 때문이고, 그리고 역시 그것으로 인하여 사람은 온갖 종류의 악들을 애지중지(愛之重之)하며, 그런 삶에 속한 사랑으로 인하여, 그 사람에게 매우매우 즐겁고 기쁜 것이 되는 그런 것만을 사랑하기 때문입니다. "땅의 짐승들"(beast of the earth)이 그와 같은 사랑(=자기사랑이나 세상사랑)에서 비롯된 정욕들(情欲·lusts)을 뜻한다는 것은 본서 567항에서 읽을 수 있겠습니다. 따라서 여기서는 "기근"(=배고픔·hunger)의 뜻에 관해서 몇 가지 설명을 하겠습니다.

(1) "기근"은 악한 삶들에게서 생겨나는 진리나 선에 속한 지식들의 박탈(剝奪)이나 상실(喪失) 또는 배척(排斥)을 뜻합니다.

(2) 역시 "기근"은 교회 안에 있는 그것들의 결핍(缺乏)에서 생겨나는 진리나 선에 속한 지식들의 무지(無知)를 뜻합니다.

(3) 그리고 "기근"은 그것들을 알고, 이해하려고 하는 열망(熱望)을 뜻합니다.

(1) "기근"이 삶의 악들에게서 생겨나는 진리나 선에 속한 지식들의 박탈이나 상실을 뜻하고, 그리고 그것에서 비롯된 악한 삶을 뜻한다는 것은 아래의 장절들에게서 잘 드러나고 있습니다.

전쟁(=칼)에서 죽거나 굶주려서 죽은 사람들의 시체는, 공중의 새와 들짐승의 먹이가 될 것이다.
(예레미야 16 : 4)
너희에게 이를 두 가지 일은
폐허와 파괴,
기근과 칼뿐이다.
(이사야 51 : 19)
내가 그들을 벌할 것이니, 그들의 장정들은 칼에 찔려 죽고, 그들의 아들과 딸들은 굶어 죽을 것이다.
(예레미야 11 : 22)
그들의 아들딸들이
굶어 죽거나 전쟁에서 죽게 하여 주십시오.……

장정들은 전쟁터에서
칼에 찔려 죽게 하여 주십시오.
(예레미야 18 : 21)
내가 그들에게 전쟁과 기근과 염병을 보내어, 그들을 아무도 먹을 수 없는 썩은 무화과처럼 만들겠다. 내가 칼과 기근과 염병으로 그들을 뒤쫓아가서 칠 것이다.
(예레미야 29 : 17, 18)
내가 그들과 그들의 조상에게 준 땅에서 그들이 멸절될 때까지, 나는 계속 그들에게 전쟁과 기근과 염병을 보내겠다.
(예레미야 24 : 10)
나도 너희에게 자유를 선언하여 너희가 전쟁과 염병과 기근으로 죽게 할 것이니, 세상의 모든 민족이 이것을 보고 무서워 떨 것이다.
(예레미야 34 : 17)
너희가 온갖 보기 싫은 우상과 역겨운 일로 내 성소를 더럽혀 놓았기 때문에, 내가 너희를 넘어뜨리겠다.······너희 가운데서 삼분의 일은 전염병에 걸려 죽거나 굶어 죽을 것이며, 또 삼분의 일은 성읍의 둘레에서 칼에 맞아 쓰러질 것이며, 나머지 삼분의 일은 내가 사방으로 흩어 버리고, 칼을 빼어 들고 그들의 뒤를 쫓아가겠다.······내가 너희에게 쏘는 기근의 화살과 재난의 화살, 곧 멸망시키는 화살은, 너희를 죽이려고 쏘는 것이다.······내가 너희에게 기근과 사나운 짐승들을 보내어, 너희 자식들을 앗아가도록 하겠다.
(에스겔 5 : 11, 12, 16, 17)
이스라엘 족속이 온갖 흉악한 일을 저질렀으니, 모두 전쟁과 기근과 전염병 때문에 쓰러질 것이다.
(에스겔 6 : 11, 12)
내가 예루살렘에서 사람과 짐승이 사라지게 하려고 나의 네 가지 맹렬한 재앙들, 곧 전쟁(=칼)과 기근과 사나운 짐승과 전염병을 거기에 보낼 때에, 그 해가 얼마나 크겠느냐!
(에스겔 14 : 21)

이 밖에도 여러 장절들이 있습니다(예레미야 14 : 12, 13, 15, 16 ; 42 : 13, 14, 16-18, 22 ; 44 : 12, 13, 17 ; 마태 24 : 7, 8 ; 마가 13 : 8 ; 누가 21 : 11). 이상의 장절에서 언급된 "칼"(=전쟁)·"기근"·"염병"(=전염병)·"짐승" 등은 우리의 본문에 언급된 "칼"·"기근"·"죽음"·"땅의 짐승"의 뜻과 비슷한 뜻을 가지고 있습니다. 왜냐하면 성경말씀에서 모든 개별적인 표현 안에는 영적인 뜻이 있기 때문입니다. 영적인 뜻으로 "칼"은 거짓들에 의한 영적인 삶(=생명)의 파괴를 가리키고, "기근"은 악들에 의한 영적인 삶(=생명)의 파괴를 가리키고, "땅의 짐승들"은 거짓과 악에 속한 탐욕들이나 정욕들에 의한 영적인 삶의 파괴를 가리키고, "염병"(=전염병)과 "죽음"은 완전한 소멸, 따라서 영벌이나 저주를 가리키기 때문입니다.

(2) "배고픔"이 교회 안에 있는 이런 지식들의 결핍에서 생겨나는 진리와 선에 속한 지식들의 무지(無知)를 뜻한다는 것은 성경말씀의 여러 장절들에게서 역시 명확합니다(예를 들면 이사야 5 : 13 ; 8 : 19-22 ; 애가 2 : 19 ; 5 : 8-10 ; 아모스 8 : 11-14 ; 욥기 5 : 17, 20 ; 그 밖의 여러 곳).

(3) "기근" 또는 "배고픔"이 교회에 속한 진리들과 선들을 알고자 하는, 그리고 이해하고자 하는 열망을 뜻한다는 것은 이런 장절들에게서 확실합니다(이사야 8 : 21 ; 32 : 6 ; 49 : 10 ; 58 : 6, 7 ; 사무엘 상 2 : 4, 5 ; 시편 33 : 18, 19 ; 34 : 9, 10 ; 37 : 18, 19 ; 107 : 8, 9, 35-37 ; 146 : 7 ; 마태 5 : 6 ; 25 : 35, 37, 44 ; 누가 1 : 53 ; 요한 6 : 35 ; 그 밖의 장절들).

324. 9절. **그 어린 양이 다섯째 봉인을 뗄 때에……**
이 말씀이 그 동안은 보호를 받고 있었고, 그리고 최후심판의 날에 구원받을 자들의 생명의 상태에 대한 주님의 조사, 검증을 뜻합니다. 여기서 이런 것들이 다루어지고 있다는 것은 아래에 이어지는 내용에서 명확합니다. 그러나 먼저 알아야 할 사실은 이들과 그리고 이들과 같은 자들이 20장 전반에 걸쳐 다루어지고 있다는 것입니다. 그것에 관한 설명은 본서 840-874항에서 볼 수 있는데, 그들이 누구인지, 그리고 그들이 보호된 이유가 명료하게 언급되었습니다.

325. 나는 제단 아래에서, 하나님의 말씀 때문에, 또 그들이 말한 증언 때문에, 죽임을 당한 사람들의 영혼을 보았습니다.
이 말씀은, 성언에 속한 진리들에 일치하는 그들의 삶 때문에, 그리고 주님의 신령인성(the Lord's Divine Human)에 속한 그들의 시인(是認) 때문에, 악한 자에 의하여 미움 받고, 질책 받고 배척당한 자들을 뜻하고, 그리고 그들이 타락하지 않도록 주님에 의하여 보호된 자들을 뜻합니다. "제단 아래"(under the altar)라는 말은 낮은 땅을 뜻하는데, 그들은 거기에서 주님에 의하여 지켜지고 있었습니다. "제단"(an altar)

6 : 1 - 17

은 사랑에 속한 선에서 비롯된 주님예배(the worship of the Lord)를 뜻하고, "죽임을 당한 사람들의 영혼"은 여기서는 순교자(殉敎者)를 뜻하지 않고, 영들의 세계(the world of spirit)에 있는 악한 사람에 의하여 미움 받고, 질책당하고, 배척받은 자들을 뜻하고, 그리고 용의 무리들이나 이단자들에 의하여 타락될 수도 있는 사람들을 뜻합니다. "하나님의 말씀 때문에, 그들이 말한 증언 때문에"라는 말은 성언에 속한 진리들에 일치하여 사는 것 때문에, 그리고 주님의 신령인성을 시인하는 것 때문이다는 것을 뜻합니다. 천계에서 "증언"(證言·testimony)은 주님의 신령인성을 시인하는 사람들 이외에는 그 누구에게도 주어지지 않습니다. 왜냐하면 증언하시는 분은 주님이시고, 천사들이 증언하도록 허락하시는 분도 주님이시기 때문입니다(본서 16항 참조).

　　예수의 증언은 곧 예언의 영이다.
　　(묵시록 19 : 10)

"그들이 제단 아래에 있었기" 때문에, 분명한 것은 "그들이 주님에 의하여 보호받고 있었다"는 것입니다. 왜냐하면 인애에 속한 삶을 영위하는 사람들은, 그들이 악한 자에 의하여 해를 입지 않게 하기 위하여 주님에 의하여 모두가 보호되고 있기 때문이고, 그리고 최후심판 뒤, 악한 자가 모두 제거되면, 그들은 모두가 온갖 보호에서 풀려나고, 그리고 천계에 오르기 때문입니다. 나는 최후심판 뒤 낮은 땅(the lower earth)에서 풀려나서 천계로 올려지는 그들을 여러 번 목격하였습니다. "죽임을 당한 자"가 영들의 세계에 있는 악인들에 의하여 배척되고, 질책 받고, 미움 받는 자들을 뜻하고, 그리고 타락할 수 있는 자들을 뜻하고, 그리고 역시 진리들을 알려고 열망하지만, 교회 안에 있는 거짓들 때문에 그렇게 할 수 없는 자들을 뜻한다는 것은 아래의 장절들에게서 잘 드러나고 있습니다.

　　주 나의 하나님이 이렇게 말씀하신다. "너는 잡혀 죽을 양 떼를 먹여라.……그것들을 먹이는 목자들마저도 그것들을 불쌍히 여기지 않을 것이다.……나는 잡혀 죽을 양 떼를 돌보았다. 특별히 떼 가운데서 억압을 당하고 있는 양 떼를 돌보았다."
　　(스가랴 11 : 4, 5, 7)

우리가 날마다 죽임을 당하며,
잡아먹힐 양과 같은 처지가 된 것은,
주님 때문입니다.
나의 주님, 깨어나십시오.……
깨어나셔서,
영원히 나(=우리)를 버리지 말아 주십시오.
(시편 44 : 22, 23)
야곱이 뿌리를 내릴 것이다.……
주께서, 야곱을 친 자들을 치신 것처럼,
그렇게 혹독하게 야곱을 치셨겠느냐?
(이사야 27 : 6, 7)
나는……
딸 시온이 몸부림 치는 소리를 들었다.……
'이제 나는 망하였구나.
그들이 나를 죽이려고 달려든다' 하는구나.
(예레미야 4 : 31)
그 때에 사람들이 너희를 환난에 넘겨 줄 것이며, 너희를 죽일 것이다. 너희는 내 이름 때문에 모든 민족에게 미움을 받을 것이다.
(마태 24 : 9 ; 요한 16 : 2, 3)

이 구절은 주님께서 제자들에게 하신 말씀입니다. 그러나 여기서 제자들은 주님을 예배하고, 주님의 성언에 속한 진리들에 일치하여 사는 자들을 뜻합니다. 영들의 세계에서 악인은 계속해서 이들을 죽이기를 열망하지만, 그러나 거기에서 그들은 육신의 측면에서는 이런 짓을 할 수 없기 때문에 영혼의 측면에서 계속해서 이런 짓을 하기를 열망합니다. 그리고 그들이 이런 짓을 할 수 없기 때문에, 그들 자신은 그들에 대한 그런 미움과 증오로 불태우고, 그리고 그들에게 악한 짓을 하는 것 이상으로 그들을 보호하시는 이유입니다. 그리고 최후심판이 단행된 뒤에 일어나는 일이지만, 악인이 지옥으로 쫓겨나게 되면 그들은 그들의 보호에서 풀려납니다. 그러나 이 주제를 다루고 있는 묵시록서 20장의 해설을 참조하십시오(본서 846항 참조). 성경에서 "죽인다"(to kill)는 말이, 영적으로 죽이는 것을 가리키는, 영혼들을 죽이는 것을 뜻한다는 것은 아래에 이어지는 수많은 장절들에게서 잘 알 수 있습니다. 예를 들면 이런 장절들이 되겠습니다(이사야 14 : 19-21 ; 26 : 21 ;

6 : 1 - 17

예레미야 25 : 33 ; 애가 2 : 21 ; 에스겔 9 : 1, 6 ; 묵시록 18 : 24).

326. 10절. **그들은 큰소리로 부르짖었습니다.**
이 말씀은 마음 속의 슬픔을 뜻하는데, 이런 내용은 지금 뒤이어지는 것에서 명백합니다.

327. "**거룩하고 참되신 통치자님, 우리가 얼마나 더 오래 기다려야 땅 위에 사는 자들을 심판하시고, 또 우리가 흘린 피의 원수를 갚아 주시겠습니까?**"
이 말씀은 최후심판이 연기되었다는 것과 성언에 대하여, 그리고 주님의 신령인성에 대하여 폭행을 가하고, 더럽힌 자들이 제거되지 않았다는 이유를 뜻합니다. "거룩하고 참되신 통치자께서 얼마나 오랫동안 심판하시지 않을 것입니까?"라는 말은 최후심판이 연기된 이유를 뜻합니다. 그리고 "우리 피의 원수를 갚는다"는 말은, 주님의 신령인성을 시인하기 때문에, 그리고 그분의 성언에 속한 진리들에 일치하는 삶을 살기 때문에, 그들에게 폭행을 가한 자들을 공정하게 정죄하지 않는 이유가 무엇인지를 뜻합니다. 여기서 "피"(blood)는 그들에게 가한 폭행 따위를 뜻하고(본서 379항 참조), "땅 위에서 사는 자들"은 영들의 세계에 있는 악한 자를 뜻하고, 그들은 그들로부터, 그들이 해를 입지 않게 하기 위하여 보호받고 있습니다.

328. 11절. **그들은 흰 두루마기를 한 벌씩 받아 가지고 있었습니다.**
이 말씀은 신령진리 안에 있는 천사들과의 내통(內通·communication)과 결합(結合)이 그들에게 주어졌다는 것을 뜻합니다. "두루마기"(=의상·garment)가 진리들을 뜻하고(본서 166항 참조), "흰 두루마기"(=흰 옷·white garment)는 순수한 진리들을 뜻합니다(본서 212항 참조). "옷"(=의상·garment)이 이런 뜻을 가지고 있는데, 그 이유는 천계에 있는 모든 자들은 그들이 가지고 있는 진리들에 일치하여 옷이 입혀지기 때문이고, 그리고 각자 각자 모두는 천사적인 사회들과의 결합에 따라서 옷이 입혀지기 때문입니다. 그러므로 결합이 주어지게 되면 그들은 같은 모습으로 옷 입고 즉시 나타납니다. 여기서 얻는 것은 "그들이 입은 흰 두루마기"(=그들 각자에게 주어진 흰 옷)는 신령진리들 안에 있는 천사들과의 내통(=교류)과 결합이 그들에게 주어졌다는 것을 뜻한다는 것입니다. "두루마기"·"외투"·"겉옷"(cloaks) 등은 일반적으로 진리들을 뜻하는데, 그 이유는 그것들이 일반적인 덮개들(general

coverings)을 가리키기 때문입니다. 이런 것들의 뜻을 아는 사람은 아래 장절들에 숨겨져 있는 비의(秘義)를 잘 알 수 있습니다.

> 엘리야가……엘리사와 마주쳤다.……그는 자기의 외투를 그에게 던져 주었다.
> (열왕기 상 19 : 19)
> 엘리야가 자기의 겉옷을 벗어 말아서, 그것으로 강물을 쳤다.
> (열왕기 하 2 : 8)
> 엘리사도 엘리야가 한 것과 같은 방법으로 하였다.
> (열왕기 하 2 : 14)
> (주께서 엘리야를 데려가실 때) 엘리야가 떨어뜨리고 간 겉옷을 엘리사가 그것을 들고 왔다.
> (열왕기 하 2 : 12, 13)

왜냐하면 엘리야와 엘리사는 성언의 측면에서 주님을 표징(表徵)하기 때문입니다. 그러므로 그들의 "겉옷"(mantle)은 일반적으로 성언에 속한 신령진리를 뜻합니다. 아래의 장절에서도 역시 그것은 동일한 것을 뜻합니다.

> 아론의 에봇의 겉옷은……겉옷자락 둘레에는 청색 실과 자주색 실과 홍색 실로 석류 모양의 술을 만들어 달고, 석류 술 사이사이에 금방울을 만들어 달아라.
> (출애굽 28 : 31-35)

이 구절에서도 그것이 일반적으로 신령진리를 뜻한다는 것은 런던에서 출간된 ≪천계비의≫에서 잘 볼 수 있습니다(천계비의 9825항 참조). 아래 장절에 있는 "겉옷"이나 "외투"도 같은 뜻을 가지고 있습니다.

> 그 때에는 해변 주민의 왕들이 그들의 왕좌에서 내려오고, 그들의 왕복을 벗고, 수 놓은 옷들도 벗어 버릴 것이다.
> (에스겔 26 : 16)
> 그들(=율법학자들과 바리새파 사람들)이 하는 행실은 모두 사람들에게 보이려고 하는 것이다. 그들은 경문 곽을 크게 만들어서 차고 다니고, 옷술을 길게 늘어뜨린다.

(마태 23 : 5)
요즈음에 내 백성이 대적처럼 일어났다.……
안심하고 지나가는 사람들에게서,
너희는 그들의 옷을 벗겨 갔다.
(미가 2 : 8 ; 그 밖의 여러 곳)

329. 그들은 그들과 같은 동료 종들과 그들의 형제자매들 가운데서 그들과 같이 죽임을 당하기로 되어 있는 사람의 수가 차기까지, 아직도 더 쉬어야 한다는 말씀을 들었습니다.
이 말씀은, 주님의 신령인성을 시인하는 것 때문에, 그리고 그분의 성언에 속한 진리들에 일치하는 삶을 살기 때문에, 악한 자들에 의하여 미움 받고, 질책 받으며, 배척당하는 자들이 사방에서 모일 때까지 최후심판이 잠시 지연되었다는 것을 뜻합니다. 우리 본문이 이런 내용을 뜻한다는 것은 앞에서 설명된 내용에서 잘 나타나고 있습니다. 이사야서의 이 구절도 역시 같은 뜻을 가리킵니다.

주의 백성들 가운데서
죽은 사람들이 다시 살아날 것이며,
그들의 시체가 다시 일어날 것입니다.
무덤 속에서 잠자던 사람들이 깨어나서,
즐겁게 소리 칠 것입니다.……
땅이 죽은 자들을 다시 내놓을 것입니다.
"나의 백성아!
집으로 가서, 방 안으로 들어가거라.
들어가서, 문을 닫고,
나의 진노가 풀릴 때까지
잠시 숨어 있어라."
주께서 그 처소에서 나오셔서
땅 위에 사는 사람들의 죄악을
벌하실 것이니,
그 때에 땅은
ㄱ 속에 스며든 피를 드러낼 것이며
살해당한 사람들을 더 이상 숨기지 않을 것이다.
(이사야 26 : 19-21)

그러나 앞에서 언급한 것과 같이, 이 주제나, 같은 성질의 주제들이 묵시록서 20장과 그 뒤에 이어지는 장들에서 다루어졌고, 그 설명이 아래에서 언급되었습니다(본서 840-874항 참조).

330. 12절. **그 어린 양이 여섯째 봉인을 뗄 때에, 나는** (큰 지진이 일어나는 것을) **보았습니다.**
이 말씀은 내면적으로 악하고, 그리고 최후심판이 단행될 자들의 삶의 상태에 관한 주님에 의한 조사와 검증을 뜻합니다. 이런 내용이 다루어지고 있다는 것은 곧 아래에 이어질 내용에서 잘 알 수 있지만, 그러나 그것들을 이해하기 위하여 두 가지 비의(秘義)가 밝혀져야 하겠습니다. 첫째로 최후심판은 그들의 겉모양으로는 기독교인들처럼 보이고, 그리고 입으로는 교회에 속한 것들을 고백하고, 공언하지만, 그러나 그들의 속모양으로는, 또는 마음 속에서는 그런 것들을 부인하는 그런 자들에게 단행된다는 것입니다. 그리고 그들이 이런 부류이기 때문에, 그러므로 그들은, 그들의 외면적인 것들의 측면에서는 궁극적인 천계와의 결합 안에 있지만, 그러나 그들의 내면적인 측면에서는 지옥과의 결합 안에 있습니다. 둘째로는, 그들이 궁극적인 천계와의 결합 안에 있는 한, 그들의 의지나 그들의 사랑에 속한 내적인 것들은 닫혀져 있습니다. 그런 이유 때문에 그들은 다른 자들 앞에서는 악하게 보이지 않습니다. 그러나 그들이 궁극적인 천계에서 분리하게 되면, 그 때 그들의 내면적인 것들은 적나라하게 드러나게 되고, 그들의 외면적인 것과는 전적으로 반대되는 모습으로 나타나게 되고, 그런 일로 말미암아 그들이 천계의 천사들이고, 그들이 살던 곳들이 천계이다는 것이 모두가 꾸민 것이고, 가장(假裝)한 것이다는 것이 적나라하게 드러나게 됩니다. 소위 이런 천계들이 최후심판 때 소멸하는 천계들입니다(묵시록 21 : 1). 그러나 이 주제에 관해서는 작은 저서 ≪최후심판≫ 70・71항에서 잘 볼 수 있고, 그리고 ≪최후심판 속편≫ 10항에서 읽을 수 있겠습니다.*

331. 나는 큰 지진이 일어나는 것을 보았습니다.

---

* 이 두 책을 한 권으로 편집, ≪최후심판과 말세≫라는 책명으로 <도서출판・예수인>에서 발간하였다. (역자 주)

이 말씀은 이들에게 있었던 교회의 상태가 전적으로 바뀌었다는 것과 그리고 공포에 떨게 되었다는 것을 뜻합니다. "지진들"은, "땅"이 교회를 뜻하기 때문에(본서 285항 참조), 그 교회 안에 있는 상태의 변화들을 뜻합니다. 그리고 영계에서는 어디에서나 교회의 상태가 나쁘게 바뀌게 되고, 거기에 변화가 생기게 되면, 지진이 일어나기 때문에, 그리고 그것이 그들의 멸망의 전조(前兆)이기 때문에, 그들은 공포의 상태에 빠지게 됩니다. 왜냐하면 영계에 있는 땅들(earths)은 자연계에 있는 땅들과 비슷한 외현(外現) 안에 있기 때문입니다(본서 260항 참조). 그러나 그 세계에 있는 다른 것과 꼭 같이, 거기에 있는 땅들은 모두가 영적인 근원에서 비롯된 것이기 때문에, 그러므로 변화들은 주민들 가운데 있는 교회의 상태에 일치하여 일어납니다. 그리고 교회의 상태가 나쁘게 바뀌게 되면, 땅들은 흔들리고, 떨며, 아니, 사실은 그들의 장소는 가라앉고, 옮겨집니다. 최후심판이 임박하고, 그리고 단행되었을 때 그 경우가 이러하다는 것은 저서 ≪최후심판≫에서 볼 수 있겠습니다. 여기서 아래 장절들에서 "지진들" "진동"이나 땅의 "흔들림"이 뜻하는 것이 무엇인지 잘 드러나고 있습니다.

> 큰 지진이 나고, 곳곳에 기근과 역병이 생기고…….
> (누가 21 : 11 ; 마태 24 : 7 ; 마가 13 : 8)

최후심판에 관해서는 이렇게 언급되었습니다.

> 불같이 격노하면서, 그 때에 내가 선언하여 이스라엘 땅에 큰 지진이 일어나게 할 것이다.……땅 위에 있는 모든 사람이 내 앞에서 떨 것이며, 산이 무너지고, 절벽이 무너지고, 모든 성벽이 허물어질 것이다.
> (에스겔 38 : 19-20)
> 큰 지진이 일어났는데, 이런 큰 지진은 사람이 땅 위에 생겨난 뒤로 일찍이 없었던 것입니다.
> (묵시록 16 : 18)
> "하늘이 진동하고 땅이 흔들리게 하겠다."
> 만군의 주께서 진노하시는 날에
> 그 분노가 맹렬히 불타는 날에
> 이 일이 이루어질 것이다.

(이사야 13 : 13)
땅의 기초가 흔들린다.……
땅이 몹시 흔들린다.
땅이 술 취한 자처럼 몹시 비틀거린다.……
세상은
자기가 지은 죄의 무게에 짓눌릴 것이니,
쓰러져서,
다시는 일어나지 못할 것이다.
(이사야 24 : 18-20)
주께서 크게 노하시니,
땅이 꿈틀거리고, 흔들리며,
산의 뿌리가 떨면서 뒤틀렸다.
(시편 18 : 7)
주 앞에서 산들은 진동하고,……
바위가 주 앞에서 산산조각 난다.
(나훔 1 : 5, 6 ; 예레미야 10 : 10 ; 49 : 21 ; 요엘 2 : 10 ; 학개 2 : 6, 7 ; 묵시록 11 : 19)

그러나 이러한 일들은 영계에서 행해지는 것으로 이해되어야 하지, 자연계에서 있는 일로 이해해서는 안 됩니다. 이런 관점에서 그것들은 위에서 언급한 것들을 뜻합니다.

332. 그리고 해는 검은 머리털로 짠 천과 같이 검게 되고, 달은 온통 피와 같이 되고…….

이 말씀은 그들 안에 있는 사랑에 속한 모든 선의 섞음질(adulteration)과 믿음에 속한 모든 진리의 위화(僞化)를 뜻합니다. "해"(太陽 · sun)가 신령사랑의 측면에서 주님을 뜻하고, 그리고 그분에게서 비롯된 사랑에 속한 선을 뜻한다는 것과, 반대의 뜻으로는 주님의 신성의 부인(否認)과 그것에서 생긴 사랑에 속한 선의 섞음질을 뜻한다는 것 등은 위의 설명에서 잘 알 수 있겠습니다(본서 53항 참조). "해"가 사랑의 선을 뜻하기 때문에, 그러므로 "달"(月 · moon)은 믿음에 속한 진리를 뜻합니다. 왜냐하면 해는 태양의 불꽃으로 말미암아 붉기 때문이고, 달은 태양의 빛으로 말미암아 희기 때문입니다. 그리고 불꽃(fire)은 사랑에 속한 선을 뜻하고, 그리고 빛은 그 선에서 비롯된 진리를 뜻하기 때문입니다. 이 "달"에 관해서는 앞에서 인용된 여러 장절들을 참조하십시오(본서 53항 참조). "해가 검은 머리털로 짠 천과 같다"고 언급되고 있는데, 그 이유는 본질적으로 섞음질된 선은 악하고, 악은 검기 때문입니다. "달이 온통 피와 같이 되었다"고 언급된 이유는, "피"(血·blood)가 신령진리를 뜻하고, 반대의 뜻으로는 위화된 신령진리를 뜻한다는 것 등등은 아래의 설명에서 잘 읽을 수 있겠습니다(본서 379·684항 참조). 요엘서에서도 거의 같은 뜻이 언급되고 있습니다.

> 해가 어두워지고,
> 달이 핏빛 같이 붉어질 것이다.
> 끔찍스럽고 크나큰 주의 날이 오기 전에,
> 그런 일이 먼저 일어날 것이다.
> (요엘 2 : 31)

333. 13절. **하늘의 별들은 땅에 떨어졌습니다.**
이 말씀은 선과 진리에 속한 모든 지식들의 소산(消散)을 뜻합니다. "별들"이 선과 진리에 속한 지식들을 뜻한다는 것은 역시 위의 설명에서 잘 알 수 있습니다(본서 51항 참조). 그리고 "하늘에서 땅으로 떨어진다"는 말이 소산(=소멸)하는 것을 뜻한다는 것은 아주 명확한데, 선과 진리에 속한 지식들이 소멸할 때, 영계에서는 역시 별들이 거기에 있는 하늘로부터 땅에 떨어지는 것처럼 보입니다.

334. **무화과나무가 거센 바람에 흔들려서 설익은 열매가 떨어지듯이······.**
이 말씀은 영적인 것에서 떠난 자연적인 사람에 속한 추론(推論)들에 의한 것을 뜻합니다. 비록 이것이 비유(比喩·a comparison)이기는 하지만, 본문 말씀이 이런 뜻을 가지고 있다고 말하였는데, 그 이유는 성경에서의 모든 비유들은 대응(對應)들을 가리키기 때문이고, 그리고 영적인 뜻으로, 현재의 예에서와 같이, 그것들은 여기서 다루고 있는 주제와 밀착되어 있기 때문입니다. 왜냐하면 대응들에서 보면, "무화과"(a fig)는 그의 영적인 선과 결합된 그 사람에 속한 자연적인 선을 뜻하기 때문이지만, 그러나 여기서는 반대의 뜻으로 그의 영적인 선에서 분리된 사람의 자연적인 선을 뜻하는데, 사실 그것은 선이 아닙니다. 영적인 것에서 분리된 자연적인 사람(the natural man)은 온갖 추론들에 의하여, 별들이 뜻하는 선과 진리에 속한 지식들을 왜곡하고, 변질시키기 때문에, "거센 바람에 흔들리는 무화과나무"가 뜻하는 내용이 뒤이어지고 있습니다. "바람"(wind)이나 "태풍"(颱風·storm)이 추론(推論)을 뜻한다는 것은 성경의 수많은 장절들에게서 아주 명백하지만, 그러나 여기서 그것들을 일일이 인용한다는 것은 그리 필요하지 않겠습니다. 왜냐하면 그것은 하나의 비유이기 때문입니다. "무화과나무"가 사람에 속한 자연적인 선을 뜻한다는 이유는, 모든 나무가 사람 안에 있는 교회의 그 어떤 것을 뜻하기 때문입니다. 그러므로 그런 것의 측면에서 역시 모든 나무는 사람을 뜻하기 때문입니다. 이런 장절들이 그 확증 안에 있습니다.

> 해와 달과 별들이 떨어져서 가루가 되고,······
> 무화과나무의 잎이 떨어지듯이,
> 하늘에 있는 별들이 떨어질 것이다.
> (이사야 34 : 4)
> 그들이 거둘 것을
> 내가 말끔히 거두어 치우리니,
> 포도넝쿨에 포도송이도 없고,
> 무화과나무에 무화과도 없고,
> 잎까지 모두 시들어 버릴 것이다.
> (예레미야 8 : 13)
> 네 모든 요새가 무화과처럼 떨어질 것이다.
> 흔들기만 하면 먹을 이의 입에 떨어지는,
> 처음 익은 무화과처럼 될 것이다.
> (나훔 3 : 12)

이 밖에도 여러 장절들이 있습니다(예레미야 24 : 2, 3, 5, 8 ; 이사야 38 : 21 ; 예레미야 29 : 17, 18 ; 호세아 2 : 12 ; 9 : 10 ; 요엘 1 : 7, 12 ; 스가랴 3 : 10 ; 마태 21 : 18-21 ; 24 : 32, 33 ; 마가 11 : 12-14, 20-24 ; 누가 6 : 44 ; 13 : 6-9). 여기에서도 "무화과나무"는 그 밖의 아무것도 뜻하지 않습니다.

335. 14절. **하늘은 두루마리가 말리듯이 사라지고······.**

이 말씀은 천계로부터의 분리(分離 · separation)와 지옥과의 결합(結合 · conjunction)을 뜻합니다. "하늘은 두루마리가 말리듯이 사라졌다"고 언급되고 있는데, 그 이유는, 사람의 내면적인 이해(the interior understanding)나 거기에서 비롯된 사람의 생각은 마치 하늘(heaven)과 같기 때문입니다. 왜냐하면 사람의 이해는 천계의 빛에 이르도록 고양(高揚)될 수 있고, 그 고양된 상태에서 사람은 천사들과 함께 하나님에 관해서, 사랑과 믿음에 관해서, 그리고 영생(永生)에 관해서 능히 생각할 수 있기 때문입니다. 그러나 만약에 그 사람의 의지(意志)가 동시에 천계의 볕에 고양되지 않는다면, 그 사람은 천계의 천사들과 결합되지 않으며, 따라서 그는 천계와 같지 않기 때문입니다. 이 경우가 사실이다는 것은 ≪신령사랑과 신령지혜≫ 제 5편, '창조의 목적'에서 볼 수 있겠습니다. 이해에 속한 기능에 의하여, 여기서 다루고 있는 악한 사람은 궁극적인 천계에 있는 천사들과 제휴(提携)할 수 있지만, 그러나 이들이 전자에게서 분리되게 되면 그들의 천계는 마치 "두루마리 책이 말리듯이" 사라져 버립니다. 여기서 "말리는 두루마리 책"은 둘둘 마른 양피지로 된 책을 뜻합니다. 그 이유는 그들의 책이 모두 양피지들이고, 하나의 책으로 비유된 것은 그 책이 성언을 가리키기 때문입니다(본서 256항 참조). 그러므로 그것이 마치 양피지가 둘둘 말리듯이 말린다면, 그것이 담고 있는 것은 아무것도 나타나지 않고, 또한 아무것도 아닌 것 같이 나타날 것입니다. 이런 이유 때문에 이사야서에서는 꼭 같이 이렇게 언급되고 있습니다.

> 해와 달과 별들이 떨어져서 가루가 되고,
> 하늘은 마치 두루마리처럼 말릴 것이다.
> 포도나무의 잎이 말라 떨어지듯이,
> 무화과나무의 잎이 말라 떨어지듯이,
> 하늘에 있는 별들이 떨어질 것이다.
> (이사야 34 : 4)

"해와 달과 별들"(=하늘의 무리 · hosts)은 성언에서 비롯된 교회에 속한 모든 선들과 진리들을 뜻합니다(본서 447항 참조). 이상에서 명확한 것은, "두루마리가 말리듯이 말리는 하늘"은 천계로부터의 분리와 그리고 지옥과의 결합을 뜻한다는 것입니다. 다시 말하면 천계와의 분리는 곧 지옥과의 결합을 뜻한다는 것은 아주 명백합니다.

336. 제 자리에 그대로 남아 있는 산이나 섬은 하나도 없었습니다.
이 말씀은 사랑에 속한 모든 선과 믿음에 속한 진리가 후퇴, 희미하게 된 것을 뜻합니다. 성언의 영적인 뜻을 알지 못하면 어느 누구도 우리의 본문이 뜻하는 내용을 알 수 없습니다. 본문의 말들이 이런 뜻을 가지고 있다는 것은, "산들"(mountains)이 사랑에 속한 선 안에 있는 자들을 뜻하기 때문인데, 천사들은 산에서 살기 때문입니다. 그리고 높은 산에 살고 있는 사람들은 주님사랑 안에 있고, 그리고 보다 낮은 산에 살고 있는 사람들은 이웃사랑 안에 있습니다. 그러므로 "모든 산"은 사랑에 속한 모든 선을 뜻합니다. "섬들"(islands)이 하나님예배(the worship of God)에서 멀리 떨어져 있는 사람들을 뜻한다는 것은 본서 34항을 참조하십시오. 여기서는 믿음 안에 있지만, 사랑에 속한 선 안에 있지 않는 사람을 뜻합니다. 그러므로 추상적인 뜻으로는 "모든 섬"이 믿음에 속한 모든 진리를 뜻합니다. 그리고 "제 자리에 그대로 남아 있지 않다"는 말은 뒤로 물러나는 것을 뜻합니다. 천사들의 거처(居處)가 산들이나 언덕들 위에 있기 때문에 성경에서 "산들"이나 "언덕들"은, 주님사랑이나 이웃사랑이 존재하는 곳인 천계나 교회를 뜻하고, 반대의 뜻으로는 자기사랑이나 세상사랑이 존재하는 곳인 지옥을 뜻합니다. "산들"이나 "언덕들"이 주님사랑이나 이웃사랑이 존재하는 곳, 따라서 주님이 계신 곳인 천계와 교회를 뜻한다는 것은 아래의 장절들에게서 아주 명확합니다.

> 내가 눈을 들어 산을 본다.
> 내 도움이 어디서 오는가?
> (시편 121 : 1)
> 보아라, 좋은 소식을 전하는 사람,
> 평화를 알리는 사람이
> 산을 넘어서 달려온다.
> (나훔 1 : 15 ; 이사야 52 : 7)
> 땅에서도 주님을 찬양하여라.……
> 모든 산과 언덕들아,
> 주님을 찬양하여라.

(시편 148 : 7, 9)
거대한 바산의 산들아,
높이 솟은 봉우리가 많은 바산의 산들아,
봉우리들이 높이 솟은 바산의 산들아,
너희가 어찌하여
하나님이 머무시려고 택하신 시온 산을
적개심을 품고 바라보느냐?
그 산은 주께서 영원토록 사실 곳이다.
(시편 68 : 15, 16)
산들은 숫양처럼 뛰놀고,
언덕들도 새끼양처럼 뛰놀았다.……
땅아, 네 주님 앞에서 떨어라.
(시편 114 : 4-7)
내가 야곱으로부터 자손이 나오게 하며,
유다로부터
내 산을 유업으로 얻을 자들이
나오게 하겠다.
내가 택한 사람들이
그것을 유업으로 얻으며,
내 종들이 거기에 살 것이다.
(이사야 65 : 9)
그 때(=마지막 때)에 유대에 있는 사람들은 산으로 도망하여라.
(마태 24 : 16)
주의 의로우심은 우람한 산줄기와 같고,…….
(시편 36 : 6)
주께서 나아가셔서,
이방 나라들과 싸우실 것이다.……
그 날이 오면,
주께서 예루살렘 맞은편 동쪽에,
올리브 산 위에 발을 디디고 서실 것이다.
(스가랴 14 : 3, 4)

"올리브 산"이 신령사랑을 뜻하기 때문에, 따라서 이렇게 언급되었습니다.

예수께서는, 낮에는 성전에서 가르치시고, 밤에는 나와서 올리브 산이라고 하는 산에서 지내셨다.
(누가 21 : 37 ; 22 : 39 ; 요한 8 : 1)
예수께서 올리브 산에 앉아 계실 때에, 제자들이 따로 그에게 다가와서 여쭈었다. "이런 일들이 언제 일어나겠습니까? 선생님께서 오시는 때와 세상 끝 날에는 어떤 징조가 있을 것인지를, 저희에게 말씀해 주십시오."
(마태 24 : 3 ; 마가 13 : 3)
그들이 예루살렘 가까이에 이르러, 올리브 산이 있는……
(마태 21 : 1 ; 26 : 30 ; 마가 11 : 1 ; 14 : 26 ; 누가 19 : 29, 37 ; 21 : 37 ; 22 : 39)

"산들"이 천계를 뜻하고, 그리고 사랑을 뜻하기 때문입니다.

주께서 시내 산, 곧 그 산 꼭대기로 내려 오셔서, (율법을 선포하셨다).
(출애굽 19 : 20 ; 24 : 17)

그리고 꼭 같은 이유 때문에 주님께서는 높은 산 위에서 베드로·야고보·요한 앞에서 현성용(顯聖容)하셨던 것입니다(마태 17 : 1). 이런 이유로 해서 시온 성은 산 위에 있었고, 예루살렘 역시 산 위에 있었고, 그리고 그것들은 모두가 "여호와의 산"(the mountain of Jehovah)이라고 불리웠고, 그리고 성경의 수많은 곳에서 "거룩한 산"(the mountain of Holiness)이라고 불리웠습니다. "산들"이나 "언덕들"도 성경의 다른 곳에서 동일한 뜻을 가지고 있습니다(이사야 7 : 25 ; 30 : 25 ; 40 : 9 ; 44 : 23 ; 49 : 11, 13 ; 55 : 12 ; 예레미야 16 : 15, 16 ; 에스겔 36 : 8 ; 요엘 3 : 17, 18 ; 아모스 4 : 1, 13 ; 9 : 13, 14 ; 시편 65 : 6 ; 80 : 8, 10 ; 104 : 5-10, 13). "산들"이나 "언덕들"이 이런 사랑들을 뜻한다는 것은 그것들의 반대의 뜻에서 더 명확하게 잘 드러나고 있는데, 반대의 뜻에서 그것들은, 자기사랑과 세상사랑을 가리키는 지옥적인 애욕들을 뜻합니다. 이러한 사실은 아래의 장절에서 아주 명확합니다.

그 날은 만군의 주께서 준비하셨다.
모든 교만한 자와 거만한 자,
모든 오만한 자들이
낮아지는 날이다.……

모든 높은 산과
모든 솟아오른 언덕과……
탐스러운 모든 조각물이
다 낮아지는 날이다(=여호와의 날이 모든 높은 산과 솟아오른 언덕들 위에 임할 것이다).
(이사야 2 : 12, 14)
한 소리가 외친다.
"광야에 주께서 오실 길을 닦아라.……
모든 계곡은 메우고,
산과 언덕은 깎아 내리고,
거친 길은 평탄하게 하고,
험한 곳은 평지로 만들어라.
(이사야 40 : 3, 4)
산이 무너지고, 절벽이 무너지고, 모든 성벽이 허물어질 것이다. 그리고 내가 곡을 칠 칼을 내 모든 산으로 불러들이겠다.
(에스겔 38 : 20, 21)
온 세상을 파괴한 멸망의 산아,
보아라, 이제 내가 너를 치겠다.
내가……
너를 불탄 산으로 만들어 버리겠다.
(예레미야 51 : 25)
땅을 바라보니,
온 땅이 진동하고 공허합니다.……
모든 산이 진동하고,
모든 언덕이 요동합니다.
아무리 둘러보아도 사람 하나 없으며,
하늘을 나는 새도 모두 날아가고 없습니다.
(예레미야 4 : 23-25)
나의 분노에서 나오는 불꽃이
저 아래 스올까지 타들어 가며,
땅 위에 있는 모든 것들을 삼켜 버리고,
멧부리까지 살라 버릴 것이다.
(신명기 32 : 22)
내가 큰 산과 작은 산을 황폐하게 하고,……
(이사야 42 : 15)

(너 지렁이 같은 야곱아)
"내가 너를
날이 날카로운 새 타작기로 만들 터이니,
네가 산을 쳐서 부스러기를 만들 것이며,
언덕을 겨로 만들 것이다.
네가 산들을 까불면,
바람이 그 가루를 날려 버릴 것이며,
회오리바람이 그것들을 흩을 것이다.
(이사야 41 : 15, 16)
너희는
주께서 날을 어두워지게 하시기 전에,
너희가 어두운 산 속에서 실족하기 전에,
주 너희 하나님께 영광을 돌려라.
(예레미야 13 : 16)

바빌론을 가리키는 그 여자가 앉은 "일곱 산"도 그 밖의 다른 것들을 뜻하지 않습니다(묵시록 17 : 9). 그 밖의 여러 장절에서도 다른 것들을 뜻하지 않습니다(이사야 14 : 13 ; 예레미야 50 : 6 ; 9 : 10 ; 에스겔 6 : 3, 13 ; 34 : 6 ; 미가 6 : 1, 2 ; 나훔 1 : 5, 6 ; 시편 46 : 2, 3). 이상에서 볼 때 "제자리에 그대로 남아 있는 산이나 섬은 하나도 없었다"는 우리의 본문이 뜻하는 것이 무엇인지 잘 알 수 있겠습니다. 역시 아래의 장절이 뜻하는 것도 잘 알 수 있겠습니다. 묵시록서의 말씀입니다.

모든 섬들이 사라지고, 산들이 자취를 감추었습니다.
(묵시록 16 : 20)

이런 내용들은 본서 714항을 참조하십시오.

337. 15절. 그러자 땅의 왕들과 고관들과 장군들과 부자들과 세도가들과 노예와 자유인과……
이 말씀은, 분리(分離)에 앞서, 진리와 선에 속한 이해 안에, 그리고 그것에 속한 지식들의 학문 안에, 그리고 다른 자들로부터 또는 자기 스스로, 박식박학(博識博學) 안에 있지만, 그럼에도 불구하고 그것들에 일치하는 삶 안에 있지 않은 자들을 뜻합니다. 우리의 본문이 그들의 순서에서 이런 뜻을 뜻한다는 것은 영적인 뜻으로 "왕들" "고관들" "장군들" "부자들" "세도가들" "노예와 자유인들"이 뜻하는 것을 아는 사람만이 알 수 있습니다. 왜냐하면 영적인 뜻에서, "왕들"은 진리들 안에 있는 자들을 뜻하고, "고관들"은 선 안에 있는 자들을 뜻하고, "부자들"은 진리의 지식들 안에 있는 자들을 뜻하고, "장군들"은 선의 지식들 안에 있는 자들을 뜻하고, "권세가들"은 박식박학 안에 있는 자들을 뜻하고, "종들"은 다른 것들에게서 비롯된, 따라서 기억에서 비롯된 이런 것들 안에 있는 자들을 뜻하고, "자유인들"은 자기 자신들로부터, 따라서 공의(公義·judgment)에서 비롯된 그런 것들 안에 있는 자들을 뜻하기 때문입니다. 그러나 성경에서 명명된 이런 모든 이름들의 뜻을 일일이 증거한다는 것은 너무나 지루한 일입니다. "임금들"이 뜻하는 내용은 본서 20항에 입증되었고, "부자"가 뜻하는 것은 본서 206항을 참조하시고, "고관들"이 뜻하는 내용은 예레미야서 5장 5절, 나훔서 3장 10절, 요나서 3장 7절에서 명확합니다. 왜냐하면 "고관들"(=위대한 자·큰 것·great)은 선에 관해서 서술하기 때문입니다(본서 896·898항 참조). "권세자"(mighty)나 "종들과 자유인들"이 다른 것들로부터, 또는 자기 자신으로 말미암아 박식박학 안에 있는 자들을 뜻한다는 것은 아래의 설명에서 알 수 있겠습니다. 그들이 이런 것들 안에 있으면서도, 그럼에도 불구하고 그런 것들에 일치하는 삶 안에 있지 않는 자들이라고 언급하였는데, 그 이유는 악한 자, 사실 가장 사악한 자까지도 학문 안에 있을 수 있고, 그리고 진리나 선에 속한 지식들의 이해 안에, 그리고 역시 아주 많은 박식과 박학 안에 있을 수 있지만, 그러나 그들이 그것들에 일치하는 삶 안에 있지 않기 때문에 그들은 실제적으로 그런 것들 안에 있지 않기 때문입니다. 왜냐하면 이해 안에는 있지만, 동시에 삶 안에 있지 않는 것은 그 사람 안에 있는 것이 아니고, 그 사람 밖에 있는 것입니다. 말하자면 방에 있지 않고, 바깥마당에 있는 것이기 때문입니다. 그러나 동시에 삶 안에 있는 것은 그 사람 안에 있는 것이고, 그것은 집 안에 있는 것과 같이, 그 사람 안에 있습니다. 그러므로 후자는 보호받지만, 전자는 배척됩니다.

338. (그들) 모두가 동굴과 산의 바위들 틈에 숨어서······.
이 말씀은 그들이 지금까지 온갖 악들 안에 있고, 악에 속한 온갖 거짓들 안에 있다는 것을 뜻합니다. "동굴과 산의 바위들 틈에 숨는다"

는 것은 온갖 악들 안에 있고, 악에 속한 거짓들 안에 있다는 것을 뜻
하는데, 그 이유는 세상 앞에서는 사랑에 속한 선 안에 있듯이, 그러
면서도 악 안에 빠져 있는 자들은 사후(死後) 자신들을 동굴들 속에 숨
기기 때문이고, 그리고 세상 앞에서는 믿음에 속한 진리들 안에 있는
것처럼 가장하지만, 그럼에도 불구하고 악에 속한 온갖 거짓들 안에
있는 자들은 사후 자신들을 산의 바위들 틈에 숨기기 때문입니다. 그
입구들은 마치 땅에 있는 구멍들(holes) 같이 보이고, 산에 있는 갈라
진 틈들(clefts) 같이 보이는데, 그들은, 마치 뱀들처럼, 그것들 속으로
들어가, 거기에서 자신들을 숨깁니다. 그들이 사는 곳들이 이러하다는
것은 나는 자주 보았습니다. 따라서 아래의 장절들에서 "굴들"은 이들
과 같이 하는 온갖 악들을 뜻하고, "구멍들"이나 "틈새들"은 악에 속
한 거짓들을 뜻합니다.

> 그 때에 사람들이,
> 땅을 뒤흔들며 일어나시는 주님의
> 그 두렵고 찬란한 영광 앞에서 피하여
> 바위 동굴과 땅굴로 들어갈 것이다.
> (이사야 2 : 19)
> 땅을 뒤흔들며 일어나시는 주님의
> 그 두렵고 찬란한 영광 앞에서 피하여,
> 바위 구멍과 바위 틈으로 들어갈 것이다.
> 그들은,
> 급류에 패여 벼랑진 골짜기에서 지내고,
> 땅굴이나 동굴에서 살고,……
> (욥기 30 : 6)
> 네가 바위 틈에 둥지를 틀고,
> 높은 곳에 집을 지어 놓고는,
> '누가 나를 땅바닥으로 끌어내릴 수 있으랴'
> 하고 마음 속으로 말하지만,
> 너의 교만이 너를 속이고 있다.
> (오바댜 1 : 3)
> (그 날에)
> 그것들이 모두 몰려와서, 거친 골짜기와 바위틈, 모든 가시덤불과 모든 풀밭
> 에 내려 앉을 것이다.

(이사야 7 : 19)
요새는 파괴되고,······
망대와 탑이 영원히 돌무더기가 되어서,······.
(이사야 32 : 14)
네가 바위 틈 속에 자리잡고 살며,
산꼭대기를 차지하고 산다고
누구나 너를 무서워한다고
생각하지 말아라.
그러한 너의 교만은
너 스스로를 속일 뿐이다.
(예레미야 49 : 16)
내가 많은 사냥꾼을 보내서,
모든 산과 모든 언덕과 바위 틈을
샅샅이 뒤져서,
그들을 사냥하듯 잡아내겠다.······
그들도 내 앞에서 숨을 수가 없고,
그들의 죄악도
내 눈 앞에서 감추어질 수가 없다.
(예레미야 16 : 16, 17)
젖먹는 아이가
독사의 구멍 곁에서 장난하고,
젖뗀 아이가 살무사의 굴에 손을 넣는다.
(이사야 11 : 8)

339. 16절. **산과 바위를 바라보고 말하였다. "우리 위에 무너져 내려서, 보좌에 앉으신 분의 얼굴과 어린 양의 진노에서 우리를 숨겨다오."**
이 말씀은, 그들이 주님 안에 있는 어떤 신령한 것도 시인하지 않을 때까지 거짓에 의한 악에 속한 확증과 악에서 비롯된 거짓에 속한 확증을 뜻합니다. "산들"은 악에 속한 애욕들(loves of evil)을, 따라서 온갖 악들을 뜻하고(본서 336항 참조), "바위들"은 믿음에 속한 거짓들을 뜻합니다. "그것들 위에 떨어지는 것과 그들을 숨기는 것"은 천계로부터 비롯되는 입류(入流)를 막는 것을 뜻합니다. 이와 같은 일은 거짓에 의한 악들의 확증들에 의하여, 그리고 악에서 비롯된 거짓에 속한 확증들에 의하여 행해지기 때문에, 그러므로 우리의 본문은 이런 내용을 뜻합니다. "보좌에 앉으신 분의 얼굴과 어린 양의 진노에서 자신들을 숨긴다"는 말은 그들이 주님 안에 있는 어떤 신령한 것도 시인하지 않을 때까지를 뜻합니다. "보좌에 앉으신 분"은 모든 것들이 그분에게서 비롯된 근원되시는 주님의 신령존재를 뜻하고, "어린 양"은 신령인성의 측면에서 주님을 뜻합니다. 이런 양자의 측면에서 주님은 보좌에 앉아 계십니다. 이러한 내용은 이미 앞에서 입증되었습니다. "그분의 얼굴과 어린 양의 진노에서"라고 언급되었는데, 그것은 동굴이나 바위 틈에 있는 자들은 거기에서 발도 내밀 수 없고, 심지어 손가락 하나까지도 내놓을 수 없기 때문입니다. 결과적으로 그렇게 하는 것은 심한 고통과 괴로움을 자초하는 것이기 때문입니다. 이런 일은 그들이 주님에 대하여 미움을 품는 짓이기 때문입니다. 심지어 그들은 주님의 이름조차도 부를 수 없기 때문입니다. 주님에 속한 신령영기(神靈靈氣·the Divine sphere)는, 거짓에 의한 악에 속한 확증이나, 악에서 비롯된 거짓에 속한 확증 따위를 제외하면, 그들이 자기 자신으로 말미암아서는 전혀 움직일 수 없는 모든 것들을 꽉 채우기 때문입니다. 온갖 악들에 속한 쾌락들은 이런 짓을 합니다. 호세아서의 아래 구절도 동일한 뜻을 가리킵니다.

> 그 때에 백성들은 산들을 보고,
> "우리를 숨겨 다오!"
> 또 언덕들을 보고
> "우리를 덮어 다오!"
> 하고 호소할 것이다.
> (호세아 10 : 8)

누가복음서의 말씀입니다.

> 그 때에
> 사람들이 산에다 대고
> "우리 위에 무너져 내려라" 하며,
> 언덕에 대고
> "우리를 덮어 버려라"

하고 말할 것이다.
(누가 23 : 30)

이런 내용이 이런 구절들의 영적인 뜻이다는 것은 문자에는 나타나 있지 않습니다. 그러나 이러한 내용은, 최후심판이 단행될 때 악 안에 있으면서, 선 안에 있기를 갈망하는 자들은 초기에는 어려운 일들을 겪고, 이에 반하여 거짓들에 의하여 자기 자신의 악으로 자신들을 굳힌 경우에는 덜 고통을 겪는다는 이런 사실로 말미암아 영적인 뜻 안에 나타납니다. 왜냐하면 후자들은 거짓들에 의한 그들의 악을 가리우지만, 그러나 전자는 그들의 악을 노출시키고, 그리고 이 경우 그들은 신령입류를 견디어 낼 수가 없기 때문입니다. 이러한 사실은 아래에 이어지는 것에서 잘 볼 수 있겠습니다. 그들이 스스로 자기 자신들을 쑤셔 박는 동굴들이나 바위 틈들은 모두가 대응들을 가리킵니다.

340. 17절. "그들의 큰 진노의 날이 이르렀다. 누가 이것을 버티어 낼 수 있겠느냐?"
이 말씀은 자신들이 최후심판 때문에 선한 사람과 신실한 사람에게서 갈라놓는 자신들의 분리에 의하여 자신들을 그런 처지로 만든다는 것을 뜻합니다. 그렇지 않다면 그들은 도저히 참고, 견디어 낼 수 없기 때문입니다. "어린 양의 큰 진노의 날"은 최후심판의 날을 뜻합니다. 그리고 "누가 이것을 버티어 낼 수 있느냐?"는 말은 그들의 심한 고통이나 괴로움 때문에 그들이 그것을 견디어 낼 능력이 없다는 것을 뜻합니다. 왜냐하면 최후심판이 임박하게 되면, 주님께서는 천계와 함께, 가까이 다가오시고, 영들의 세계의 낮은 곳에 있는 자들은 어느 누구도 주님의 오심을 견디어 낼 수 없지만, 그러나 내면적으로 선한 자들, 그리고 죄악들이기 때문에 악들을 멀리 기피(忌避)한 사람들은 주님을 우러러 볼 수 있습니다. "주님의 분노의 날"이 최후심판을 뜻한다는 것은 아래 장절들에게서 잘 알 수 있겠습니다.

주의 격렬한 분노가 너희에게 이르기 전에,
주께서 진노하시는 날이
니희에게 이르기 전에,……
주의 명령을 따르면서 살아가는

이 땅의 모든 겸손한 사람들아,
너희의 주를 찾아라.
올바로 살도록 힘쓰고,
겸손하게 살도록 애써라.
주께서 진노하시는 날에,
행여 화를 피할 수 있을지도 모른다.
(스바냐 2 : 2, 3)
주의 날이 온다.
무자비한 날,
진노와 맹렬한 분노의 날,
땅을 황폐하게 하고,
그 땅에서 죄인들을 멸절시키는,
주의 날이 온다.
(이사야 13 : 9, 13)
주께서 심판하실 그 무서운 날이 다가온다.
득달같이 다가온다.
들어라!……
그 날은 주께서 분노하시는 날이다.
환난과 고통을 겪는 날,
무너지고 부서지는 날,
캄캄하고 어두운 날,
먹구름과 어둠이 뒤덮이는 날이다.
(스바냐 1 : 14, 15)
뭇 민족이 이것에 분개하였으나,
오히려 그들이 주님의 진노를 샀으며
죽은 사람들이 심판을 받고,
주님의 종 예언자들과 성도들과
작은 자든 큰 자든
주님의 이름을 두려워하는 사람들에게
상을 주시고,
땅을 망하게 하는 자들을
멸망시킬 때가 왔습니다.
(묵시록 11 : 18)
그의 아들에게 입을 맞추어라.
그렇지 않으면, 그가 진노하실 것이니,

> 너희가, 걸어가는 그 길에서 망할 것이다.
> 그의 진노하심이
> 지체없이 너희에게 이를 것이다.
> 주께로 피신하는 사람은
> 모두 복을 받을 것이다.
> (시편 2 : 12)

341. 지금까지의 설명내용에 나는 <영계 체험기>를 부연하고자 합니다. 나는 육백 명 가까이 모여 있는 영국의 사제(司祭)들 중 몇몇을 보았습니다. 그들은 주님에게 그들이 보다 높은 천계의 사회에 올라가는 것이 허락되기를 간절히 기도하였고, 그 일이 그들에게 허락되었고, 그들은 거기에 올라갔습니다. 그들이 거기에 들어갔을 때, 그들은 현재의 왕의 할아버지인 왕을 알현(謁見)하였습니다.* 그들은 너무나 기뻤습니다. 그 왕은, 그가 이 세상에 있을 때 지면이 있는 그들 가운데 두 분 감독에게 다가갔습니다. 그리고 그들과 대화를 나누었습니다. 그는 그들에게 "그대들은 어떻게 여기에 왔습니까?" 하고 물었습니다. 그들은, 그들이 주님에게 간구(懇求)하였고, 그것이 그들에게 허락되었다고 대답하였습니다. 그는 그들에게 "왜 아버지 하나님에게 간구하지 않고, 주님에게 간구하였습니까?" 하고 물었습니다. 그들은, 그들이 아래 영계에서 그렇게 교육을 받았다고 대답하였습니다. 그러나 그 왕은 "내가 이 세상에 있을 때 그대들에게, 주님에게 반드시 가까이 나아가야 한다는 것과, 인애(仁愛)가 으뜸이다는 것을 자주 말하지 않았던가요? 그 때 여러분은 주님에 관해서 하신 대답이 무엇이었지요?" 그들은 마음을 가라앉힌 뒤에, 그들이 한 대답은 "아버지(聖父)에게 가까이 나아갈 때 아들(聖子)에게도 역시 가까이 나아가는 것입니다"라는 것이었습니다. 그러나 그 임금 주위에 있던 천사들은 "여러분들은 잘못을 저지르고 있습니다. 여러분들은 그렇게 생각하지도 않았고, 또한 아버지 하나님에게 가까이 나아간다고 할 때에도 주님에게 가까이 나아간다고 생각하지도 않았습니다. 그러나 주님에게 가까이 나아갔으면, 아버지 하나님에게 가까이 나아간 것입니다. 그 이유는, 그분들은, 마치 영혼과 육체와 같이, 한 분(one)이시기 때문입니다. 어

---

* George 3세 치하 때에 기술되었기 때문에 George 2세를 뜻한다. (역자 주)

느 누구가 사람의 영혼(man's soul)에 가까이 가고, 그 다음에 그의 육체에 가까이 갑니까? 사람이 눈에 보이는 그의 육신의 측면에서 가까이 간다면, 눈에 보이지 않는 그의 영혼에 가까이 가는 것 아닙니까?" 이 말에 그들은 묵묵부답(默默不答)이었습니다.

그 임금은 그의 손에 두 선물을 들고 두 감독들에게 다가갔습니다. 그리고 "이것들은 천계에서 비롯된 선물들입니다"라고 말하였습니다. 그 선물은 임금이 그 감독들에게 주고 싶었던 금으로 된 천적인 모양의 것들이었습니다. 그 때 짙은 구름이 그들을 가리웠고, 그리고 그들은 서로 헤어졌습니다. 그들은 그들이 올라왔던 그 길을 따라서 내려 갔습니다. 그들은 이런 것들을 한 책에 기록하였습니다.

나머지 영국의 사제들은, 그들의 동료들이 보다 높은 천계에 올라가는 것이 허락되었다는 말을 듣고 산 밑에 모여 있었습니다. 그들은 거기에서 그들이 돌아오기를 기다리고 있었습니다. 그들이 돌아왔을 때 그들은 동료 사제들과 서로 인사를 나누었고, 그리고 그들은 천계에서 그들에게 일어났던 일들과, 그리고 그 왕이 보기에 가장 아름다운 금으로 된 천계 모양의 두 선물을 감독들에게 하사(下賜)하였다는 것과, 그러나 그들은 그 선물을 모두 그들의 손에서 없어졌다는 것 등을 말하였습니다. 그 때 그들은 공공장소에서 나와서, 근처에 있는 숲으로 갔습니다. 그리고 그들은 어느 누구가 그들의 말을 들으면 어떻게 할까 걱정하면서 자신들끼리 속삭였습니다. 그럼에도 불구하고 그들의 속삭임은 다른 사람들에게 들렸습니다. 그들의 속삭임은 이구동성(異口同聲)으로 일치하였고, 그것은 최고의 권위나 지배권에 관한 것이었습니다. 감독들은 말을 하였고, 나머지 사제들은 모두 동의하였습니다. 그런데 내가 갑자기 놀란 것은, 그들은 더 이상 많은 사람으로 보이지 않고, 오히려 위에 작은 탑의 주교관(主敎冠)이 있는 왕관을 머리에 쓴, 사자의 얼굴을 가진 큰 무리로 보였다는 것입니다. 그들은 의젓한 음성으로 말하였고, 교만스럽게 걸었습니다. 그리고 뒤를 돌아다보면서 "나 외에 어느 누구가 최고의 권위를 가졌단 말인가?"라고 말하였습니다. 그 왕이 천계에서 그들을 내려다 보았습니다. 처음에는 그 모두가 하나 같이, 그 뒤에는 몇 개의 서로 같은 모습으로 보였습니다. 그러나 그들의 대부분은 그가 말한 것과 같이, 세속적인 의복을 입고 있었습니다.

제 7장 본   문(7장 1-17절)

1 그 뒤에 나는, 천사 넷이 땅의 네 모퉁이에 서서 땅의 네 바람을 붙잡아서, 땅이나 바다나 모든 나무에 바람이 불지 못하게 막고 있는 것을 보았습니다.
2 그리고 나는, 다른 천사 하나가 살아 계신 하나님의 도장을 가지고 해 돋는 쪽으로부터 올라오는 것을 보았습니다. 그는 땅과 바다를 해하는 권세를 받은 네 천사에게 큰소리로 외쳤습니다.
3 "우리가 우리 하나님의 종들의 이마에 도장을 찍을 때까지는, 땅이나 바다나 나무들을 해하지 말아라."
4 내가 들은 바로는 도장을 받은 사람의 수가 십사만 사천 명이었습니다. 이와 같이 이마에 도장을 받은 사람들은 이스라엘 자손의 각 지파에서 나온 사람들이었습니다.
5 도장을 받은 자는,
　유다 지파에서 일만 이천 명이요,
　르우벤 지파에서 일만 이천 명이요,
　갓 지파에서 일만 이천 명이요,
6 아셀 지파에서 일만 이천 명이요,
　납달리 지파에서 일만 이천 명이요,
　므낫세 지파에서 일만 이천 명이요,
7 시므온 지파에서 일만 이천 명이요,
　레위 지파에서 일만 이천 명이요,
　잇사갈 지파에서 일만 이천 명이요,
8 스불론 지파에서 일만 이천 명이요,
　요셉 지파에서 일만 이천 명이요,
　베냐민 지파에서 일만 이천 명이었습니다.
이들이 모두 도장을 받은 자들이었습니다.
9 그 뒤에 내가 보니, 아무도 그 수를 셀 수 없을 만큼 큰 무리가 있었습니다. 그들은 모든 민족과 종족과 백성과 언어에서 나온 사람들인데, 흰 누루마기를 입고, 종려나무 가지를 손에 들고, 보좌 앞과 어린 양 앞에 서 있었습니다.

10 그들은 큰소리로
 "구원은 보좌에 앉아 계신
 우리 하나님과 어린 양의 것입니다"
하고 외쳤습니다.
11 모든 천사들은 보좌와 장로들과 네 생물을 둘러 서 있다가, 보좌 앞에 엎드려 하나님께 경배하면서
12 "아멘,
 찬송과 영광과 지혜와 감사와
 존귀와 권능과 힘이
 우리 하나님께 영원무궁 하도록 있습니다.
 아멘!"
하고 말하였습니다.
13 그 때에 장로들 가운데 하나가 "흰 두루마기를 입은 이 사람들은 누구이며, 또 어디에서 왔습니까?" 하고 나에게 물었습니다.
14 나는 "장로님께서 잘 알고 계시지 않습니까?" 하고 내가 대답하였더니, 그는 나에게 이렇게 말하였습니다. "이 사람들은 큰 환난을 겪어 낸 사람들입니다. 그들은 어린 양이 흘리신 피에 자기들의 두루마기를 빨아서 희게 하였습니다.
15 그러므로 그들은
 하나님의 보좌 앞에 있고,
 하나님의 성전에서
 밤낮 그분을 섬기고 있습니다.
 그리고 그 보좌에 앉으신 분께서
 그들을 덮는 장막이 되어 주실 것입니다.
16 그들은 다시는 주리지 않고,
 목마르지도 않고,
 태양이나 그 밖의 어떤 열도 그
 들을 괴롭히지 못할 것입니다.
17 보좌 한가운데 계신 어린 양이
 그들의 목자가 되셔서,
 생명의 샘물로
 그들을 인도하실 것이고,

하나님께서 그들의 눈에서
눈물을 말끔히 씻어 주실 것입니다."

간추린 영적인 뜻(7장 1-17절)

◆ 전장의 간추린 대의(大意)

우리의 본문장에서는 기독교도의 천계에 현재 있고, 장차 있을 자들을 다루고 있습니다. 처음에는 악인에게서 분리하는 그들의 분리(分離)에 관해서 다루고 있고(1-3절), 그 뒤에는 주님사랑 안에 있는 자들, 그리고 그것에 의하여 지혜 안에 있는 자들을 다루고, 그리고 보다 높은 천계(the higher heaven)를 구성하는 자들에 관해서 다루고 있습니다(4-8절). 그리고 그 다음에는 주님에게서 비롯된 인애(仁愛)와 그것의 믿음 안에 있는 자들을 다루고 있는데, 그 이유는 그들이 악들에 대항하여 싸웠기 때문이고, 그리고 낮은 천계는 이들로 이루어지기 때문입니다(9-17절).

◆ 각절의 간추린 대의(大意)

[1절] :
"그 뒤에 나는, 천사 넷이 땅의 네 모퉁이에 서 있는 것을 보았습니다"라는 말씀은 최후심판을 단행하려고 하는 애씀의 상태에 있는 전 천계(全 天界)를 뜻하고(본서 342항 참조), "땅의 네 바람을 붙잡아서, 땅이나 바다나 모든 나무에 바람이 불지 못하게 막고 있다"는 말씀은 선한 자와 악한 자가 뒤섞여 있는 낮은 지역으로 더 가까이, 그리고 그것으로 인하여 더 힘차게 들어가는 유입(流入)을 주님께서 막으시고 저지하고 억압하는 것을 뜻합니다(본서 343항 참조).
[2절] :
"그리고 나는, 다른 천사 하나가 해 돋는 쪽으로부터 올라오는 것을

보았습니다"라는 말씀은 주님께서 섭리하시고, 조정하시는 것을 뜻합니다(본서 344항 참조). "살아 계신 하나님의 도장을 가졌다"라는 말씀은 주님께서 홀로, 전체적인 것이나 개별적인 것, 모두를 아신다는 것과, 그들을 모두 서로서로 분별(分別)하시고, 분리하실 수 있다는 것을 뜻합니다(본서 345항 참조).
"그는 땅과 바다를 해하는 권세를 받은 네 천사에게 큰소리로 외쳤습니다." 그리고,
[3절] :
"땅이나 바다나 나무들을 해하지 말아라"라는 말씀은 얕은 곳으로 더 가까이 가는 것이나, 강하게 유입하는 것을 주님께서 미리 막으시고, 저지하는 것을 뜻합니다(본서 346항 참조). "우리가 우리 하나님의 종들의 이마에 도장을 찍을 때까지"라는 말씀은 주님에게서 온 선에서 비롯된 진리들 안에 있는 자들이 분리되기 전을 뜻합니다(본서 347항 참조).
[4절] :
"내가 들은 바로는 도장을 받은 사람의 수가 십사만사천 명이었습니다"라는 말씀은 천지(天地)의 하나님으로서 주님을 시인하는 모든 자들과, 그리고 주님으로부터 성언을 통하여 온 사랑에 속한 선에서 비롯된 교리의 진리들 안에 있는 모든 자들을 뜻합니다(본서 348항 참조). "이와 같이 이마에 도장을 받은 사람들은 이스라엘 자손의 각 지파에서 나온 사람들이었습니다"라는 말씀은 그들로 이루어진 주님의 천계와 교회를 뜻합니다(본서 349항 참조).
[5절] :
"(도장을 받은 자는) 유다 지파에서 일만 이천 명이요"라는 말씀은 주님 사랑을 가리키는 천적인 사랑을 뜻하고, 그리고 새로운 천계(the New Heaven)와 새로운 교회(the New Church) 안에 있게 될 모두가 가지고 있을 천적인 사랑을 뜻합니다(본서 350항 참조). "르우벤 지파에서 일만 이천 명이요"라는 말씀은 천적인 사랑에서 비롯된 지혜를 뜻하고, 그것은 거기에 있게 될 그들이 가지고 있는 지혜입니다(본서 351항 참조). "갓 지파에서 일만 이천 명이요"라는 말씀은 삶에 속한 선용들(善用・use of life)을 뜻합니다. 그것은 거기에 있게 될 자들이 가지고 있는 천적인 사랑에서 비롯된 지혜에 속한 선용들입니다(본서 352항 참조).

[6절] :

"아셀 지파에서 일만 이천 명이요"라는 말씀은 그들에게 있는 상호적인 사랑(相互的 愛·mutual love)을 뜻하고(본서 353항 참조), "납달리 지파에서 일만 이천 명이요"라는 말씀은 선용에 속한 지각(知覺)을 뜻하고, 그리고 그들이 가지고 있는 선용이 어떤 것인지를 뜻하고(본서 354항 참조), 그리고 "므낫세 지파에서 일만 이천 명이요"라는 말씀은 그들이 가지고 있는 섬기고(serving), 행동하는 것에 속한 의지(意志)를 뜻합니다(본서 355항 참조).

[7절] :

"시므온 지파에서 일만 이천 명이요"라는 말씀은 그들이 가지고 있는 이웃을 향한 사랑, 즉 이웃사랑을 가리키는 영적인 사랑(spiritual love)을 뜻하고(본서 356항 참조), "레위 지파에서 일만 이천 명이요"라는 말씀은 그들이 가지고 있는 총명의 근원을 가리키는 선에서 비롯된 진리에 속한 정동(情動·affection)을 뜻하고(본서 357항 참조), "잇사갈 지파에서 일만 이천 명이요"라는 말씀은 그들에게 있는 삶에 속한 선을 뜻합니다(본서 358항 참조).

[8절] :

"스불론 지파에서 일만 이천 명이요"라는 말씀은 그들에게 있는 선과 진리의 혼인애(婚姻愛·the conjugial love)를 뜻하고(본서 359항 참조), "요셉 지파에서 일만 이천 명이요"라는 말씀은 그들에게 있는 선과 진리에 속한 교리를 뜻하고(본서 360항 참조), "베냐민 지파에서 일만 이천 명이었습니다"라는 말씀은 그들에게 있는 교리에 일치하는 선에서 비롯된 진리에 속한 삶을 뜻합니다(본서 361항 참조).

[9절] :

"그 뒤에 내가 보니, 아무도 그 수를 셀 수 없을 만큼 큰 무리가 있었습니다"라는 말씀은 이루 다 헤아릴 수는 없지만 그러나 주님의 새로운 천계와 새로운 교회에 있는, 그리고 주님 이외에는 그들의 성품을 전혀 알 수 없는 궁극적인 천계나, 외적인 교회(the external church)를 형성하는 그 밖의 나머지 모두를 뜻합니다(본서 363·364항 참조). "그들은 모든 민족과 종족과 백성과 언어에서 나온 사람들이다"라는 말씀은 기독교계에 있는 모두를 뜻하는데, 그들은 선에서 비롯된 종교 안에 있었고, 그리고 교리에서 비롯된 진리들 안에 있었습니다(본서 365

항 참조). "보좌 앞과 어린 양 앞에 서 있었습니다"라는 말씀은 주님께서 하시는 말씀에 순종하고, 그분께서 명령하시는 것들을 행하는 것을 뜻합니다(본서 366항 참조). "그 사람들은 흰 두루마기를 입고, 종려나무 가지를 손에 들었다"라는 말씀은 보다 높은 천계와의 교류(交流 · communication)와 결합(結合 · conjunction)을 뜻하고, 그리고 신령진리들에게서 비롯된 고백(告白 · confession)을 뜻합니다(본서 367항 참조).
[10절] :
"그들은 큰소리로 '구원은 보좌에 앉아 계신 우리 하나님의 어린 양의 것입니다' 하고 외쳤습니다"라는 말씀은 주님께서 그들의 구원주(救援主 · Saviour)이시다는 마음에서 우러나오는 시인(是認)을 뜻합니다(본서 368항 참조).
[11절] :
"모든 천사들은 보좌와 장로들과 네 생물을 둘러 서 있다가, 보좌 앞에 엎드려 하나님께 경배하였다"라는 말씀은 전 천계(全 天界) 안에 있는 모두를 뜻합니다(본서 369 · 370항 참조).
[12절] :
"'아멘!' 하고 말하였습니다"라는 말씀은 신령진실(神靈眞實 · Divine verity)과 그것에서 비롯된 확증을 뜻합니다(본서 371항 참조). "찬송과 영광과 지혜와 감사"라는 말은 주님에게 속한 신령 영적인 것들을 뜻하고(본서 372항 참조), "존귀와 권능과 힘"이라는 말은 주님에게 속한 신령 천적인 것들을 뜻하고(본서 373항 참조), "우리 하나님께 영원무궁하도록 있습니다"라는 말씀은 주님 안에 있는 이런 것들이나 주님에게서 비롯된 것들은 영원하다는 것을 뜻합니다(본서 374항 참조). "아멘!"이라는 말씀은 무든 것에 속한 동의(同意)를 뜻합니다(본서 375항 참조).
[13절] :
"그 때에 장로들 가운데 하나가 '흰 두루마기를 입은 이 사람들은 누구이며, 또 어디에서 왔습니까?' 하고 나에게 물었습니다."
[14절] :
"나는 '장로님께서 잘 알고 계시지 않습니까?' 하고 내가 대답하였다"는 말씀은 알고자 하는 열망과, 질문하는 뜻과 그리고 그 대답과 견문(見聞 · information) 등을 뜻합니다(본서 376항 참조). "그는 나에게 이렇게 말하였습니다. '이 사람들은 큰 환난을 겪어 낸 사람들입니다'"라는

말씀은, 그들은 이미 온갖 시험들을 겪은 자들이고, 그리고 온갖 악들이나 거짓들에 대항하여 싸운 자들이다는 것을 뜻합니다(본서 377항 참조). "그들은 자기들의 두루마기를 빨았습니다"라는 말씀은 거짓에 속한 악들로부터 그들의 종교적인 원칙들을 세척(洗滌)한 자들을 뜻합니다(본서 378항 참조). "그들은 어린 양이 흘린 피로 그들의 두루마기를 희게 하였습니다"라는 말씀은 그들이 진리들에 의하여 악에 속한 거짓들로부터 정화되었다는 것을, 그리고 따라서 주님에 의하여 그들이 개혁되었다는 것을 뜻합니다(본서 379항 참조).

[15절] :
"그러므로 그들은 하나님의 보좌 앞에 있고, 하나님의 성전에서 밤낮 그분을 섬기고 있습니다. 그리고 그 보좌에 앉으신 분께서 그들을 덮는 장막이 되어 주실 것입니다"라는 말씀은 그들은 주님의 현존(現存) 안에 있다는 것과 그리고 그들은 그분의 교회에서 그분에게서 받은 진리들에 따라서 변함없이, 신실되게 산다는 것 등을 뜻합니다(본서 380항 참조).

[16절] :
"그들은 다시는 주리지 않고, 목마르지도 않는다"는 말씀은 이후로부터 그들에게 선들의 결핍(缺乏)이나 진리들의 결여(缺如) 따위는 전혀 없을 것이다는 것을 뜻하고(본서 381항 참조), "태양이나 그 밖의 어떤 열도 그들을 괴롭히지 못할 것입니다"는 말씀은 이후부터 그들은 악에 대한, 그리고 악에 속한 거짓에 대하여 어떤 정욕(情慾)도 결코 가지지 않을 것이다는 것을 뜻합니다(본서 382항 참조).

[17절] :
"보좌 한가운데 계신 어린 양이 그들의 목자가 되셨다"는 말씀은 주님께서 홀로 그들을 가르치실 것이다는 것을 뜻합니다(본서 383항 참조). "생명의 샘물로 그들을 인도하실 것이다"는 말씀은 성언에 속한 진리들에 의하여 그분과의 결합에게로 인도하실 것이다는 것을 뜻합니다(본서 384항 참조). "하나님께서 그들의 눈에서 눈물을 말끔히 씻어 주실 것입니다"라는 말씀은 그들은 더 이상 온갖 악들이나 온갖 거짓들에 대항하여 싸우는 전투들 안에 있지 않을 것이다는 것과 그것으로 인하여 주님에게서 온 천계적인 기쁨들 안에 있을 것이다는 것 등을 뜻합니다(본서 385항 참조).

제 7장 상세한 영적인 해설(7장 1-17절)

342. 1절. **그 뒤에 나는 천사 넷이 땅의 네 모퉁이에 서 있는 것을 보았습니다.**
이 말씀은 지금 전 천계(全 天界)가 영들의 세계(the world of spirits)에 있는 자들에게 최후심판(最後審判 · the Last Judgment)을 단행하려고 하는 애씀의 상태에 있다는 것을 뜻합니다. 뒤이어지는 수많은 내용은 최후심판 바로 직전에 영계의 상태들에 관한 것들인데, 그것들은 주님에게서 온 계시(啓示 · revelation)에 의하지 않고서는 어느 누구도 알 수 없습니다. 그리고 최후심판이 어떤 식으로 단행되는지, 그리고 그것에 앞서 어떤 변화들이 있는지, 그리고 뒤이어서는 어떤 정리 정돈들이 있는지를 목도(目睹)하는 일이 나에게 허락되었기 때문에, 나는 우리의 본문장과 뒤이어지는 장들 안에 내포되어 있는 모든 개별적인 것들의 뜻과 내용을 그것에 의하여 능히 언급할 수 있겠습니다. 여기서 "네 천사들"은 전 천계(全 天界)를 뜻하고, "땅의 네 모퉁이들"은 천계와 지옥 사이에 있는 영들의 세계 전부를 뜻합니다. 왜냐하면 최후심판은 영들의 세계(the world of spirits)에 있는 자들에게 단행되지만, 그러나 천계에 있는, 또는 지옥에 있는 자들 누구에게도 단행되지 않기 때문입니다. "천사들"이 천계를 뜻하는 이유는, 최고의 뜻으로 "천사"는 신령인성(神靈人間 · the Divine Human)의 측면에서 주님을 뜻하기 때문입니다(본서 344항 참조). 그리고 천계는 주님으로 말미암아 천계이기 때문에, "천사들"은 역시 천계를 뜻합니다. 여기서 "네 천사들"은 전 천계(全 天界)를 뜻합니다. 그 이유는 그들이 "땅의 네 모퉁이에 서 있는" 것으로 보여졌고, 그리고 "네 모퉁이들"(four corners)은 네 방위(方位)를 뜻하기 때문입니다. 위에 언급된 말이 최후심판을 단행하려는 전 천계의 애씀(勞力)을 뜻한다는 이유는, 최후심판이 임박하였을 때 주님께서는 천계를 영들의 세계 가까이에 두셨기 때문이고, 그리고 천계의 근접에 의하여 낮은 곳에 있는 자들의 마음의 내면적인 것들 안에 있는 상태의 변화가 일어나게 하였기 때문입니다. 그러나 그들은 그들의 눈 앞에 공포들(恐怖) 이외에는 아무것도 볼 수 없었기 때문입니다. "모퉁이들"이 방위(方位)들을 뜻한다는 것, 그리고 그것으로부터 "네 모퉁이들"이 모든 방위들 즉 사방(四方)을 뜻한다는 것은 아래의 장절에게서 잘 나타나고 있습니다.

> 성을 중심으로 하여, 성 밖 동쪽으로 이천 자, 남쪽으로 이천 자, 서쪽으로 이천 자, 북쪽으로 이천 자씩 재어라. 이것이 각 레위 사람의 성읍에 딸린 목초지이다.
> (민수기 35 : 5)
> 성막의 남쪽 벽면에 세울 널빤지는 스무 개를 만들어라.……그 반대쪽인 성막의 북쪽 벽면에 세울 널빤지는 스무 개를 만들어라.……성막 뒤쪽의 두 모퉁이에 세울 널빤지는 두 개를 만들어라.
> (출애굽기 26 : 18, 20, 23)
> 성막 뜰을 두르는 울타리를 만들어라.……북쪽에도 마찬가지로, 그 길이가 백 자가 되는 휘장을 치고,……해 지는 쪽인 서쪽 울타리에 칠 휘장의 길이는 쉰 자로 하고,……해 뜨는 쪽인 동쪽 울타리도 그 길이를 쉰자로 하여라.
> (출애굽기 27 : 9, 11-13)

네 방위들이 에스겔서에는 "네 모퉁이들"이라고 자주 불리워지고 있습니다(에스겔 47 : 18-20 ; 48장 전체). "모퉁이들"이 방위들을 뜻하기 때문에, 그러므로 역시 그것들은 모든 것들을 뜻합니다. 예를 들면 천계나 지옥에 관계되는 모든 것들을, 또는 선이나 진리에 속한 모든 것들을 뜻합니다. 이러한 사실은 아래의 장절들에게서 명확합니다.

> 사탄은 땅의 사방에 있는 민족들을……미혹하려고 나아갈 것입니다.
> (묵시록 20 : 8)
> 내가 뭇 나라를 칼로 베었다.
> 성 모퉁이의 망대들을 부수고,……
> 거리를 텅 비게 하였다.
> (스바냐 3 : 6)
> 모든 이스라엘 자손이 쏟아져 나와서, 온 회중이 한꺼번에……주 앞에 모였다. 네 모퉁이에 백성이 섰다.
> (사사기 20 : 1, 2)

한 홀이 이스라엘에서 일어설 것이다.
그가 모압의 이마(=네 모퉁이)를 칠 것이다.
(민수기 24 : 17)
나팔이 울리는 날,
전쟁의 함성이 터지는 날……
네 모퉁이에 높이 솟은 망대가 무너지는 날이다.
(스바냐 1 : 16)
본래는 내가 나의 백성을 다 흩어 버렸다(=아주 먼 모퉁이들로 내쫓았다).
(신명기 32 : 26)

기초가 집을 지탱하듯이, "모퉁이"가 보다 높은 것들을 유지하는 궁극적인 것들을 뜻한다는 것, 따라서 역시 모든 것들을 뜻한다는 것은 아래의 장절들에게서 잘 나타나고 있습니다.

주 하나님께서 이렇게 말씀하신다.
"내가 시온에 주춧돌을 놓는다.……
이 귀한 돌을 모퉁이에 놓아서
기초를 튼튼히 세울 것이니……
(이사야 28 : 16)
네가 영원히 황무지가 되어
사람들이 너에게서 모퉁잇돌 하나,
주춧돌 하나도 얻을 수 없을 것이다.
(예레미야 51 : 26)
유다에서 모퉁잇돌과 같은 사람이 나오고,
그에게서 장막 기둥과 같은 사람이 나온다.
(스가랴 10 : 4)
건축하는 사람들이 내버린 돌이,
집 모퉁이의 머릿돌이 되었다.
(시편 118 : 22 ; 마태 21 : 42 ; 마가 12 : 10 ; 누가 20 : 17, 18)

343. (천사 넷이) **땅의 네 바람을 붙잡아서, 땅이나 바다나 모든 나무에 바람이 불지 못하게 막고 있었다.**
이 말씀은, 악한 자와 결합된 선한 자가 있는 곳인 낮은 지역으로 더 가까이, 그리고 그것으로 인하여 보다 힘차게 들어가는 유입(流入)을 주님께서 저지하고 억압하는 것을 뜻합니다. 주지하여야 할 사실은, 최후심판은 천계 아래에 있는 영들의 세계에서 악한 자들이 증대하여 천계에 있는 천사들이 그들의 사랑의 상태나 지혜의 상태에서 유지될 수 없는 정도에까지 이르렀을 때 일어난다는 것입니다. 왜냐하면 이런 경우 그들은 토대(support)나 기초를 전혀 가질 수 없기 때문입니다. 이런 일은 아래에 있는 악한 자의 증대에 의한 것이기 때문에, 따라서 그들의 상태를 보존하기 위하여 주님께서는 보다 더 강하게 그분의 신성을 입류시키십니다. 그리고 이 일은, 선한 자에게서 아래에 있는 악한자의 분리가 없는, 그들이 어떤 유입을 통해서도 더 이상 보존될 수 없을 때까지 계속됩니다. 이런 일은 천계를 가까이에 내려오게 하고, 더 가까이 끌어내리는 일에 의해서, 그리고 그것에서 생기는 보다 세찬 입류에 의하여 일어나는데, 종국에는 악한 자가 그것을 견디어 낼 수 없는 데까지 이르게 하는 것에 의하여 행해지고 있습니다. 그 때 악한 자는 모두 도망을 치고, 그리고 자신들을 지옥으로 내동댕이칩니다. 이러한 내용은 앞장의 아래 장절이 뜻하는 것입니다.

> 그들이 산과 바위를 바라보고, 말하였습니다. "우리 위에 무너져 내려서, 보좌에 앉으신 분의 얼굴과 어린 양의 진노에서 우리를 숨겨다오. 그들의 큰 진노의 날이 이르렀다. 누가 이것을 버티어 낼 수 있겠느냐?"
> (묵시록 6 : 16, 17)

그러나 설명을 계속하겠습니다. "네 바람들"은 천계에 속한 입류(入流·influx)를 뜻합니다. "땅이나 바다나 모든 나무"는 모든 낮은 것들이나, 거기에 있는 것들을 뜻합니다. "땅과 바다"는 모든 낮은 것들을 뜻하고, "모든 나무"는 거기에 있는 모든 것들을 뜻합니다. "바람"이 입류를 뜻하고, 정확하게는 이해에 유입하는 진리에 속한 입류를 뜻한다는 것은 아래의 장절들에게서 잘 나타나고 있습니다.

> 주 하나님께서 말씀하셨습니다. "너 생기(=바람)야, 사방에서부터 불어와서 이 살해당한 사람들에게 불어서 그들이 살아나게 하여라." 그래서 내가 명을 받은 대로 대언하였더니, 생기가 그들 속으로 들어갔고, 그래서 그들이 곧 살아나 제 발로 일어났다.
> (에스겔 37 : 9, 10)

내가 또 고개를 들고 바라보니,……병거 네 대가 나왔다.……그 천사가 나에게 대답하였다. "그것들은 하늘의 네 영(=바람)이다."
(스가랴 6 : 1, 5)
너희가 다시 태어나야 한다고 내가 말한 것을, 너희는 이상히 여기지 말아라. 바람은 불고 싶은 대로 분다. 너는 그 소리는 듣지만, 어디에서 와서 어디로 가는지는 모른다.
(요한 3 : 7, 8)
권능으로 땅을 만드시고,
지혜로 땅덩어리를 고정시키시고,……
주님께서는
바람 창고에서 바람을 내보내신다.
(예레미야 10 : 12, 13 ; 51 : 15, 16 ; 시편 135 : 7)
주님은 바람을 불게 하시니,
얼음이 녹아서, 물이 되어 흐른다.
주님은 말씀을 야곱에게 전하시고,
주의 규례와 주의 법도를
이스라엘에게 알려 주신다.
(시편 147 : 17-19)
주님을 찬양하여라.……
그분이 명하신 대로 따르는 세찬 바람아.
(시편 148 : 8)
주께서는
바람 날개를 타고 다니십니다.
바람을 심부름꾼(=천사들)으로 삼으시고,
번갯불을 시종으로 삼으셨다.
(시편 104 : 3, 4)
주께서 바람 날개를 타고 오셨다.
(시편 18 : 10 ; 104 : 3)

바람 날개는 입류하는 신령진리를 뜻합니다. 그래서 주님께서는 이렇게 불리셨습니다.

코의 숨결이시다.*

---

* 저자의 원문을 그대로 사용하였다. (역자 주)

(애가 4 : 20)

이렇게 기록되기도 하였습니다.

> 주 하나님이……그의 코에 생명의 기운(=생기·the soul of lives)을 불어 넣으시니, 사람이 생명체(=생령·生靈)가 되었다.
> (창세기 2 : 7)

그리고 또한—.

> 그들(=제자들)에게로 숨을 내뿜으시고 말씀하셨다. "성령을 받아라."
> (요한 20 : 21, 22)

"성령"(聖靈·the Holy Spirit)은 주님에게서 발출하는 신령진리이고, 제자들에게 유입한 입류가 표징하는 것입니다. 따라서 그것은 "주께서 그들에게 숨을 내뿜으셨다"는 말이 뜻합니다. "바람"(wind)이나 호흡이 이해에 유입하는 신령진리를 뜻한다는 것은 이해에 대한 폐장의 대응에서 비롯된 것인데, 이 주제에 관해서는 ≪신령사랑과 신령지혜≫ 371-429항을 참조하십시오. 그러므로 천계를 통한 더 가까운, 그리고 세찬 신령입류는 악한 자가 가지고 있는 진리들을 소산(消散)시키기 때문에 그러므로 "바람"은 그들에게 있는 진리의 소산이나 소멸(消滅)을 뜻합니다. 이것으로 인하여 지옥과 결합한 그들의 결합은 파괴되고, 파멸됩니다. 이러한 내용은 아래 장절들에게서 잘 알 수 있습니다.

> 나는 하늘의 네 끝에서 나온 사방의 바람을 엘람으로 몰아다가, 그들을 사방으로 흩어 버리겠다.
> (예레미야 49 : 36)
> 네가 산들을 까불면,
> 바람이 그 가루를 날려 버릴 것이며,
> 회오리바람이 그것들을 흩을 것이다.
> (이사야 41 : 16)
> 주께서 내쉬는 숨이
> 마치 유황의 강물처럼
> 그것을 사르고 말 것이다.

(이사야 30 : 33)
악을 갈아 재난을 뿌리는 자는,
그대로 거두더라.
모두 하나님의 입김에 쓸려 가고,
그의 콧김에 날려 갈 것들이다.
(욥기 4 : 8, 9)
주께서 꾸짖으실 때에,
바다(=세상)의 밑바닥이 모두 드러나고
주께서 진노하셔서 콧김을 내뿜으실 때에,
땅의 기초가 모두 드러났다.
(시편 18 : 15)
내가 밤에 환상을 보았는데, 동서남북 사방에서 하늘로부터 바람이 큰 바다에 불어 닥쳤다. 그러자 바다에서 모양이 서로 다르게 생긴 큰 짐승 네 마리가 올라왔다.
(다니엘 7 : 2, 3)
보아라, 나 주의 분노가
폭풍처럼 터져 나온다.
회오리바람처럼 밀려와서
악인들의 머리를 후려칠 것이다.
(예레미야 23 : 19 ; 30 : 23)
주의 회오리바람으로,
그들을 쫓아내어 주십시오.
주의 폭풍으로,
그들이 두려움에 떨게 해주십시오.
(시편 83 : 15)
회오리바람과 폭풍은
당신이 다니시는 길이요,
구름은 발 밑에서 이는 먼지이다.
(나훔 1 : 3)

이 밖에도 여러 장절들이 있습니다(예레미야 25 : 32 ; 에스겔 13 : 13 ; 호세아 8 : 7 ; 아모스 1 : 14 ; 스가랴 9 : 14 ; 시편 11 : 6 ; 50 : 3 ; 55 : 8). 따라서 시편서에는 이렇게 기록되었습니다.

주께서는 말씀으로 큰 폭풍을 일으키시고,

> 물결을 산더미처럼 쌓으신다.······
> 폭풍이 잠잠해지고,
> 물결도 잔잔해진다.
> (시편 107 : 25, 29)

그러므로 영적인 뜻으로 이들 장절들의 뜻이 무엇인지 잘 알 수 있겠습니다.

> 예수께서 깨어나셔서 바람을 꾸짖으시고, 바다더러, "고요하고, 잠잠해져라" 하고 말씀하시니, 바람이 그치고 아주 고요해졌습니다.
> (마가 4 : 39 ; 누가 8 : 23, 24)

여기서 "바다"(sea)는 지옥을 뜻하고, "바람"(wind)은 거기에서 비롯되는 유입(流入)을 뜻합니다. "동풍"(東風·the east wind) 역시 강한 유입 이외의 다른 것을 뜻하지 않습니다(에스겔 17 : 10 ; 예레미야 18 : 17 ; 에스겔 19 : 12 ; 호세아 13 : 15 ; 시편 48 : 7). "홍해를 말린 바람"(출애굽기 14 : 21)도 동일한 내용을 뜻합니다. 그것에 관해서 모세는 이렇게 기술하고 있습니다.

> 주의 콧김으로 물이 쌓이고,
> 파도는 언덕처럼 일어서며,
> 깊은 물은 바다 한가운데서 엉깁니다.······
> 주께서 바람을 일으키시니,
> 바다가 그들을 덮었고,
> 그들은 거센 물 속에
> 납덩이처럼 잠겨 버렸습니다.
> (출애굽기 15 : 8, 10)

이상 언급된 것에서 볼 때 "바람이 땅에 불지 못하게 땅의 네 바람을 붙잡았다"는 말씀이 낮은 땅으로 가까이 가는, 그리고 그리로 강하게 유입하는 것을 저지하고, 막는다는 것을 뜻한다는 것을 밝히 알 수 있겠습니다.

344. 2절. **그리고 나는, 다른 천사 하나가 해 돋는 쪽으로부터 올라오는 것을 보았습니다.**

이 말씀은 섭리하시고 조절하시는 주님을 뜻합니다. 여기서 "천사"는 신령사랑의 측면에서 주님을 뜻하는데, 그 이유는 "해 돋는 쪽으로부터" 그가 올라왔기 때문입니다. 그리고 "해 돋는 쪽으로부터" 또는 동쪽으로부터라는 말은 신령사랑에서 비롯된다는 것을 가리키기 때문입니다. 왜냐하면 영계에서 주님은 태양이시고, 동쪽이시고, 신령사랑의 측면에서 그렇게 불리우시기 때문입니다. 그분께서 미리 장만하시고 (=섭리하고), 조절하신다는 것은 네 천사들에게 하신 그분의 명령에서, 즉 "우리 하나님의 종들의 이마에 도장을 찍을 때까지는, 땅이나 바다나 나무들을 해하지 말아라"는 그분의 명령에서 밝히 드러나고 있습니다. 주님의 신령인간(the Lord's Divine Human)을 최고의 뜻으로 "천사"가 뜻한다는 것은 아래의 장절들에게서 잘 알 수 있겠습니다.

> 주께서는, 그들이 고난을 받을 때에
> 사자나 천사를 보내셔서
> 그들을 구하게 하시지 않고
> 주께서 친히 사랑과 긍휼로
> 그들을 구하여 주시고,
> 옛적 오랜 세월 동안
> 그들을 치켜들고 안아 주셨습니다.
> (이사야 63 : 9)
> 온갖 어려움에서 나를 건져 주신 천사께서
> 이 아이들에게 복을 내려 주시기를 빕니다.
> (창세기 48 : 16)
> 너희가 오랫동안 기다린 주가,
> 문득 자기의 궁궐에 이를 것이다.
> 너희가 오랫동안 기다린,
> 그 언약의 특사가 이를 것이다.
> (말라기 3 : 1)
> 이제 내가 너희 앞에 한 천사를 보내어 길에서 너희를 지켜 주며, 내가 예비하여 둔 곳으로 너희를 데려가겠다. 너희는 삼가 그 말에 순종하며, 그를 거역하지 말아라. 나의 이름이 그와 함께 있으므로 그가 너희의 반역을 용서하지 않을 것이다.……내가 너희의 원수를 나의 원수로 여기고, 너희의 대적을 나의 대적으로 여기겠다.……내가 그들을 전멸시키겠다.
> (출애굽기 23 : 20-23)

히브리말로 "천사" "보냄을 입은 자"(sent)는 한 낱말로 표현됩니다. 따라서 주님께서 아주 자주 자신을 "아버지께서 보내셨다"라고 하셨는데, 그것은 곧 신령인간(神靈人間)을 뜻합니다. 그러나 상대적인 뜻으로 "천사"는, 천계에서든 이 세상에서든, 모두 주님을 영접(迎接)한 사람을 뜻합니다.

345. 살아 계신 하나님의 도장을 가지고……

이 말씀은, 전체적이든 개별적이든, 모든 것을 홀로 주님께서 아신다는 것과 그리고 주님께서 홀로 서로서로를 분별하시고, 분리하실 수 있다는 것을 뜻합니다. 그들은 이마에 도장을 받았기 때문에, 그러므로 주님에 관해서 언급하고 있는 "살아 계신 하나님의 도장을 가지고 있다"는 말은, 전체적이든 개별적이든, 모든 것들을 알고 있다는 것을 뜻하고, 그리고 하나님의 종들을 하나님의 종들이 아닌 자에게서 분별하고, 분리할 수 있다는 것을 뜻합니다.

346. 그는 땅과 바다를 해하는 권세를 받은 네 천사에게 큰소리로 외쳤습니다. 3절. "땅이나 바다나 나무들을 해하지 말아라."

이 말씀은 낮은 영역으로 더 가까이, 그리고 더 세차게 들어가는 유입을 주님께서 미리 막고, 저지하시는 것을 뜻합니다. 이런 내용이 우리의 본문절의 뜻이라는 것은 위의 설명에서(본서 343항 참조) 명확합니다. 문자적인 뜻으로는 네 천사들이 그 유입을 저지하지만, 영적인 뜻으로는 주님이 하십니다. "땅이나 바다나 나무들을 해하지 말아라"는 말씀은 그들이 과격한 유입(a vehement influx)에 의하여 작용하지 말고, 오히려 조절된 유입(a moderate influx)에 의하여 작용하여야 한다는 것을 뜻합니다. 왜냐하면 주님께서는, 천계에 입류하는 다종다양한 계도들에 의하여, 거기에 있는 모든 것들이나 지옥에 있는 모든 것들을, 그리고 천계와 지옥을 통해서 이 세상에 있는 모든 것들을, 섭리하시고, 통제하시고, 완화, 조절하시기 때문입니다.

347. "우리가 우리 하나님의 종들의 이마에 도장을 받을 때까지……"

이 말씀은 주님에게서 온 선에서 비롯된 진리들 안에 있는 자들이, 따라서 내면적으로 선한 자들이, 분리되기 전을 뜻합니다. "그들의 이마에 도장을 받는다"(=찍는다)는 말은 거기에 있는 그들에게 도장을 찍는 것을 뜻하지 않고, 오히려 주님에게서 온 사랑에 속한 선 안에 있는 그들을 분별하고, 분리하는 것을 뜻합니다. 왜냐하면 "이마"(forehead) 는 사랑에 속한 선을 뜻하기 때문입니다. 그들이 주님에게서 온 선에 서 비롯된 진리들 안에 있는 자들을 뜻한다는 것은, "하나님의 종 들"(3절)이 이들을 뜻하기 때문입니다. "이마"가 사랑에 속한 선을 뜻 하는 이유는, 얼굴이 사람의 정동(man's affection)의 형상이고, 그리고 이마는 그 얼굴의 가장 높은 부위이기 때문입니다. 그리고 사람의 생 명에 속한 모든 것들의 근원이 되는 대뇌(大腦·cerebrum)가 이마 바로 아래에 있기 때문입니다. "이마"가 그 사랑을 뜻하기 때문에, 다시 말 하면 선 안에 있는 좋은 사랑이나 악 안에 있는 나쁜 사랑을 뜻하기 때문에, 그러므로 "그들의 이마에 도장을 찍는다"는 말은, 그 사랑에 따라서 서로서로를 분별(分別)하고, 분리(分離)하는 것을 뜻합니다. 에 스겔서의 아래 장절도 유사한 뜻을 가리킵니다.

> 너는 저 성읍 가운데로, 곧 예루살렘으로 두루 돌아다니면서, 그 안에서 일 어나는 모든 역겨운 일 때문에 슬퍼하고 신음하는 사람들의 이마에 표를 그 려 놓아라.
> (에스겔 9 : 4-6)

"이마"가 사랑을 뜻하기 때문에, 그러므로 주의 성직자(=주께 거룩· Holiness to Jehovah)라고 상감(象嵌)된 아론의 대주교관(大主教冠)의 금 패(金牌·the plate of gold)에 관해서 이렇게 기술되었습니다.

> 너는 순금으로 패를 만들어서, 그 위에,······'주의 성직자'(=주께 거룩)라고 새겨라.······이것을 아론의 이마에 달게 하여, 이스라엘 자손이 거룩한 예물 을 드릴 때에, 그 거룩한 봉헌물을 잘못 드려서 지은 죄를 그가 담당하도 록 하여라. 그는 그것을 늘 이마에 달고 있어야 한다. 그러면 그가 바치는 예물을, 나 주가 기꺼이 받아 줄 것이다.
> (출애굽기 28 : 36-38)

거기에 더하여 이렇게 명령되었습니다.

> 너희는 마음을 다하고, 뜻을 다하고 힘을 다하여, 주 너희의 하나님을 사랑

7 : 1 - 17   175

하여라.……또 너희는 그것을 손에 매어 표로 삼고, 이마에 붙여 기호로 삼아라.
(신명기 6 : 5, 8 ; 11 : 18)
내가 보니,……그들의 이마에는 어린 양의 이름과 그의 아버지의 이름이 적혀 있었습니다.
(묵시록 14 : 1)
그들의 이마에는 그분의 이름(=하나님의 이름과 어린 양의 이름)이 적혀 있었습니다.
(묵시록 22 : 4)

주지하여야 할 것은, 주님께서 천사들의 이마를 살피시지만, 이에 반하여 천사들은 눈을 통해서 주님을 뵈옵니다. 그 이유는 주님께서는 전적으로 사랑에 속한 선으로 말미암아 보시고, 그리고 주님께서는 그들 편에서 그들이 지혜에 속한 진리들로 말미암아 주님을 보기를 원하기 때문입니다. 결합은 이런 식으로 이루어집니다. 나쁜 뜻으로 "이마"는 아래 장절에서는 나쁜 사랑(evil love)을 뜻합니다.

다 그들의 오른손이나 이마에 짐승의 표를 받게 하였다.
(묵시록 13 : 16 ; 14 : 9 ; 20 : 4)
이마에는 '땅의 음녀들과 가증한 물건들의 어머니, 큰 바빌론'이라는 비밀의 이름이 적혀 있었습니다.
(묵시록 17 : 5)
창녀처럼 뻔뻔스러운 얼굴(=이마).
(예레미야 3 : 3)
얼굴에 쇠가죽을 쓴 고집 센 자들이어서……내가 네 얼굴도……억세게 만들었고, 네 얼굴에도……쇠가죽을 씌웠다.
(에스겔 3 : 7, 8)
너는 완고하다.……
네 이마는 놋쇠나 다름없다.
(이사야 48 : 4)

348. 4절. **내가 들은 바로는 도장을 받은 사람의 수가 십사만사천 명이었습니다.**
이 말씀은 천지(天地)의 하나님되시는 분이 주님이시다는 것을 시인하는 모두를 뜻하고, 그리고 성언을 통하여 그분에게서 온 사랑에 속한 선에서 비롯된다는 교리에 속한 진리들 안에 있는 모두를 뜻합니다. "이스라엘 자손의 열두 지파에서 나온 십사만 사천 명"이 이들을 뜻한다는 것은, "이스라엘의 열두 지파"가 주님에게서 온 선과 진리 안에 있는 자들에게서 비롯된 교회를 뜻하기 때문이고, 천지의 하나님으로서 그분을 시인하는 자들에게서 비롯된 교회를 뜻하기 때문입니다. 숫자 "십사만 사천"(144,000)은 모두(=전부·all)를 뜻합니다. 왜냐하면 이 숫자는 "열둘"과 동일한 내용을 뜻하기 때문입니다. 그 이유는 이 숫자가 "열둘"에 "열둘"을 곱하는 것에 의하여 생겨났고, 그리고 그 때 "백"(100)과 "천"(1,000)을 그것에 곱하는 것에 의하여 생겨났기 때문입니다. 그리고 어떤 숫자를 자체 숫자에 곱한 것과 그리고 "열"(10)이나 "백"(100)이나 "천"(1,000)을 곱한 숫자도 본래의 숫자가 가지고 있는 뜻과 꼭 같은 뜻을 가지고 있기 때문입니다. 그러므로 숫자 "십사만 사천"(144,000)은 "백사십사"(144)와 꼭 같은 것을 뜻하고, 그리고 이 숫자 "백사십사"(144)는 "열둘"(12)과 똑같은 것을 뜻하는데, 그 이유는 "열둘"(12)에 "열둘"(12)을 곱하여서 "백사십사"가 생겨났기 때문입니다. 그러므로 각 지파에서 나온 "일만이천"(12,000)에 "열둘"(12)을 곱하는 것으로 "십사만 사천"(144,000)이 생겨났기 때문입니다. 숫자 "열둘"(12)이 전부(=모두)를 뜻하고, 그리고 그것은 선에서 비롯된 진리들을 서술하는데, 그 이유는 "열둘"(12)이 서로 곱한 "삼"(3)과 "사"(4)의 산물이기 때문이고, 그리고 숫자 "삼"(3)은 진리의 측면에서 모든 것을 뜻하고, 숫자 "사"(4)는 선의 측면에서 모든 것을 뜻하기 때문입니다. 그러므로 이 경우의 "열둘"(12)은 사랑에 속한 선에서 비롯된 진리의 측면에서 모든 것을 뜻합니다. 모든 숫자들이 그것들의 질(質)이나 양(量)을 결정하는 사물들에 속한 부속적인 속성들(屬性·the adjuncts of things)을 뜻한다는 것은 묵시록서의 여러 숫자들에게서 잘 나타나고 있습니다. 그 숫자들이 어떤 특정한 뜻이 없다면, 그것들은 수많은 곳에서 아무런 뜻도 산출하지 못할 것입니다. 이미 설명된 것에서 밝히 알 수 있는 사실은 "도장을 받은 십사만 사천"(144,000)과 "각 지파에서 나온 일만이천"(12,000)은 이스라엘 지파에서 그렇게 많은 자들이 도장을 받았고, 그리고 선택된 자들이다는 것으로 이해되지 않고, 오히려 주님에게서 온 사랑에 속한 선에서 비롯된 교리에 속한 진리들 안에 있는 모두를 뜻하는 것으로 이해되어야 한다는 것입니다. 이러한 내용은 일반적으로 "이스라엘 열두 지파"가 뜻하는 것이고, 역시 "주님의 열두 사도들"이 뜻하는 것입니다, 그러나 개별적으로는, 각각의 지파들이나 사도들은 선에서 비롯된 진리를 뜻합니다. 그러나 각각의 개별적인 지파의 뜻에 관해서는 곧 설명되겠습니다. 열두 지파가 주님에게서 온 사랑에 속한 선에서 비롯된 교리에 속한 모든 진리들을 뜻하기 때문에, 그들 역시 교회에 속한 모든 것들을 뜻하고, 그리고 이런 이유에서 이스라엘 열두 지파도 교회를 표징(表徵)하고, 그리고 열두 사도도 역시 같은 내용을 표징합니다. "열둘"(12)이 교회에 속한 진리들이나 선들을 서술하고 있기 때문에, 그러므로 주님의 새로운 교회를 뜻하는 새 예루살렘이 모든 개별적인 뜻으로 숫자 "열둘"(12)에 의하여 기술되고 있는데, 예를 들면 이러합니다.

> 그가 자막대기로 그 도시를 재어 보니, 가로와 세로와 높이가 서로 꼭같이 만 이천 스타디온이었다. 또 그가 성벽을 재어 보니, 사람의 수치로 백사십사 규빗이었다.
> (묵시록 21 : 16, 17)

"백사십사"(144)는 열둘(12)에 열둘을 곱한 것입니다.

> 그 도시에는 열두 대문이 있고, 열두 대문은 열두 진주로 되어 있는데, 그 대문들이 각각 진주 한 개로 되어 있었습니다.……그리고 그 열두 대문에는 열두 천사가 지키고 있고, 이스라엘 열두 지파의 이름이 적혀 있었습니다.……그 도시의 성벽에는 주춧돌이 열두 개가 있고, 그 위에는, 어린 양의 열두 사도의 열두 이름이 적혀 있었습니다.……그 성벽의 주춧돌들은 각색의 보석으로 꾸며져 있었습니다.……강 양쪽에는 열두 종류의 열매를 맺는 생명 나무가 있어서, 달마다 열매를 내고 있었다.
> (묵시록 21 : 21 ; 21 : 12 ; 21 : 19 ; 22 : 2)

이런 개별적인 것들에 관해서는 묵시록서 21장과 22장의 해설을 참조하십시오(본서 876-960항 참조). 이상에서 볼 때 여기서는 주님께서 세우신(formed) 새로운 천계(the New Heaven)와, 그리고 주님께서 세우시는(forming) 새로운 교회(the New Church)가 다루어지고 있습니다. 왜냐하면 그것들은 묵시록서 14장에서 언급된 것과 동일한 것이기 때문입니다. 14장에는 그것들에 관해서 이렇게 기술되었습니다.

> 내가 보니, 어린 양이 시온 산에 서 있었습니다. 그 어린 양과 함께 십사만 사천 명이 서 있는데, 그들의 이마에는 어린 양의 이름과 그의 아버지의 이름이 적혀 있었습니다.……그들은 보좌와 네 생물과 그 장로들 앞에서 새 노래를 부르고 있었습니다. 땅으로부터 속량을 받은 십사만 사천 명 밖에는, 아무도 그 노래를 배울 수 없었습니다.……그들은 어린 양이 가는 곳이면, 어디든지 따라다니는 사람들입니다.
> (묵시록 14 : 1, 3, 4)

"열두 지파"가 그 교회의 진리들이나 선들의 측면에서 주님의 교회를 뜻하기 때문에, 그러므로 숫자 "열둘"(12)은 교회에 속한 숫자가 되었고, 그리고 그 숫자는 교회의 거룩한 예전이나, 식전에 두루 사용되었습니다. 그런 예들입니다.

> (판결 가슴받이의) 이 보석들은 이스라엘의 아들의 수대로 열둘이 되게 하고,……보석마다 각 사람의 이름을 새겨서, 이 보석들로 열두 지파를 나타내게 하여라.
> (출애굽 28 : 21)
> 과자 열두 개를 구워, 한 줄에 여섯 개씩 두 줄로, 주의 앞, 순금 상 위에 차려 놓아라.
> (레위기 24 : 5, 6)
> 모세는 주의 말씀을 기록하고,……산기슭에 제단을 쌓고, 이스라엘의 열두 지파를 따라 기둥 열두 개를 세웠다.
> (출애굽 24 : 4)
> 각 지파에서 한 사람씩 열두 사람을 뽑았다.
> (신명기 1 : 23)
> 여호수아는 이스라엘 자손 가운데서 각 지파마다 한 사람씩 세운, 그 열두 사람을 불러서,……이스라엘 자손 지파 수에 따라 요단 강 가운데서 돌 열두 개를 메고 나와서,……언약궤를 메었던 제사장들의 발이 머물렀던 곳에 다가도 열두 개의 돌을 세웠다.
> (여호수아 4 : 1-9)

이스라엘 지도자들이 바친 제단 봉헌제물은 모두 은쟁반이 열둘, 은대접이 열둘, 금잔이 열둘이다.…… 번제물로 바친 짐승은, 수송아지가 열두 마리, 숫양이 열두 마리, 일 년 된 숫양이 열두 마리이다.
(민수기 7 : 84, 87)
엘리야는…… 야곱의 아들들의 지파 수대로, 열두 개의 돌을 모았다. 이 돌을 가지고 엘리야는 주의 이름을 따라서 제단을 쌓고,…….
(열왕기 상 18 : 31, 32)
엘리야가…… 엘리사와 마주쳤다. 엘리사는 열두 겨리소를 앞세우고 밭을 갈고 있었다.…… 엘리야가 엘리사의 곁으로 지나가면서, 자기의 외투를 그에게 던져 주었다.
(열왕기 상 19 : 19)
열두 마리의 놋쇠 황소가 바다 모양 물통을 떠받치고 있는데,…….
(열왕기 상 7 : 25, 44)
여섯 개의 계단 양쪽에도, 각각 여섯 개씩 열두 개의 사자 상이 서 있었다.
(열왕기 상 10 : 20)
한 여자가 태양을 둘러 걸치고, 달을 그 발 밑에 밟고, 열두 별이 박힌 면류관을 쓰고 있었습니다.
(묵시록 12 : 1)

이상 언급된 것에서 볼 때 명확한 사실은 "각 지파에서 나온 이마에 도장을 받은 십사만 사천 명이나, 일만 이천 명"은 유대 사람이나 이스라엘 사람이 숫자적으로 그렇게 많다는 것을 뜻하지 않고, 새로운 기독교 천계(the New Christian Heaven)와 새로운 교회(the New Church)에 속한 자들 모두를 뜻하는데, 이들은 주님에게서 온 성언을 통하여 사랑에 속한 선에게서 비롯된 교리의 진리들 안에 있을 자들이다는 것입니다.

349. 이스라엘 자손의 각 지파에서 나온 (도장 받은) **사람들이었습니다.**
이 말씀은 주님의 천계나 교회가 그들로부터 존재한다는 것을 뜻합니다. "지파"(=족속·tribe)가 삶에 속한 선의 측면에서 종교를 뜻하고, "각 지파"는 삶에 속한 선의 근원을 가리키는, 사랑에 속한 모든 선의 측면에서, 그리고 그 선에서 비롯된 진리의 측면에서, 교회를 뜻합니다. 왜냐하면 교회를 이루는 두 가지가 있는데, 하나는 사랑에 속한 선(the good of love)이고, 다른 하나는 교리에 속한 진리(the truth of doctrine)이고, 이 둘의 결합(=혼인·marriage)이 바로 교회이기 때문입니다. 이스라엘의 열두 지파는 그 결합(=혼인)을 표징하고, 그것에서 비롯된 교회를 뜻합니다. 그리고 각각의 지파는 선에 속한 보편적인 진리나 또는 그것 안에 있는 진리에 속한 선을 뜻합니다. 그러나 각각의 지파가 뜻하는 것이 무엇인지는 지금까지 어느 누구에게도 밝혀지지 않았고, 어느 누구도 그것을 밝힐 수도 없었습니다. 그 이유는, 잘못된 설명(an ill-connected explanation)에 의하여 하나처럼 보이는 여러 겹의 결합들 가운데 숨겨져 있는 신성(神性·sanctity)이 모독되는 것을 막기 위해서입니다. 왜냐하면 그것들의 뜻은 그것들의 결합에 의하여 결정되기 때문입니다. 그들, 즉 열두 지파는 그들의 출생(出生)(창세기 29·30장과 35 : 18)에 따라서 명명된 계보에서 하나의 뜻을 가지기 때문입니다. 거기의 계보는 아래와 같습니다.

르우벤·시므온·레위·유다·단·납달리·갓·아셀·잇사갈·스불론·요셉·베냐민입니다.

그들은 그들이 애굽에 올 때에 거명된 계보에서는 또 다른 뜻을 갖는데 그 계보는 아래와 같습니다.

르우벤·시므온·레위·유다·잇사갈·스불론·갓·아셀·요셉·베냐민·단·납달리(창세기 46 : 8-24)입니다.

그리고 그들의 아버지 이스라엘에 의하여 축복받은 계보는 또 다른 뜻을 갖는데, 그 계보는 이러합니다.

르우벤·시므온·레위·유다·스불론·잇사갈·단·갓·아셀·납달리·요셉·베냐민(창세기 49장).

모세에 의하여 축복받은 계보는 또 다른 뜻을 갖는데, 그 계보는 이러합니다.

르우벤·유다·레위·베냐민·요셉·에브라임·므낫세·스불론·갓·단·납달리・아셀(신명기 33장).

여기서는 시므온과 잇사갈이 거명되지 않고, 에브라임과 므낫세가 거명되었습니다. 그들이 진(陳)을 치고, 행군을 한 계보는 역시 또 다른 뜻을 가지는데, 그것은 이러합니다.

> 동쪽에는 유다・잇사갈・스불론 지파가 진을 치고, 남쪽에는 르우벤・시므온・갓 지파가 진을 치고, 서쪽에는 에브라임・므낫세・베냐민 지파가 진을 치고, 북쪽에는 단・아셀・납달리 지파가 진을 치고, 중앙에는 레위 지파가 진을 쳤다.
> (민수기 2 : 1-마지막 절)

또 다른 장절에서 거명된 그들의 계보는 역시 다른 뜻을 가지고 있습니다(창세기 35 : 23-26 ; 민수기 1 : 5-16 ; 7 : 1-마지막 절 ; 13 : 4-15 ; 26 : 5-57 ; 34 : 17-28 ; 신명기 27 : 2, 13 ; 여호수아 15-19장 ; 에스겔 48 : 1-마지막 절). 그러므로 "발람이 그들의 지파에 따라서 사는 이스라엘을 보았을 때" 그는 이렇게 말하였습니다.

> 야곱아,
> 너의 장막이 어찌 그리도 좋으냐!
> 이스라엘아,
> 너의 사는 곳이 어찌 그리도 좋으냐!
> (민수기 24 : 5)

우림과 둠밈을 가리키는 판결의 가슴받이에는 이스라엘의 아들들의 이름들에 일치하여 열두 개의 보석들이 있었습니다(출애굽기 28 : 15-21). 계보에 있는 그들의 지파들의 뜻은, 그들이 질문에 대한 대답을 한 질문에 의하여 결정되었습니다. 그러나 묵시록서에 거명된 계보에서 그들이 뜻하는 내용이 무엇인지는, 역시 서로 다르기 때문에, 곧 설명하겠습니다. "지파들"이 종교를 뜻한다는 것, 그리고 "열두 지파"는 그것에 관계되는 모든 것들의 측면에서 교회를 뜻한다는 것은 히브리어에서 "지파"나 "홀"(笏・scepter)이 한 낱말이기 때문이고, 그리고 "홀"은 나라를 가리키고, 그리고 주님의 나라는 천계와 교회를 가리키기 때문입니다.

350. 5절. (도장을 받은 자는)
유다 지파에서 일만 이천 명이요.
이 말씀은 주님사랑(love to the Lord)을 가리키는, 그리고 주님의 새로운 천계와 새로운 교회 안에 장차 있을 자들이 가지고 있는 사랑인 천적인 사랑(celestial love)을 뜻합니다. "유다"는 최고의 뜻으로 천적인 사랑의 측면에서 주님을 뜻하고, 영적인 뜻으로는 주님의 천적인 나라(the Lord's celestial kingdom)와 성언(the Word)을 뜻하고, 자연적인 뜻으로는 성언에서 비롯된 천적인 교회의 교리를 뜻합니다. 그러나 여기서 "유다"는 주님사랑을 가리키는 천적인 사랑을 뜻합니다. 그 계보에서 제일 먼저 거명되었기 때문에, 그것은 주님의 새로운 천계와 새로운 교회에 속하게 될 모두에게 있는 그 사랑을 뜻합니다. 왜냐하면 제일 먼저 명명된 지파는 나머지들 가운데서 모든 것(the all)이기 때문이고, 그리고 그것은 그들의 머리와도 같고, 그리고 그들을 모으고(collecting), 특징을 짓고(qualifying), 감동을 주는(affecting) 모든 사물에 들어가는 보편적인 입구(入口)와도 같기 때문입니다. 이런 내용이 바로 주님사랑(love to the Lord)입니다. "일만 이천"(12,000)이 그 사랑 안에 있는 모든 사람을 뜻한다는 것은 위의 설명에서(본서 348항 참조) 잘 알 수 있겠습니다. 주지하여야 할 사실은, 솔로몬 시대 이후, 이스라엘의 열두 지파는 유다 나라와 이스라엘 나라인 두 왕국(王國)으로 분열되었다는 것입니다. 유대 왕국은 주님의 천적인 왕국, 또는 사제적 왕국(司祭的 王國 · priestly kingdom)을 표징하고, 이스라엘 왕국은 주님의 영적인 왕국, 또는 제왕적 왕국(帝王的 王國 · royalty kingdom)을 표징합니다. 그러나 후자, 즉 이스라엘 나라는, 그들 가운데 영적인 것이 전혀 남아 있지 않게 되었을 때, 멸망하였지만, 그러나 전자, 즉 유대 나라는, 성언을 가지고 있었기 때문에, 그리고 주님께서 그 나라에 탄생하셨기 때문에, 보존되었습니다. 그러나 그들이 전적으로 성언을 모독하고, 위화하였을 때, 따라서 그들이 주님을 알 수 없게 되었을 때, 그 때 그들의 왕국도 멸망되었습니다. 이상에서 알 수 있는 것은, "유다 지파"가 주님사랑을 가리키는 천적인 사랑을 뜻하지만, 그러나 그들이 성언의 측면이나, 주님의 측면에서 그런 존재였기 때문에, 따라서 "유다 지파"는 자기사랑을 가리키는, 더 정확하게 말하면, 자기사랑(自我愛)에서 비롯된 지배적인 애욕(the love of dominion)을 가리키는 악마적인 극악무도(極惡無道)한 사랑이라고 하는 그런 사랑, 즉 애욕을 뜻합니다. "유다"와 "유다 지파"가 주님사랑을 가리키는 천적인 왕국이나 그 왕국의 사랑을 뜻한다는 것은 아래의 장절들에게서 명확하게 알 수 있겠습니다.

> 유다야,
> 너의 형제들이 너를 찬양할 것이다.……
> 임금의 지휘봉(=홀)이 유다를 떠나지 않고,……
> 실로가 오시기까지
> 만민이 그에게 순종할 것이다.
> 그는 나귀를 포도나무에 매며,
> 그 암나귀 새끼를
> 가장 좋은 포도나무 가지에 맬 것이다.
> 그는 옷을 포도주에다 빨며,
> 그 겉옷은 포도의 붉은 즙으로 빨 것이다.
> 그의 눈은 포도주 빛보다 진하고,
> 그의 이는 우유 빛보다 흴 것이다.
> (창세기 49 : 8-12)
> 내 종 다윗이 그들의 영원한 왕이 될 것이다. 내가 그들과 평화의 언약을 세워서, 영원한 언약을 삼을 것이다.……내 성소를 그들 가운데 세워서 영원히 이어지게 하겠다.
> (에스겔 37 : 25, 26)
> "도성 시온아, 기뻐하며 노래를 불러라.……
> 주께서는 그 거룩한 땅에서
> 유다를 특별한 소유로 삼으실 것이며,
> 예루살렘을
> 가장 사랑하는 도성으로 선택할 것이다.
> (스가랴 2 : 10-12)
> 보아라, 좋은 소식을 전하는 사람,
> 평화를 알리는 사람이
> 산을 넘어서 달려온다.
> 유다야, 네 절기를 지키고,
> 네 서원을 갚아라.……
> 다시는 너를 치러 오지 못한다.
> (나훔 1 : 15)

너희가 오랫동안 기다린 주가,
문득 자기의 궁궐에 이를 것이다.……
유다와 예루살렘의 제물이
옛날처럼, 지난날처럼,
나 주를 기쁘게 할 것이다.
(말라기 3 : 1-4)
내가 다윗에게서 의로운 가지가 하나 돋아나게 할 그 날이 오고 있다.……
그 때가 오면 유다가 구원을 받을 것이다.
(예레미야 23 : 5, 6)
내가 야곱으로부터 자손이 나오게 하며,
유다로부터
내 산을 유업으로 얻을 자들이
나오게 하겠다.
내가 택한 사람들이
그것을 유업으로 얻으며,
내 종들이 거기에 살 것이다.
(이사야 65 : 9)
유다는 주의 성소가 되고,
이스라엘은 그의 영토가 되었다.
(시편 114 : 2)
"그 때가 오면, 내가 이스라엘 가문과 유다 가문과 새 언약을 세우겠다.……
그 시절이 지난 뒤에, 내가 이스라엘 가문과 언약을 세울 것이니, 나는 나의
율법을 그들의 가슴 속에 넣어 주며, 그들의 마음 판에 새겨 기록하여……"
(예레미야 31 : 31, 33)
"그 때가 되면, 말이 다른 이방 사람 열 명이 유다 사람 하나의 옷자락을
붙잡고, '우리가 너와 함께 가겠다. 하나님이 너희와 함께 계신다는 말을 들
었다' 하고 말할 것이다."
(스가랴 8 : 23)
"내가 지을 새 하늘과 새 땅이
내 앞에 늘 있듯이,
너희 자손과 너희 이름이 늘 있을 것이다."……
"왕들이 네 아버지처럼 될 것이며,
왕비들이 네 어머니처럼 될 것이다.
그들이 얼굴을 땅에 대고
네게 엎드릴 것이며,

네 발의 먼지를 닦아 줄 것이다.
(이사야 66 : 22 ; 49 : 23)

이상의 장절에서, 그리고 다 인용하기에는 너무나 많은 수많은 장절들에게서 밝히 알 수 있는 것은 "유다"는 유다를 뜻하지 않고, 오히려 교회를 뜻한다는 것과 주님께서 그 민족과 더불어 맺은 새롭고, 영원한 언약에 들어가시어서, 그들로 하여금 주님의 영원한 유업(遺業)이 되게 하고, 성소가 되게 하신다는 것을 뜻한다는 것과 "이방인들의 왕들이나, 그들의 군주들이 그들에게 엎드릴 것이고, 그들의 발의 먼지를 닦아 줄 것이다"는 말씀 역시 같은 뜻을 뜻한다는 것입니다. "유다지파"가, 그 자체에서 본다면, 자기사랑에서 비롯된 지배욕망에 속한 지옥적인 왕국을 뜻한다는 것은 아래의 장절들에게서 잘 나타나고 있습니다.

"그들에게 나의 얼굴을 숨기겠다.
그들이 마침내는 어떻게 되는지,
두고 보겠다.
그들은 타락한 세대,
진실이라고는 티끌만큼도 없는 자들이다.……
그들의 포도는
소돔의 포도나무에서 온 것이며,
고모라의 밭에서 온 것이다.
그들의 포도에는 독이 있어서,
송이마다 쓰디쓰다.
그들의 포도주는
뱀의 독으로 담근 독한 술이요,
독사의 독이 그득한 술이다.
이 독한 포도주는 내가
쓸 때가 있어서 숨겨 놓았던 것,
나중에 쓰려고
곳간에 보관하여 둔 것이다.
(신명기 32 : 20-34)
주 너희의 하나님이 이 좋은 땅을 너희에게 주어 유산으로 차지하게 하신 것이, 너희가 착하기 때문이 아님을 너희는 알아야 한다. 오히려 너희는 고

집이 센 백성이다.
(신명기 9 : 5, 6)
유다야, 너는 네 성읍의 수만큼
많은 신들을 만들어 놓았구나……
유다 사람들아, 너희가 섬기는 신들은 너희가 사는 성읍 수만큼이나 많고, 너희가 바알에게 분향하려고 세운 그 부끄러운 제단은 예루살렘의 골목길 수만큼이나 많구나!
(예레미야 2 : 28 ; 11 : 13)
너희는 너희의 아버지인 악마에게서 났고, 또 그 아버지의 욕망대로 하려고 한다.
(요한 8 : 44)
율법학자들과 바리새파 사람들아, 위선자들아,……속에는 위선과 불법이 가득하다.
(마태 23 : 27, 28)
악하고 음란한 세대여…….
(마태 12 : 39 ; 마가 8 : 38)

그들의 거주지 예루살렘이 "소돔"이라고 불리웠습니다(이사야 3 : 9 ; 예레미야 23 : 14 ; 에스겔 16 : 46, 48 ; 묵시록 11 : 8). 이 밖의 여러 곳에서 그 민족은 전적으로 멸망하였고, 예루살렘도 무너질 것이라고 언급되었습니다(예레미야 5 : 1 ; 6 : 6, 7 ; 7 : 17, 18 ; 8 : 6-8 ; 9 : 10, 11, 13 ; 13 : 9, 10, 14 ; 14 : 16 ; 애가 1 : 8, 9, 17 ; 에스겔 4 : 1-마지막 절 ; 5 : 5-마지막 절 ; 12 : 18, 19 ; 15 : 6-8 ; 16 : 1-63 ; 23 : 1-49).

351. 르우벤 지파에서 일만 이천 명이요.

이 말씀은 주님의 새로운 천계와 새로운 교회에 있게 될 자들이 가지고 있는 천적인 사랑에서 비롯된 지혜(智慧 · wisdom)를 뜻합니다. 최고의 뜻으로 "르우벤"은 전지(全知)를 뜻하고, 영적인 뜻으로는 지혜 · 총명 · 과학을 뜻하고, 또한 믿음(faith)을 뜻하고, 자연적인 뜻으로는 시각(視覺 · sight)을 뜻합니다. 그러나 여기서 "르우벤"은 지혜를 뜻하는데, 그 이유는 천적인 사랑을 뜻하는 "유다" 다음에 뒤이어지고 있기 때문이고, 그리고 천적인 사랑은 지혜를 낳기 때문입니다. 왜냐하면 사랑은 그의 짝인 과학 · 총명 · 지혜가 없으면 존재하지 않기 때문입니다. 자연적인 사랑의 짝은 과학(科學·學問·science)이고, 영적인 사랑의 배필은 총명이고, 천적인 사랑의 배우자는 지혜입니다. "르우벤"이 이런 것들을 뜻한다는 것은 그의 이름이 시각(視覺·sight)에서 명명되었다고 뒤이어지고 있기 때문입니다. 그리고 영적 자연적 시각(spiritual-natural sight)은 과학이고, 영적인 시각은 총명이고, 천적인 시각(celestial sight)은 지혜이기 때문입니다. 르우벤은 야곱의 맏아들이고, 따라서 이스라엘은 그를 이렇게 불렀습니다.

> 르우벤아, 너는 나의 맏아들이요,
> 나의 힘, 나의 정력의 첫 열매다.
> 그 영예가 드높고, 그 힘이 드세다.
> (창세기 49 : 3)

사실 이러한 것은 천적인 사랑에서 비롯된 지혜입니다. 그리고 르우벤은 그의 장자권으로 말미암아 그 교회에 속한 자들의 지혜를 표징하고, 그리고 그것으로 인하여 그 지혜를 뜻하기 때문에, 그러므로 이렇게 언급되었습니다.

> 르우벤이 이 말을 듣고서, 그들의 손에서 요셉을 건져 내려고, 그들에게 이렇게 말하였다. "목숨만은 해치지 말자. 피는 흘리지 말자. 여기 들판에 있는 구덩이에 그 아이를 던져 넣기만 하고, 그 아이에게 손을 대지는 말자."…… 르우벤이 구덩이로 돌아와 보니, 요셉이 거기에 없었다. 그는 슬픈 나머지, 옷을 찢고서,……
> (창세기 37 : 21, 22, 29)

이런 이유 때문에―.

> 남쪽에 진을 칠 부대는 르우벤 진영의 깃발 아래 소속된 부대들이다.……행군할 때에는 르우벤 진영이 두 번째로 출발한다.
> (민수기 2 : 10-16)

여기서 "남쪽"(south)은 사랑에서 비롯된 지혜를 뜻합니다. 그러므로 그 지혜 안에 있는 그들은 천계의 남쪽에서 삽니다. 이러한 사실은 저서 《천계와 지옥》 148-150항에서 잘 볼 수 있습니다. 드보라와 발락의 예언에 나오는 "르우벤"이 이 지혜를 뜻한다는 것은 아래의 장절에서 잘 알 수 있습니다.

> 그러나 르우벤 지파 가운데서는
> 마음에 큰 반성이 있었다.
> 어찌하여 네가 양의 우리에 앉아,
> 양 떼를 부르는 피리 소리나 듣고 있는가?
> 르우벤 지파에서는
> 마음에 큰 반성을 하였다.
> (사사기 5 : 15, 16)

"르우벤 지파들"(=지역)은 지혜에 관계를 가지고 있는 온갖 종류의 지식들을 가리킵니다. 모든 지파들이 역시 반대의 뜻을 가지고 있고, 따라서 나쁜 뜻으로 르우벤 지파는 사랑에서 분리된 지혜를 뜻하고, 그리고 그것으로 인하여 인애에서 분리된 믿음을 뜻합니다. 그러므로—.

> 그는 그의 아버지 이스라엘에 의하여 저주를 받았다.
> (창세기 49 : 3, 4)

그러므로 그의 장자권은 박탈되었습니다(역대기 상 5 : 1). 그리고 본서 17항을 참조하십시오, 그러므로—.

> (야곱이 요셉에게 말하였다. "전능하신 하나님이 가나안 땅 루스에서 나에게 나타나셔서, 나에게 이르시기를,……'이 땅을 너의 자손에게 주어서, 영원한 소유가 되게 하겠다' 하셨다.") 내가 너를 보려고 여기 이집트로 오기 전에, 네가 이집트 땅에서 낳은 두 아이는, 내가 낳은 아들로 삼고 싶다. 르우벤과 시므온이 나의 아들이듯이, 에브라임과 므낫세도 나의 아들로 한다.
> (창세기 48 : 5)

그럼에도 불구하고 르우벤은 지혜의 표징과 그것에서 비롯된 지혜의 표의(表意)를 유지(維持)하였습니다.

352. 갓 지파에서 일만 이천 명이요.

이 말씀은 삶에 속한 선용들(善用・uses of life)을 뜻하는데, 그것은 그 사랑에서 비롯된 지혜에 속한 것이고, 역시 그것은 주님의 새로운 천계나 새로운 교회에 있게 될 그들이 가지고 있는 것입니다. "갓"이, 최고의 뜻으로, 전능(全能・omnipotence)을 뜻하고, 영적인 뜻으로는, 역시 선용을 가리키는 삶에 속한 선을 뜻하고, 자연적인 뜻으로는 일(=업적・행위・works)을 뜻하는데, 여기서는 삶에 속한 선용(善用・쓸쓸이・use of life)을 뜻합니다. 그 이유는 그는 르우벤과 유다 뒤에 이어지고, 그리고 지혜를 통하여 천적인 사랑은 선용들을 생산하기 때문입니다. 결코 분리될 수 없이, 밀접하게 결합된 것은 셋이 있는데, 바로 사랑・지혜・삶에 속한 선용입니다. 만약에 이들 중에서 하나라도 분리된다면, 나머지 둘 역시 땅에 떨어지고 맙니다. 이러한 사실은 저서 ≪신령사랑과 신령지혜≫ 241・297・316항에서 볼 수 있습니다. "갓"이, 열매(結實・fruit)라고 부르는, 삶에 속한 선용(the use of life)을 뜻한다는 것은 그의 이름이 무리(troop)나 무더기(heap)에서 명명되었다는 사실에서 잘 알 수 있습니다(창세기 30 : 10, 11). 이러한 사실은 그의 아버지 이스라엘의 축복에서(창세기 49 : 19), 그리고 모세가 한 그의 축복에서(신명기 33 : 20, 21), 그리고 그의 유산(遺産)에서(민수기 32 : 1-42 ; 34 : 14 ; 신명기 3 : 16, 17 ; 여호수아 13 : 24-28) 잘 알 수 있습니다. 그리고 또한 나쁜 뜻의 "갓"의 뜻에서도 잘 알 수 있습니다(이사야 65 : 11 ; 예레미야 49 : 1-3). 반드시 주지하여야 할 것은, 마치 우림과 둠밈에서와 같이, 또는 진영을 설치할 때와 같이, 네 등급(four classes)으로 나뉘었다는 것이고, 그리고 그 각각의 등급은 세 지파를 포함하고 있다는 것입니다. 그리고 세 지파는 하나처럼 밀접하게 결합되었는데, 그것은 마치 사랑・지혜・선용과 같이, 그리고 인애・믿음・선행(善行・work)과 같이 하나로 결합되어 있다는 것입니다. 만약에 이중에서 하나가 결여된다면 나머지 둘은 무가치(無價値)한 것이 되고 말기 때문입니다.

353. 6절. **아셀 지파에서 일만 이천 명이요.**
이 말씀은 주님의 새로운 천계나 새로운 교회에 속하게 될 사람들이 가지고 있는 공동체나 사회에 대하여 선용을 실천하는 사랑을 가리키는 상호애(相互愛・mutual love)를 뜻합니다. 최고의 뜻으로 "아셀"은 영원(永遠・eternity)을 뜻하고, 영적인 뜻으로는 영원한 행복(eternal happy)을 뜻하고, 자연적인 뜻으로는 선이나 진리에 속한 정동을 뜻합니다. 그러나 여기서 "아셀"은 거기서는 상호애하고 부르는 주님의 천적인 왕국에 있는 사람들이 가지고 있는 선용을 실천하는 것에 속한 사랑을 뜻합니다. 이 사랑은 주님사랑에 가장 가까운 사랑에서 내려오는데, 그 이유는 주님에게 속한 사랑은 공동체에 대하여 선용을 실천하는 것이고, 그리고 그 공동체 안에 있는 각각의 사회에 대하여 선용을 실천하는 것이기 때문입니다. 주님께서 주님사랑 안에 있는 사람들에 의하여 이런 일을 행하시기 때문입니다. "아셀"이 위와 같은 뜻을 가지고 있다는 것은 그의 아버지 이스라엘의 축복에서 어느 정도 알 수 있습니다.

아셀에게서는
먹을거리가 넉넉히 나올 것이니,
그가 임금의 수라상을 맡을 것이다.
(창세기 49 : 20)

모세가 행한 그의 축복에서도 알 수 있습니다.

"아셀 지파는 다른 어느 지파보다
복을 더 많이 받은 지파다.
그들은 형제들에게 귀여움을 받으며, ……
너희는 안전하게 산다(=사는 날 동안 명성을 떨칠 것이다).
(신명기 33 : 24, 25)

그의 이름 역시 축복에서 명명되었습니다. 공동체나 사회에서 선용을 실천하는 사랑 안에 있는 사람들은 천계에 있는 다른 누구보다도 행복을 향유(享有)합니다.

354. 납달리 지파에서 일만 이천 명이요.

이 말씀은 주님의 새로운 천계나 새로운 교회 안에 있게 될 사람들이 가지고 있는 선용의 지각과 선용이 무엇인지 아는 것을 뜻합니다. 최고의 뜻으로 "납달리"는 주님의 신령인성에 속한 본연의 능력을 뜻하고, 영적인 뜻으로는 시험(試驗・temptation)과 승리(勝利・victory)를 뜻하고, 자연적인 뜻으로는 자연적인 사람(the natural man)에 의한 저항(抵抗・resistance)을 뜻합니다. 왜냐하면 그는 씨름에서 그의 이름이 명명되었기 때문입니다. 그러나 여기서 "납달리"는 선용에 속한 지각 이나 또는 선용이 무엇인지 아는 선용의 정의(定義)를 뜻합니다. 그 이 유는 선용에 속한 사랑을 가리키는 아셀 뒤의 계보에 뒤이어지기 때문 입니다. 또한 온갖 시험에서 승리한 사람들은 선용에 속한 내면적인 지각을 가지고 있기 때문입니다. 왜냐하면 온갖 시험들을 통하여 마음 의 내면적인 것들이 열리기 때문입니다. 그들이 가지고 있는 지각은 예레미야서 31장 33, 34절에 기술되었습니다. 그들은 스스로 선한 것 이 무엇인지를 느끼고, 그리고 참된 것이 무엇인지를 스스로 알았습니 다. "납달리 지파"가 그와 같은 지각의 측면에서 천사들이나 사람들을 뜻한다는 것은 성경의 이런 것들로부터 잘 알 수 있겠습니다.

> 납달리도 들판 언덕 위에서
> 그렇게 (생명을 아끼지 않고) 싸운 백성이다.
> (사사기 5 : 18)

여기서 "들판"의 언덕은 지각의 측면에서 교회에 속한 내면적인 것들 을 뜻합니다.

> 납달리 지파를 두고서,
> 그는 이렇게 말하였다.
> "은혜를 풍성히 받은 납달리야,
> 주께서 주시는 복을 가득 받은 납달리야!
> 너희는 서쪽과 남쪽을 차지하고 살아라."
> (신명기 33 : 23)

"서쪽을 차지한다"는 것은 섬기는 사랑에 속한 선을 가리키고, "남쪽 을 차지한다"는 것은 지각을 가리키는 지혜에 속한 빛을 뜻합니다.

> 납달리는 풀어 놓은 암사슴이어서,
> 그 재롱이 귀여울 것이다.
> (창세기 49 : 21)

이 말씀은 지각에서 비롯된 자유스러운 능변(能辯)의 측면에서 시험 뒤의 상태를 기술하고 있습니다. 역시 그것은 이렇게 기록되었습니다.

> 솔로몬 왕은 납달리 지파에서 한 사람을 불러왔는데,……그는 놋쇠를 다루는 일에는, 뛰어난 지혜와 기술과 전문 지식을 갖춘 사람이었다. 그가 솔로몬 왕에게 불려와서, 공사를 거의 도맡아 하였다.
> (열왕기 상 7 : 14)

이름들이나 지파들의 측면에서 성경의 역사서들은 예언서와 꼭 같은 뜻을 가리킵니다.

355. 므낫세 지파에서 일만 이천 명이요.

이 말씀은 주님의 새로운 천계나 새로운 교회에 속하게 될 사람들이 가지고 있는 섬김에 속한 의지나 행위에 속한 의지를 뜻합니다. 위에서 언급한 것과 같이, 질서에서 보면 주님사랑·지혜·선용 이 셋이 있습니다(본서 352항 참조). 그러므로 여기서는 역시, 상호애와 이해 또는 지각과 의지 또는 행위가 있습니다. 이런 것들은 마찬가지로 하나를 이룹니다. 따라서 만약에 그것들 중 하나가 빠지게 되면, 다른 둘 역시 아무것도 아닙니다. 행위와 함께 하는 섬김의 의지(the will of serving)는 결과(結果·effect)를, 따라서 궁극적인 것을 가리키는데, 그것 안에는 전자 둘(the two former)이 존재하고, 그리고 서로 함께 존재합니다. "므낫세"가 이런 뜻을 가지는 이유는 므낫세와 에브라임의 아버지인 요셉이 교회에 속한 영적인 것을 뜻하기 때문입니다. 그리고 교회에 속한 영적인 것은 의지에 속한 선(the good of the will)이고, 동시에 이해에 속한 진리(the truth of the understanding)를 가리키기 때문입니다. 그러므로 "므낫세"는 교회에 속한 임의적인 것(the voluntary of the church)을 뜻하고, "에브라임"은 교회의 총명적인 것(the intellectual of the church)을 뜻합니다. "에브라임"이 교회의 총명적인 것을 뜻하기 때문에, "므낫세"는 교회의 임의적인 것을 뜻한다는 것은, 에브라임이 아주 자주 거명되고 있는 호세아서에 명확하게 드러나고 있습니다. "므낫세"가 교회에 속한 임의적인 것을 뜻하기 때문에, 그는 역시 행위를 뜻합니다. 왜냐하면 의지는 모든 행위에 속한 노력이요, 애씀을 가리키기 때문입니다. 노력이나 애씀이 있는 곳에는, 그것이 가능할 경우 행위가 있습니다. 성경의 여러 곳에 "므낫세"에 관해서 언급되었는데, 예를 들면 그가 태어날 때에 관한 것은 창세기서 41장 50-52절에, 시므온을 대신하여 야곱이 그를 아들로 삼았을 때에 관해서는 창세기서 48장 3-5절에, 야곱이 그에게 한 축복에 관해서는 창세기서 48장 15, 16절에, 그리고 모세가 행한 그에 대한 축복에 관해서는 신명기서 33장 17절에 기술되었고, 그 밖에 여러 곳이 있습니다(이사야 9 : 18-20 ; 시편 60 : 7 ; 80 : 2 ; 108 : 8). 이렇게 볼 때 "므낫세"가 교회에 속한 임의적인 것을 뜻한다는 것은 어느 정도 알 수 있겠습니다.

356. 7절. 시므온 지파에서 일만 이천 명이요.

이 말씀은 주님의 새로운 천계와 새로운 교회에 속하게 될 사람들이 가지고 있는 이웃을 향한 사랑, 즉 인애를 가리키는, 영적인 사랑(spiritual love)을 뜻합니다. 최고의 뜻으로 "시므온"은 섭리(攝理 · providence)를 뜻하고, 영적인 뜻으로는 이웃을 향한 사랑, 즉 인애를 뜻하고, 자연적인 뜻으로는 복종(服從 · obedience)과 경청(傾聽 · 敬聽 · hearing)을 뜻합니다. 앞서의 두 시리즈에서는 주님의 천적 왕국에 있는 자들에 관해서 다루어졌지만, 우리의 본문 시리즈에서는 주님의 영적 왕국에 있는 자들이 다루어지고 있습니다. 후자에 속한 사랑은 영적인 사랑이라고 불리우는데, 그 사랑은 이웃을 향한 사랑, 즉 인애를 가리킵니다. 시므온과 그의 지파가 이 사랑을 표징하고, 따라서 성경에서 그것을 뜻하는 이유는 시므온은 르우벤 뒤에, 그리고 레위 바로 앞에 태어났기 때문입니다. 그리고 이들 셋, 르우벤 · 시므온 · 레위는, 그들의 태어난 순서에서 보면, 이해 안에 있는 진리, 즉 믿음과 의지 안에 있는 진리, 즉 인애와 그리고 행위 안에 있는 진리, 즉 선행(善行 · good work)을 뜻하기 때문이고, 마찬가지로 베드로 · 야고보 · 요한도 역시 그것들을 각각 뜻합니다. 그러므로 시므온과 그의 지파가, 인애와 복종(=순종 · obedience) 양자를 가리키는 의지 안에 있는 진리를 표징하기 위해서 그는 경청(hearing)에서, 그리고 진리를 이해하고, 그리고 그것을 원하고 복종한다는 것 양자를 뜻하는 듣는다(to hear)는 말에서 이름이 명명되었습니다. 어느 누구의 말을 듣는다고 언급되었을 때 그것을 이해하는 것을 가리키고, 그리고 어느 누구의 말에 귀를 기울이고, 경청한다고 언급되었을 때에는 그것을 원하고, 그것에 복종하는 것을 뜻합니다. 여기서는 이웃을 향한 사랑(=이웃사랑) 또는 인애(仁

愛·charity)에 관해서 몇 가지 내용을 부연하고자 합니다. 이웃을 향한 사랑(=이웃사랑)은, 십성언(十聖言·the Decalogue)의 둘째 돌판에 포함된 주된 것들인 주님의 계명들에 순종하는 사랑(the love of obeying)을 가리키는데, 그 계명들이란 바로 살인하지 말라, 간음하지 말라, 도둑질하지 말라, 거짓증거하지 말라, 이웃의 것들을 탐내지 말라는 등등입니다. 그런 것들이 죄악이기 때문에, 그런 것들을 행하지 않는 사람은 이웃을 사랑합니다. 왜냐하면 이웃을 미워하고, 그리고 그 미움으로 말미암아 그를 죽이려고 하는 사람은 이웃을 사랑하지 않기 때문입니다. 이웃의 아내와 더불어 간음을 범하는 사람은 이웃을 사랑하지 않기 때문이고, 그리고 이웃의 재물(財物)을 도둑질하고, 약탈하기를 열망하는 사람은 이웃을 사랑하지 않기 때문입니다. 그 밖에도 여럿이 있겠습니다. 이것을 바울 사도는 아래의 장절에서 이렇게 가르치셨습니다. 로마서의 말씀입니다.

> 남을 사랑하는 사람은 율법을 다 이루었습니다. "간음하지 말아라. 살인하지 말아라. 도둑질하지 말아라. 탐내지 말아라" 하는 계명과, 그 밖의 다른 계명이 있을지라도, 모든 계명은 "네 이웃을 네 몸과 같이 사랑하여라" 하는 말씀에 요약되어 있습니다. 사랑은 이웃에게 해를 입히지 않습니다. 그러므로 사랑은 율법의 완성입니다.
> (로마 13 : 8-10)

357. 레위 지파에서 일만 이천 명이요.

이 말씀은, 주님의 새로운 천계와 새로운 교회에 속할 사람들이 가지고 있는 선에서 비롯된 진리에 속한 정동(the affection of truth from good)과 그리고 그것에서 비롯된 총명을 뜻합니다. 최고의 뜻으로 "레위"는 사랑과 자비(慈悲·mercy)를 뜻하고, 영적인 뜻으로는 선한 삶을 가리키는 행위 안에 있는 인애를 뜻하고, 자연적인 뜻으로는 제휴(提携)와 결합(結合)을 뜻합니다. 그의 이름은 성경에서 사랑을 통한 결합을 가리키는, 밀착(密着·adhering)에서 명명되었습니다. 그러나 여기서 "레위"는 사랑, 또는 진리의 정동, 그리고 그것에서 비롯된 총명을 뜻하는데, 그 이유는 레위는, 시므온 뒤에 나오고, 이 시리즈에서는 중간적인 것을 형성하기 때문입니다. 레위가 이런 것들을 표징하기 때문에,

그러므로 이 지파는 사제직에 임명되었습니다(민수기 3 : 1-51 ; 신명기 21 : 5 ; 그 밖의 여러 곳). 레위 지파가, 그것으로 말미암아 교회가 교회되게 하는 것인 본질적인 사랑(the essential love)인 진리에 속한 사랑을 뜻하고, 그리고 그것에서 비롯된 총명을 뜻한다는 것은 아래의 장절들에게서 잘 나타나고 있습니다.

> 그들(=레위 자손 제사장들)은 주 너희의 하나님이 선택하셔서, 주를 섬기며 주의 이름으로 축복하는 직책을 맡는 사람으로서, 모든 소송과 분쟁을 판결할 것이다.
> (신명기 21 : 5)

주의 이름(=여호와의 이름)으로 축복한다는 것은 가르치는 것(to teach)을 가리키는데, 그것은 진리에 속한 정동 안에 있고, 그리고 그것에서 비롯된 총명 안에 있는 자들만이 홀로 할 수 있는 일입니다.

> 그들(=레위 지파)은
> 주의 계명에 순종하였으며,
> 주의 언약을 성실하게 지켰습니다.
> 그들은 주의 백성 야곱에게
> 주의 바른길을 가르치며,
> 이스라엘에게 주의 율법을 가르치며,······
> (신명기 33 : 8-11)
> 너희가 오랫동안 기다린 주가,
> 문득 자기의 궁궐에 이를 것이다.······
> 그는,
> 은을 정련하여 깨끗하게 하는 정련공처럼,······
> 레위 자손을 깨끗하게 할 것이다.
> 금속 정련공이 은과 금을 정련하듯이
> 그가 그들을 깨끗하게 하면,······.
> (말라기 3 : 1, 3)

"레위 자손을 깨끗하게 한다"는 것은 진리에 속한 정동 안에 있는 자들을 정화(淨化)한다는 것을 가리킵니다. 그 정동은 총명으로 말미암아 번성하기 때문에 이렇게 언급되었습니다.

그 위에 아론의 이름이 써진 레위의 지팡이에는 움이 돋았을 뿐만 아니라, 싹이 나고, 꽃이 피고, 감복숭아 열매까지 맺은 것이 아닌가!
(민수기 17 : 2-11)

358. 잇사갈 지파에서 일만 이천 명이요.

이 말씀은 주님의 새로운 천계나 새로운 교회에 속하게 될 사람들이 가지고 있는 삶에 속한 선을 뜻합니다. 최고의 뜻으로 "잇사갈"은 진리에 속한 신령선과 선에 속한 진리를 뜻하고, 영적인 뜻으로는, 선과 진리에 속한 사랑을 가리키는 천적인 혼인애(celestial conjugial love)를 뜻하고, 자연적인 뜻으로는 보상(報償·remuneration)을 뜻합니다. 그러나 여기서는 삶에 속한 선(good of life)을 뜻하는데, 그 이유는 이 등급에서 보면 그것은 세 번째 차례에 있고, 그리고 어느 등급에서나 셋째는, 앞서의 두 것에서 생성된 궁극적인 것을 뜻하기 때문입니다. 그것은 마치 결과가 그것의 원인들에게서 비롯된 것과 같습니다. 그리고 이웃을 향한 사랑인 시므온이 뜻하는 영적인 사랑에서 비롯된 결과는 레위가 뜻하는 진리에 속한 정동을 통하여 삶에 속한 선을 생산하는데, 이것이 바로 "잇사갈"이 가리키는 것입니다. 그의 이름은 고용(雇用·hire)에서, 따라서 보상(報償)에서 명명되었고(창세기 30 : 17, 18), 그리고 삶에 속한 선은 본질적으로 보상을 취하고 있습니다. 이런 종류의 것들이 모세가 행한 축복에서 잇사갈이 뜻하는 내용이 되겠습니다.

스불론 지파와 잇사갈 지파를 두고서,
그는 이렇게 말하였다.
"스불론은 해상무역을 하여 번성하고
잇사갈은 집에 재산을 쌓는다.
그들은 외국 사람을 그들의 산마을로 초청하여,
거기에서 의의 제사를 드린다.
바다 속에서 얻는 것으로 부자가 되고,
바닷가 모래 속에서도
감추어져 있는 보물을 취한다."
(신명기 33 : 18, 19)

그의 아버지 이스라엘이 한 축복에서(창세기 49 : 14, 15), "잇사갈"은, 런던에서 출간된 ≪천계비의≫ 6388항에서 볼 수 있듯이, 삶에 속한 가치 있는 선(meritorious good of life)을 뜻합니다.

359. 8절. 스불론 지파에서 일만 이천 명이요.

이 말씀은 주님의 새로운 천계와 새로운 교회에 속하게 될 사람들이 가지고 있는 선과 진리에 속한 혼인애(婚姻愛·the conjugial live)를 뜻합니다. 최고의 뜻으로 "스불론"은 주님 안에 있는 신령존재 자체와 신령인간의 합일(合一·union)을 뜻하고, 영적인 뜻으로는 천계나 교회 안에 있는 자들에게 있는 선과 진리의 혼인(the marriage of good and truth)을 뜻하고, 자연적인 뜻으로는 혼인애 자체를 뜻합니다. 그러므로 여기서 "스불론"은 선과 진리의 혼인애를 뜻합니다. 그의 이름은 "함께 산다"(同居·同棲·cohabitation)는 말에서 명명되었습니다(창세기 30 : 19, 22). 그리고 "함께 산다"(同居)는, 그들의 이름들이 하나로 결합된, 혼인한 배우자들에 관해서 서술합니다. 왜냐하면 이런 결합은 곧 영적인 동거(spiritual cohabitation)를 뜻하기 때문입니다. 여기서 "스불론"이 뜻하는 선과 진리에 속한 혼인애는 주님과 교회에 속한 혼인애입니다. 주님께서는, 사랑에 속한 선 자체이시고, 그리고 교회에게 그 선에서 비롯된 진리를 주십니다. 그리고 이와 같은 동거는, 교회에 속한 사람이 진리들 가운데서 주님에게서 온 선을 영접, 수용할 때, 이루어집니다. 이 경우에 선과 진리의 혼인이 사람에게서 생성되는데, 그것이 바로 교회 자체를 가리키고, 그 사람은 천계가 됩니다. 그러므로 하나님의 왕국(the kingdom of God), 다시 말하면 천계요, 교회이다는 것은 성경에서 혼인(婚姻·a marriage)에 아주 자주 비유되고 있습니다.

360. 요셉 지파에서 일만 이천 명이요.

이 말씀은 주님의 새로운 천계나 새로운 교회에 속하게 될 사람들이 가지고 있는 선과 진리에 속한 교리(敎理·doctrine)를 뜻합니다. 최고의 뜻으로 "요셉"은 영적 신령한 것의 측면에서 주님을 뜻하고, 영적인 뜻으로는 영적인 왕국을 뜻하고, 자연적인 뜻으로는 다산(=생육·生育·多産·fructification)과 번성(蕃盛·multiplication)을 뜻합니다. 그러나 여기서 "요셉"은, 주님의 영적인 왕국에 있는 자들이 가지고 있는 선과 진리에 속한 교리를 뜻합니다. 요셉이 여기서 이런 뜻을 갖는다는 것은, 그의 이름이 스불론 지파 뒤에, 그리고 베냐민 지파 앞에, 따라서 그 중간에 있다는 것에서 명명되었기 때문입니다. 그 계열이나 등급에서 제일 먼저 명명된 지파는 의지에 속한 어떤 사랑을 뜻하고, 그 뒤에 이어서 명명된 지파는 이해에 속한 지혜에 속한 것을 뜻합니다. 그리고 마지막으로 명명된 지파는 그런 것들에게서 비롯된 어떤 선용이나, 또는 결과를 뜻합니다. 따라서 각각의 계열은 전부 완전한 것이 됩니다. 요셉이 주님의 영적 왕국을 뜻하기 때문에, 그러므로 그는 이집트에서 통치자(統治者・ruler)가 되었습니다(창세기 41 : 38-44 ; 시편 105 : 17-22). 거기에서 각각의 개별적인 것은 모두가 주님의 영적 왕국에 속한 그런 것들을 뜻합니다. 영적 왕국은 주님의 왕권(王權・the Lord's royalty)을 가리키고, 천적 왕국은 주님의 사제직(司祭職)을 뜻합니다. 여기서 "요셉"이 선과 진리에 속한 교리를 뜻하는데, 그 이유는 그가 에브라임의 자리에 있었기 때문입니다. 그리고 "에브라임"이 그 교회에 속한 총명을 뜻합니다. 이러한 내용은 ≪성서론≫ 79항을 참조하십시오. 그리고 그 교회에 속한 총명은 성언에서 비롯된 선과 진리에 속한 교리에서 온 모든 것을 가리킵니다. 여기서 요셉이 에브라임의 자리에 있는 이유는, 요셉의 다른 아들이고, 그 교회에 속하는 임의적인 것을 뜻하는 지파들 가운데서 므낫세가 전에 그와 같이 포함되었기 때문입니다(본서 355항 참조). 선과 진리에 속한 교리에서 그 교회에 속한 총명은 파생되었기 때문에, 그러므로 아래의 장절에서 "요셉"은 그 총명이나, 역시 그 교리를 뜻합니다.

> 요셉은 열매가 많은 덩굴,
> 샘 곁에 있는 열매가 많은 덩굴……
> 요셉의 활은 그보다 튼튼하고,
> 그의 팔에는 힘이 넘친다.……
> 전능하신 분께서……
> 위로 하늘에서 내리는 복과,
> 아래로 깊은 샘에서 솟아오르는 복과,
> 젖가슴에서 흐르는 복과,
> 태에서 잉태되는 복을 베푸실 것이다.……
> 이 모든 복이 요셉에게로 돌아가며,……

(창세기 49 : 22-26)

이 구절에서 "샘"(fountain)은 성언(the Word)을 뜻하고, "활"(bow)은 교리를 뜻합니다(본서 299항 참조).

> 요셉 지파를 두고서,
> 그는 이렇게 말하였다.
> "주께서 그들의 땅에 복을 내리실 것이다.
> 위에서는 하늘의 보물 이슬이 내리고,
> 아래에서는 지하의 샘물이 솟아오른다.
> 햇빛을 받아 익은 온갖 곡식과,
> 달빛을 받아 자라나는 온갖 과실이,
> 그들의 땅에 풍성할 것이다.……
> 그 땅에 온갖 좋은 산물로 가득할 것이다.
> 요셉이 그 형제 가운데 지도자였으니,
> 이런 복을 요셉이 받을 것이다."
> (신명기 33 : 13-17)

여기서 "온갖 좋은 산물"(=값진 것들)은, 그것에서 교리가 비롯된, 선과 진리에 속한 지식들을 뜻합니다.

> 대접으로 포도주를 퍼마시며,
> 가장 좋은 향유를 몸에 바르면서도
> 요셉의 집이 망하는 것은
> 걱정도 하지 않는 자들…….
> (아모스 6 : 6)
> 내가 유다 족속을 강하게 하고,
> 요셉 족속을 구원하겠다.……
> 에브라임 사람들은 용사 같이 되며,
> 그들의 마음은
> 포도주를 마신 듯이 기쁠 것이다.
> (스가랴 10 : 6, 7)

여기서도 역시 "요셉"은 교리를 뜻하고, "포도주"는 선에서 비롯된 교리에 속한 진리를 뜻합니다(본서 316항 참조).

361. 베냐민 지파에서 일만 이천 명이었습니다. 이들이 모두 도장을 받은 자들이었습니다.
이 말씀은 주님의 새로운 천계나 새로운 교회에 있게 될 사람들이 가지고 있는 교리에 일치하는 선에서 비롯된 진리에 속한 삶을 뜻합니다. "스불론"이 선과 진리에 속한 혼인애를 뜻할 경우, 그리고 "요셉"은 선과 진리에 속한 교리를 뜻하는 경우, 그 때 그가 세 번째 시리즈에 있기 때문에, "베냐민"은 선에서 비롯된 진리에 속한 삶을 뜻합니다. "베냐민"이 이런 뜻을 가지는데, 그 이유는 그가 제일 마지막에 태어났고, 그의 아버지 야곱은 "내 오른손의 아들"이라고 불렀기 때문입니다(창세기 35：18). 그리고 "오른손의 아들"(the son of the right hand)은 선에서 비롯된 진리를 뜻하기 때문입니다. 그러므로 역시 그의 지파는, 유다 지파가 있는, 예루살렘 주위에서 살았습니다. 그리고 예루살렘 성은 교리의 측면에서 교회를 뜻하고, 그리고 그 도시의 주변들은 교리에서 비롯된 것들을 뜻합니다(여호수아 18：11-28；예레미야 17：26；32：8, 44；33：13；그 밖의 여러 곳).

362. 이스라엘 지파들에 관한 열거(列擧)에서 단 지파와 에브라임 지파는 거명되지 않았는데, 그 이유는, 단이 그 지파의 마지막이고, 그리고 그의 지파는 가나안 땅에서 가장 멀리 떨어진 지역에서 살았고, 따라서 천적인 것들이나 영적인 것들이 있게 될 곳인 주님의 새로운 천계나 새로운 교회에 속한 어떤 것도 뜻할 수 없기 때문입니다. 그러므로 므낫세가 단의 자리에 놓이게 되었고, 반면에 요셉이 에브라임 자리에 놓이게 되었는데, 이러한 것은 위의 설명을 참조하십시오(본서 360항 참조).

363. 9절. 그 뒤에 내가 보니, 아무도 그 수를 셀 수 없을 만큼 큰 무리가 있었습니다.
이 말씀은, 일일이 다 열거할 수 있는 자들은 아니지만, 그럼에도 불구하고 주님 이외에는 누구도 그들의 성품을 알지 못하지만, 궁극적인 천계(the ultimate heaven)나 외적인 교회(the external church)를 이루는 자들이기 때문에, 주님의 새로운 천계나 새로운 교회에 있는 그 밖의 나머지 모두를 뜻합니다. "큰 무리"(a great multitude)가 위에서 일일이 열거되지 않았지만, 그럼에도 불구하고 주님의 새로운 천계나 새로

7 : 1 - 17

운 교회 안에 있는 나머지 사람들을 뜻한다는 것은 우리의 본문장 9, 10, 13-17절에서 명확한데, 그 장절에는 "그들은 흰 두루마기를 입고, 종려나무 가지를 손에 들고, 보좌 앞과 어린 양 앞에 서 있었다"고 언급하였고, 그리고 "그들은······하나님의 성전에서 밤낮 그분을 섬기고 있고, 그리고 그 보좌에 앉으신 분께서 그들을 덮는 장막이 되어 주실 것이다"고 언급되었고, 그리고 그 밖에 많은 다른 것들이 언급되었습니다. 영적인 뜻으로 "수를 헤아린다"(numbering)는 말은 그들이 어떤 존재이고, 그들의 성품 또한 어떤지를 안다는 것을 뜻합니다. 수를 헤아린다는 말의 뜻이 이런 내용이다는 것은 그 뒤에 이어지는 단락에서 잘 볼 수 있겠습니다. "큰 무리"라고 불리워진 자들이 개별적으로 누구인지, 그리고 그들이 누구를 뜻하는지 먼저 그 비의(秘義)를 밝히지 않으면 어느 누구도 알 수 없겠습니다. 그 비의는 이러합니다. 전 천계는, 지상에 있는 교회와 더불어, 주님 앞에서는 한 사람(as one Man)으로 존재합니다. 그것이 한 사람(as one Man)으로 존재하기 때문에 거기에는 머리(head)를 형성하는 자들도 있고, 따라서 그 모든 감관기관들을 구비한 얼굴(face)을 형성하는 자들도 있고, 그리고 모든 기관들로 몸통(body)을 형성하는 자들도 있습니다. 위에서 헤아려진 자들은 감관기관들을 다 갖춘 얼굴을 형성하는 자들입니다. 그러나 지금 언급되는 자들은 모든 사지(四肢)들이나 기관들을 다 갖춘 몸통을 형성하는 자들입니다. 경우가 이러하다는 것은 나에게 계시된 것입니다. 예를 들면, 그 지파의 첫째 그룹에 속하는 자들(5절)은 눈에 이르는 부위에 대응하는 자들입니다. 둘째 그룹에 속한 자들(6절)은 코와 더불어 눈에 대응하는 자들이고, 셋째 그룹에 속한 자들(7절)은 귀들과 볼들에 대응하는 자들이고, 넷째 그룹에 속한 자들(8절)은 입과 혀에 대응하는 자들입니다. 주님의 교회 역시 내적이기도 하고, 외적이기도 합니다. "이스라엘의 열두 지파"가 뜻하는 자들은 주님의 내적인 교회를 이루는 자들이지만, 그러나 지금 언급되고 있는 자들은 주님의 외적인 교회를 이루는 자들입니다. 그리고 후자들은, 낮은 것들이 높은 것과 더불어, 따라서 몸통이 머리와 하나처럼 결합하듯이, 위에 열거된 자들과 더불어 하나처럼 결합되어 있습니다. 그러므로 이스라엘의 열두 지파들은 보다 높은 천계(the higher heaven)를 뜻하고, 그리고 내적인 교회(the internal church)를 뜻하지만, 여기서 언급하고 있는 이들은 보다 낮은 천계(the lower heaven)와 외적인 교회(the external church)를 뜻합니다. 이들이 어디에서나 "큰 무리"라고 불리웠다는 것은 본서 803항과 811항에서 볼 수 있겠습니다.

364. "수를 헤아린다"(to number)는 말이 영적인 뜻으로 성품(性稟·됨됨이·quality)을 뜻한다는 것은 성경에서 "숫자"(數字)가 하나의 숫자를 뜻하지 않고, 오히려 그것의 성질이나 성품을 뜻하기 때문입니다(본서 10항 참조). 그러므로 우리의 본문절에서 "아무도 그 수를 셀 수 없을 만큼 큰 무리"라는 말은 자연적인 뜻으로 그 낱말들이 나타내는 것, 다시 말하면, 거기에는 매우 큰 군중이 있었다는 것을 뜻하지만, 그러나 영적인 뜻으로는 주님 이외에는 그 누구도 그들의 성품이나 성질을 전혀 알 수 없다는 것을 뜻합니다. 왜냐하면 주님의 천계는 헤아릴 수 없는 수많은 사회들로 이루어졌고, 그리고 이들 각각의 사회들도, 일반적으로는 정동들의 다종다양함에 따라서 분별되기 때문입니다. 이와 마찬가지로 각각의 사회 안에 있는 모든 개별적으로는 서로 분별되어 있기 때문입니다. 주님께서 홀로 각자 개인의 정동의 성질을 아시고, 그리고 또한 그것에 맞게 질서 정연하게 모두를 배열하십니다. "수를 헤아린다"는 말을 천사들은 이러한 성질을 안다는 것으로 이해합니다. 성경의 아래 장절들에서도 동일한 내용을 뜻합니다.

> 벨사살 왕은 예루살렘 성전에서 가져 온 금그릇과 은그릇들로……술을 마시게 할 참이었다.……그 때에 갑자기 사람의 손이 나타나더니,……왕궁 석고 벽 위에다가 글을 쓰기 시작하였다.……기록된 글자는 바로 '메네 메네 데겔'(=너는 계산되었다. 너는 저울에 달렸다)과 '바르신'입니다.
> (다니엘 5 : 2, 5, 25)
> 나는 한창 나이에
> 스올의 문으로 들어가는가 싶었다.
> 남은 여생을 빼앗긴다는 생각도 들었다(=나는 계수되었다).
> (이사야 38 : 10)
> 저 소리를 들어 보아라.
> 나라들이 소리치고
> 나라들이 모여서 떠드는 소리다.
> 만군의 주께서, 공격을 앞두고,
> 군대를 검열할 것이다.

(이사야 13 : 4)
너희는 고개를 들어서
저 위를 바라보아라.
누가 이 모든 별을 창조하였느냐?
바로 그분께서 천체를
군대처럼 불러내신다.……
하나하나, 이름을 불러 나오게 하시니,
하나도 빠지는 일이 없다.
(이사야 40 : 26)
(주께서)
별들의 수효를 헤아리시고,
그 하나하나에 이름을 붙여 주신다.
(시편 147 : 4)
목자들이 그들이 치는 양을 셀 것이다.
(예레미야 33 : 13)
지금은 주께서
내 모든 걸음걸음을 세고 계신다.
(욥기 14 : 16)
시온과 예루살렘의 집들과 망대들이 계수되었다.
(이사야 22 : 9, 10 ; 33 : 18, 19 ; 시편 48 : 12-14)

"계수한다"(=수를 헤아린다)는 말은 성품이나 성질을 안다는 것을 뜻합니다. "숫자들"이나 "수를 헤아린다"는 말의 뜻에서 보면, 이스라엘의 백성이나 이스라엘의 지파들을 계수하였기 때문에 다윗에게 왜 형벌이 통보되었는지 그 이유가 잘 드러나고, 그리고 예언자 갓에게 그가 한 말의 이유도 잘 나타나고 있습니다.

내가 이러한 일을 해서, 큰 죄를 지었습니다.……참으로 내가 너무나도 어리석은 일을 하였습니다.
(사무엘 하 24 : 1-25)

모세가 모든 지파들에 대하여 그 백성의 숫자를 헤아렸을 때, 이런 명령이 주어진 이유도 잘 드러나고 있습니다.

주께서 모세에게 말씀하셨다. "네가 이스라엘 자손의 수를 세어 인구를 조사할 때에, 그들은 각자 자기 목숨 값으로 속전을 주께 바쳐야 한다. 그래야만 인구를 조사할 때에, 그들에게 재앙이 미치지 않을 것이다."
(출애굽 30 : 12)

그 이유는, "수를 헤아린다"(=계수한다)는 말이 그들의 영적인 상태의 측면에서 그들의 성품을 안다는 것을, 따라서 "이스라엘 열두 지파"가 뜻하는 교회의 상태의 측면에서 그들의 성품을 파악한다는 것을 뜻하기 때문입니다. 그런 일은 오직 주님만이 아시기 때문입니다.

365. 그들은 모든 민족과 종족과 백성과 언어에서 나온 사람들이다.
이 말씀은, 선으로 말미암아 종교에 있는, 그리고 교리에서 비롯된 진리들 안에 있는 자들인, 기독교계에 있는 모든 자들을 뜻합니다. "모든 민족과 종족"(every nation and tribes)은, 가장 낮은 천계에 속해 있는(본서 363항 참조), 선으로 말미암아 종교 안에 있는 자들을 뜻하고(본서 920·921항 참조), "종족"(=지파)은 종교 안에 있는 자들을 뜻합니다(본서 349항 참조). "백성과 언어"(people and tongue)는 교리에서 비롯된 진리들 안에 있는 자들을 뜻하고, 그리고 "백성들"(peoples)은 진리들 안에 있는 자들을 뜻하고(본서 483항 참조), 그리고 "언어"(tongue)는 교리를 뜻합니다(본서 282항 참조). 영적인 뜻으로 합친다면, "모든 민족과 종족과 백성과 언어에서 나왔다"는 말은, 따라서 선으로 말미암은 종교 안에 있는 모든 자들을 뜻하고, 그리고 교리에서 비롯된 진리들 안에 있는 자들 모두를 뜻합니다.

366. (그들은) 보좌 앞과 어린 양 앞에 서 있었습니다.
이 말씀은 주님의 말씀에 경청(=순종)하는 것(hearing)과 그분께서 명하신 것을 실천하는 것(doing)을 뜻합니다. "하나님 앞에 선다"는 말은, 임금 앞에 서는 사람과 같이, 그분께서 명령하시는 것을 경청하고, 그것을 실행하는 것을 뜻합니다. 성경의 다른 곳에서도 "하나님 앞에 선다"는 말은 동일한 내용을 뜻합니다. 즉—.

천사가 사가랴에게 말하였다. "나는 하나님 앞에 서 있는 가브리엘이다."
(누가 1 : 19)
나를 섬길 사람(=내 앞에 설 사람)이 영원히 끊어지지 않을 것이다.
(예레미야 35 : 19)

그 천사는, 온 세상을 다스리시는 주님을 섬기도록(=주 앞에 서 있는), 주께서 기름 부어서 거룩히 구별하신 두 사람이라고 말해 주었다.
(스가랴 4 : 14)
그 때에 주께서 레위 지파를 지명하셔서 주의 언약궤를 메게 하시고, 주 앞에 서서 주를 섬기며,…….
(신명기 10 : 8 ; 그 밖의 여러 곳)

367. 흰 두루마기를 입고, 종려나무 가지를 손에 들고…….

이 말씀은 보다 높은 천계와의 교류(交流·communication)와 결합(結合·conjunction)을 뜻하고, 그리고 신령진리들에게서 비롯된 고백(告白·confession)을 뜻합니다. "흰 두루마기를 입었다"는 것이, 천계들과의 교류와 결합을 뜻한다는 것은 앞서의 설명에서 잘 볼 수 있습니다(본서 328항 참조). "손에 종려나무 가지를 들었다"는 말이 신령진리에서 비롯된 고백을 뜻한다는 것은 "종려나무"(palms)가 신령진리들을 뜻하기 때문입니다. 왜냐하면 모든 나무는 교회에 속한 어떤 것들을 뜻하고, 그리고 "종려나무"는, 성언의 문자적인 뜻에 속한 신령진리를 가리키는, 궁극적인 것들 안에 있는 신령진리를 뜻하기 때문입니다. 이런 이유 때문에―.

그는 성전의 지성소와 외실의 벽으로 돌아가면서, 그룹의 형상과 종려나무와 활짝 핀 꽃 모양을 새겼다.……문 두 짝에는, 그룹의 형상과 종려나무와 활짝 핀 꽃 모양을 새겼다.
(열왕기 상 6 : 29, 32)

새로운 성전 안에 있는 동일한 것이 에스겔서 41장 18-20절에 언급되었습니다. "그룹"(cherubim)은 성언을 뜻하고(본서 239항 참조), "종려나무들"은 그것 안에 있는 신령진리를 뜻합니다. "종려나무"가 성언에 속한 신령진리를 뜻한다는 것이나, "손에 있는 종려나무"가 그것들에게서 비롯된 고백들을 뜻한다는 것은 아래와 같이 명령된 것에서 잘 드러나고 있습니다.

밭에서 난 곡식을 다 거두고 난 다음, 너희는 일곱째 달 보름날부터 이레 동안 주께 절기를 지켜야 한다.……첫날 너희는 좋은 나무에서 딴 열매를 가져 오고, 또 종려나무 가지와 무성한 나뭇가지와 갯버들을 꺾어 들고 주너희의 하나님 앞에서 이렛 동안 절기를 즐겨라.
(레위기 23 : 39, 40)
이튿날에는 명절을 지키러 온 많은 무리가, 예수께서 예루살렘에 들어오신다는 말을 듣고, 종려나무 가지를 꺾어 들고, 그를 맞으러 나가서 외쳤다.……
"주님의 이름으로 오시는 이에게 복이 있기를!"
(요한 12 : 12, 13)

이 말씀은 주님에 관한 신령진리들로 말미암은 고백을 뜻합니다. "종려나무"는 시편서에서도 역시 신령진리를 뜻합니다. 시편서의 말씀입니다.

의인은 종려나무처럼 우거지고,
레바논의 백향목처럼 높이 치솟을 것이다.
주의 집에 뿌리를 내렸으니,
우리 하나님의 뜰 안에서
크게 번성할 것이다.
(시편 92 : 12, 13)

성경의 다른 곳에서도 마찬가지입니다. 여리고 성읍은 요단 강 가까이에 있는 성읍이고, 그리고 "요단 강"은 교회 안에 있는 일차적인 것을 뜻하기 때문에, 그리고 이것은, 성언의 문자적인 뜻 안에 있는 그런 부류인 신령진리이기 때문에, 따라서 그 성읍을 "종려나무 성읍"이라고 불렀습니다(신명기 34 : 3 ; 사사기 1 : 16 ; 3 : 13). 왜냐하면 "요단 강"은 가나안 땅에 들어가는 첫 번째 변방, 즉 입구이고, 그리고 "가나안 땅"이 교회를 뜻하기 때문입니다.

368. 10절. 그들은 큰 소리로
"구원은 보좌에 앉아 계신
우리 하나님과 어린 양의 것입니다"
하고 외쳤습니다.
이 말씀은 주님께서 그들의 구원주이시다고 하는 마음 속에서 비롯된 시인을 뜻합니다. "큰 소리로 외친다"는 말은 마음 속에서 비롯된 시인을 뜻합니다. "구원이 보좌에 앉아 계신 우리 하나님과 어린 양의 것이다"(=있다)는 말은 주님께서 구원 자체이시다는 것을 뜻합니다. 그리고 모든 사람의 구원은 그분에게서 온다는 것을 뜻하고, 따라서 그분은 구세주(=구원주·the Savior)이시다는 것을 뜻합니다. "보좌에 앉아 계신 분"과 "어린 양"은 오직 홀로 주님만을 뜻합니다. 그리고 "보좌에 앉아 계신 분"은 삼라만상(森羅萬象)의 근원인 그분의 신령존재를 뜻하고, "어린 양"은 그분의 신령인간(His Divine Human)을 뜻합니다. 이러한 내용은 앞서의 설명에서 볼 수 있습니다(본서 273항 참조). 두 이름들—보좌에 앉아 계신 분과 어린 양—이 명명되었는데, 그 이유는, 모든 삼라만상의 근원이신 그분의 신령존재께서 그분의 신령인간에 의하여 삼라만상을 존재하게 하셨기 때문이고, 그리고 그분께서 구원주이시기 때문입니다. 그리고 이 두 분이 하나이시다는 것은 이런 말씀이 언급되고 있는 여러 장절들에게서 잘 알 수 있습니다.

어린 양이 보좌 가운데 서 있었다.
(묵시록 5 : 6 ; 7 : 17)

성경의 수많은 장절들에서, 주님께서 "구원"이시다고 불리웠는데, 이 말은 주님께서 구원주이시다는 것을 뜻합니다. 예를 들면—.

내가 싸워서 이길 날이 가까이 왔다.
그 날이 멀지 않았다.
내가 이기는 그 날은 지체되지 않는다.
내가 시온을 구원하고…….
(이사야 46 : 13)
땅 시온에게 일러주어라.
보아라, 너의 구원자가 오신다.
(이사야 62 : 11)
땅 끝까지 나의 구원이 미치게 하려고…….
(이사야 49 : 6)
바로 이분이 주님이시다.
우리가 주님을 의지한다.
우리를 구원하여 주셨으니,
기뻐하며 즐거워하자.
(이사야 25 : 9)

히브리말에서 "구원"은 여수아(*Joschia*)라고 하는데, 곧 예수(*Jesus*)입니다.

369. 11절. **모든 천사들은 보좌와 장로들과 네 생물을 둘러 서 있다가……**.
이 말씀은 주님께서 명령하시는 것을 경청하고, 실천하는 전 천계에 있는 모든 사람을 뜻합니다. "생물들과 장로들"은 앞에서와 같이, 그리고 아래에서와 같이(본서 808항 참조), 보다 높은 천계의 천사들을 뜻하지만, 그러나 "천사들"은 여기서는 보다 낮은 천계의 천사들을 뜻합니다. 따라서 전 천계에 있는 모든 사람을 뜻합니다. "서 있다"(to stand)는 말은 주님께서 명령하는 것을 경청하고, 실천하는 것을 뜻합니다(본서 366항 참조).

370. 보좌 앞에 엎드려 (=얼굴을 대고) **하나님께 경배하였다.**
이 말씀은 그들의 마음에 속한 겸비(謙卑)를 뜻하고, 그리고 그 겸비에서 비롯된 주님에게 돌리는 경배(敬拜)를 뜻합니다. "엎드려 그들의 얼굴을 대고 경배한다"는 말이 마음에 속한 겸비와 그리고 거기에서 비롯된 경배를 뜻한다는 것은 아주 명확합니다. 주님 앞에서의 겸비와 그리고 주님께 드리는 경배는 "보좌 앞에 엎드리고, 하나님께 경배하였다"는 말이 뜻하는데, 그 이유는 "하나님"은 삼라만상의 근원되시는 신령존재를 가리키는 그분의 신성(His Divine)과 동시에 그분의 신령인간을 뜻하기(본서 368항 참조) 때문입니다. 왜냐하면 이 두 분—신령존재와 신령인간—은 그분들이 한 분(=한 인격·one Person)이시기 때문에, 한 분 하나님(one God)이시기 때문입니다.

371. 12절. (말하기를) **"아멘."**
위에서 언급한 것과 같이(본서 23·28·61항 참조), 신령진리와 그것에서 비롯된 확증(確證·confirmation)을 뜻합니다.

372. "찬송과 영광과 지혜와 감사……."
이 말씀은 주님에 속한 신령 영적인 것들(the Divine spiritual things)을 뜻합니다. 일반적으로 주님에 속한 시인(是認)과 고백(告白)은 이 둘, 즉 그분께서 신령사랑 자체이시고, 신령지혜 자체이시다는 것을 포함합니다. 결과적으로는 천계와 교회 안에 있는 자들이 가지고 있는 사랑과 그것에 속한 모든 것과, 마찬가지로 천계와 교회 안에 있는 자들이 가지고 있는 지혜와 그것에 속한 모든 것이 그분으로 말미암아 존재한다는 것을 포함합니다. 주님의 신령사랑에서 발출하는 모든 것은 천적인 신령(the celestial Divine)이라고 부르고, 주님의 신령지혜에서 발출하는 모든 것은 영적인 신령(the spiritual Divine)이라고 부릅니다. 그런데 주님의 영적인 신령은 "영광·지혜·감사"가 뜻하고, 그리고 그 아래에 이어지는 "존귀·권능·힘"은 천적인 신령을 뜻합니다. 이들 앞에 나오는 "찬송"(=찬송한다·the blessing)이라는 말은, 앞에서 언급하였듯이(본서 289항 참조), 이 양자를 뜻합니다. "영광"(榮光·glory)은 신령진리에 관해서, 따라서 영적인 신령에 속한 것을 서술합니다(본서 249항 참조). 그리고 "지혜"는 영적인 신령과 관계를 가지고 있다는 것 역시 분명합니다. "감사"가 동일한 관계를 가지고 있다는 것은, 그것이 신령진리에서 이루어진 것이기 때문입니다. 왜냐하면 사람은 그것으로 말미암아(from), 그리고 그것에 의하여(by) 감사를 드리기 때문입니다.

373. "존귀와 권능과 힘……."

이 말씀은 주님의 천적인 신령(the Lord's celestial Divine)을 뜻합니다. 앞서의 단락에서 이 세 가지, 즉 성경에서 "존귀·권능·힘"이라는 낱말이, 주님에게 적용될 경우, 천적인 신령(the celestial Divine), 또는 신령사랑이나 그분의 신령선(His Divine good)에 관해서 서술한다는 것을 언급하였습니다. 따라서 "존귀"(honor)가 그것에 관해서 서술한다는 것은 본서 249항을 참조하시고, "힘"(might)에 관해서는 본서 22항을 참조하시고, "권능"(power)도 역시 그러하다는 것은 이 낱말이 언급되고 있는 성경의 장절들에게서 명료합니다. 여기서 주지하여야 할 것은 성언에 속한 모든 개별적인 것들 안에는 선과 진리의 혼인(=결합·the marriage of good and truth)이 있다는 것, 그리고 거기에는 선과 관계를 가지고 있는 표현들이 있고, 그리고 진리와 관계를 가지고 있는 표현들이 있다는 것입니다. 그러나 이러한 표현들은 성언의 영적인 뜻을 연구한 자들에 의하여 분별될 수 있을 뿐입니다. 그 뜻에서 보면 어떤 표현들이 진리 또는 지혜와 관계를 가지고 있는 것인지 잘 드러나고 있습니다. 그리고 수많은 장절들을 보면 "존귀·권능·힘"(honor·power·might)이라는 낱말은 신령선을 다룰 경우에 등장한다는 것도 알게 될 것입니다. 그리고 역시 "권능"(power)이 신령선과 관계를 가지고 있다는 것도 잘 볼 수 있겠습니다(마태 13 : 54 ; 24 : 30 ; 마가 13 : 25, 26 ; 누가 1 : 17, 35 ; 9 : 1 ; 21 : 27 ; 그리고 여러 곳). 성언의 개별적인 것들 안에 주님과 교회의 혼인이 있고, 그것으로 인하여 선과 진리의 혼인이 있다는 것은 《성서론》 80-90항에서 읽을 수 있겠습니다.

374. "우리 하나님께 영원무궁 하도록 하겠습니다."

이 말씀은 주님 안에 있고, 주님에게서 비롯된 이런 것들은 영원히 있다는 것을 뜻한다는 것은 위에서 설명한 내용에서, 그리고 "영원무궁 하도록"(=세세토록 · for ages of ages)이라는 말이 영원까지라는 것을 뜻한다는 내용에서 잘 알 수 있겠습니다.

375. "아멘!"

이 말씀은 모두의 동의(同意)를 뜻합니다. 우리의 본문절에서 "아멘"은 시작에서, 그리고 다시 마감에서 언급되었습니다. 그것이 시작에서 언급되었을 때에는 그것은 진리를 뜻하고, 그리고 그것에서 비롯된 확증을 뜻합니다(본서 371항 참조). 그러나 그것이 마감에서 언급되었을 때에는, 그것은 확증과 그것이 진리이다는 모두의 동의(=찬성 · 일치 · consent)를 뜻합니다.

376. 13절. 그 때에 장로들 가운데 하나가 "흰 두루마기를 입은 이 사람들은 누구이며, 또 어디에서 왔습니까?" 하고 나에게 물었습니다. 14절. 나는 "장로님께서 잘 알고 계시지 않습니까? 하고 내가 대답하였더니,……

이 말씀은 알고자 하는 열망과 캐묻고자 하는 뜻과 그리고 대답과 견문(見聞 · information) 등을 뜻합니다. 요한이 이런 것들에 관해서 질문을 받은 이유는, 그것은 모든 신령예배에서 공통적인 것이기 때문입니다. 그 공통적인 것은 곧 사람이 먼저 원하고, 열망하고, 기도하여야 한다는 것과 그리고 그 때 주님께서는 대답하시고, 알려 주시고, 행하신다는 것입니다. 그렇지 않다면, 사람은 신령한 것은 아무것도 받지 못하기 때문입니다. 그런데 요한은 지금 "흰 두루마기를 입은 사람들을 보았기" 때문에, 그리고 그들이 누구인지를 열심히 알려고 하였고, 물었기 때문에, 그리고 이런 일이 천계에서 지각되었기 때문에, 그에게 제일 먼저 질문되었고, 그때 그는 알게 되었습니다. 선지자 스가랴에게 보여진 여러 가지 것들을 그가 보았을 때에도 이와 동일한 일이 일어났는데, 이러한 사실은 스가랴서 1장 9절, 2장 19, 21절, 4장 2,

5, 11, 12절, 5장 2, 6, 10절, 6장 4절에 잘 나타나고 있습니다. 그뿐만 아니라 그들이 부르고, 외칠 때 주님께서 대답하신다는 것을 우리는 성경에서 자주 읽습니다(시편 4 : 1 ; 12 : 6 ; 20 : 9 ; 34 : 4 ; 91 : 15 ; 120 : 1). 그리고 역시 사람들이 질문하였을 때 주님께서 대답을 하신다는 것도 자주 읽을 수 있습니다(마태 7 : 7, 8 ; 21 : 22 ; 요한 14 : 13, 14 ; 15 : 7 ; 16 : 23-27). 그럼에도 불구하고 주님께서는 구하는 것을 주시고, 그리고 구하는 것이 무엇인지도 주십니다. 그러므로 주님께서는 그것을 미리 알고 계십니다. 그러나 주님께서는, 먼저 사람이 구하고, 나중에 그 자신에게서 비롯된 것처럼 그것을 행하기를 원합니다. 따라서 주님께서 바라시는 것은 그것이 그 사람에게 전유(專有)되기를 원하신다는 것입니다. 그렇지 않고, 만약에 그 청원(請願 · petition) 자체가 주님에게서 비롯된 것이 아니라면, 그런 여러 곳에서 "그들이 구하는 것은 무엇이나 다 받을 것이다"는 말은 결코 언급되지 않을 것입니다.

377. 그는 나에게 이렇게 말하였습니다. "이 사람들은 큰 환난을 겪어 낸 사람들입니다."

이 말씀은, 그들이 온갖 시험들(試驗 · temptations)을 겪은 사람들이고, 그리고 온갖 악들과 거짓들에 대항하여 싸운 자들이다는 것을 뜻합니다. "큰 환난"(患亂 · affliction)은 온갖 악들이나 거짓들에게서 온 내습(來襲)이나 괴롭힘을 가리키고, 그리고 그것들에 대항하여 싸우는 영적인 다툼을 가리키는데, 이것이 바로 시험입니다(본서 33 · 95 · 100 · 101항 참조).

378. "그들은 자기들의 두루마기를 빨았습니다."

이 말씀은, 그들의 종교적인 원칙들을 거짓에 속한 온갖 악들로부터 씻었다는 것과 씻은 자들을 뜻합니다. 성경에서 "씻는다"(=빨다 · washing)는 말은 온갖 악들이나 거짓들에게서 깨끗이 하는 것(to cleanse)을 뜻하고, "두루마기"(=외투 · robes)는 일반적인 진리들을 뜻합니다(본서 328항 참조). 일반적인 진리들(general truths)이라는 것은 그들이 그것들에 일치하여 사는, 성언의 문자적인 뜻에서 비롯된 선과 진리에 속한 지식들(知識)을 가리킵니다. 그들이 그것들에 일치하여 살 때 그것으로 인하여 그것들은, 곧 종교적인 원칙들은, 존재합니다. 그리고 모든 종교적인 원칙은 선과 진리에 관계를 가지고 있기 때문에,

그러므로 "두루마기"(=외투)는 두 번씩 재차 언급되었습니다. 다시 말하면, "그들은 그들의 두루마기를 빨았다" 그리고 "그들의 두루마기를 희게 하였다"고 언급하였습니다. "두루마기" 즉 종교적인 원칙들은 오직 악들에 대항하여 싸우는 자에게서만 깨끗하게 되고, 따라서 거짓들을 배척하는 자들에게서 깨끗하게 씻어집니다. 그러므로 "큰 환난"이 가리키는 시험들에 의하여(본서 377항 참조), 깨끗하게 됩니다. "씻기어졌다"(to be washed)는 말은 악들이나 거짓들로부터 깨끗하게 되었다는 것을 뜻하고, 따라서 개혁(改革)되고(to be reformed), 중생(重生)되었다(to be regenerated)는 것을 뜻한다는 것은 아래의 여러 장절들에게서 잘 알 수 있겠습니다.

> 주님께서
> 딸 시온의 부정을 씻어 주시고,
> 심판의 영과 불의 영을 보내서서,
> 예루살렘의 피를 말끔히 닦아 주실 것이다.
> (이사야 4 : 4)
> 너희는 씻어라.
> 스스로 정결하게 하여라.
> 내가 보는 앞에서
> 너희의 악한 행실을 버려라.
> 악한 일을 그쳐라.
> (이사야 1 : 16)
> 예루살렘아, 네가 구원을 받으려면,
> 너의 마음에서 악을 씻어 버려라.
> 네가 언제까지 흉악한 생각을
> 너의 속에 품고 있을 작정이냐?
> (예레미야 4 : 14)
> 하나님……
> 내 죄악을 말끔히 씻어 주시고,
> 내 죄를 깨끗이 없애 주십시오.……
> 내가 눈보다 더 희게 될 것입니다.
> (시편 51 : 2, 7)
> 네가 잿물로 몸을 씻고,
> 비누로 아무리 몸을 닦아도,

너의 더러운 죄악은
여전히 내 앞에 남아 있다.
(예레미야 2 : 22)
비록 내가 비누로 몸을 씻고,
잿물로 손을 깨끗이 닦아도,
주께서
나를 다시 시궁창에 처넣으시니,
내 옷인들 나를 좋아하겠습니까?
(욥기 9 : 30, 31)
그는 옷을 포도주에 빨며,
그 겉옷은 포도의 붉은 즙으로 빨 것이다.
(창세기 49 : 11)

여기에 언급된 것은 주님사랑 안에 있는 사람들에게서 비롯된 천적인 교회(the celestial church)에 관한 것입니다. 최고의 뜻으로 그것은 주님에 관한 것이고, "포도주"(wine)나 "붉은 포도즙"(=포도의 피)은 영적인 신령진리나, 천적인 신령진리를 각각 뜻합니다.

내가 너를 목욕을 시켜서 네 몸에 묻은 피를 씻어 내고, 기름을 발라 주었다.
(에스겔 16 : 9)

이 말씀은 "예루살렘"에 관한 말씀인데, 여기서 "물"은 진리들을 가리키고, "피"는 진리의 섞음질을 뜻합니다. 이러한 내용은 이스라엘 교회(the Israelitish church)에서 "씻는다"(washing)가 표징하고, 그것에서 비롯된 뜻이 어떤 것들인지에서 잘 알 수 있겠습니다.

성소 안에서 물로 목욕하고 난 다음에, 다시 그 옷을 입고……자기의 번제물과 백성의 번제물을 바쳐, 자신과 백성의 죄를 속하여야 한다.
(레위기 16 : 24)
그들이 나 주에게 제물을 살라 바치려고 제단으로 가까이 갈 때에도,……그들은 그들의 손과 발을 씻어야 죽지 않는다. 이것은, 그와 그의 자손이 대대로 지켜야 할 영원한 규례이다.
(출애굽 30 : 18-21 ; 40 : 30, 31)

그들(=레위 사람)을 정결하게 할 때에는,……속죄의 물을 그들에게 뿌린 다음에, 온몸의 털을 삭도로 다 밀고, 옷을 빨아 입게 하면, 그들은 정결하게 된다.
(민수기 8 : 6, 7)
이렇게 부정을 탄 것은 물에 담가야 한다.
(레위기 11 : 32 ; 14 : 8, 9 ; 15 : 5-13 ; 17 : 15, 16 ; 마태 23 : 25, 26)
너는 아론과 그의 아들들을 회막 어귀로 데려다가, 목욕을 하게 하여라.
(출애굽 29 : 4 ; 40 : 12 ; 레위기 8 : 6)
나아만은 하나님의 사람이 시킨 대로, 요단 강으로 가서 일곱 번 몸을 씻었다. 그러자 그의 살결이……깨끗하게 나왔다.
(열왕기 하 5 : 10, 14)

그러므로 이런 말씀들이 있습니다.

그들은 자신들을 씻기 위하여 놋쇠로 부어서 만든 바다와 수많은 물통들을 성전 가까이에 두었다.
(열왕기 상 7 : 23-39)
예수께서는 제자들의 발을 씻어 주셨다.
(요한 13 : 5-10)
예수께서 그에게 실로암 못으로 가서 씻으라고 말씀하셨다.
(요한 9 : 6, 7, 11)

이상에서 볼 때 잘 나타나고 있는 것은 이스라엘 자손들에게 있었던 "씻는다"(washing)는 말이 영적인 세척(spiritual washing)을 표징한다는 것입니다. 다시 말하면 악들이나 거짓들로부터 깨끗이 씻는 정결(淨潔)이고, 그리고 이것으로 인하여 개혁(=바로잡음·改革·reformation)과 중생(=거듭남·重生·regeneration)을 뜻합니다. 이상 위에서 설명한 내용에서 아래의 말씀이 무엇을 뜻하는지 우리는 밝히 알 수 있겠습니다.

요한이 요단 강에서……회개의 세례를 선포하였다.
(마가 1 : 4-13 ; 마태 3장)

주님에 관해서 요한이 한 말들은 무엇을 뜻하는지도 잘 알 수 있겠습니다.

> 요한은 모든 사람에게 대답하여 말하였다. "나는 여러분에게 물로 세례를 줍니다. 그러나 나보다 더 능력이 있는 분이 오십니다.……그는 여러분에게 성령과 불로 세례를 주실 것입니다."
> (누가 3 : 16 ; 요한 1 : 33)

요한이 자신에 관해서도—.

> 나는 물로 세례를 주오.
> (요한 1 : 26)

이상의 장절들이 뜻하는 것은, 주님께서는 신령진리와 신령선에 의하여 사람을 씻어주고, 정화(淨化)하신다는 것과 요한은 그의 세례에 의하여 이런 사실을 드러낸다는 것 등입니다. 왜냐하면 "성령"은 신령진리를 뜻하고, "불"은 신령선을 가리키고, "물"은 양자에 속한 표징이기 때문입니다. "물"은 성언에 속한 진리를 뜻하고, 그것은 그것에 일치하는 삶에 의하여 선이 되기 때문입니다(본서 50항 참조).

379. "그들은 자기들의 두루마기를 어린 양이 흘리신 피에 빨아서 희게 하였습니다."

이 말씀은 진리들에 의하여 악에 속한 거짓들로부터 그들을 정화하였다는 것과, 따라서 그들이 주님에 의하여 개혁(=바로잡음)되었다는 것을 뜻합니다. 사실은 거짓에 속한 악들과 악에 속한 거짓들이 있습니다. 입술로는 자신들이 죄인들이라고 고백하지만, 악들이 저주하지 않는다는 종교로 말미암아 믿는 사람들에게는 거짓에 속한 악들이 있고, 악에 속한 거짓들은 자기 스스로 악들을 확증하는 사람들에게 있습니다. 여기서 "두루마기"는 성언에서 비롯된 일반적인 진리들을 뜻하는데, 그것들은 위에서 언급한 것과 같이(본서 378항 참조), 그들의 종교적인 원칙들을 구성합니다. "그들은 어린 양의 피에 자신들의 두루마기를 빨아서 희게 하였다"고 언급되고 있는데, 그 이유는 "흰 색"(=흼·white)이 진리들에 관해서 서술하기 때문이고(본서 167·231·232항 참조), 따라서 그것들이 진리들에 의하여 거짓들을 정화하였기 때문입니다. 따라서 그것은 그들이 주님에 의하여 개혁되었다(=바로 잡혔다)는 것을 뜻합니다. 그 이유는 이 세상에서 온갖 악들에 대항하여 싸웠고, 그리고 주님을 열심히 믿은 사람은 모두, 이 세상을 떠난 뒤에는, 주님에 의하여 가르침을 받고, 그리고 진리들에 의하여 그들의 종교에 속한 거짓들로부터 물러나게 되고, 따라서 개혁되기 때문입니다. 그 이유는 죄악들이기 때문에 악들을 멀리하는 사람들은 삶에 속한 선 안에 있기 때문입니다. 그리고 삶에 속한 선은 진리들을 열망하고, 그것들을 시인하고, 영접하고, 수용하기 때문입니다. 그러나 악에 속한 삶은 결코 그렇게 하지 않습니다. 여기서 성경의 다른 곳에서의 "어린 양의 피"는 주님의 십자가상의 고통으로 알고 믿지만, 그러나 십자가의 고통은 최후의 시험(the last temptation)이었고, 그것은 주님께서 지옥을 충분하게 정복하셨다는 것과 그리고 그분의 인성(His Human)을 충분하게 영화하셨다는 것을 뜻합니다. 그리고 이 두 가지 일을 통하여 주님께서는 사람을 구원하셨습니다(주님론 22-27항과 본서 67항 참조). 따라서 주님께서 그분의 인성을 충분하게 영화하셨기 때문에, 다시 말하면 인성을 신령(Divine)하게 완성하셨기 때문에, 그러므로 "주님의 살과 피"(His flesh and blood)는 그 안에 있는, 그리고 그분에게서 비롯된 신령존재(the Divine) 이외의 아무것도 뜻할 수 없습니다. 그리고 "살"(flesh)은 신령사랑에 속한 신령선을 뜻하고, "피"(blood)는 그 선에서 비롯된 신령진리를 뜻합니다. 성경의 수많은 곳에 언급된 "피"는, 그리고 어디에서나 영적인 뜻으로는, 성언에 속한 신령진리를 가리키는 주님의 신령진리를 뜻합니다. 그리고 반대적인 뜻(=나쁜 뜻)으로는 위화되고, 모독된 신령진리를 뜻하는데, 이러한 사실은 아래의 여러 장절들에게서 잘 나타나고 있습니다.

첫째는 "피"(blood)가 주님의 신령진리, 또는 성언에 속한 신령진리를 뜻한다는 것은 이런 부류의 깊은 생각들(深思熟考)에게서 아주 명료하게 나타납니다. 즉 그 피는 "언약의 피"(the blood of the covenant)라고 하였다는 것, 그리고 "언약"(言約·covenant)은 결합(結合)을 가리키고, 그와 같은 일은 주님으로 말미암아 그분의 신령진리(His Divine)에 의하여 이루어진다는 것입니다. 스가랴서의 말씀입니다.

너에게는 특별히,
너와 나 사이에 피로 맺은 언약이 있으니,

(그것에 의하여)
사로잡힌 네 백성을
내가 물 없는 구덩이에서 건져 낼 것이다.
(스가랴 9 : 11)

또 모세의 글입니다.

> 모세가,……백성에게 주의 말씀과 법규를 모두 전하니, 온 백성이 한 목소리로 주께서 명하신 모든 말씀을 지키겠다고 대답하였다.……모세는 그 피의 절반은 그릇에 담아 놓고, 나머지 절반은 제단에 뿌렸다. 그리고 그가 '언약의 책'을 들고 백성에게 낭독하니, 그들은 "주께서 명하신 모든 말씀을 받들어 지키겠다"고 말하였다. 모세는 피를 가져다가 백성에게 뿌리며 말하였다. "보아라, 이것은 주께서 이 모든 말씀을 따라, 너희에게 세우신 언약의 피다."
> (출애굽 24 : 3-8)
> 예수께서 잔을 들어서 감사를 드리신 다음에, 그들에게 주시며 말씀하셨다. "모두 이 잔을 마셔라. 이것은 많은 사람에게 죄를 사하여 주려고 흘리는 나의 피, 곧 언약의 피다."
> (마태 26 : 27, 28 ; 마가 14 : 24 ; 누가 22 : 20)

"새 언약의 피"(the blood of the New Covenant), 성언 즉 신약(新約·the New Testament)은, "언약"(言約·Covenant) 또는 "서약"(書約·Testament), 즉 구약(舊約)과 신약(新約), 따라서 그것 안에 있는 신령진리 이외의 아무것도 뜻하지 않습니다. "피"가 이런 내용을 뜻하기 때문에, 그러므로 주님께서 그들에게 포도주를 주시면서, "이것은 나의 피"라고 말씀하셨습니다. 그리고 "포도주"(wine)는 신령진리를 뜻합니다(본서 316항 참조). 이런 이유 때문에 이것이 "포도의 붉은 즙"(=포도의 피·the blood of grapes)이라고 불리웠습니다(창세기 49 : 11 ; 신명기 32 : 14). 이러한 뜻은 역시 주님의 말씀에서도 아주 명료합니다.

> 예수께서 그들에게 말씀하셨다. "내가 진정으로 진정으로 너희에게 말한다. 너희가 인자의 살을 먹지 않고, 또 인자의 피를 마시지 잃으면, 너희 속에 생명이 없다.……내 살은 참된 양식이요, 내 피는 참된 음료다. 내 살을 먹고 내 피를 마시는 사람은 내 안에 있고, 나도 그 사람 안에 있다."

(요한 6 : 53-56)

여기서 "피"가 신령진리를 뜻한다는 것은 매우 명확한데, 그 이유는 그것을 마시는 사람은 생명이 있고, 그리고 그는 주님 안에서 살고, 주님은 그 사람 안에 산다고 언급되었기 때문입니다. 신령진리와 그것에 일치하는 삶은 이런 일을 성취한다는 것, 그리고 성만찬(聖晩餐·the Holy Supper)이 그것을 확증한다는 것 등은 교회에서 잘 알 수 있습니다. "피"가, 성언에 속한 신령진리를 가리키는 주님의 신령진리를 뜻하기 때문에, 그리고 이것이 옛날 언약(the Old Covenant)과 새로운 언약(the New Covenant), 또는 "서약"(書約·Testament) 자체를 뜻하기 때문에, 그러므로 피는 표징적 교회에서는 가장 거룩한 표징(the most holy representative)이었습니다. 그리고 개별적인 것이든 천적인 것이든, 그것 안에 있는 것은 모두가 영적인 것들의 대응들이었습니다. 출애굽기서의 말씀입니다.

> 그들은 유월절 양의 피는 받아다가,……문설주와 상인방에 발라야 한다.……문들에 피를 발랐으면……그 피를 보고 내가 너희를 치지 않고 넘어갈 터이니,……그 피를 상인방과 좌우 문설주에 뿌리십시오.
> (출애굽기 12 : 7, 13, 22)

번제물의 피는 제단과 제단 밑에, 아론과 아론의 아들들과 그들의 옷에 뿌렸습니다(출애굽기 29 : 12, 16, 20, 21 ; 레위기 1 : 5, 11, 15 ; 3 : 2, 8, 13 ; 4 : 25, 30, 34 ; 5 : 9 ; 8 : 15, 24 ; 17 : 6 ; 민수기 18 : 17 ; 신명기 12 : 27). 그리고 법궤의 휘장 위에, 속죄소(贖罪所·the mercy-seat)와 향단의 뿔에 뿌렸습니다(레위기 4 : 6, 7, 17, 18 ; 16 : 12-15). 묵시록서의 아래 장절에서도 "어린 양의 피"는 동일한 내용을 뜻합니다.

> 그 때에 하늘에서 전쟁이 일어났습니다. 미가엘과 미가엘의 천사들은 용과 맞서서 싸웠습니다.……
> 우리의 동료들은
> 어린 양의 흘린 피와
> 자기들이 증언한 말씀을 힘입어서
> 그 악마들을 이겨 냈다.

(묵시록 12 : 7, 11)

왜냐하면 미가엘 천사나 미가엘의 천사들은 성언 안에 있는 주님께 속한 신령진리 이외의 그 어떤 것에 의하여 그 용을 이긴다는 것은 생각할 수 없는 일이기 때문입니다. 왜냐하면 천계에서 천사들은 어떤 피도 생각할 수 없고, 그리고 그들은 주님의 고통에 관해서도 생각하지 않지만, 그러나 그들은 신령진리에 관해서, 그리고 그분의 부활(復活)에 관해서만 생각할 수 있고, 생각하기 때문입니다. 그러므로 사람이 주님의 보혈(寶血)을 생각할 때 천사들은 주님의 신령진리를 지각하고, 그리고 사람이 주님의 고통을 생각할 때, 천사들은 주님의 영광화를 지각하고, 그리고 그 때 역시 주님의 부활만을 지각하기 때문입니다. 수많은 경험을 통하여 이러한 사실을 알도록 나에게 허락되었습니다. "피"가 신령진리를 뜻한다는 것은 시편서의 이런 장절들에게서도 잘 알 수 있겠습니다.

> 그는 힘없는 사람과 가난한 사람을
> 불쌍히 여기며,
> 가난한 사람의 목숨을 건져 준다.……
> 그 목숨을 살려 주며,
> 그들의 피를 귀중하게 여긴다.……
> 그는
> 아라비아(=세바)의 황금도 그들에게 주실 것이다.
> (시편 72 : 13-15)

여기서 "하나님께서 귀하게 보시는 피"는 그들에게 있는 신령진리 때문이고, "아라비아의 황금"은 그것에서 비롯된 지혜를 가리킵니다. 에스겔서의 말씀입니다.

> 이스라엘의 산 위에서 희생제물을 잡아서, 큰 잔치를 준비할 터이니, 너희가 사방에서 몰려와서, 고기도 먹고 피도 마셔라. 너희는 용사들의 살을 먹고, 세상 왕들의 피를 마셔라.……너희는 내가 너희에게 주려고 준비한 잔치의 제물 가운데서 기름진 것을 배부르도록 먹고, 피도 취하도록 마셔라.……내가 이와 같이 여러 민족 가운데 내 영광을 드러낼 것이다.

(에스겔 39 : 17-21)

여기서 "피"는 피를 뜻할 수 없습니다. 그 이유는, "그들이 세상 왕들의 피를 마실 것이다" 그리고 "그들의 피를 취하도록 마셔라"라고 언급하고 있기 때문입니다. 그러나 성언의 참된 뜻은, "피"가 신령진리로 이해될 때, 올곧게 됩니다. 그리고 또한 여기서는 주님께서 이방 사람들에게 설시하시려고 하는 주님의 교회가 다루어지고 있습니다.

그 둘째입니다. "피"가 신령진리를 뜻한다는 것은 그것의 반대의 뜻에서도 아주 명확하게 알 수 있습니다. 그 뜻에서 "피"는 위화하거나, 모독된 성언의 신령진리를 뜻합니다. 이러한 내용은 아래의 장절에서 명확합니다.

> 살인자의 음모에 귀를 막는 사람(=귀를 막아 피를 흘리려는 꾀를 듣지 아니하는 자),
> 악을 꾀하는 것을 보지 않으려고
> 눈을 감는 사람,
> 바로 이런 사람들이 안전한 곳에 산다.
> (이사야 33 : 15, 16)
> (주께서는)
> 거짓말을 일삼는 자들을 멸망시키시고,
> 피를 흘리는 것과 속이기를 좋아하는 자들을
> 몹시도 싫어하신다.
> (시편 5 : 6)
> 그 때에는,……
> 예루살렘에 머물러 있는 사람들,
> 곧 예루살렘에 살아 있다고
> 명단에 기록된 사람들은 모두
> '거룩하다'고 일컬어질 것이다.
> 그리고 주께서……
> 심판의 영과 불의 영을 보내셔서,
> 예루살렘의 피를 말끔히 닦아 주실 것이다.
> (이사야 4 : 3, 4)
> 네가 태어나던 바로 그 날에, 사람들이 네 목숨을 천하게 여기고, 너를 내다가 들판에 버렸다. 그 때에 내가 네 곁으로 지나가다가, 피투성이로 버둥거

7 : 1 - 17

리는 너를 보고, 피투성이로 누워 있는 너에게, 제발 살아만 달라고 했다.……
내가 너를 목욕을 시켜서 네 몸에 묻은 피를 씻어 내고…….
(에스겔 16 : 5, 6, 9)
이것은 예언자들이 죄를 짓고,
제사장들이 악한 일을 하여서,
성 안에서
의로운 사람들이 살해되었기 때문이다.
지도자들이
맹인들처럼 거리를 헤매지만,
피로 부정을 탄 몸이라서
아무도 그들의 옷자락을 만지지 않는다.
(애가 4 : 13, 14)
침략자의 군화와 피묻은 군복이
모두 땔감이 되어서,
불에 타 없어질 것이다.
(이사야 9 : 5)
너의 치맛자락에는
가난한 사람들의 죄없는 피가 묻어 있다.
(예레미야 2 : 34)
너희의 손에는 피가 가득하다.
너희는 씻어라.……
내가 보는 앞에서
너희의 악한 행실을 버려라.
(이사야 1 : 15, 16)
너희의 손이 피로 더러워졌으며,
너희의 손가락이 죄악으로 더러워졌고,
너희의 입술이 거짓말을 하며,
너희의 혀가 악독한 말을 하기 때문이다.……
그들의 발은 나쁜 일을 하는 데 빠르고,
죄 없는 사람을 죽이는 일에 신속하다(=피를 흘리게 하는 데 신속하다).
(이사야 59 : 3, 7)
주께서 그 처소에서 나오셔서
땅 위에 사는 사람들의 죄악을
벌하실 것이니,
그 때에 땅은 그 속에 스며든 피를 드러낼 것이며…….

(이사야 26 : 21)
그를 맞아들인 사람들, 곧 그 이름을 믿는 사람들에게는, 하나님의 자녀가 되는 특권을 주셨다. 그들은 혈통으로……나지 않고, 하나님께로부터 났다.
(요한 1 : 12, 13)
예언자들의 피와 성도들의 피가
이 도성에서 발견되었다.
(묵시록 18 : 24)
바닷물이 죽은 사람의 피처럼 되고,……물이 피가 되었습니다.
(묵시록 16 : 3, 4 ; 이사야 15 : 9 ; 시편 105 : 29)

피로 변한 이집트의 강들, 웅덩이들, 호수들도 꼭 같은 내용을 뜻합니다(출애굽기 7 : 15, 25).

크나큰 주의 날이 오기 전에,
달이 핏빛 같이 붉어질 것이다.
(요엘 2 : 31)
달은 온통 피와 같이 되고,…….
(묵시록 6 : 12)

이상의 장절에서나, 그 밖의 많은 곳에서 "피"는 위화되고, 또는 모독된(=더럽혀진) 성언의 진리를 뜻합니다. 이러한 내용은 그것들이 연속으로 이어지는 성경의 수많은 장절들을 읽을 때 더욱 명확해집니다. 그러므로 "피"가 나쁜 뜻으로 위화되고, 더럽혀진 성언의 진리를 뜻하기 때문에, 순수한 뜻으로 "피"가 위화되지 않은 성언의 진리를 뜻한다는 것은 아주 명료합니다.

380. 15절. "그러므로 그들은
하나님의 보좌 앞에 있고,
하나님의 성전에서
밤낮 그분을 섬기고 있습니다.
그리고 그 보좌에 앉으신 분께서
그들을 덮는 장막이 되어 주실 것입니다."

이 말씀은, 그들이 주님의 현존(現存) 안에 있다는 것을 뜻하고, 그리고 그들이 그분의 교회 안에서 그분에게서 영접, 수용한 진리들에 따라서 변함없이 신실하게 산다는 것을 뜻하고, 그리고 주님께서는 그들의 진리들 안에서 선을 계속해서 주신다는 것 등을 뜻합니다. "그러므로 그들이 하나님의 보좌 앞에 있다"는 말씀은 그들이 주님의 현존(the Lord's presence) 안에 있다는 것을 뜻하고, "밤낮 그분을 섬기고 있다"는 말씀은 그들이 변함없이 신실하게 그 진리들에 따라서, 다시 말하면 그들이 그분에게서 영접, 수용한 가르침들(敎訓·戒律·precepts)에 따라서 산다는 것을 뜻합니다. "주님을 섬긴다"(serving the Lord)는 말은 이외의 다른 아무것도 뜻하지 않습니다. 그리고 "그분의 성전(=하나님의 성전)에 있다"는 말씀은 교회 안에 있다는 것을 뜻합니다(본서 191항 참조). "그 보좌에 앉으신 분께서 그들을 덮는 장막이 되어 주실 것이다"(=그들 가운데 사실 것이다)는 말씀은, 주님께서는 그들이 주님으로부터 받은 진리들 안에서 계속해서 선을 주신다는 것을 뜻합니다. "장막이 되어 준다"(=그들 가운데 산다)는 말이 이런 내용을 뜻한다는 것은 성경에서 "산다"(to dwell·거주한다·장막을 친다)는 말은 선에 관해서 서술하고, "섬긴다"(to serve)는 말은 진리에 관해서 서술하기 때문입니다. 지금 이 비의(祕義)가 밝히 드러났습니다. 다시 말하면 주님과 교회의 혼인이 이 안에 있다는 것, 그리고 주님께서는 사랑에 속한 선으로 천사들이나 사람들에게 입류하신다는 것, 그리고 천사들이나 사람들은 주님을 영접한다는 것, 또는 진리들 안에서 주님의 사랑에 속한 선을 영접, 수용한다는 것, 그리고 그것에 의하여, 교회 자체를 가리키는 선과 진리의 혼인이 이루어진다는 것, 그리고 그들에게 천계를 이룬다는 것 등등의 비의가 밝히 열려지고 있습니다. 주님의 입류(入流·the Lord's influx)와 그분에 속한 영접(reception of Him)의 본질이 이러하기 때문에, 그러므로 주님께서는 이마를 통해서 천사들이나 사람들을 살피시고(look at), 그들은 눈을 통해서 주님을 우러릅니다. 왜냐하면 이마는 사랑에 속한 선에 대응하고, 눈은 그 선에서 비롯된 진리들에 대응하기 때문입니다. 따라서 진리는 결합에 의하여 선에 속한 진리들이 되기 때문입니다. 그러나 진리들과 함께 천사들이나 사람들에게 유입하는 주님의 입류는 그들에게 들어가는 선의 입류(the influx of good)와는 같지 않습니다. 왜냐하면 그것은 마치 빛이 불꽃에서 나오듯이, 그리고 그들이 이해 안에 수용되고, 그들이 진리들을 실천하는 것만큼 의지 안에 유입하는, 선에서부터 유입하는 중간적인 것이기 때문입니다. 그 때 천계에서, 그리고 이 땅에서 그것들을 영접, 수용한 사람에게서 이것은 주님으로 말미암은 사랑과 지혜의 혼인이고, 선과 진리의 혼인입니다. 이러한 비의가 밝혀지는 것은 주님께서 그들의 진리들 안에서 계속해서 선을 주신다는 사실을 어떻게 이해하여야 하는지를 알게 하기 위해서입니다.

381. 16절. "그들은 다시는 주리지 않고, 목마르지도 않고,······."

이 말씀은 이후부터는 그들에게 선들이나 진리들의 결핍(缺乏) 따위는 결코 없을 것이다는 것을 뜻합니다. "주리지 않는다"(=배고프지 않다)는 말은 결코 선의 결핍이 없다는 것을 뜻하고, "목마르지 않는다"(=기갈이 없다)는 말은 결코 진리의 결핍이 없다는 것을 뜻합니다. 왜냐하면 배고프다는 것은 빵이나 먹거리에 관해서 서술하고, 목마르다는 것은 포도주나 물에 관해서 서술하기 때문입니다. 그리고 "빵"이나 "먹거리"는 선을 뜻하고, "포도주"나 "물"은 진리를 뜻하기 때문입니다(본서 323항 참조).

382. "태양이나 그 밖의 어떤 열도 그들을 괴롭히지 못할 것입니다."

이 말씀은, 그 후 그들은 악이나, 악에 속한 거짓에 대한 어떤 정욕들(情慾·lust)도 결코 가지지 않을 것이다는 것을 뜻합니다. "태양이 그들을 괴롭히지 못한다"(=그들에게 떨어지지 않는다)는 말은 그들이 악에 대한 정욕들을 가지지 않을 것이다는 것을 뜻하고, "그 밖에 어떤 열도 그들을 괴롭히지 못할 것이다"는 말은 그들이 거짓에 대한 정욕들을 결코 가지지 않을 것이다는 것을 뜻합니다. "태양"이 신령사랑을 뜻하고, 그리고 그것에서 비롯된 선에 속한 정동들을 뜻한다는 것, 그리고 나쁜 뜻으로는 지옥적인 애욕(diabolical love)과 그것에서 비롯된 악에 대한 정욕들을 뜻한다는 것 등은 위의 설명을 참조하십시오(본서 53항 참조). 그러나 "열"(=별·熱·heat)이 악에 속한 거짓들에 대한 정욕들을 뜻하는 이유는, 마치 열(=별·heat)이 태양에서 오듯이, 거짓은 악에서부터 생성되기 때문입니다. 왜냐하면 의지가 악을 사랑하는 경우, 이해는 거짓을 사랑하기 때문입니다. 그리고 거짓을 확증하는 정욕으로 불태우기 때문입니다. 그리고 이해에서 확증된 악은 악에 속한 거짓을 가리키는데, 결과적으로 악에 속한 거짓은 그것의 형태 안에

있는 악입니다. "열"(=볕·heat)이나 "뜨겁다"는 말은 아래의 장절에서
도 동일한 뜻을 갖습니다.

    주를 믿고 의지하는 사람은
    복을 받을 것이다.
    그는 물가에 심은 나무와 같아서……
    무더위가 닥쳐와도 걱정이 없고,
    가뭄이 심해도, 걱정이 없다.
    (예레미야 17 : 7, 8)
    참으로 주께서는
    가난한 사람들의 요새이시며,
    곤경에 빠진 불쌍한 사람들의 요새이시며,
    폭풍우를 피할 피난처이시며,
    뙤약볕을 막는 그늘이십니다.……
    주께서는……
    구름 그늘이 뙤약볕의 열기를 식히듯이,
    포악한 자들의 노랫소리를
    그치게 하셨습니다.
    (이사야 25 : 4, 5)
    그들이 목이 타고 배가 고플 때에,
    나는 그들에게 잔치를 베풀어
    모두 취하여 흥겹도록 만들 터이니,…….
    (예레미야 51 : 39)
    그들은 모두 빵 굽는 화덕처럼 뜨거워져서,……
    어느 누구도 나 주에게 호소하지 않는다.
    (호세아 7 : 7)
    다시는 포도원에 갈 일이 없을 것이다.
    날이 가물고 무더워지면
    눈 녹은 물이 증발하는 것과 같이,
    죄인들도 그렇게 스올로 사라질 것이다.
    (욥기 24 : 18, 19)
    넷째 천사가 그 대접을 해에다가 쏟았습니다. 해는 불로 사람을 태우라는
    허락을 받았습니다. 그래서 사람들은 몹시 뜨거운 열에 탔습니다. 그러나 그
    들은……하나님의 이름을 모독하였습니다.
    (묵시록 16 : 8, 9)

감옥에 갇혀 있는 죄수들에게는
"나가거라. 너희는 자유인이 되었다!"
하고 말하겠고,……
그들은 배고프거나 목마르지 않으며,
무더위나 햇볕도
그들을 해치지 못할 것이니,……
(이사야 49 : 9, 10)

383. 17절. **"보좌 한가운데 계신 어린 양이 그들의 목자가 되셔서"**(=그들을 먹이시리라).
이 말씀은 주님께서 홀로 그들을 가르치신다는 것을 뜻합니다. "보좌 한가운데 계신 어린 양"은 극내적인 것 안에 있는 주님을 뜻하고, 따라서 천계에 속한 모든 것 안에 있는 그분의 신령인간의 측면에서 주님을 뜻합니다. "한가운데 있다"는 말은 극내적인 것 안에 있다는 것, 따라서 모든 것들 안에 있다는 것을 뜻합니다(본서 44항 참조). "보좌"는 천계를 뜻하고(본서 14항 참조), "어린 양"(the Lamb)은 그분의 신령인간의 측면에서 주님을 뜻합니다(본서 269·291항 참조). 그리고 극내적인 것 안에, 따라서 천계의 모든 것들 안에 계시는 그분은 홀로 그들을 기르시고, 다시 말하면 모두를 가르치십니다. 만약에 어떻게 그분 홀로 모두를 기르시고(to feed), 가르치실 수 있을까 하는 의문이 있다면, 필히 주지하여야 할 것은 그분께서 하나님이시기 때문이고, 온 천계에서 그분은 그것의 육체 안에 있는 영혼과 같이 홀로 계시기 때문이다는 것 등입니다. 왜냐하면 천계는 그분으로 말미암아 한 사람처럼 존재하기 때문입니다. "기른다"(to feed)는 말이 가르친다(to teach)는 것을 뜻하는데, 그 이유는 성경에서 교회는 "양 떼"라고 불리웠고, 교회에 속한 사람들은 "양"이나 "어린 양"이라고 불리웠기 때문입니다. 그러므로 "기른다"는 말은 가르친다는 것을 뜻하고, "목자"는 가르치는 사람을 뜻하기 때문입니다. 이러한 것은 수많은 장절에서 잘 드러나고 있습니다. 즉―.

그 때에 너의 가축은
넓게 트인 목장에서 풀을 뜯을 것이다.
(이사야 30 : 23)

그는 목자와 같이 그의 양 떼를 먹이시며,
어린 양들을 팔로 모으시고 품에 안으시며……
(이사야 40 : 11)
그들이 어디로 가든지
먹을거리를 얻게 할 것이며,
메말랐던 모든 산을
그들이 먹을거리를 얻는
초장이 되게 하겠다.
(이사야 49 : 9)
이스라엘은, 내가 그의 초장으로 데려다 놓을 것이니, 그들이 갈멜과 바산에서 풀을 뜯고, 에브라임 산지와 길르앗에서 마음껏 먹을 것이다.
(예레미야 50 : 19)
양 떼가 흩어졌을 때에 목자가 자기의 양을 찾는 것처럼, 나도 내 양 떼를 찾겠다.……좋은 초원에서 내가 그들을 먹이고, 이스라엘의 높은 산 위에서…… 좋은 풀을 뜯어 먹을 것이다.
(에스겔 34 : 12-14)
주님,……
주의 백성을 인도하시는 목자가
되어 주십시오.……
옛날처럼 주의 백성을
바산과 길르앗에서 먹여 주십시오.
(미가 7 : 14)
이스라엘에 살아 남은 자는……
그들이 잘 먹고 편히 쉴 것이니,
아무도 그들을 위협하지 못할 것이다.
(스바냐 3 : 13)
주님은 나의 목자시니,
내게 아쉬움 없어라.
나를 푸른 풀밭에 누이시며
쉴 만한 물가로 인도하신다.
(시편 23 : 1, 2)
주님의 종 다윗을 선택하시되,……
그의 백성 야곱과
그의 유산 이스라엘의 목자가 되게 하셨다.
그래서 그는

한결같은 마음으로 그들을 기르고,
슬기로운 손으로 그들을 인도하였다.
(시편 78 : 70-72)
예수께서 베드로에게 말씀하셨다. "내 어린 양을 먹여라."……두 번씩 세 번씩 "내 양을 먹여라"라고 말씀하셨다.
(요한 21 : 15-17)

383. "생명의 샘물로
그들을 인도하실 것이고,……"

이 말씀은 성언에 속한 진리들을 통하여 그들과 주님 그분과의 결합을 뜻하고, 결합하도록 인도한다는 것을 뜻합니다. "생명의 샘물"(=생수의 샘)이라는 말이 주님을 뜻하고, 또한 성언을 뜻하기 때문에, 여기서 "물"(waters)은 진리들을 뜻합니다(본서 50항 참조). 그리고 사람들이 신령진리들에 따라서 살 때 이루어지는 생명에 속한 그들이 될 경우, 신령진리들에 의하여 주님과의 결합이 성취되기 때문에, 그러므로 "생명의 샘물로 그들을 인도하신다"는 말씀은 성언에 속한 진리들에 의하여 주님과의 결합에 인도하는 것을 뜻합니다. "샘"이나 "샘들"이 주님과 성언을 뜻한다는 것은 이런 장절들에게서 명확합니다.

모든 근원이 네 안에 있다.
(시편 87 : 7)
주님에게서 떠나간 사람마다
생수의 근원이신 주님을
버리고 떠나간 것이므로…….
(예레미야 17 : 13)
하나는,
그들이 생수의 근원인 나를 버린 것이다.
(예레미야 2 : 13)
주의 시내에서 단물을 마시게 하시니,
주께는 생명 샘이 있습니다.
(시편 36 : 8, 9)
그 날이 오면, 샘 하나가 터져서, 다윗 집안과 예루살렘에 사는 사람들의 죄와 더러움을 씻어 줄 것이다.
(스가랴 13 : 1)

7 : 1 - 17

하늘에서 내리는 이슬에
흠뻑 젖는 이 땅에서,……
야곱의 자손이 안전하게 산다(=이스라엘이 야곱의 샘에서 안전히 거한다).
(신명기 33 : 28)
예수께서……야곱의 우물가에 앉아 계실 때,……예수께서 그 여자에게……
"내가 주는 물은 그 사람 속에서 영생에 이르게 하는 샘물이 될 것이다."
(요한 4 : 5-20)
요셉은
열매가 많은 덩굴,
샘 곁에 있는 열매가 많은 덩굴,
그 가지가 담을 넘는다.
(창세기 49 : 22)
이스라엘의 근원에서 나온 자손아,
주님을 찬양하여라.
(시편 68 : 26)
너희가 구원의 우물에서
기쁨으로 물을 길을 것이다.
(이사야 12 : 3)
목마른 사람에게는 내가 생명수 샘물을 거저 마시게 하겠다.
(묵시록 21 : 6)
내가 그들을 평탄한 길로 인도하여,
물이 많은 시냇가로 가게 하겠다.
(예레미야 31 : 9)

묵시록의 이 구절이나 위의 장절에 비슷한 것들이 역시 이사야서에서도 언급되었습니다.

그들은 배고프거나 목마르지 않으며,
무더위와 햇볕도
그들을 해치지 못할 것이니,
이것은 긍휼히 여기시는 분께서
그들을 이끄시기 때문이며,
샘이 솟는 곳으로
그들을 인도하시기 때문이다.
(이사야 49 : 10)

385. "하나님께서 그들의 눈에서 눈물을 말끔히 씻어 주실 것입니다."

이 말씀은 그들이 더 이상 그들의 악들이나 거짓들에 대항하여 싸우는 싸움에 있지 않을 것이다는 것, 따라서 슬픔 안에 있지 않고, 오히려 선들 안에 있고, 진리들 안에 있다는 것을, 그리고 그것으로 인하여 주님에게서 온 천적인 기쁨들 안에 있을 것이다는 것을 뜻합니다. 이런 내용들이 "어린 양이 그들의 눈에서 말끔히 눈물을 씻어 주신다"는 말씀이 뜻한다는 것은 위에 언급되고 있기 때문인데(14절), 거기에 "이 사람들은 큰 환난을 겪어 낸 사람들입니다"라고 언급된 말씀은, 그들은 온갖 시험들을 겪었고, 그리고 악들에 대항하는 싸움들을 겪었다는 것을 뜻합니다(본서 377항 참조). 그리고 그 뒤에 그들은 악들에 대항하는 싸움들을 겪지 않고, 동시에 선들이나 진리들 안에 있고, 그리고 그것으로 인하여 천적인 기쁨들 안에 있는 자들을 뜻합니다. 이사야서의 아래 장절들도 동일한 뜻을 가지고 있습니다.

> 주께서 죽음을 영원히 멸하신다.
> 주 하나님께서 모든 사람의 얼굴에서
> 눈물을 말끔히 닦아 주신다.……
> 그 날이 오면,
> 사람들은 이런 말을 할 것이다.
> 바로 이분이 우리의 하나님이시다.
> 우리가 하나님을 의지하였으니,
> 하나님께서 우리를 구원하신다.
> 바로 이분이 주님이시다.
> 우리가 주님을 의지한다.
> 우리를 구원하여 주셨으니
> 기뻐하며 즐거워하자.
> (이사야 25 : 8, 9)

386.

여기에 나는 <영계 체험기>를 부연하겠습니다. 한번은 내가 영계에서 여기저기를 살핀 적이 있었는데, 그 때 나는 이른바 이를 가는 소리와 같고, 그리고 문을 두드리는 소리와도 같고, 그 소리들이 뒤섞인 것 같은 소리를 들었습니다. 나는 그것이 무엇인지 알아보았습니다. 나와 함께 있던 천사들은, "거기에는 토론이 진행되는 곳인데, 우리가 일명 '토론장'(討論場 · diversoria)이라고 하는 학교들이 있습니다. 이 토론들은 멀리서는 그와 같이 들리지만, 그들에게 가까이 이르게 되면, 토론하는 것과 같은 것들만 들린다"고 말하였습니다. 나는 거기에 가까이 갔고, 거기에서 진흙을 발라 갈대로 엮어서 지은 작은 집들을 보았습니다. 그리고 나는 창문들을 통해서 그 안을 들여다보려고 하였지만, 거기에 창문은 없었습니다. 왜냐하면 문을 통해서 안으로 들어가는 것이 허락되지 않았기 때문입니다. 그 이유는 천계에서 온 빛이 그 안에 들어가면 그들을 혼란스럽게 할 것이기 때문입니다. 그러나 갑자기 오른쪽에 창문이 하나 생겨났습니다. 그 때 나는 그들이 어둠에 싸였다고 불평하는 소리를 들었습니다. 그 뒤 얼마 안 가서 왼쪽에도 창문이 생겨났습니다. 그리고 오른쪽의 창문은 닫혔습니다. 그러나 어둠은 점차 서서히 사라졌습니다. 그들은 자신들이 빛 가운데 있는 것처럼 보였습니다.

 이런 일이 있은 뒤에, 나는 문을 통해서 들어가, 그리고 거기에서 무엇인가 듣는 것이 허락되었습니다. 가운데에는 책상(table)이 있고, 주위에는 긴 의자들이 놓여 있었습니다. 그러나 나에게는 그들이 모두 긴 의자에 서 있는 것처럼 보였고, 그리고 그들은 "믿음과 인애"(faith and charity)에 관해서 서로 심하게 다투는 것 같이 보였습니다. 한쪽에서는 믿음(faith)이 교회에 속한 가장 으뜸적인 것이라고 하였고, 다른 쪽에서는 인애(charity)가 으뜸이라고 주장하였습니다. 믿음이 으뜸이라고 주장하는 사람들은, "우리는 믿음에 의해서는 하나님과 함께 일하려고 하고, 인애에 의해서는 사람과 함께 일하려고 하지 않는가? 그러므로 믿음은 천계적이고, 인애는 세속적이 아닌가? 우리는 천계적인 것에 의하여 구원을 받지, 세속적인 것에 의해서 구원을 받지 못하지 않는가? 다시 말하면, 그것이 천계적인 것이기 때문에, 하나님은 천계로부터 믿음을 주실 수 없지만, 그리고 그것이 세속적인 것이기 때문에 사람은 반드시 인애를 자기 자신에게 얻어야만 하지 않는가? 그리고 사람이 자기 자신을 위해서 얻는 것은 교회에 속한 것이 아니고, 따라서 구원하지 못하는 것이 아닌가? 어느 누구가, 이른바 인애에 속한 선행들(works)에 의하여 하나님의 안전(眼前)에서 의롭게 될 수 있는가? 우리를 믿으십시오. 만약에 인애에 속한 선행들에게서 비롯된 공로적인 것들(meritorious things)에 의하여 믿음이 더럽혀지지 않았다면, 우리는 의롭게 되었을 뿐만 아니라, 성별(聖別)된 것 아닙니까?"라고 말하였습니다. 그 밖에 여러 가지들을 주장하였습니다. 그러나 교회에 속한 것들 중에서 인애를 으뜸으로 여기는 자들은 이런 것들에 예리하게 논박(論駁)하여 말하기를 "인애는 구원의 대업을 이루지만, 믿음은 그렇지가 못하지요. 모든 사람은 하나님에게 모두 중요하지 않습니까? 그리고 하나님께서는 모두의 복리(福利)를 원하시지 않습니까? 하나님께서는 이런 일을 사람들에 의하지 않고, 어떻게 이루실 수 있습니까? 하나님은 모든 사람에게 믿음에 관계되는 이런 것들에 관해서 서로 대화하게 하고, 그리고 그분께서는 인애에 속한 것들에 대해서도 서로 대화하게 하시지 않습니까? 여러분께서는 인애가 세속적이라고 말한다는 것이 불합리한 것이다고 생각되지 않습니까? 인애는 천계적인 것입니다. 그 이유는 여러분께서는 인애에 속한 선을 행하지 않기 때문에 여러분의 믿음은 세속적인 것입니다. 여러분은 믿음을 어떻게 목석(木石)으로만 받아드립니까? 여러분은 믿음이 경청하는 것이라고만 주장합니까? 그러나 성언이 오직 경청하는 것에 의해서 활동할 수 있습니까? 그리고 경청하는 것에 의하여 목석(木石)에게도 활동하는 것입니까? 여러분께서는 그것에 관해서 아는 것 없이도 생기발랄할 수 있겠지만, 그러나 이와 같은 생기 따위는 믿음이 오직 구원한다고 말할 수 있는 것 이외에 무엇입니까? 그러나 무엇이 믿음이고, 무엇이 구원하는 믿음인지 여러분은 아직도 모르고 있습니다"라고 하였습니다.

 그러나 그 때 한 사람이 일어났는데, 그는, 나와 함께 말하고 있는 천사가 제설혼합론자(諸說混合論者·Syncretist)라고 하는 사람입니다. 그는 자신의 머리에서 일종의 회교도의 모자를 벗어서 그것을 책상 위에다 놓았습니다. 그러나 갑자기 그것을 다시 썼습니다. 그것은 그가 대머리였기 때문입니다. 그는, "주목하십시오. 여러분께서는 오류에 모두 빠져 있습니다. 사실은 믿음은 영적(spiritual)이지만, 인애는 도덕적일뿐입니다. 그럼에도 불구하고 그것들은 서로 합쳐지게 됩니다. 이와 같은 결합은 성언에 의하여, 성령에 의하여, 그리고 다만 순종이라고 하는, 그러나 거기에서 사람은 아무런 역할도 하지 못하는, 사람의 지식 밖에서 이루어지는 결과에 의하여, 행해집니다. 나는 나 스스로 오랜 시간 동안 이런 것들에 관해서 깊이 생각하였고, 그리고 종국에 내가 찾아낸 것은, 사람은, 영적인 믿음을 하나님에게서 받을 수 있지만, 그러나 소금기둥과 같은 것을 제외하면 영적인 것인 인애에게로 하나님에 의하여 움직여질 수 없습니다"라는 것 등을 말하였습니다. 이런 주장을 펴자, 오직 믿음 만이라고 주장하는 자들에 의하여 그는 박수갈채를 받았지만, 그러나 인애를 주장하는 자들에 의해서는 그는 야유를 받았습니다. 후자는 분노하여 "여러분 들어보십시오. 여러분께서는 도덕적인 삶에는 영적인 것도 있고, 그저 단순한 자연적인 도덕적인 삶이 있다는 것을 모르고 있습니다. 하나님으로 말미암아 선을 행하지만, 그럼에도 불구하고, 마치 자기 스스로 행하는 것처럼 선을 행하는 자들에게 있는 도덕적인 삶은 마치 자기 스스로 하는 것처럼 선을 행하는 자들에게 있는 도덕적인 삶은 그저 단순한 자연적인 것입니다"라고 주장하였습니다.

   일러진 것은, 마치 이를 가는 소리처럼, 그리고 문을 두드리는 소리처럼, 그리고 이런 소리들이 뒤섞인 것처럼, 들린 것은 바로 이런 토론이다는 것이었습니다. 그리고 이를 가는 소리처럼 들린 토론은 오직 믿음 안에 있는 자들에 의하여 나는 소리이고, 문을 두드리는 소리처럼 들린 토론은 오직 인애만을 주장하는 자들에 의하여 나는 소리였고, 그리고 그 소리들이 뒤섞여 들린 불쾌한 소리는 제설혼합주의자에게서 나는 소리였습니다. 그 이유는 그 세계에 있을 때 그들은 모두 자신들 생애를 이런 다툼이나 토론에 소모하기 때문이고, 그리고 어떤 악도 그들은 단절하지 않기 때문입니다. 그러므로 그들은 어떤 영적인 도덕적 선도 실천하지 않습니다. 더욱이 그들은, 믿음에 속한 모든 것은 진리이다는 것과, 그리고 인애에 속한 모든 것은 선이다는 사실을 전적으로 알지 못하였습니다. 그리고 그들은 선이 없는 진리는 영적으로 진리가 아니다는 것과 진리가 없는 선도 영적으로 선이 아니다는 것도 전혀 알지 못하였습니다. 따라서 하나는 다른 하나를 반드시 완성하는 것이다는 것도 역시 알지 못하였습니다. 오른쪽에 창문이 생기면 거기에 어둠이 있는 이유는 그 쪽으로 들어온 천계에서 비롯된 빛은 의지를 감동시키기 때문입니다. 그리고 오른쪽에 있는 창문이 닫혀지고, 그리고 왼쪽에 창문이 있게 되면, 거기에 빛이 있는 이유는, 왼쪽에 들어오는 천계에서 비롯된 빛은 이해를 감동시키기 때문입니다. 그리고 모든 사람은 누구나, 만약에 그것의 악에 대하여 의지가 닫혀 있다면, 그의 이해의 측면에서 천계의 빛 가운데 있을 수 있기 때문입니다.

제 8장 본문(8장 1–13절)

1 그 어린 양이 일곱째 봉인을 뗄 때에, 하늘은 약 반 시간 동안 고요하였습니다.
2 그리고 나는 하나님 앞에 서 있는 일곱 천사를 보았습니다. 그들은 나팔을 하나씩 가지고 있었습니다.
3 또 다른 천사가 와서, 금향로를 들고 제단에 섰습니다. 그는 모든 성도의 기도에 향을 더해서 보좌 앞 금제단에 드리려고 많은 향을 받았습니다.
4 그래서 향의 연기가 성도들의 기도와 함께 천사의 손으로부터 하나님 앞으로 올라갔습니다.
5 그 뒤에 그 천사가 향로를 가져다가, 거기에 제단 불을 가득 채워서 땅에 던지니, 천둥과 요란한 소리와 번개와 지진이 일어났습니다.
6 그 때에 나팔을 하나씩 가진 일곱 천사가 나팔을 불 준비를 하였습니다.
7 첫째 천사가 나팔을 부니, 우박과 불이 피에 섞여서 땅에 떨어졌습니다. 그래서 땅의 삼분의 일이 타버리고, 나무의 삼분의 일이 타버리고, 푸른 풀이 다 타버렸습니다.
8 둘째 천사가 나팔을 부니, 불타는 큰 산과 같은 것이 바다에 던져졌습니다. 그래서 바다의 삼분의 일이 피가 되고,
9 바다에 사는, 생명이 있는 피조물들의 삼분의 일이 죽고, 배들의 삼분의 일이 부서졌습니다.
10 셋째 천사가 나팔을 부니, 큰 별 하나가 횃불처럼 타면서 하늘에서 떨어져서, 강들의 삼분의 일과 샘물들 위를 덮치면서 내렸습니다.
11 그 별의 이름은 '쑥'이라고 합니다. 그래서 물의 삼분의 일이 쑥이 되고, 많은 사람이 그 물을 마시고 죽었습니다. 그 물이 쓴 물로 변하였기 때문입니다.
12 넷째 천사가 나팔을 부니, 해의 삼분의 일과 달의 삼분의 일과 별들의 삼분의 일이 타격을 입어서, 그것들의 삼분의 일이 어두워지고, 낮의 삼분의 일이 빛을 잃고, 밤도 역시 그렇게 되었습니다.
13 그리고 내가 보고 들으니, 날아가는 독수리 한 마리가 하늘 한가

운데로 날면서, 큰소리로 "화가 있다. 화가 있다. 땅 위에 사는 사람들에게 화가 있다. 아직도 세 천사가 불어야 할 나팔 소리가 남아 있다"하고 외쳤습니다.

간추린 영적인 뜻(8장 1-13절)

◆ 전장의 간추린 대의(大意)

여기서 다루고 있는 것은 개혁교회로서, 거기에 있는 오직 믿음만(依唯信得義)이라는 교리에 빠져 있는 자들의 성품에 관한 것입니다. 다시 말하면 그들과의 교류를 위한 영적인 천계(the spiritual heaven)의 준비가 취급되었습니다(1-6절). 그 믿음에 속한 내면적인 것들 안에 있고, 그리고 거기에 있는 자들의 검증, 검토와 밝히 드러남(顯示)이 다루어졌고(7절), 그리고 그것의 외면적인 것들 안에 있는 자들의 검증, 검토와 현시가 다루어졌습니다(8, 9절). 그리고 성언의 이해의 측면에서 그들이 어떤 존재인지가 취급되었고(10, 11절), 그리고 그들이 거짓들 안에 있다는 것과 그것으로 인하여 그들이 악들 안에 있다는 것이 다루어졌습니다(12, 13절).

◆ 각절의 간추린 대의(大意)

[1절] :
"그 어린 양이 일곱째 봉인을 뗄 때에"라는 말씀은 주님께서 그 교회의 상태에 관해서, 그리고 그것으로 인한 주님의 영적인 왕국(His spiritual kingdom) 안에 있는 자들의 삶의 상태에 관해서, 다시 말하면 인애와 그것의 믿음 안에 있는 자들의 삶에 관해서, 그리고 여기서는 오직 믿음 안에 있는 자들에 관해서 행하신 검증이나 검토를 뜻합니다(본서 388항 참조). "하늘은 약 반 시간 동안 고요하였다"는 말씀은, 주님의 영적 왕국에 속한 천사들이 믿음 안에 있었다고 말하는 그들이

이런 상태에 있었다는 것을 보았을 때, 매우 놀랐다는 것을 뜻합니다 (본서 389항 참조).
[2절] :
"그리고 나는 하나님 앞에 서 있는 일곱 천사를 보았습니다"라는 말씀은, 주님께서 명하시는 것을 경청하고, 실천하는, 주님의 현존 안에 있는 전 영적인 천계(the entire spiritual heaven)를 뜻합니다(본서 390항 참조). "그들은 나팔을 하나씩 가지고 있었습니다"라는 말씀은 그 교회의 상태에 대한, 그리고 그것에서 비롯된 오직 믿음 안에 있는 자들의 삶에 대한 검증, 검토와 공개(公開)를 뜻합니다(본서 391항 참조).
[3절] :
"또 다른 천사가 와서, 금향로를 들고 제단에 섰습니다"라는 말씀은 영적인 예배를 뜻하는데, 그 예배는 믿음에 속한 진리들에 의하여 인애에 속한 선에서 비롯되었습니다(본서 392항 참조). "그는 모든 성도의 기도에 향을 더해서 보좌 앞 금제단에 드리려고 많은 향을 받았습니다"라는 말씀은 주님의 영적 왕국의 천사들이 그 아래에 있는 사탄적인 왕국들에 의하여 해를 입지 않게 하는 조절(調節·propitiation)을 뜻합니다(본서 393항 참조).
[4절] :
"그래서 향의 연기가 성도들의 기도와 함께 천사의 손으로부터 하나님 앞으로 올라갔습니다"라는 말씀은 주님께서 행하시는 그들에 대한 보호를 뜻합니다(본서 394항 참조).
[5절] :
"그 뒤에 그 천사가 향로를 가져다가, 거기에 제단 불을 가득 채워서 땅에 던졌다"라는 말씀은 그것 안에 천적인 사랑이 있는 영적인 사랑과 인애에서 분리된 믿음 안에 있는 자들이 있는 낮은 것들에 유입하는 그것의 입류를 뜻합니다(본서 395항 참조). "천둥과 요란한 소리와 번개와 지진이 일어났습니다"라는 말씀은 그들과의 교류가 열린 뒤에 오직 믿음만에 관한 추론들과 그리고 그것을 선호하는 확증들을 뜻합니다(본서 396항 참조).
[6절] :
"그 때에 나팔을 하나씩 가진 일곱 천사가 나팔을 불 준비를 하였습니다"라는 말씀은 그 교회의 상태와 그들의 종교가 오직 믿음만이라고

하는 자들의 삶의 상태를 검토, 검증하려고 하는 준비가 완료되었다는 것을 뜻합니다(본서 397항 참조).
[7절] :
"첫째 천사가 나팔을 불었다"는 말씀은 내면적으로 그 믿음 안에 있는 자들이 가지고 있는 교회의 상태에 관한 검토와 검증, 그리고 밝히 드러냄(顯示)을 뜻합니다(본서 398항 참조). "우박과 불이 피에 섞였다"라는 말씀은 선과 진리를 파괴하고, 성언을 위화하는 지옥적인 사랑 (=애욕·infernal love)에서 비롯된 거짓을 뜻합니다(본서 399항 참조). "땅에 떨어졌습니다. 그래서 나무의 삼분의 일이 타버렸다"는 말씀은, 교회에 속한 사람을 형성하는 진리에 속한 모든 정동과 지각이 그들에게서 소멸되었다는 것을 뜻합니다(본서 400항 참조). "푸른 풀이 다 타버렸습니다"라는 말씀은 그와 같은 믿음에 속한 모든 살아 있는 것을 뜻합니다(본서 401항 참조).
[8절] :
"둘째 천사가 나팔을 불었다"는 말씀은 외면적으로 그 믿음 안에 있는 자들에게 있는 교회의 상태가 어떠한지를 검토, 검증하고, 그리고 밝히 드러내는 것(顯示)을 뜻합니다(본서 402항 참조). "불타는 큰 산과 같은 것이 바다에 던져졌습니다"라는 말씀은 그들이 가지고 있는 지옥적인 사랑(=애욕)에 속한 외현(外現)을 뜻합니다(본서 403항 참조). "그래서 바다의 삼분의 일이 피가 되었다"는 말씀은 그들에게 있던 모든 일반적인 진리들이 위화된 것을 뜻합니다(본서 404항 참조).
[9절] :
"바다에 사는, 생명이 있는 피조물의 삼분의 일이 죽었다"는 말씀은 지금까지 이 믿음을 가지고 살았고, 그리고 장차 살 사람들이 개혁될 수도 없고, 생명을 영접, 수용할 수도 없다는 것 뜻합니다(본서 405항 참조). "배들의 삼분의 일이 부서졌습니다"라는 말씀은 삶의 선용을 위해 봉사하는, 성언에서 비롯된 선과 진리에 속한 모든 지식들이 그들과 함께 소멸되었다는 것을 뜻합니다(본서 406항 참조).
[10절] :
"셋째 천사가 나팔을 불었다"는 말씀은 성언에서 비롯된 정동과 지각의 측면에서 그들의 종교가 오직 믿음만이라고 하는 자들에게 있는 그 교회의 상태에 대한 검토와 검증, 그리고 밝히 드러냄을 뜻합니다(본서

407항 참조). "큰 별 하나가 횃불처럼 타면서 하늘에서 떨어졌다"는 말씀은 지옥적인 사랑(=애욕)에서 솟아난 자기 자만에서 비롯된 그들 자신의 총명의 외현을 뜻합니다(본서 408항 참조). "강들의 삼분의 일과 샘물들 위를 덮치면서 내렸습니다"라는 말씀은 그것으로 인하여 성언에 속한 모든 진리들이 전적으로 위화되었다는 것을 뜻합니다(본서 409항 참조).
[11절] :
"그 별의 이름은 '쑥'이라고 합니다. 그래서 물의 삼분의 일이 쑥이 되었다"는 말씀은 그들의 자만적인 총명의 근원인 지옥적인 거짓이 성언에 속한 모든 진리들을 위화시킨다는 것을 뜻합니다(본서 410항 참조). "많은 사람들이 그 물을 마시고 죽었습니다. 그 물이 쓴 물로 변하였기 때문입니다"라는 말씀은 성언에 속한 위화된 진리들에게서 야기된 영적인 생명의 소멸(消滅)을 뜻합니다(본서 411항 참조).
[12절] :
"넷째 천사가 나팔을 불었다"는 말씀은 거짓에 속한 온갖 악들 안에 있고, 악에 속한 온갖 거짓들 안에 있는, 그들의 종교가 오직 믿음만이라고 하는 자들이 가지고 있는 그 교회의 상태에 대한 검토와 검증, 그리고 그것의 밝히 드러냄을 뜻합니다(본서 412항 참조). "해의 삼분의 일과 달의 삼분의 일과 별들의 삼분의 일이 타격을 입어서, 그것들의 삼분의 일이 어두워졌다"는 말씀은 거짓들에게서 비롯된 악들에 속한, 그리고 악들에게서 비롯된 거짓들에 속한 추론에 의하여 그들이 사랑이 무엇인지, 또는 믿음이 무엇인지 알지 못하고, 그리고 어떤 진리도 알지 못한다는 것을 뜻합니다(본서 413항 참조). "낮의 삼분의 일이 빛을 잃고, 밤도 역시 그렇게 되었습니다"라는 말씀은 그들에게는 성언에서 비롯된 교리나 삶에 유용한 그 어떤 영적인 진리나, 자연적인 진리가 더 이상 존재하지 않는다는 것을 뜻합니다(본서 414항 참조).
[13절] :
"그리고 내가 보고 들으니, 날아가는 독수리 한 마리가 하늘 한가운데로 날면서"라는 말씀은 주님에게서 비롯된 가르침과 예언을 뜻합니다(본서 415항 참조). "큰소리로 '화가 있다. 화가 있다. 땅 위에 사는 사람들에게 화가 있다. 아직도 세 천사가 불어야 할 나팔 소리가 있다' 하고 외쳤습니다"라는 말씀은, 인애에서 분리된 믿음으로 스스로 확증

한 교리와 삶 안에 있고, 그 교회 안에 있는 그들의 저주 받은 상태에 대한 매우 깊은 슬픔을 뜻합니다(본서 416항 참조).

제 8장 상세한 영적인 해설(8장 1-13절)

387. 전 천계는 둘로 나뉘어진 두 왕국(two kingdom)이 있는데, 하나는 천적 왕국(the celestial kingdom)이고, 다른 하나는 영적 왕국(the spiritual kingdom)입니다. 천적 왕국은 주님사랑 안에 있는, 그리고 그것에서 비롯된 지혜 안에 있는 자들로 이루어졌고, 영적 왕국은 이웃사랑 안에 있고, 그것에서 비롯된 총명 안에 있는 자들로 이루어졌습니다. 이웃을 향한 사랑을 오늘날에는 "인애"(仁愛·charity)라고 부르고, 총명(聰明·intelligence)은 "믿음"(faith)이라고 부릅니다. 후자, 즉 영적 왕국은 인애 안에 있는, 그리고 그것에서 비롯된 믿음 안에 있는 자들로 이루어졌습니다. 그런데 천계(天界·heaven)가 두 왕국으로 분리되었기 때문에, 지옥 또한, 그것들에 정반대되는, 두 왕국으로 분별됩니다. 그 하나는 악마적인 왕국(the diabolical kingdom)이라고 하고, 다른 하나는 사탄적인 왕국(the satanic kingdom)이라고 합니다. 악마적인 왕국은, 자기사랑(自我愛)에서 비롯된 지배욕(the love of dominion) 안에, 그리고 그것에서 비롯된 어리석음(foolishness) 안에 있는 자들로 이루어집니다. 왜냐하면 이런 사랑은 천적인 사랑(the celestial love)에 정반대이고, 그리고 그것의 어리석음은 천적인 지혜(the celestial wisdom)에 정반대이기 때문이지만, 그러나 사탄적인 왕국은 자기총명의 자만(自慢)에서 비롯된 지배욕과 그것에서 비롯된 광기(狂氣·insanity) 안에 있는 자들로 이루어지기 때문입니다. 왜냐하면 이 사랑(=애욕)은 영적인 사랑에 정반대이고, 그것의 광기는 영적인 총명에 정반대이기 때문입니다. 어리석음(foolishness)과 광기(insanity)는 천적인 것들이나 영적인 것들 안에 있는 그런 것의 반대되는 것을 뜻합니다. 천계와 교회가 하나를 이루기 위해서는 천계에 관해서 언급하는 것과 같이 지상의 교회에 관해서도 동일한 것들이라고 이해할 수 있겠습니

다. 이 두 왕국에 관해서는 런던에서 발간된 ≪천계와 지옥≫ 20-28항을 참조하시고, 그리고 다른 여러 설명도 참조하십시오.

지금 여기서는, 이 책 서문 2항에서 보았듯이, ≪묵시록서≫는 종말에 처한 그 교회의 상태를 다루고 있기 때문에, 그러므로 뒤이어지는 것은 천계의 두 왕국에 있는 자들을 다루고 있고, 그리고 지옥의 두 왕국에 있는 자들과 그들의 성품(性稟·됨됨이)에 관해서 다루고 있습니다. 우리의 본문장에서부터, 즉 8장부터 16장까지는 영적 왕국에 있는 자들에 관해서, 그리고 그것에 정반대가 되는 사탄적인 왕국 안에 있는 자들에 관해서 다루고 있고, 그리고 17장과 18장에서는 천적 왕국 안에 있는, 그리고 그것에 정반대가 되는 악마적인 왕국에 있는 자들에 관해서 다루고 있습니다. 그리고 그 뒤에는 최후심판에 관해서 다루고 있습니다. 그리고 맨 나중에는 새 예루살렘이 가리키는 새로운 교회(the New Church)에 관해서 다루고 있습니다. 이 교회는 결론에 앞서 나온 모든 교회의 결론인데, 그 이유는 그것들로 인해서 그 교회들이 있는 목적이기 때문입니다. 성경의 수많은 곳에 "악마"(the Devil)와 "사탄"(Satan)이 언급되고 있고, 그리고 이 양자는 지옥을 뜻합니다. 그와 같이 명명된 것은, 한 지옥에 있는 모두를 악마들이라고 부르고, 다른 지옥에 있는 모두를 사탄들이라고 부르기 때문입니다.

388. 1절. **그 어린 양이 일곱째 봉인을 뗄 때에……**
이 말씀은 주님께서, 인애와 그것의 믿음 안에 있는 자들이 있는 그 교회의 상태와 그것에서 비롯된 주님의 영적 왕국에 있는 자들의 삶의 상태에 관해서 행하신 검토와 검증을 뜻합니다. 특히 이 경우는 오직 믿음(依唯信得義) 안에 있는 자들에 대한 검토와 검증을 가리킵니다. 우리의 본문이 이런 내용의 뜻을 갖는다는 것은 영적인 뜻으로 이해될 때 우리의 본문장의 모든 개별적인 것에서 잘 드러나고 있습니다. 왜냐하면 우리의 본문장과 계속 이어지는 16장까지는, 위에서 언급한 것과 같이(본서 387항 참조), 영적 왕국에 있는 자들과, 또는 이웃을 향한 사랑, 그리고 그것에서 비롯된 총명 안에 있는 자들을 다루고 있기 때문입니다. 그러나 오늘날에는 이웃을 향한 사랑 대신에 그들이 "인애"라고 부르기 때문에, 그리고 총명 대신에 "믿음"이라고 부르기 때문에, 여기서 인애 안에, 그리고 그것에서 비롯된 믿음 안에 있는 자들에 관해서 그 어떤 검토나 검증도 없기 때문에, 그 이유는 천계에 있는 자들에 속한 것이기 때문인데, 그러므로 여기서의 검토나 검증은 오직 믿음 안에 있는 자들에 대해서 행하신 것입니다. 오직 믿음만이다는 것은 인애에서 분리된 믿음을 가리키고, 그리고 거기에는 결합은 결코 존재하지 않는다는 것은 본서 417항을 참조하십시오. "봉인을 뗀다"는 말은 삶의 상태들을 검토하고, 검증하는 것을 뜻한다는 것, 그리고 꼭 같은 말이지만, 교회의 상태들이나, 거기에서 비롯된 삶의 상태에 관한 검토나 검증을 뜻한다는 것은 본서 295 · 302 · 309 · 317 · 324 항을 참조하십시오.

389. 하늘은 약 반 시간 동안 고요하였습니다.

이 말씀은 주님의 영적 왕국의 천사들이, 믿음 안에 있었다고 말하는 그들이 이런 상태에 있다는 것을 보았을 때, 크게 놀랐다는 것을 뜻합니다. "천계의 고요함"은, 믿음 안에 있었다고 말하는 그들이, 그럼에도 불구하고 이런 상태에 있다고 하는 그들에 대한 놀라움 이외에 아무것도 뜻하지 않습니다. 왜냐하면 그들의 상태가 뒤이어지는 것에 기술되었는데, 그것의 성질은 그 설명에서 볼 수 있기 때문입니다. "반 시간"(half an hour)은 매우 큰 것을 가리키는데, 그 이유는 "한 시간"이 충분한 상태를 뜻하기 때문입니다. "시간"(time)이 상태를 뜻한다는 것은 아래에서 알 수 있을 것입니다.

390. 2절. 그리고 나는 하나님 앞에 서 있는 일곱 천사를 보았습니다.

이 말씀은, 주님께서 명령하신 것을 경청하고, 실행하는 주님의 현존 안에 있는 영적인 전 천계(the entire spiritual heaven)를 뜻합니다. "일곱 천사들"이 전 천계를 뜻하는데, 그 이유는 "일곱"(7)이 전부(all) 또는 모든 것들(all things)을, 그리고 거기에서부터 전체나 전부를 뜻하기 때문입니다(본서 10항 참조). 최고의 뜻으로 "천사들"은 주님을 뜻하고, 상대적인 뜻으로는 천계(=주님나라 · heaven)를 뜻합니다(본서 5 · 65 · 342 · 344항 참조). "하나님 앞에 서 있다"는 말은 위에서 언급한 것과 같이(본서 366항 참조), 그분께서 명하시는 것을 경청하고, 실행하는 것을 뜻합니다.

391. 그들은 나팔을 하나씩 가지고 있었습니다.

이 말씀은, 그 교회의 상태에 관해서, 그리고 그것에서 비롯된 오직 믿음만이라는 가르침 안에 있는 자들의 삶에 관한, 검토와 검증, 그리고 그것의 드러냄(顯示)을 뜻합니다. 여기서 "나팔들"(trumpets)이 "소리를 낸다"(sounding)는 말이 뜻하는 동일한 내용을 뜻하는데, 그 이유는, 그들이 그것들을 가지고 소리를 내기 때문이고, 그리고 "나팔을 분다"는 것은 종교상의 신성한 경우, 다양한 것이기는 하지만, 모두를 부르는 것을 뜻하기 때문입니다. 이 경우에서는, 오직 믿음만의 가르침 안에 있는 자들을 검토, 검증하고, 그것을 드러내기 위한 것, 따라서 오늘날에는 개혁교회(the Reformed church)에 속한 자들의 성품에 관해서 검토, 검증하고, 그것을 드러내는 것을 뜻합니다. 여기서 주지하여야 할 것은, 개혁교계에 있는 교회는 오늘날 지도자들인 루터·캘빈·멜랑톤에 따라서 세 파로 갈라졌다는 것과, 그리고 이들 세 교회들은 매우 다양한 점에서 서로 차이가 있다는 것 등입니다. 그러나 이 단락에서는, 가장 특징적인 것이라고 할 수 있는, 그들 모두가 동의하는, 사람은 율법에 속한 선행들(善行·works) 없이도 믿음에 의하여(by faith) 의롭게 된다(稱義)는 것 등입니다. "나팔을 분다"는 말이 모두를 부르는 것을 뜻한다는 것은 아래의 설명에서 알게 되겠습니다(본서 397항 참조).

392. 3절. **또 다른 천사가 와서, 금향로를 들고 제단에 섰습니다.**
이 말씀은 영적인 예배를 뜻하는데, 그 예배는 믿음에 속한 진리들에 의하여 인애에 속한 선으로 말미암아 존재합니다. 천사가 곁에 서 있는 "제단"(祭壇·altar)이나, 그리고 그가 손에 들고 있는 "금향로"(金香爐·the golden censer)는 영적인 사랑에서 비롯된 주님에 속한 예배를 뜻하는데, 그 예배는 믿음에 속한 진리들에 의한 인애에 속한 선으로 말미암아 존재합니다. 이스라엘 자손들에게 두 제단이 있었는데, 하나는 밖에 있는 것이고, 다른 하나는 성막 안에 있는 것입니다. 성막 밖에 있는 제단은 "번제물의 제단"(the altar of burn-offering)이라고 불렸는데, 그 이유는 번제물이나 희생제물이 그 위에 바쳐졌기 때문입니다. 성막 안에 있는 제단은 "분향의 단"(the altar of incense), 또는 "금향단"(the golden altar)이라고 불리웠습니다. 이 두 제단이 있었던 이유는 주님에게 속한 예배가 천적인 사랑(the celestial love)과 영적인 사랑(the spiritual love)에서 존재하기 때문입니다. 그리고 천적인 사랑에서 비롯된 예배는 주님의 천적 왕국에 있는 자들에 의하여 드려지는 예배이고, 영적인 사랑에서 비롯된 예배는 주님의 영적 왕국에 있는 자들에 의하여 드려지는 예배이기 때문입니다. 이 두 왕국에 관해서는 앞서의 내용을 참조하십시오(본서 387항 참조). 그리고 두 제단에 관해서는 모세의 책에 있는 아래의 장절들을 참조하십시오, 번제물의 제단에 관해서는 출애굽기서 20장 24-26절, 27장 1-8절, 39장 38, 39절, 레위기서 7장 1-5절, 8장 11절, 16장 18, 19, 33, 34절이 되겠습니다. 그리고 "분향단"에 관해서는 출애굽기서 30장 1-10절, 31장 8절, 37장 25-29절, 40장 5-26절, 민수기서 7장 1절이 되겠습니다. 요한이 본 제단·향로·분향단은 천계에 존재하는 것들이 아니기 때문에, 이런 것들은 거기에 있는 주님에게 속한 예배의 표징일 뿐입니다. 그 이유는, 이런 것들이 이스라엘 자손 가운데 제정되었기 때문이고, 따라서 성경 안에 자주 언급되고 있기 때문입니다. 그리고 또한 그 교회는 표징적 교회(a representative church)였기 때문입니다. 왜냐하면 그들의 예배에 속한 모든 것은 표징이었기 때문이고, 이것으로 인하여, 그들은 지금 주님에게 속한 신령 천적인 것들이나, 신령 영적인 것을 뜻하고, 그리고 이런 것은 천계나 지상에 있는 주님의 교회에 속한 것을 뜻하기 때문입니다. 그러므로 아래의 장절에서 볼 수 있듯이, 성경에 언급된 두 제단은 동일한 내용을 뜻합니다.

> 주의 빛과 주의 신실하심을
> 나에게 보내 주시어,
> 나를 인도하는 길잡이가 되게 하시고,
> 주의 거룩한 산,
> 주님이 계시는 그 곳으로,
> 나를 데려가게 해주십시오.
> 하나님,
> 그 때에, 나는
> 하나님의 제단으로 나아가렵니다.
> (시편 43 : 3, 4)
> 주님, 내가 무죄함으로 손을 씻고
> 주의 제단을 두루 돌면서,
> 감사의 노래를 소리 높여 부르며,
> 주께서 나에게 해주신 놀라운 일들을
> 모두 다 전하겠습니다.

(시편 26 : 6, 7)
유다의 죄는 그들의 마음 판에
철필로 기록되어 있고,
금강석 촉으로 새겨져 있다.
그들의 제단 뿔 위에도
그 죄가 새겨져 있다.
(예레미야 17 : 1, 2)
주님은 하나님이시니,
우리에게 빛을 비추어 주셨다.
끈으로 축제의 제물을 단단히 매어라.
제단의 뿔도 매어라.
(시편 118 : 27)
그 날이 오면,
이집트 땅 한가운데
주를 섬기는 제단 하나가 세워지겠고,
이집트 국경지대에는
주께 바치는 돌기둥 하나가 세워질 것이다.
(이사야 19 : 19)

"이집트 땅 한가운데 주께 바치는 제단"은 자연적인 사람 안에 있는 사랑에서 비롯된 주님에게 드리는 예배를 뜻합니다.

가시덤불과 엉겅퀴가 자라 올라서
그 제단들을 뒤덮을 것이다.
(호세아 10 : 8)

이 구절은, 악에서, 그리고 악에 속한 거짓들에게서 비롯된 예배를 뜻합니다. 그 밖의 장절들입니다(이사야 27 : 9 ; 56 : 6, 7 ; 60 : 7 ; 애가 2 : 7 ; 에스겔 6 : 4-6, 13 ; 호세아 8 : 11 ; 10 : 1, 2 ; 아모스 3 : 14 ; 시편 51 : 19 ; 84 : 3 ; 마태 5 : 23, 24 ; 23 : 18-20). 주님께 드리는 예배가 "제단"에 의하여 표징되고, 그것으로 인하여 표의되기 때문에, 명확한 사실은 묵시록서에서 "제단"은 그 밖의 다른 것을 뜻하지 않습니다. 그리고 다른 장절에서도 같은 뜻을 표징합니다.

나는 제단 아래에서 하나님의 말씀 때문에……죽임을 당한 사람들의 영혼
을 보았습니다.
(묵시록 6 : 9)
그 때에 이런 말씀이 내게 들려왔습니다. "일어서서 하나님의 성전과 제단
을 측량하고, 성전 안에서 예배하는 사람들을 세어라."
(묵시록 11 : 1)
또 내가 들으니, 제단에서
"그렇습니다. 주 하나님, 전능하신 분,
주님의 심판은 참되고 의롭습니다"
하는 소리가 울려 나왔습니다.
(묵시록 16 : 7)

주로 두 제단 위에서 드려진 표징적인 예배가 주님께서 이 세상에 오셨을 때 주님에 의하여 폐지되었기 때문에, 그 이유는 주님께서 친히 그 교회의 내면적인 것들을 여시었기 때문인데, 그러므로 이사야서에는 이렇게 언급되었습니다.

"그 날이 오면, 사람들은
자기들을 지으신 분에게 눈길을 돌리고,
'이스라엘의 거룩하신 분'을 바라볼 것이다.
자기들의 손으로 만든 제단들은
거들떠보지도 않고,
자기들의 손가락으로 만든
아세라 상들과 태양 신상은
생각하지도 않을 것이다."
(이사야 17 : 7, 8)

393. 그는 모든 성도의 기도에 향을 더해서 보좌 앞 금제단에 드리려고 많은 향을 받았습니다.
이 말씀은, 그 아래에 있는, 사탄적 왕국(the satanic kingdom)의 영들에 의하여 주님의 영적 왕국의 천사들이 해를 입지 않도록 하는 조절(調節·propitiation)을 뜻합니다. "향"과 "금제단"은 영적인 사랑에서 비롯된 주님께 드리는 예배를 뜻합니다(본서 277·392항 참조). "기도들"(prayers)은 예배 안에 있는 인애에 관계되는 것들이나, 거기에서

비롯된 믿음에 관계되는 것들을 뜻합니다(본서 278항 참조). 그리고 "성도들"(聖徒·saints)은 주님의 영적 왕국에 속한 자들을 뜻하고, 그리고 "의인"은 주님의 천적 왕국에 속한 자들을 뜻합니다(본서 173항 참조). 이렇게 볼 때 잘 드러나고 있는 것은, 여기서는 주님의 영적 왕국 안에 있는 자들이 다루어지고 있다는 것입니다. 여기서 "모든 성도의 기도에 더해서 금제단에 드려지는 모든 향"은 아래에 있는 사탄적인 왕국의 영들에 의하여 그들이 해를 입지 않도록 하는 조절을 뜻합니다. 그 이유는 조절이나 속죄(贖罪·expiation)가, 특히 위험 따위가 임박(臨迫)하였을 때, 향에 의하여 드려졌기 때문입니다. 이러한 사실은 아래 장절들에게서 잘 나타나고 있습니다.

> 온 회중이 모세와 아론을 규탄할 때에, 모세와 아론이 회막 쪽을 바라보니, 회막에 갑자기 구름이 덮이고, 주의 영광이 거기에 나타났다.……"너희 두 사람은 이 회중에게서 떠나라. 그들을 내가 순식간에 없애 버리겠다." 이 말을 듣고, 두 사람이 땅에 엎드렸다. 모세가 아론에게 말하였다. "형님께서는, 향로에 제단 불을 담고, 그 위에 향을 피워, 빨리 회중에게로 가서, 속죄의 예식을 베푸십시오. 주께서 진노하셔서 재앙이 시작되었습니다." 아론이 모세의 말을 듣고, 향로를 가지고 회중에게로 달려갔다. 백성 사이에는 이미 염병이 번지고 있었다. 아론이 백성에게 속죄의 예식을 베풀었다. 아론이 살아 있는 사람과 죽은 사람 사이에 서니, 재앙이 그쳤다.
> (민수기 16 : 42-48)
> 너는 분향단을 증거궤 앞, 곧 증거판을 덮고 있는 속죄판 앞, 휘장 정면에 놓아 두어라. 거기 그 속죄판에서 내가 너를 만날 것이다. 아론은 그 분향단 위에다가 향기로운 향을 피워야 하는데, 매일 아침 그가 등을 손질할 때마다 향을 피워야 하고, 저녁때 등불을 켤 때에도 향을 피워야 한다.
> (출애굽기 30 : 1-10)
> 아론과 자기 집안의 죄를 속하는 예식은 다음과 같다. 그는 먼저 수소를 잡아 자신을 속하는 속죄제물로 바쳐야 한다. 그리고 주 앞 제단에 피어 있는 숯을 향로에 가득히 담고, 또 곱게 간 향기 좋은 향가루를 두 손으로 가득 떠서, 휘장 안으로 가지고 들어가서, 주 앞에서 향가루를 숯불에 태우고, 그 향 타는 연기가 증거궤 위의 덮개(=속죄소)를 가리우게 하여야 한다. 그래야만 그가 죽지 않는다.
> (레위기 16 : 11-13)

이상의 여러 가지 것들에게서 밝히 드러나고 있는 것은 표징적인 이스라엘 교회(the repersentative Israelitish church)에서의 조절이나 속죄는 향을 드리는 것에 의하여 행해졌다는 것입니다. 여기서도 마찬가지로 향을 드리는 것은, 아래에 있는 사탄적인 영들에 의하여 해를 입지 않기 위한 것입니다.

394. 4절. 그래서 향의 연기가 성도들의 기도와 함께 천사의 손으로부터 하나님 앞으로 올라갔습니다.
이 말씀은 주님에 의한 그들의 보호(保護 · protection)를 뜻합니다. "향의 연기가 하나님 앞으로 올라갔다"는 말씀은 수용된 것과 상쾌한 것을 뜻합니다. 그러므로 다윗에 의하여 동일한 것이 언급되었습니다.

> 내 기도를
> 주님께 드리는 분향으로 받아 주시고,
> 손을 위로 들고서 드리는 기도는
> 저녁 제물로 받아 주십시오.
> (시편 141 : 2)

그 이유는, 향의 연기(香煙)는 방향성의 물건(香料)에서 비롯된 향기(香氣)인데, 그 향료는 소합향 · 나감향 · 풍자향 · 유향으로 만들어진 것입니다(출애굽기 30 : 34). 그리고 이런 향료의 방향(芳香)은 영적인 사랑에 속한 것들이나, 또는 인애에 속한 것들에 대응하고, 그리고 그것에서 비롯된 믿음에 속한 것들에 대응합니다. 왜냐하면 천계에서 가장 좋은 향내음은 천사들의 사랑에 근거한 천사들의 지각에 대응하기 때문에, 감각적으로 인지되기 때문입니다. 그러므로 성경의 수많은 곳에, "여호와께서는 안식의 향을 맡으신다"고 언급되었습니다. 주님께서 하시는 보호를 뜻한다는 것은 앞에서 언급된 것에서(본서 393항 참조) 비롯된 결론입니다.

395. 5절. 그 뒤에 그 천사가 향로를 가져다가, 거기에 제단 불을 가득 채워서 땅에 던지니……
이 말씀은, 천적인 사랑이 내재해 있는, 영적인 사랑을 뜻합니다. 그리고 또한 인애에서 분리된 믿음 안에 있는 자들이 있는 곳인, 낮은 지역에 유입하는 그것의 입류를 뜻합니다. "향"과 꼭 같이, "향로"(香爐)

가 영적인 사랑에서 비롯된 예배를 뜻한다는 것은, 위에서 입증된 내용에서, 그리고 잔이나 큰 접시가 그것에 담기는 포도주나 음식물을 뜻하는 것과 꼭 같이(마태 23 : 25, 26 ; 누가 22 : 20과 그 밖의 여러 곳), 담는 용기들도 담긴 것들이 뜻하는 것과 같다는 뜻에서, 그리고 성경에서도 마찬가지이다는 것에서 잘 알 수 있겠습니다. "번제물 제단의 불"은 신령 천적인 사랑(the Divine celestial love)을 뜻하는데, 그 이유는 그 제단이, 위에서 알 수 있듯이(본서 392항 참조), 그리고 최고의 뜻으로 "불"은 신령사랑을 뜻하기 때문입니다(본서 494항 참조). 인애를 가리키는, 영적인 사랑(the spiritual love)은 주님사랑인 천적인 사랑(celestial love)에서 그 자체의 본질을 취합니다. 이 사랑, 즉 천적인 사랑이 없다면, 영적인 사랑이나 인애 안에는 생동적인 것은 전무(全無)합니다. 왜냐하면 영(spirit)이나 생명(life)은 주님 이외의 다른 근원으로 말미암아 결코 존재하지 않기 때문입니다. 이러한 사실은 이스라엘 교회에서 그들이 향을 드릴 때 오직 번제물의 제단에서 취한 불을 향로에 담는다는 것이 표징합니다. 이러한 사실은 모세의 글에 잘 나타나고 있습니다(레위기 16 : 12, 13 ; 민수기 16 : 46, 47). 그리고 아래에서도 잘 나타납니다.

> 아론의 아들들은,……제각기 자기의 향로를 가져다가, 거기에 불을 담고 향을 피워서 주께로 가져 갔다.……그 불은 주께서 그들에게 명하신 것과는 다른 금지된 불이다. 주 앞에서 불이 나와서 그들을 삼키니, 그들은 주 앞에서 죽고 말았다.
> (레위기 10 : 1, 2)

그러므로 이와 같이 제정되었습니다.

> 제단 위의 불은 계속 타고 있어야 하며, 꺼뜨려서는 안 된다.
> (레위기 6 : 13)

이것은 제단 위의 불이 주님에게 속한 신령사랑을, 그리고 그것에서 비롯된 주님사랑을 뜻하기 때문입니다. "향로를 땅에 던진다"는 말은 낮은 것들에 유입하는 입류(入流)를 뜻합니다.

396. 천둥과 요란한 소리와 번개와 지진이 일어났습니다.

이 말씀은 그들과의 교류가 있은 뒤, 오직 믿음만이라는 가르침에 관한 추론들과 그것을 선호하는 확증들을 들었다는 것과, 그리고 그들에게 있는 그 교회의 상태가 흔들려 파멸에 이르렀다는 것이 지각되었다는 것 등등을 뜻합니다. "번개·천둥·요란한 소리"가 천계에서 비롯된 입류에 의한 조요(照耀)와 지각(知覺)과 교육(敎育)을 뜻하는데(본서 236항 참조), 그러나 여기서는 오직 믿음만이라는 가르침 안에 있는 자들에게는 천계에서 비롯되는 입류에 의한 조요·지각·교육이 없다는 것을 뜻합니다. 그리고 요란한 소리·천둥·번개는 오직 믿음이라는 가르침에 관한 추론들을 뜻하고, 그리고 그것을 선호하는 다툼들(arguments)과 확증들을 뜻합니다. "지진"(地震)은 그 교회의 상태의 변화들을 뜻하고(본서 331항 참조), 이 경우 그들 가운데 있는 그 교회의 상태는 흔들려서 파멸에 이르렀다는 것이 지각되었습니다. 왜냐하면 지진들은, 여러 사회들 안에 있는 교회의 상태가 타락하고, 변질되었을 때, 영들의 세계에서 일어나기 때문입니다. 일곱 천사가 나팔을 불기 전에, 천사가 향로를 땅에 던진 이유는, 입류에 의하여 영적인 천계에 있는 자들과 믿음만의 가르침 안에 있는 그 아래에 있는 자들 사이에 교류가 열리게 되었기 때문입니다. 그리고 그 교류로부터 그것에 관한 추론들과 그것의 찬성이 일어났고, 그리고 그런 것들이 들려졌고, 지각되었기 때문입니다. 그러므로 교류가 열린 뒤에 그들은 들었고, 지각되었다고 언급되었습니다.

397. 6절. **그 때에 나팔을 하나씩 가진 일곱 천사가 나팔을 불 준비를 하였습니다.**
이 말씀은, 오직 믿음만이라는 종교를 가지고 있는 그들이 그 교회의 상태에 대하여, 그리고 그것에서 비롯된 삶의 상태에 관해서, 그들이 검토, 검증하려는 준비가 다 되었다는 것을 뜻합니다. "나팔들"이 뜻하는 것은 이스라엘 자손들이 가지고 있는 나팔들의 용도(用途)에 관한 율례에서 잘 나타나고 있는데, 그것에 관해서 모세의 글에는 이렇게 기술되고 있습니다. 민수기서의 말씀입니다.

주께서 모세에게 말씀하셨다. "너는 은나팔 두 개를 만들어라. 그것들은 네가 회중을 불러 모을 때와 진을 출발시킬 때에 필요한 것들이다.……너희를 공격해 온 침략자들에 대항하여 전쟁에 나설 때에는 나팔을 짧게 급히

8 : 1 - 13   251

불어라. 그러면 주 너희 하나님이 기억하고, 너희 원수들에게서 너희를 구해 줄 것이다. 너희들이 즐기는 경축일과 너희들이 정기적으로 모이는 날과 매달 초하루에는, 너희가 번제와 화목제물을 드리며 나팔을 불어라. 그러면 너희 주 하나님이 너희를 기억할 것이다."
(민수기 10 : 1-10)

이상의 장절들에게서 우리는 "나팔을 분다"는 말이 무엇을 뜻하는지 잘 알 수 있겠습니다. 여기서 "나팔을 부는 일곱 천사들"이 오직 믿음만이라는 종교를 가지고 있는 자들에게 있는 교회의 상태가 어떠한지에 대한 검증과 밝힘(顯示)을 뜻한다는 것은 우리의 본문장에서의 개별적인 것들에게서, 그리고 영적인 뜻으로 이해될 때, 16장까지 이어지는 여러 장들의 개별적인 것들에게서 잘 알 수 있겠습니다. 이스라엘 자손들에게서 나팔의 용도에서 보면, "나팔들"이나, "나팔을 분다"는 말이 뜻하는 것이 무엇인지 아래 장절에서 잘 알 수 있겠습니다.

 너희는 시온에서 뿔나팔을 불어라.
 하나님의 거룩한 산에서
 경보를 울려라.……
 주의 날이 오고 있다.
 그 날이 다가오고 있다.
 그 날은 캄캄하고 어두운 날,
 먹구름과 어둠에 뒤덮이는 날이다.……
 앞으로 천만 대에 이르기까지도
 다시는 이런 일이 없을 것이다.
 (요엘 2 : 1, 2)
 주께서
 그의 백성에게 나타나셔서
 그의 화살을 번개처럼 쏘실 것이다.
 주 하나님이 나팔을 부시며,
 남쪽에서 회리바람을 일으키며 진군하신다.
 (스가랴 9 : 14)
 주께서 용사(=사자)처럼 나서시고,……
 전쟁의 함성을 드높이 올리시며
 대적을 물리치신다.

(이사야 42 : 13)
그 날이 오면,
큰 나팔 소리가 울릴 것이니,
앗시리아 땅에서 망할 뻔한 사람들과
이집트 땅으로 쫓겨났던 사람들이 돌아온다.
그들이 예루살렘의 거룩한 산에서
주님을 경배할 것이다.
(이사야 27 : 13)
그는 자기 천사들을 큰 나팔소리와 함께 보낼 것인데, 그들은 하늘 이 끝
에서 저 끝까지, 사방에서 선택된 사람들을 모을 것이다.
(마태 24 : 31)
축제의 함성을 외칠 줄 아는 백성은
복이 있는 사람입니다.
주님, 그런 사람들은
주의 빛나는 얼굴을 보면서
살아갈 것입니다.
(시편 89 : 15)
그 날 새벽에 별들이 함께 노래하였고,
천사들(=하나님의 아들들)은 모두 기쁨으로 소리를 질렀다.
(욥기 38 : 7)

"나팔을 분다"는 말이 이런 내용을 뜻하기 때문에, 그리고 이스라엘
교회에서도 모든 것들은 대응이나 그것에서 비롯된 표의(表意)에 일치
하는 삶에 대해서 표징하기 때문에, 그러므로 이런 말씀이 있습니다.

(주께서 시내 산에 내려오셨을 때) 번개가 치고, 천둥소리가 나며, 짙은 구
름이 산을 덮은 가운데, 산양 뿔나팔 소리가 우렁차게 울려퍼지자, 진에 있
는 모든 백성이 두려워서 떨었다.
(출애굽 19 : 16-25)

꼭 같은 이유 때문에 이런 일이 일어났습니다.

기드온과 삼백 명이 나팔을 불 때에, 주께서 모든 적들이 저희들끼리 칼로
치게 하셨다. 적군은 도망하였다.
(사사기 7 : 16-22)

마찬가지입니다.

> 모세는, 각 지파에서 천 명씩 뽑혀온 이들을 전쟁에 내보내면서……성소의 기구들과 신호용 나팔을 들려, 그들과 함께 전쟁에 나가게 하였다.……그들은 군인들만 죽였을 뿐 아니라, 미디안의 왕들도 죽였다.
> (민수기 31 : 1-8)

역시 같은 이유 때문입니다.

> 드디어 이렛날이 되었다.……이 날만은 일곱 번을 돌았다. 일곱 번째가 되어서, 제사장들이 나팔을 불었다. 그 나팔 소리를 듣고서, 백성이 일제히 큰소리로 외치니, 성벽이 무너져 내렸다.
> (여호수아 6 : 1-20)

따라서 예레미야서에도 이렇게 언급되었습니다.

> 너희는 그 도성을 에워싸고
> 함성을 울려라.……
> 성벽을 받친 기둥벽들이 무너지고,
> 성벽이 허물어졌다.
> (예레미야 50 : 15)

스바냐서의 말씀입니다.

> 캄캄하고 어두운 날,
> 먹구름과 어둠이 뒤덮이는 날이다.
> 나팔이 울리는 날,
> 전쟁의 함성이 터지는 날,
> 견고한 성읍이 무너지는 날,
> 높이 솟은 망대가 무너지는 날이다.
> (스바냐 1 : 15, 16)

398. 7절. **첫째 천사가 나팔을 불었다.**

이 말씀은 내면적으로 그 믿음 안에 있는 자들이 가지고 있는 교회의 상태에 속한 성질(=성품)에 대한 검토와 검증, 그리고 밝힘(=현시)을 뜻합니다. "나팔을 분다"는 말은 검토하고, 밝히는 것을 뜻합니다(본서 397항 참조). "이 첫째 천사가 나팔을 분다"는 말이 내면적으로 그 믿음 안에 있는 자들이 가지고 있는 교회의 상태에 대한 조사와 밝힘을 뜻한다는 이유는, 아래에 이어지는 것에 나타나고 있듯이, 그것의 결과가 "땅"에 직접적으로 작용하였고, 두 번째 천사가 나팔을 분 결과는 "바다"에 작용하였기 때문입니다. 묵시록서 전반에 걸쳐 함께 언급된 "땅과 바다"(the earth and the sea)는 전체 교회를 뜻합니다. 그리고 "땅"은 그 교회의 내적인 것들 안에 있는 자들로 이루어지는 교회를 뜻하고, "바다"는 그 교회의 외적인 것들 안에 있는 자들로 이루어진 교회를 뜻합니다. 왜냐하면 교회는 내적인 교회와 외적인 교회가 있는데, 내적인 교회는 성직자에게 있고, 외적인 교회는 평신도에게 있기 때문입니다. 그리고 또한 내면적으로 그것의 교리를 연구한 자들에게, 그리고 성경에서 그것들을 확증한 자들에게, 내적인 것은 존재하고, 외적인 것은 그렇지 못한 자들에게 존재하기 때문입니다. 묵시록서의 아래 장절들에는 "땅과 바다"는 이 양자를 뜻합니다.

천사 넷이……땅이나 바다에……바람이 불지 못하게 막고 있었다.
(묵시록 7 : 1)
땅이나 바다를……해하지 못한다.
(묵시록 7 : 3)
(하늘에서 내려온 천사는) 오른발로는 바다를 디디고, 왼발로는 땅을 디디고 서서,…….
(묵시록 10 : 2, 5, 8)
나는 바다에서 짐승 하나가 올라오는 것을 보았습니다.……나는 또 땅에서 다른 짐승 하나가 올라오는 것을 보았습니다.
(묵시록 13 : 1, 11)
첫째 천사가 나가서 그 대접을 땅에다 쏟으니,……둘째 천사가 그 대접을 바다에다가 쏟으니,…….
(묵시록 16 : 2, 3)

이 장절들에서 "땅과 바다"는 내적인 교회와 외적인 교회를, 따라서 전체 교회를 뜻하는데, 그 이유는 영계에서는 교회의 내적인 것 안에 있는 자들은 마른 땅 위에 있는 것으로 나타나고, 교회의 외적인 것 안에 있는 자들은 바다에 있는 것처럼 보이기 때문입니다. 그러나 바다는, 그들이 처해 있는 일반적인 진리들로 말미암아 나타나는 겉모양들(外現·appearance)을 가리킵니다. "땅"이 교회를 뜻한다는 것은 위의 설명에서 볼 수 있고(본서 285항 참조), "세상"(the world)이 그러하다는 것은 본서 551항에서 볼 수 있습니다.

399. 우박과 불이 피에 섞여서 땅에 떨어졌습니다.
이 말씀은 선과 진리를 파괴하고, 그리고 성언을 위화(僞化)하는 지옥적인 사랑(=애욕)에서 기인(起因)하는 거짓을 뜻합니다. 여기서 "우박"(hail)은 선과 진리를 파괴하는 거짓을 뜻하고, "불"(fire)은 지옥적인 사랑(=애욕)을 뜻하고, "피"는 진리의 위화를 뜻합니다. "우박"이 선과 진리를 파괴하는 거짓을 뜻한다는 것은 아래의 설명에서 볼 수 있겠습니다. 그리고 "불"이 천적인 것과 지옥적인 것 양자 안에 있는 사랑을 뜻한다는 것은 본서 468항에서 볼 수 있고, "피"(blood)가 성언을 가리키는 주님의 신령진리를 뜻하고, 나쁜 뜻으로는 위화된 성언을 뜻합니다(본서 379항 참조). 이런 내용들이 하나의 뜻으로 섞여 있기 때문에, 명확한 사실은 우리의 본문인 "우박과 불이 피에 섞여서 땅에 떨어졌다"는 말씀이 선과 진리를 파괴하는, 그리고 성언을 위화하는, 지옥적인 사랑에서 비롯된 거짓을 뜻한다는 것입니다. 우리의 본문이 이런 것을 뜻한다는 것은, 주님의 신령사랑과 신령지혜의 영기(靈氣)가 천계로부터 지옥적인 사랑에서 비롯된 거짓들과 그리고 그것에 의하여 위화된 성언이 있는 아래의 사회들에게 내려올 때, 이런 일들이 일어나기 때문입니다. "우박과 불"(hail and fire)은 아래의 장절의 뜻과 같은 뜻을 가지고 있습니다.

주 앞에서는 광채가 빛나고,
짙은 구름은 불꽃이 되면서,
우박이 쏟아지고, 벼락이 떨어졌다.
주께서 하늘로부터 천둥소리를 내시며,
가장 높으신 분께서
그 목소리를 높이시며,

우박을 쏟으시고, 벼락을 떨어뜨리셨다.
주께서 화살을 쏘아서
원수들을 흩으시고,
번개를 번쩍이셔서,
그들을 혼란에 빠뜨리셨다.
(시편 18 : 12-14)
내가 전염병과 피 비린내 나는 일로 그를 심판하겠다. 또 내가, 억수 같은 소나기와 돌덩이 같은 우박과 불과 유황과, 곡과 그의 전군과 그와 함께 한 많은 연합군 위에 퍼붓겠다.
(에스겔 38 : 22)
주께서 맹렬한 진노와,
태워 버리는 불과,
폭풍과 폭우와,
돌덩이 같은 우박을 내리셔서,
주의 장엄한 음성을 듣게 하시며,
내리치시는 팔을 보게 하실 것이다.
(이사야 30 : 30)
비를 기다릴 때에 우박을 내리셨고,
그 땅에 화염을 보내셨다.
포도나무와 무화과나무를 치시고,
그들이 사는 지경 안의 나무를 꺾으셨다.
(시편 105 : 32, 33)
포도나무를 우박으로 때리시고,
무화과나무를 무서리로 얼어 죽게 하셨으며,
가축을 우박으로 때리시고,
양 떼를 번개로 치셨다.
그들에게 진노의 불을 쏟으시며,
분노와 의분과 재앙을 내리시며,
재앙의 사자를 내려 보내셨다.
(시편 78 : 47-49)

이 구절들은 이집트에 적용된 내용입니다. 그것들에 관해서 모세의 글에는 이렇게 기술되고 있습니다.

모세가 하늘로 그의 지팡이를 내미니, 주께서 천둥소리를 내게 하시고 우

박을 내리셨다. 벼락이 땅에 떨어졌다.……우박이 쏟아져 내리면서, 번갯불
도 함께 번쩍거렸다.……이집트 온 땅에서 우박이, 사람이나 짐승이나 할
것 없이, 들에 있는 모든 것을 쳤다. 우박이 들의 모든 풀을 치고, 들의 모
든 나무를 부러뜨렸다.
(출애굽 9 : 23-25)

이집트에서 행해진 모든 기적들은, 이집트 사람들이 가지고 있는 지옥
적인 사랑에서 비롯된 온갖 악들이나 거짓들을 뜻합니다. 그리고 그
기적 하나하나는 개별적인 악이나 거짓을 뜻하고 있습니다. 왜냐하면,
아세아의 수많은 나라 안에 있었던 것과 같이, 그들에게는 표징적 교
회(表徵的 敎會·a representative church)가 있었지만, 그러나 그들의 교
회는 우상(偶像)적인 것으로, 그리고 마술(魔術)적인 것으로 변해 버렸
기 때문입니다. 종국에 그들이 멸망한 "홍해"(紅海)는 지옥을 뜻합니다.
이와 비슷한 내용을 뜻하는 장절입니다.

하늘에서 그들에게 큰 우박을 퍼부으셨으므로, 많은 사람이 죽었다. 우박으
로 죽은 자가 이스라엘 자손의 칼에 찔려서 죽은 자보다 많았다.
(여호수아 10 : 11)

아래의 장절에서도 "우박"은 동일한 내용을 뜻합니다.

화려한 왕관처럼 우뚝 솟은 사마리아야,
시들어 가는 꽃 같은 너에게
재앙이 닥칠 것이다.
주께서 강하고 힘 있는 이를 보내신다.
그가 마치 쏟아지는 우박처럼,……
너를 잡아 땅에 쓰러뜨리실 것이다.……
거짓말로 위기를 모면한 사람은
우박이 휩쓸어 가고,
속임수로 몸을 감춘 사람은
물에 떠내려갈 것이다.
(이사야 28 : 1, 2, 17)
삼림이 우박에 쓰러지고
성읍이 완전히 무너지고,…….

(이사야 32 : 19)
하늘에 있는 하나님의 성전이 열리고, 성전 안에 있는 하나님의 언약궤가 보였습니다. 그 때에 번개가 치고, 요란한 소리와 천둥소리가 나고, 지진이 일어나고, 큰 우박이 쏟아졌습니다.
(묵시록 11 : 19)
무게가 한 달란트나 되는 큰 우박이 하늘로부터 사람들 위에 떨어지니,…….
(묵시록 16 : 21)
우박 창고를 들여다 본 일이 있느냐?
이것들은 내가
환난이 생겼을 때에 쓰려고 간직해 두었고,
전쟁할 때에 쓰려고 준비해 두었다.
(욥기 38 : 22, 23)
너는, 회칠하는 자들에게, 그 담이 무너질 것이라고 말하여라. 내가 소나기를 퍼붓고, 우박을 쏟아내리고, 폭풍을 일으킬 것이다.
(에스겔 13 : 11)

여기서 "온당치 않은 것을 가지고 칠을 한다"(=회칠을 한다)는 말은 그것이 진리처럼 보이기 위하여 거짓을 확증한 것을 뜻합니다. 그러므로 그와 같은 짓을 하는 자들이 "우박들"(hailstones)이라고 불리웠습니다.

400. 그래서 땅의 삼분의 일이 타버리고, 나무의 삼분의 일이 타버렸습니다.
이 말씀은 교회의 내적인 것들 안에, 그리고 오직 믿음만이라는 교리 안에, 있는 자들이 가지고 있는 진리에 속한 모든 정동과 지각이 모두 소멸되었다는 것을 뜻합니다. 사실 그 소멸된 정동과 지각은 교회에 속한 사람이 되게 하는 요체입니다. "피에 섞인 우박과 불이 떨어진 땅"은 교회의 내적인 것들 안에 있고, 그리고 오직 믿음만이라는 교리 안에 있는 자들이 가지고 있는 교회를 뜻합니다. 이들이 바로 성직자들이라는 것은 앞서의 설명을 참조하십시오(본서 398항 참조). "사분의 일"이 선의 측면에서 전부(all)를 뜻하듯이, "삼분의 일"은 진리의 측면에서 전부(all)를 뜻합니다(본서 322항 참조). "셋"(3)이 전부(all) · 충분(full) · 전체(altogether)를 뜻한다는 것은 아래의 설명에서 볼 수 있겠습니다(본서 505항 참조). 여기에서부터 세 번째 부분을 가리키는 "삼분의 일"은 같은 뜻을 뜻합니다. "타버린다"(being burnt up)는 말은 소멸

(燒滅)하는 것을 뜻하고, 여기서는 "피가 섞인 우박과 불"이 가리키는 지옥적인 사랑(본서 399항 참조)에서 비롯된 거짓에 의한 소멸을 뜻합니다. "나무"(tree)는 사람을 뜻하고, 그리고 사람은 의지에 속한 것을 가리키는 정동으로 말미암아서, 그리고 이해에 속한 지각으로 말미암아서, 사람이기 때문에, 그러므로 "나무"는 또한 이런 것들을 뜻합니다. 사람과 나무 사이에는 대응관계가 있습니다. 그러므로 천계에는, 천사들에게서 비롯된 정동들이나 지각들에 대응하는 나무들의 낙원이 있습니다. 마찬가지로 지옥의 어떤 곳에는, 거기에 있는 자들에게서 비롯된 정욕들이나 생각들의 대응에 따라서 나쁜 열매를 맺는 나무들의 숲도 있습니다. 일반적으로 "나무들"(trees)이 그들의 정동들이나, 그것에서 비롯된 지각들의 측면에서 사람들을 뜻한다는 것은 아래의 장절들에게서 잘 드러나고 있습니다.

그 때에야 들의 모든 나무가,
나 주가,
높은 나무는 낮추고,
낮은 나무는 높이고
푸른 나무는 시들게 하고
마른 나무는 무성하게 하는 줄을
알게 될 것이다.
(에스겔 17 : 24)
주를 믿고 의지하는 사람은
복을 받을 것이다.
그는 물가에 심은 나무와 같아서……
그 나무는 언제나 열매를 맺는다.
(예레미야 17 : 7, 8)
복 있는 사람은……
오로지
주의 율법을 즐거워하며,……
그는
시냇가에 심은 나무와 같다.
(시편 1 : 1-3)
모든 산과 언덕들,
모든 과일나무와 백향목들아,……

모두 주의 이름을 찬양하여라.
(시편 148 : 9)
주께서 심으신 나무들이……
물을 양껏 마시니,……
(시편 104 : 16)
도끼가 이미 나무 뿌리에 놓였으니, 좋은 열매를 맺지 않는 나무는 다 찍혀서, 불 속에 던져진다.
(마태 3 : 10 ; 7 : 16-20)
나무가 좋으면 그 열매도 좋고, 나무가 나쁘면 그 열매도 나쁘다. 그 열매로 그 나무를 안다.
(마태 12 : 33 ; 누가 6 : 43, 44)
내가 숲 속에 불을 지르겠다. 그 불은 숲 속에 있는 모든 푸른 나무와 모든 마른 나무를 태울 것이다.
(에스겔 20 : 47)

나무가 사람을 뜻하기 때문에, 그러므로 이렇게 규정되기도 하였습니다.

너희가 그 땅으로 들어가 온갖 과일나무를 심었을 때에, 과일나무는 반드시 할례를 받아야 한다.
(레위기 19 : 23-25)

또 이런 말씀도 있습니다.

너희가 한 성읍을 점령하려고 둘러싸서 공격하는데 오랜 시간이 걸리더라도, 거기에 있는 과일나무를 도끼로 마구 찍어서는 안 된다.
(신명기 20 : 19, 20)

또 같은 말씀입니다.

(초막절에) 너희는 좋은 나무에서 딴 열매를 가져 오고,……주 너희의 하나님 앞에서 이레 동안 절기를 즐겨라.
(레위기 23 : 40, 41)

그 밖에도 많은 장절들이 있기 때문에 여기에 인용할 수 없겠습니다.

401. 푸른 풀이 다 타버렸습니다.

이 말씀은 믿음에 속한 모든 살아 있는 것을 뜻합니다. "태워졌다"(=타버렸다)는 말은, 앞에서 언급한 것과 같이(본서 400항 참조), 소멸하는 것을 뜻합니다. 성경에서 "푸른 풀"(green glass)은, 자연적인 사람 안에서 제일 먼저 솟아나는 교회에 속한, 또는 믿음에 속한, 선이나 진리를 뜻합니다. "들의 채소"도 같은 내용을 뜻합니다. 그리고 믿음이 선과 진리로 말미암아 살기 때문에, 그러므로 "푸른 풀이 다 타버렸다"는 말씀은, 믿음에 속한 모든 살아 있는 것이 소멸되었다는 것을 뜻합니다. 믿음에 속한 모든 살아 있는 것은, 바로 위에서 언급한 것과 같이, 선에 속한 정동이나, 믿음에 속한 지각이 전혀 없으면, 모두 소멸합니다. "풀"(glass)이 이런 내용을 뜻한다는 것은 대응에서 비롯됩니다. 그러므로 교리뿐만 아니라 삶에서, 인애에서, 믿음을 분리시키는 사람들은 영계에서 전혀 아무런 풀이 없는 사막에서 그 생애를 보냅니다. "과일나무"(a fruit-tree)가 선에 속한 정동들이나, 진리에 속한 지각들의 측면에서 사람을 뜻하기 때문에, 그러므로 "푸른 풀"(green glass)은, 그 사람 안에서 처음으로 잉태되고, 그리고 태어난 그 교회의 선과 진리의 측면에서 사람을 뜻합니다. 그리고 "마른 풀"(=푸르지 않은 풀)은 파괴된 동일한 것을 뜻합니다. 일반적으로 정원이나, 숲이나, 들이나 평원 안에 있는 모든 것들은 교회에 속한 어떤 것의 측면에서 사람을 뜻하고, 꼭 같은 뜻이지만, 그 사람에게 있는 교회에 속한 어떤 것의 측면에서 사람을 뜻합니다. 그 이유는, 그것들이 서로 대응하기 때문입니다. "풀"이 이런 뜻을 가지고 있다는 것은 아래의 장절들에게서 잘 나타나고 있습니다.

> 한 소리가 외친다.
> "너는 외쳐라."
> 그래서 내가
> "무엇이라고 외쳐야 합니까?" 하고 물었다.
> "모든 육체는 풀이요,
> 그의 모든 아름다움은
> 들의 꽃과 같을 뿐이다.
> 주께서 그 위에 입김을 부시면,
> 풀은 마르고, 꽃은 시든다.

그렇다.
이 백성은 풀에 지나지 않는다.
풀은 마르고 꽃은 시드나,
우리 하나님의 말씀은 영원히 서 있다."
(이사야 40 : 6-8)
민족들은 초목과 같고,
자라기도 전에 말라 버리는 풀포기나
지붕 위의 잡초와 같았다.
(이사야 37 : 27 ; 열왕기 하 19 : 26)
네 후손에게 나의 복을 내리겠다.
그들은 마치 시냇물 가의 버들처럼,
풀처럼 무성하게 자랄 것이다.
(이사야 44 : 3, 4 ; 51 : 12 ; 시편 37 : 2 ; 103 : 15 ; 129 : 6 ; 신명기 32 : 2)

"푸른 것"(green) 또는 "푸르게 자라는 것"(growing green)이 살아 있는 것, 또는 생명이 있는 것을 뜻한다는 것은 명확합니다(예레미야 11 : 16 ; 17 : 8 ; 에스겔 17 : 24 ; 20 : 47 ; 호세아 14 : 8 ; 시편 37 : 35 ; 52 : 8 ; 92 : 10, 14). 여기 묵시록서에 기술된 동일한 것이 이집트에서도 일어났습니다. 다시 말하면—.

이집트 온 땅에서 우박이, 사람이나 짐승이나 할 것 없이, 들에 있는 모든 것을 쳤다. 우박이 들의 모든 풀을 치고, 들의 모든 나무를 뿌러뜨렸다.
(출애굽기 9 : 25 ; 시편 78 : 47-49 ; 105 : 32, 33)

402. 8절. **둘째 천사가 나팔을 불었다.**
이 말씀은 외면적으로 그 믿음 안에 있는 자들의 교회의 상태가 어떠한지에 관한 조사와 밝힘(顯示)을 뜻합니다. "나팔을 분다"는 말이 그 교회의 상태를, 그리고 그것에서 비롯된 오직 믿음만이다는 그들의 종교를 가지고 있는 그들의 삶의 상태를 조사하고, 명확하게 밝히는 것을 뜻한다는 것은 위의 설명에서 잘 볼 수 있습니다(본서 397항 참조). 외면적으로 그 믿음 안에 있는 자들이다고 언급하였는데, 그것은 여기서는 "바다"에 있는 자들을 다루고 있기 때문이고, 그리고 앞에서는 "땅"에 있는 자들을 다루고 있기 때문입니다. 그리고 "땅" 위에 있는 자들은, 성직자들을 가리키는, 교회에 속한 내적인 것들 안에 있는 그런 부류의 사람들을 뜻하고, 여기 "바다" 안에 있는 자들은, 위에서 언급한 것과 같이(본서 398항 참조), 평신도를 가리키는, 교회에 속한 외적인 것들 안에 있는 그런 부류의 사람들을 뜻합니다. 후자는 영계에서 말하자면 바다에 있는 것처럼 나타나 보입니다(본서 238・290항 참조).

403. 불타는 산과 같은 것이 바다에 던져졌습니다.

이 말씀은, 그 교회의 외적인 것들 안에 있는, 그리고 오직 믿음만이라는 교리 안에 있는 자들이 가지고 있는 지옥적인 사랑의 겉모습(外現)을 뜻합니다. "바다"가 외적인 것들 안에, 그리고 오직 믿음만이라는 교리 안에 있는 자들이 가지고 있는 교회를 뜻합니다. 그리고 외적인 것들 안에 있는 자들은 보통 사용하는 말로는 평신도라고 부르는데, 그 이유는 내적인 것들 안에 있는 자들은 성직자라고 부르기 때문입니다(본서 397・402항 참조). "산"(mountain)은 사랑을 뜻하고(본서 336항 참조), "불타는 산"(a mountain burning with fire)은 지옥적인 사랑을 뜻합니다(본서 494・599항 참조). 이것이 바로 여기서 다루어지고 있는 자들이 가지고 있는 이 사랑의 외현이고, 그리고 천사들에게는 그것이 그렇게 보입니다. 그 이유는 오직 믿음만이라는 것은 인애에서 분리된 믿음을 가리키기 때문이고(본서 388항 참조), 그리고 거기에는 인애가 전혀 없는 곳이기 때문입니다. 다시 말하면 영적인 사랑을 가리키는 이웃사랑이 전혀 없는 곳에는 지옥적인 사랑만 있기 때문입니다. 중간적인 사랑(an intermediate love)은 미지근한 사람 가운데 있는 것을 제외하면 존재하지 않습니다(묵시록 3장 15, 16절 해설 참조).

404. 그래서 바다의 삼분의 일이 피가 되었다.

이 말씀은 그들에게 있는 모든 일반적인 진리가 위화되었다는 것을 뜻합니다. "삼분의 일"은 모두(all)를 뜻하고(본서 400항 참조), "피"는 성언에 속한 진리의 위화를 뜻하고(본서 379항 참조), "바다"는 교회의 외적인 것들 안에, 그리고 오직 믿음만이라는 교리 안에 있는 자들이 가지고 있는 교회를 뜻합니다(본서 398・402항 참조). 그런 부류의 사람이 가지고 있는 일반적인 진리들은 위화되었는데, 그 이유는 그들은 오직 그런 것들 안에만 있기 때문입니다. 왜냐하면 평신도들은, 성직자들과는 달리, 그 믿음에 속한 개별적인 것들을 모르기 때문입니다. 영계에서 그들이 바다에 있는 것처럼 보이는 것은 그들이 가지고 있는 일반적인 진리들에게서 기인한 것입니다. 그 이유는, "물"이 진리들을 뜻하기 때문이고(본서 50항 참조), 그리고 "바다"가 그것들의 일반적인 수용그릇을 가리키기 때문입니다(본서 238항 참조).

405. 9절. **바다에 사는, 생명이 있는 피조물들의 삼분의 일이 죽었다.**

이 말씀은 이 믿음으로 살았고, 그리고 살고 있는 사람들이 개혁(改革)될 수도 없고, 생명을 받을 수도 없다는 것을 뜻합니다. "삼분의 일"은 위에 언급한 것과 같이, 그들의 모두를 뜻합니다. 그리고 "피조물들"(被造物·creatures)은 개혁될 수 있는 자들을 뜻합니다(본서 290항 참조). 그 이유는 "창조한다"(to create)는 말이 개혁한다는 것(=바로잡는 것·to reform)을 뜻하기 때문입니다(본서 254항 참조). "생명이 있다"(=영혼을 가졌다)는 말은 개혁(改革·바로잡음)에 의하여 생명의 수용이 가능하다는 것을 뜻합니다. "그들이 죽었다"는 말은 오직 그 믿음만으로 산 사람들은 생명을 영접, 수용할 수 없다는 것을 뜻합니다. 그들이 생명을 받을 수 없는 이유는, 모든 사람은 인애에 결합된 믿음에 의하여, 따라서 인애에 속한 믿음에 의하여 개혁되기 때문입니다. 그리고 인애에서 분리된 오직 믿음에 의해서는 어느 누구도 개혁될 수 없기 때문입니다. 왜냐하면 인애(仁愛)는 바로 믿음에 속한 삶이기 때문입니다. 영계에서 영들이나 천사들의 정동들, 그리고 그것에서 비롯된 그들의 지각들이나 생각들은 먼 거리에서는 짐승들이라고 부르는 땅 위에 있는 동물들이나 피조물의 형체들로 보이고, 그리고 새들이라고 부르는 공중의 피조물의 형체들로 보이고, 그리고 물고기들이라고 부르는 바다에 있는 피조물의 형체들로 보이기 때문에, 그러므로 성경에서 아주 자주 "짐승들"(beasts)·"새들"(birds)·"물고기들"(fishes)이 언급되고 있는데, 그것들은 모두가 다른 것을 뜻하지 않습니다. 이런 내용은 아래의 장절들에 잘 나타나고 있습니다.

주께서 이 땅의 주민들과 변론(=논쟁)하신다.
"이 땅에는
진실도 없고, 사랑(=자비)도 없고,
하나님을 아는 지식도 없다.……

그렇기 때문에 땅은 탄식하고,
주민은 쇠약해질 것이다.
들짐승과 하늘을 나는 새들도 다 야위고,
바다 속의 물고기들도 씨가 마를 것이다."
(호세아 4 : 1, 3)
(내가)
사람도 짐승도 쓸어 없애고
공중의 새도 바다의 물고기도 쓸어 없애겠다.
남을 넘어뜨리는 자들과
악한 자들을 꺼꾸러뜨리며,
땅에서 사람의 씨를 말리겠다.
(스바냐 1 : 3)
내가 불 같이 격노하면서, 그 때에 내가 선언하여 이스라엘 땅에 큰 지진이 일어나게 할 것이다. 바다의 물고기와 공중의 새와 들의 짐승과……땅 위에 있는 모든 사람이 내 앞에서 떨 것이며, 산이 무너지고, 절벽이 무너지고, 모든 성벽이 허물어질 것이다.
(에스겔 38 : 18-20)
주께서 손수 지으신 만물을
사람이 다스리게 하시고,
모든 것을 사람의 발 아래에 두셨습니다.
크고 작은 온갖 집짐승과 들짐승까지도,
하늘에서 나는 새들과
바다에서 노니는 물고기와
물길 따라 움직이는 모든 것을,
사람이 다스리게 하셨습니다.
(시편 8 : 6-8)

이 장절들은 주님에 관해서 언급하고 있습니다.

그러나 이제 짐승들에게 물어 보아라.
그것들이 가르쳐 줄 것이다.
공중의 새들에게 물어 보아라.
그것들이 일러줄 것이다.……
바다의 물고기들도 일러줄 것이다.
주께서 손수 이렇게 하신 것을,

이것들 가운데서 그 무엇이 모르겠느냐?
(욥기 12 : 7-9)

이 밖에도 많은 장절들이 있습니다. "물고기들" 또는 "바다의 피조물들"은 여기서는 일반적인 진리들 안에 그런 사람들의 정동들이나, 그것에서 비롯된 생각들(思想)을 뜻하고, 따라서 영적인 것에 비하여 자연적인 것에 의하여 더 마음이 끌리는 사람들의 정동들이나 생각들을 뜻합니다. 이런 내용이 위에 인용된 장절들의 "물고기들"이 뜻합니다. 그리고 아래의 장절에서도 또한 그러합니다.

내가 꾸짖어서 바다를 말리며,
강을 광야로 바꾼다.
그러면,
물고기들이 물이 없어서 죽을 것이다.
(이사야 50 : 2)
나 주 하나님이 말한다.
이집트 왕 바로야,
내가 너를 치겠다.
나일 강 가운데 누운 거대한 악어야,
네가 나일 강을 네 것이라고 하고,
네가 만든 것이라고 한다마는,
그 강은 나의 것이다.
내가 그 강을 지었다.
내가 갈고리로 네 아가미를 꿰고,
네 강의 물고기들이
네 비늘에 달라붙게 해서,
네 비늘 속에 달라붙은
강의 모든 물고기와 함께 너를
강 한복판에서 끌어내서,
너와 물고기를 다 함께
멀리 사막에다 던져 버릴 것이다.
(에스겔 29 : 3-5)

여기의 내용들은 이집트 왕에 대해서 언급하고 있습니다. 그 이유는

"이집트"가 영적인 것에서 분리된 자연적인 것을 뜻하고, 따라서 "그의 강들의 물고기들"은 교리적인 것들 안에 있는 자들을 뜻하고, 그리고 교리적인 것들에게서 분리된 신조(信條)나 신념 안에 있는 자들을 뜻하는데, 그런 신조나 신념 따위는 오직 학문이고, 과학일 뿐이기 때문입니다. 이와 같은 분리 때문에, 이집트에서 행해진 많은 기적들 가운데 하나는 아래와 같습니다.

> 모세가 지팡이를 들어 강물을 치니, 강의 모든 물이 피로 변하였다. 그러자 강에 있는 물고기가 다 죽었다.
> (출애굽기 7 : 17-25 ; 시편 105 : 29)
> 주께서 백성들을 바다의 고기처럼 만드시고,……
> 바다 피조물처럼 만드시니,
> 악한 대적이
> 낚시로 백성을 모두 낚아 올리며…….
> (하박국 1 : 14-16)

여기서 "물고기들"은 일반적인 진리들 안에 있고, 그리고 인애에서 분리된 믿음 안에 있는 자들을 뜻합니다. 그러나 "물고기들"은 일반적인 진리들 안에 있고, 그리고 인애와 결합된 믿음 안에 있는 자들을 뜻하기도 합니다. 에스겔서의 말씀입니다.

> 그가 나에게 일러 주었다. "이 물은 동쪽 지역으로 흘러나가서……바다로 들어갈 것이다.……이 강물이 흘러가는 모든 곳에서는, 온갖 생물이 번성하며 살게 될 것이다.……그 곳에도 아주 많은 물고기가 살게 될 것이다.……그 때에 어부들이 고기를 잡느라고 강가에 늘 늘어설 것이다.……어디에서나 그물을 칠 것이다. 물고기의 종류도 큰 바다에 사는 물고기의 종류와 꼭 같이 아주 많아질 것이다.
> (에스겔 47 : 8-10)

마태복음서의 말씀입니다.

> (예수께서 말씀하셨다.) "또 하늘 나라는 바다에 그물을 던져서, 온갖 고기를 잡아 올리는 것과 같다. 그물이 가득 차면, 해변에 끌어올려 놓고 앉아서, 좋은 것들은 그릇에 담고, 나쁜 것들은 내버린다. 세상 끝 날에도 이렇

게 할 것이다."
(마태 13 : 47-49)

예레미야서의 말씀입니다.

나는 그들의 조상에게 주었던 고향 땅에, 그들을 다시 데려다 놓을 것이다.
"내가 많은 어부를 보내서,
이 백성을 고기 잡듯 잡아 내겠다."
(예레미야 16 : 15, 16)

"물고기들"이 이런 부류의 사람들이나 사물들을 뜻한다는 것을 아는 사람은, 그러므로 그 이유도 알게 될 것입니다.

(주님께서 그분의 제자들로 어부들을 선택하셨다.) 예수께서 그들에게 "나를 따라오너라. 내가 너희를 사람을 낚는 어부로 삼겠다" 하고 말씀하셨다.
(마태 4 : 18, 19 ; 마가 1 : 16, 17)
주님의 축복에 의하여 제자들은 엄청난 많은 물고기를 잡았다. 예수께서 베드로에게, "두려워하지 말아라. 이제부터 너는 사람을 낚을 것이다."
(누가 5 : 2-10)
(성전세 내기를 원하기 때문에) 예수께서 베드로에게 말씀하셨다. "네가 바다로 가서 낚시를 던져, 맨 먼저 올라오는 고기를 잡아 그 입을 벌려 보아라. 그러면 은돈 한 닢이 그 속에 있을 것이다. 그것을 가져다가 나와 네 몫으로 그들에게 내어라."
(마태 17 : 24-27)
주님께서 부활하신 뒤 제자들에게 왜 먹을 물고기와 빵을 주셨습니까?
(요한 21 : 2-13)
예수께서 그들에게 말씀하셨다. "너희는 온 세상에 나가서, 만민에게 복음을 전파하여라."
(마가 16 : 15)

그들이 개종시킨 "민족들"은 일반적인 진리들 안에, 영적인 진리들 보다는 자연적인 진리들 안에 있었습니다.

406. 배들의 삼분의 일이 부서졌습니다.

이 말씀은 삶의 선용에 이바지하는 성언에서 비롯된 선과 진리에 속한 모든 지식들이 그들과 더불어 멸망되었다는 것을 뜻합니다. "삼분의 일"은 위에 언급한 것과 같이, 모두 또는 전부를 뜻합니다(본서 400· 404·405항 참조). "배들"(ships)은 삶의 선용을 위해 이바지하는 성언에서 비롯된 선과 진리에 속한 지식들을 뜻합니다. "배들"이 이런 것을 뜻한다는 것은 배가 바다를 건너기 때문이고, 그리고 모든 선용(善用)을 위하여 자연적인 사람에게 필요한 필수품들을 가져오기 때문입니다. 그리고 선과 진리에 속한 지식들은 영적인 사람의 선용을 위하여 영적인 사람에게 필수적인 것들이기 때문입니다. 왜냐하면 그것들로부터 교회의 교리가 존재하고, 그것에 일치하는 삶이 있기 때문입니다. "배들"이 이런 지식들을 뜻하는데 그 이유는, 그것들이 담는 수용 그릇들(containers)이기 때문입니다. 성경의 수많은 곳에서 담는 그릇은 그 그릇에 담긴 것과 동일한 것으로 여깁니다. 예를 들면 잔은 포도주로, 대접은 먹는 것으로, 성막이나 성전은 그것들 안에 있는 거룩한 것들로, 법궤는 율법으로, 제단은 예배로, 각각 이해하고 여깁니다. 그밖의 다른 것들도 그러합니다. 아래의 장절에서도 "배들"은 선과 진리의 지식들을 뜻합니다.

> 스불론은 바닷가에 살며,
> 그 해변은 배가 정박하는 항구가 될 것이다.
> (창세기 49 : 13)

여기서 스불론은 선과 진리의 결합을 뜻합니다.

> 두로야,
> 너를 만든 사람들이
> 너를 흠없이 아름다운 배로 만들었다.
> 스닐(=헬몬) 산의 잣나무로
> 네 옆구리의 모든 판자를 만들고,
> 레바논의 산에서 난 백향목으로
> 네 돛대를 만들었다.
> 바산의 상수리나무로 네 노를 만들었고,
> 키프로스(=깃딤) 섬에서 가져온 회양목에
> 상아로 장식하여,

네 갑판을 만들었다.……
시돈과 아르왓 주민이
너의 노를 저었다.
두로야,
너에게 있는 현인들이 네 선장이 되었다.
그발의 장로들과 지혜 있는 사람들이
배의 틈을 막아 주었다.
바다의 모든 배와 선원들이 네 안에서
너의 물품들을 거래하였다.……
다시스의 배들도 네 물품들을 싣고 항해하였다.
너는 화물선에 무겁게 물건을 가득 싣고
바다 한가운데로 나갔다.
(에스겔 27 : 4-9, 25)

이 장절들은 두로에 관한 것입니다. 그것은 성경에서 "두로"가 선과 진리의 지식들의 측면에서 교회를 뜻하기 때문입니다. 이러한 사실은, 영적인 뜻으로 이해한다면, 우리의 본문장과 뒤에 이어지는 18장에 기술된 그것에 관한 개별적인 것들에서 아주 명백합니다. "두로"가 교회에 속한 진리와 선의 지식들을 뜻하기 때문에, 그러므로 "배"는 그것에 속한 개별적인 것들의 측면에서 기술하고 있습니다. 그리고 그 각각의 것은 총명으로 이끌어가는 그 지식들의 성질들을 뜻합니다. 성경은 두로의 배와 그것의 상업과 어떤 공통적인 것을 가지고 있습니까? 그 뒤 그 교회의 파멸을 이와 같이 기술하고 있습니다.

네 선장들이 울부짖는 소리에
해변 땅이 진동한다.
노 젓는 사람이 모두 배에서 내린다.
사공들과, 사람들이 모두 뭍으로 올라와서,
파선된 너를 애석해 하면서,
큰소리로 목놓아 울고,
비통하게 울부짖는다.
(에스겔 27 : 28-30 ; 이사야 23 : 14, 15)

진리에 속한 모든 지식들의 측면에서 바빌론의 멸망도 묵시록서에서 아래와 같이 비슷하게 기술되고 있습니다.

"그렇게도 많던 재물이,
한 순간에 잿더미가 되고 말았구나"
할 것입니다. 또 모든 선장과 선객과 선원과 바다에서 일하는 사람들도 다 멀리 서서, 그 도시를 태우는 불의 연기를 보고,······슬피 울면서,
"화를 입었다. 화를 입었다. 큰 도시야!
바다에 배를 가진 사람은 모두
그 도시의 값진 상품으로 부자가 되었건만,
그것이
한 순간에 잿더미가 되고 말았구나!"
하고 부르짖었습니다.
(묵시록 18 : 17, 19)

아래의 설명내용을 참조하십시오. 아래의 장절에서도 "배들"은 역시 진리와 선에 속한 지식들을 뜻합니다.

내 일생이
달리는 경주자보다 더 빨리 지나가므로,
좋은 세월을 누릴 겨를이 없습니다.
그 지나가는 것이
갈대 배와 같이 빠르고,
먹이를 덮치려고 내려오는
독수리처럼 빠릅니다.
(욥기 9 : 25, 26)
그들이 배를 타고 바다로 내려가서,
큰물을 헤쳐 가면서 영업을 할 때에,
그들은, 주께서 하신 행사를 보고,
깊은 바다에서 일으키신 기사를 본다.
(시편 107 : 23, 24)
섬들이 나를 사모하며,
다시스의 배들이 맨 먼저
먼 곳에 있는 너의 자녀들을 데리고 온다.
그들이,
주 너의 하나님의 이름,

곧 이스라엘의 거룩하신 하나님께 드리려고,
은과 금을 함께 싣고 온다.
(이사야 60 : 9)
왕들이 모여서
시온 산을 치러 왔다가
시온 산을 보고는 넋을 잃고,
혼비백산하여 도망 쳤다.
거기에서 그들이
큰 두려움에 사로잡혔으니,……
광풍에 파산하는 다시스의 배와도 같았다.
(시편 48 : 4-7)
다시스의 배들아, 너희는 슬피 울어라.
(이사야 23 : 1, 14 ; 민수기 24 : 24 ; 사사기 5 : 7 ; 시편 104 : 26 ; 이사야 33 : 21)

407. 10절. 셋째 천사가 나팔을 불었다.

이 말씀은, 오직 믿음만이라는 종교를 가지고 있는 자들의 교회에 대한 조사와 밝힘을 뜻하고, 그리고 성언에서 비롯된 진리들에 속한 정동과 수용의 측면에서 그들의 성품이 어떤 것인지에 대한 검증과 밝힘을 뜻합니다. 우리의 본문이 이런 내용을 뜻하고 있다는 것은, 영적인 뜻으로 이해하는 경우, 지금 아래에 이어지는 것들에서 아주 명확하겠습니다.

408. 큰 별 하나가 횃불처럼 타면서 하늘에서 떨어졌다.

이 말씀은, 지옥적인 사람에게서 야기된 자기 자기자만(自己自慢・pride)에서 비롯된 그들 자신의 총명의 겉모양(外現)을 뜻합니다. 지옥적인 사랑에서 솟아난 자기자만에서 비롯된 자신의 총명의 외현이 "하늘에서 떨어지는 큰 별"에 의하여 뜻하고 있는데, 그 이유는, 그것이 "횃불(=등불・lamp)처럼 타고 있는 것"으로 보여졌기 때문이고, 그리고 아래에서와 같이, 그것이 "쑥"이라고 불리웠기 때문입니다. 그리고 "별"(star)이나 "등불"(=횃불・lamp)은 총명을 뜻하고, 여기서는 자신의 총명을 뜻합니다. 그 이유는 그것이 타는 것같이 보였고, 그리고 모든 자기 총명은 자만으로 말미암아 불타기 때문입니다. 그것의 자만이 지옥적인 사랑에서 솟구치는데, 이 지옥적인 사랑은 "불타는 큰 산"이 뜻합니다. "쑥"은 지옥적인 거짓(infernal falsity)을 뜻하는데, 그것으로 말미암아 총명은 존재하고, 불탑니다. "별"이 총명을 뜻한다는 것은 본서 151·954항을 참조하시고, "등불"이나 "등"이 같은 내용을 뜻한 다는 것은 본서 796항을 참조하십시오.

409. 강들의 삼분의 일과 샘물들 위를 덮치면서 내렸습니다.

이 말씀은 거기에서 비롯된 성언에 속한 모든 진리들이 전적으로 위화 되었다는 것을 뜻합니다. "강들"(rivers)이 넉넉한 진리들을 뜻하는데, 그 이유는 "물"(waters)이 진리들을 뜻하기 때문이고(본서 50항 참조), "샘물들"(=물이 솟는 샘들·fountain of waters)은 성언(聖言·the Word) 을 뜻하기 때문입니다(본서 384항 참조). 성언에 속한 모든 진리들이 전 적으로 위화되었습니다. 그 이유는, 그 아래에서 "물의 삼분의 일이 쑥이 되었다"고 이어지고 있고, 그리고 "쑥"은 지옥적인 거짓을 뜻하 기(본서 410항 참조) 때문입니다. "강들"이 수많은 진리들을 뜻한다는 것은 아래의 장절들에게서 명확합니다.

> 내가 이제 새 일을 하려고 한다.
> 이 일이 이미 드러나고 있는데,
> 너희가 그것을 알지 못하겠느냐?
> 내가 광야에 길을 내겠으며,
> 사막에 강을 내겠다.……
> 내가 택한 백성에게
> 물을 마시게 하려고,
> 광야에 물을 대고,
> 사막에 강을 내었기 때문이다.
> (이사야 43 : 19, 20)
> 내가 메마른 땅에 물을 주고
> 마른 땅에 시내가 흐르게 하듯이,
> 네 자손에게 내 영을 부어 주고,
> 네 후손에게 나의 복을 내리겠다.
> (이사야 44 : 3)
> 그 때에
> 다리를 절던 사람이 사슴처럼 뛰고,
> 말을 못하던 혀가 노래를 부를 것이다.
> 광야에서 물이 솟겠고,

사막에 시냇물이 흐를 것이다.
(이사야 35 : 6)
내가 메마른 산에서
강물이 터져 나오게 하며,
골짜기 가운데서 샘물이 솟아나게 하겠다.
내가 광야를 못으로 바꿀 것이며,
마른 땅을 샘 근원으로 만들겠다.
(이사야 41 : 18)
분명히 주께서 그 기초를
바다 밑에 놓으셨고,
강바닥에 단단히 세우셨구나.
(시편 24 : 2)
그의 통치를 그 바다로 뻗게 하고,
그의 다스림이
그 강(=유프라테스)으로 뻗게 하겠다.
(시편 89 : 25)
주님,
강을 보고 분히 여기시는 것입니까?
강을 보고 노를 발하시는 것입니까?
바다를 보고 진노하시는 것입니까?
어찌하여 구원의 병거를 타고
말을 몰아오시는 것입니까?
(하박국 3 : 8)
강 하나가, 그 강의 줄기들이,
하나님의 성을 즐겁게 하며,
가장 높으신 분의 거룩한 처소를
즐겁게 하는구나.
(시편 46 : 4)
천사는 또, 수정과 같이 빛나는 생명수의 강을 내게 보여 주었습니다. 그 강은 하나님의 보좌와 어린 양의 보좌로부터 흘러 나와서,……
(묵시록 22 : 1)
광야에서 바위를 쪼개셔서,
깊은 샘에서 솟아오르는 것같이,
물을 흡족하게 마시게 하겠다.
반석에서 시냇물이 흘러나오게 하시며,

강처럼 물이 흘러내리게 하셨다.
(시편 78 : 15, 16, 20 ; 105 : 41)
나일 강이 마를 것이다.
강바닥이 바싹 마를 것이다.……
강변에 심은 모든 나무가 말라서,
바람에 날려 사라지고 말 것이다.
(이사야 19 : 5-7 ; 42 : 15 ; 50 : 2 ; 나훔 1 : 4 ; 시편 107 : 33 ; 욥기 14 : 11)
예수께서 일어서서 큰소리로 말씀하셨다. "목마른 사람은 다 내게로 와서 마셔라. 나를 믿는 사람은, 성경에 이른 것과 같이, 그의 배에서 생수가 강처럼 흘러 나올 것이다."
(요한 7 : 37, 38 ; 이사야 33 : 21 ; 예레미야 17 : 7, 8 ; 에스겔 31 : 3, 4 ; 47 : 1-12 ; 요엘 3 : 18 ; 스가랴 9 : 10 ; 시편 80 : 11 ; 93 : 3, 4 ; 98 : 7, 8 ; 110 : 7 ; 민수기 24 : 6, 7 ; 신명기 8 : 7).

그러나 나쁜 뜻으로 "강들"은 수많은 거짓들을 뜻한다는 것은 이런 장절들에게서 명확합니다.

그들이 갈대 배를 물에 띄우고,
뱃길로 대사들을 보낸다.……
강물이 여러 갈래로 나뉘어 흐르는 땅으로
가거라.
(이사야 18 : 2)
주께서 우리 편이 아니셨다면……
우리를 산 채로 집어삼켰을 것이며,
물이 우리를 덮어,
홍수가 우리를 휩쓸어 갔을 것이며,
넘치는 물결이
우리의 영혼을 삼키고 말았을 것이다.
(시편 124 : 2-5)
네가 물 가운데로 건너갈 때에,
내가 너와 함께 하고,
네가 강을 건널 때에도
물이 너를 침몰시키지 못할 것이다.
(이사야 43 : 2)

스올(=죽음)의 줄이 나를 동여 묶고,
죽음의 덫(=벨리알의 홍수)이 나를 낚았다.
(시편 18 : 5)
그 뱀은 그 여자의 등 뒤에다가 입에서 물을 강물과 같이 토해 내서, 강물로 그 여자를 휩쓸어 버리려고 하였습니다.
(묵시록 12 : 15)
나 주가
저 세차게 넘쳐 흐르는 유프라테스 강물,……
이 백성 위에 뒤덮이게 하겠다.
그 때에 그 물이 온 샛강을 뒤덮고
둑마다 넘쳐서,……
유다의 목에까지 찰 것이다.
(이사야 8 : 7, 8)
비가 내리고, 홍수가 나고, 바람이 불어서, 그 집에 들이치지만, 무너지지 않는다. 그 집을 반석 위에 세웠기 때문이다.
(마태 7 : 25, 27 ; 누가 6 : 48, 49)

여기서 "홍수" "강"은 역시 수많은 거짓들을 뜻합니다. 그 이유는 "바위"(=반석·rock)가 신령진리의 측면에서 주님을 뜻하기 때문입니다. 그리고 "홍수"는 역시 시험들을 뜻하는데, 그 이유는 시험들은 곧 거짓들의 범람(汎濫)이기 때문입니다.

410. 11절. **그 별의 이름은 쑥이라고 합니다. 그래서 물의 삼분의 일이 쑥이 되었습니다.**
이 말씀은 그들 자신의 총명이 지옥적인 거짓에서 나왔다는 것과, 그리고 그것에 의하여 성언에 속한 모든 진리들이 위화되었다는 것을 뜻합니다. 여기서 "별"(star)은 지옥적인 사랑에서 비롯된 자만에서 솟아나는 그들 자신의 총명을 뜻합니다(본서 408항 참조). 그리고 "이름"은 그것의 성질이나 본성을 뜻합니다(본서 81·122·165항 참조). "쑥"은 아래에서 곧 언급하게 될 어떤 것에 관한 지옥적인 거짓을 뜻하고, "물"은 진리들을 뜻하지만(본서 50항 참조), 여기서는 다루고 있는 주제가 믿음과 관계되고 있기 때문에, 성언에 속한 진리들을 뜻합니다. 그리고 "삼분의 일"은, 위에서 언급한 것과 같이, 전부 또는 모두를 뜻합니다. 이러한 내용을 하나로 묶어서 말한다면, 위에서 언급한 것과 같은 결과를 낳습니다. "쑥"이 그것의 매우 쓴 맛에서 지옥적인 거짓을 뜻하는데, 그것 때문에 먹거리와 마실거리는 몹시 역겨운 것으로 변하였습니다. "쑥"이 이런 부류의 거짓을 뜻한다는 것은 아래 장절들에 잘 나타나고 있습니다.

> 그들은 오히려 자기들의 고집대로 살고,……바알 신들을 따라다녔다. 그러므로 나 만군의 주 이스라엘의 하나님이 말한다. 내가 이 백성에게 쓴 쑥을 먹이며, 독을 탄 물을 마시게 하겠다.
> (예레미야 9 : 14, 15)
> 이런 예언자들을 두고,
> 나 만군의 주가 이렇게 말한다.
> 내가 그들에게 쓴 쑥을 먹이며,
> 독을 탄 물을 마시게 하겠다.
> 죄악이
> 예루살렘의 예언자들에게서 솟아 나와서,
> 온 나라에 퍼졌기 때문이다.
> (예레미야 23 : 15)
> 너희는 공의를 쓰디쓴 소태처럼 만들며,
> 정의를 땅바닥에 팽개치는 자들이다.
> (아모스 5 : 7 ; 6 : 12)
> 너희 가운데 독초나 쓴 열매를 맺는 뿌리가 있어서는 안 된다.
> (신명기 29 : 18)

여기서 그 교회가 다루어지고 있는 것과 같이 유대 교회는 성언에 속한 모든 진리들을 위화하였기 때문에, 그리고 주님께서 주님의 고난에 속한 모든 것들을 통하여 그것을 실연(實演)하였기 때문에, 그들이 성언을 취급한 것과 같이, 유대 사람들이 주님을 그렇게 다루는 것을 허용하였습니다. 그 이유는 주님께서 성언이셨기 때문입니다. 그러므로 이런 말씀이 언급되었습니다.

> 그들은 포도주에 쓸개를 타서, 예수께 드려서 마시게 하였다. 그러나 예수께서는 그 맛을 보시고는, 마시려고 하지 않으셨다.
> (마태 27 : 34 ; 마가 15 : 23 ; 시편 69 : 21)

유대 교회가 이런 상태였기 때문에, 그러므로 그 교회는 이렇게 기술
되었습니다.

> 쓸개즙으로 나를 배불리시고,
> 쓴 쑥으로 내 배를 채우신다.……
> 나오느니 탄식뿐이다.
> 이제 내게서는 찬란함도 사라지고,
> 주께 두었던 마지막 희망마저 사라졌다.
> 내가 겪은 그 고통,
> 쓴 쑥과 쓸개즙 같은 그 고난을
> 잊지 못한다.
> (애가 3 : 15, 18, 19)

411. 많은 사람이 그 물을 마시고 죽었습니다. 그 물이 쓴 물로 변하였기 때문입니다.

이 말씀은 성언에 속한 위화된 거짓들로 인하여 수많은 사람들이 가지고 있는 영적인 생명(spiritual life)의 멸절(滅絶)을 뜻합니다. "많은 사람들이 죽었다"는 말은 영적인 생명의 멸절이나 사멸(死滅)을 뜻합니다. 왜냐하면 사람은, 그가 가지고 있는 영적인 생명으로 말미암아서는 살아 있다고 말하지만, 그러나 영적인 생명에서 분리된 자연적인 생명(the natural life)으로는 그는 죽었다고 말하기 때문입니다. "그것들이 쓰게 만든 물"은 성언에 속한 위화된 진리들을 뜻합니다. 그리고 "물"이 성언에 속한 진리들을 뜻한다는 것은 앞서의 설명내용에서 잘 볼 수 있습니다(본서 409항 참조). "쓴 것"(=쓴 맛·bitter)이 위화된 것을 뜻한다는 것은 쑥의 쓴 맛이 뜻하기 때문이고, 그리고 "쑥"이 지옥적인 거짓을 뜻하기 때문입니다(본서 410항 참조). 기독교인은 성언에 속한 진리들 이외의 다른 근원에서 영적인 생명을 취하지 않습니다. 왜냐하면 그것들 안에 생명이 존재하기 때문입니다. 그러나 성언에 속한 진리들이 위화하게 되면, 그리고 사람이 그의 종교에 속한 거짓들에 따라서 그것들을 이해하고, 두루 생각하게 되면, 그 때 그 사람에게 있는 영적인 생명은 소멸하게 됩니다. 그 이유는, 성언은 천계와 내통하기 때문에, 따라서 사람이 그것을 읽으면, 거기에 있는 진리들은 천계로 올라가고, 그리고 그 진리들에 결합되었거나 부합된 거짓들

은 지옥을 향하고, 그것으로 인하여 거기에는 산산이 찢겨진 조박지들만 있게 되고, 그것에 의하여 성언의 생명은 소멸하기 때문입니다. 그러나 이와 같은 경우는 성언에 의하여 거짓들을 확증한 사람들에게만 오직 있을 뿐이고, 그러나 그것들을 확증하지 않은 사람들에게는 그런 경우는 결코 없습니다. 나는 이와 같은 산산이 깨진 조각들을 보았고, 그리고 화상(火床)에서 불로 나무가 탈 때 나는 나무의 소리와 같은 것을 들었습니다. "쓴 것"(=쓴 맛·bitter)은 아래의 장절에서는 역시 위화된 것을 뜻합니다.

> 악한 것을 선하다고 하고
> 선한 것을 악하다고 하는 자들,
> 어둠을 빛이라고 하고
> 빛을 어둠이라고 하며,
> 쓴 것을 달다고 하고,
> 단 것을 쓰다고 하는 자들에게,
> 재앙이 닥친다!
> (이사야 5 : 20)
> 그들이
> 노래하며 포도주를 마시지 못할 것이며,
> 독한 술은 그 마시는 자에게 쓰디쓸 것이다.
> (이사야 24 : 9)

같은 내용을 뜻하는 장절입니다.

> 그는 나에게 "이것을 받아 먹어라. 이것은 너의 배에는 쓰겠지만, 너의 입에는 꿀같이 달 것이다" 하였습니다. 나는 그 천사의 손에서 그 작은 두루마리를 받아서 삼켰습니다. 이것이 내 입에는 꿀같이 달았으나, 먹고 나니, 뱃속은 쓰라렸습니다.
> (묵시록 10 : 9, 10)

이 말씀도 같은 내용을 뜻합니다.

> 그들이 마라에 이르렀는데, 그 곳의 물이 써서 마실 수 없었으므로, 그 곳의 이름을 마라라고 하였다.……주께서 그에게 나무 한 그루를 보여 주셨

다. 그가 그 나뭇가지를 꺾어서 물에 던지니, 그 물이 단물로 변하였다.
(출애굽기 15 : 23- 25)

성경에서 "나무"는 선을 뜻합니다. 아래 장절도 꼭 같은 내용을 뜻합니다.

한 사람이 나물을 캐려고 들에 나갔다가 들포도 넝쿨을 발견하고서, 그 넝쿨을 뜯어, 옷에 가득 담아 가지고 돌아와서, 그것이 무엇인지도 잘 모르는 채로 국솥에 썰어 넣었다. 그들이 각자 국을 떠다 먹으려고 맛을 보다가……그 솥에 죽음을 부르는 독이 들어 있다고 외쳤다.……엘리사가 밀가루를 가져 오라고 하여, 그 밀가루를 솥에 뿌린 뒤에, 이제는 먹어도 되니, 사람들에게 떠다 주라고 하였다. 정말로 솥 안에는 독이 하나도 없었다.
(열왕기 하 4 : 38-41)

여기서 밀가루(=밀)는 선에서 비롯된 진리를 뜻합니다.

412. 12절. 넷째 천사가 나팔을 불었다.

이 말씀은 오직 믿음이라는 종교를 가지고 있는 그들의 교회에 상태에 관한 조사와 밝힘(顯示)을 뜻하고, 그리고 그들은 모두가 거짓에 속한 악들 안에, 그리고 악에 속한 거짓들 안에 있다는 것을 뜻합니다. 이런 내용이 우리 본문절의 뜻이다는 것은, 영적인 뜻으로 이해된다면, 아래에 이어지는 것에서 아주 명확합니다. "분다"(=소리낸다)는 말은, 앞에서와 같이, 여기서도 조사, 검색하고, 명료하게 밝히는 것을 뜻합니다(본서 398 · 402 · 407항 참조).

413. 해의 삼분의 일과 달의 삼분의 일과 별들의 삼분의 일이 타격을 입어서, 그것들의 삼분의 일이 어두워졌다.

이 말씀은, 거짓들에게서 비롯된 악들이나, 악에서 비롯된 거짓들에 속한 추론에 의하여 그들이 사랑이 무엇인지 모른다는 것, 또는 믿음이 무엇인지 모른다는 것, 또는 어떤 진리도 모른다는 것 등을 뜻합니다. "삼분의 일"은 모두나 전부를 뜻하고(본서 400항 참조), "해"는 사랑을 뜻하고(본서 53항 참조), "달"은 총명이나 믿음을 뜻하고(본서 332항 참조), "별들"은 성언에서 비롯된 선의 지식들이나 진리의 지식들을 뜻하고(본서 51항 참조), "어두워졌다"는 말은 거짓들에게서 비롯된 악들에 관한 추론에 의하여, 그리고 악들에게서 비롯된 거짓들에 관한 추론에 의하여, 보지 못하고, 알지도 못하게 되었다는 것을 뜻합니다. 종교에 속한 거짓들을 당연한 일로 생각하고, 그리고 그들이 진리들처럼 거짓들을 보이기까지 하면서 다짐한 자들에게는 거짓들에게서 비롯된 악들이 있고, 그리고 그들이 그것들에 따라서 살면 그들은 거짓들에게서 비롯된 악들이나, 거짓에 속한 악들을 행합니다. 그러나 죄악들로서 악들을 여기지 않는 사람들은 악에서 비롯된 거짓들을 가지고 있지만, 더욱이 자연적인 사람에게서 비롯된 추론에 의하여, 더 나아가 성언으로부터 추론에 의하여 악들이 죄악들이 아니라고 스스로 다짐한 자들은 더욱이 악들에서 비롯된 거짓들을 갖습니다. 확증들 자체는 온갖 악들에게서 비롯된 거짓들을 가리키는데, 이것들을 악에 속한 거짓들이라고 부릅니다. "어둠"(darkness)이 이런 내용을 뜻하는 이유는, 빛(=밝음)이 진리를 뜻하기 때문입니다. 그리고 빛이 소멸되면, 거기에는 어둠이 오기 때문입니다. 이것을 확증하기 위하여 여기 묵시록서에 있는 자들에게 일어난 비슷한 것들에 관해서 언급된 "해 · 달 · 별들"에 관한 장절들과, 그리고 그것들의 소멸에서 생겨난 "어둠"에 관한 장절들을 먼저 인용하겠습니다.

    해가 어두워지고
    달이 핏빛 같이 붉어질 것이다.
    끔찍스럽고 크나큰 주의 날이 오기 전에,
    그런 일이 먼저 일어날 것이다.
    (요엘 2 : 31)
    하늘의 별들과 그 성좌들이
    빛을 내지 못하며,
    해가 떠도 어둡고,
    달 또한 그 빛을 내지 못할 것이다.
    (이사야 13 : 10 ; 24 : 23)
    내가 네 빛을 꺼지게 할 때에,
    하늘을 가려 별들을 어둡게 하고,
    구름으로 태양을 가리고,
    달도 빛을 내지 못하게 하겠다.
    하늘에서 빛나는 광채들을
    모두 어둡게 하고,

네 땅을 어둠으로 뒤덮어 놓겠다.
(에스겔 32 : 7, 8)
(주의 날이 다가오고 있다.)
온 하늘이 흔들린다.
해와 달이 어두워지고,
별들이 빛을 잃는다.
(요엘 2 : 10)
그 환난의 날들이 지난 뒤에,
곧 해는 어두워지고,
달은 빛을 내지 않고,
별들은 하늘에서 떨어지고,······.
(마태 24 : 29 ; 마가 13 : 24, 25)

자신의 마음을 고양(高揚)시키는 사람은 그 누구가 이 경우에서 이 세상의 해·달·별들을 뜻하지 않는다는 것을 알 수 없겠습니까? "어둠"이 온갖 종류의 거짓들을 뜻한다는 것은 아래의 이런 장절들에게서 명확합니다.

너희는 망한다.
주의 날이 오기를 바라는 자들아,
왜 주의 날을 사모하느냐?
그 날은 어둡고 빛이라고는 없다.······
주의 날은 어둡고 빛이라고는 없다.
캄캄해서, 한 줄기 불빛도 없다.
(아모스 5 : 18, 20)
주의 날은 캄캄하고 어두운 날,
먹구름과 어둠이 뒤덮이는 날이다.
(스바냐 1 : 15)
그 날(=주의 날)에
사람이 그 땅을 둘러보면,
거기에는 흑암과 고난만 있고,
빛마저 구름에 가려져 어두울 것이다.
(이사야 5 : 30 ; 8 : 22)
어둠이 땅을 덮으며,
짙은 어둠이 민족들(=백성들)을 덮을 것이다.

(이사야 60 : 2)
주께서 날을 어두워지게 하시기 전에,……
주 너희 하나님께 영광을 돌려라.
그 때에는 너희가 빛을 고대해도,
주님은 빛을 어둠과 흑암으로
바꾸어 놓으실 것이다.
(예레미야 13 : 16)
우리가 빛을 바라나, 어둠뿐이며,
밝음을 바라나,
암흑 속을 걸을 뿐이다.……
대낮에도
우리가 밤길을 걸을 때처럼 넘어지니,
몸이 건강하다고 하나
죽은 사람과 다를 바 없다.
(이사야 59 : 9, 10)
어둠을 빛이라고 하고
빛을 어둠이라고 하는 자들에게
재앙이 닥친다!
(이사야 5 : 20)
어둠 속에서 헤매던 백성이
큰 빛을 보았고,…….
(이사야 9 : 2 ; 마태 4 : 16)
그분은 해를 하늘 높이 뜨게 하셔서,
어둠 속과
죽음의 그늘 아래에 사는 사람들에게
빛을 비추게 하시고…….
(누가 1 : 78, 79)
네가 너의 정성을 굶주린 사람에게 쏟으며,
불쌍한 자의 소원을 충족시켜 주면,
너의 빛이 어둠 가운데서 나타나며,
캄캄한 밤이 오히려 대낮 같이 될 것이다.
(이사야 58 : 10)
그 날이 오면,……
어둠과 흑암에 싸인 눈 먼 사람이
눈을 떠서 볼 것이다.

(이사야 29 : 18 ; 42 : 16 ; 49 : 9)
예수께서……말씀하셨다. "나는 세상의 빛이다. 나를 따르는 사람은 어둠 속에 다니지 않고, 생명의 빛을 얻을 것이다."
(요한 8 : 12)
"빛이 있는 동안에 다녀라. 어둠이 너희를 이기지 못하게 하여라.……나는 빛으로 세상에 왔다. 그것은 나를 믿는 사람이면, 누구든지 어둠 속에 머무르지 않게 하려는 것이다."
(요한 12 : 35, 46)
지금은 어둠 속에 있지만,
주께서 곧 나의 빛이 되신다.
(미가 7 : 8)
심판을 받았다고 하는 것은, 빛이 세상에 들어왔지만, 사람들이……빛보다 어둠을 더 좋아하였다는 것을 뜻한다.
(요한 3 : 19 ; 1 : 4, 5)
그러므로 네 속에 있는 빛이 어두우면 그 어둠이 얼마나 심겠느냐!
(누가 11 : 34-36)
지금은 너희의 때요, 어둠의 권세가 판을 치는 때다.
(누가 22 : 53)

이 장절들에서 "어둠"은 진리의 무지(無知)에서나, 종교에 속한 거짓된 원칙에서나, 또는 악한 삶에서 생겨나는 거짓을 뜻합니다. 종교에 속한 거짓들이나, 그것에서 생긴 삶의 악들 안에 있는 자들에 관하여 주님께서는, "그들은" 바깥 어두운 데로 쫓겨날 것이다고 말씀하셨습니다(마태 8 : 12 ; 22 : 13 ; 25 : 30).

414. 낮의 삼분의 일이 빛을 잃고, 밤도 역시 그렇게 되었습니다.
이 말씀은 그들에게는 성언에서 비롯된 교리나 삶에 이바지 하는 영적인 진리나 자연적인 진리가 더 이상 있지 않다는 것을 뜻합니다. "낮이 빛을 잃었다"는 말은 태양으로부터 빛이 전혀 없다는 것을 뜻하고, "밤도 역시 그렇다"(=밤이 빛을 잃었다)는 말은 달이나 별들로부터 빛이 전혀 없다는 것을 뜻합니다. 일반적으로 "빛"(light)은 성언에서 비롯된 진리인 신령진리를 뜻하고, 그리고 "해의 빛"(the light of the sun)은 신령 영적인 진리(Divine spiritual truth)를 뜻하고, "달과 별들의 빛"(the light of the moon and stars)은 성언에서 비롯된 신령 자연적인 진리(Divine natural truth)를 뜻합니다. 성언의 영적인 뜻에서 신령진리는 한낮의 태양의 빛과 같고, 성언의 자연적인 뜻에서 신령진리는 한밤의 달과 별들의 빛과 같습니다. 성언의 영적인 뜻은, 중간적인 적절한 방법으로 태양의 빛을 발하는 달에게 태양의 빛을 태양이 주는 것과 같이, 성언의 자연적인 뜻에 입류합니다. 동일한 방법으로 성언의 영적인 뜻은 사람들을 비추고, 심지어 그것에 관해서 전혀 알지 못하는 사람들까지도 그들이 성언의 일반적인 뜻으로 성경을 읽을 때에도 빛을 비춥니다. 그러나 영적인 뜻은, 마치 태양의 빛이 눈을 밝히듯이, 영적인 사람을 밝힙니다. 그러나 영적인 뜻은, 마치 달이나 별들의 빛이 그 사람의 눈을 밝히듯이, 자연적인 사람을 밝힙니다. 모두는 진리와 선에 속한 영적인 정동(the spiritual affection)에 일치하여, 그리고 사람의 합리적인 기능(合理的 機能·rational faculty)을 여는 순수한 진리에 동시에 일치하여 밝은 빛을 받습니다. 아래의 장절들에서 "낮"과 "밤"도 같은 내용을 뜻합니다.

  하나님이 말씀하시기를 "하늘 창공에 빛나는 것들이 생겨서, 낮과 밤을 가르고, 계절과 날과 해를 나타내는 표가 되어라. 또 하늘 창공에 있는 빛나는 것들은 땅을 환히 비추어라" 하시니, 그대로 되었다. 하나님이 두 큰 빛을 만드시고, 둘 가운데서 큰 빛으로는 날을 다스리게 하시고, 작은 빛으로는 밤을 다스리게 하셨다. 또 별들도 만드셨다. 하나님이 빛나는 것들을 하늘 창공에 두시고 땅을 비추게 하시고, 낮과 밤을 다스리게 하시며, 빛과 어둠을 가르게 하셨다.
(창세기 1 : 14-19)
큰 빛들을 지으신 분께 감사하여라.……
밤을 다스릴
달과 별을 지으신 분께 감사하여라.
(시편 136 : 7-9)
낮도 주님의 것이요,
밤도 주님의 것입니다.
주께서 빛과 해를 창조하셨습니다.
(시편 74 : 16)
(주께서는) 낮에는 해를 주서서 빛을 밝혀 주시고, 밤에는 달과 별들이 빛을 밝히도록 정하여 놓으셨다.
(예레미야 31 : 35)

나 주가 이렇게 말한다. 낮에 대한 나의 약정과 밤에 대한 나의 약정을 너희가 깨뜨려서, 낮과 밤이 제시간에 오지 못하게 할 수 있겠느냐? 그런 일이 있을 수 없다면, 나의 종 다윗에게 세운 나의 언약도 깨지는 일이 없고,……나의 주야의 약정이 흔들릴 수 없고, 하늘과 땅의 법칙들이 무너질 수 없는 것과 마찬가지로, 야곱의 자손과 나의 종 다윗의 자손도, 내가 절대로 버리지 않을 것이다.
(예레미야 33 : 20, 21, 25, 26)

빛의 두 종류가 어두움게 된다는 말이 뜻하는 것이 무엇인지 알게 하기 위하여 위의 장절들이 인용되었습니다.

415. 13절. **그리고 내가 보고 들으니, 날아가는 독수리 한 마리가 하늘 한가운데로 날면서…….**
이 말씀은 주님에게서 온 가르침(敎訓)과 예언(預言)을 뜻합니다. 여기서 "독수리"(=천사・angel)는 최고의 뜻으로는 주님을 뜻하고, 그리고 역시 주님에게서 비롯된 어떤 것들을 뜻합니다(본서 344항 참조). "하늘 한가운데로 날면서 말한다"는 말씀은 지각하고, 이해하는 것을 뜻하고, 그리고 그 말씀이 주님에 관한 경우에는, 예견(豫見・foresee)하시고, 섭리(攝理・provide)하시는 것을 뜻합니다(본서 245항 참조). 그러나 여기서 그 말씀은 가르치는 것과 예언하는 것을 뜻합니다.

416. **큰소리로 "화가 있다. 화가 있다. 땅 위에 사는 사람들에게 화가 있다. 아직도 세 천사가 불어야 할 나팔 소리가 남아 있다" 하고 외쳤습니다.**
이 말씀은, 인애에서 분리된 믿음으로 교리와 삶을 확증한 교회 안에 있는 자들의 저주받은 상태에 대한 매우 깊은 애도(哀悼・lamentation)를 뜻합니다. "화가 있다"는 말은 어느 누구가 가지고 있는 악에 대한 애도(=슬픔)를 뜻하고, 따라서 그의 불행한 상태에 대한 슬픔을 뜻합니다. 그러나 여기서는 다음 장에, 그리고 그 뒤에 이어지는 장에서 다루어질 자들의 저주받은 상태를 뜻합니다. 그리고 "화가 있다, 화가 있다, 화가 있다"는 말은 가장 심한 애도와 비통함을 뜻합니다. 왜냐하면 삼중의 표현은 최상의 것이기 때문인데, 그 이유는 "셋"(3)이 모든 것과 충분한 것을 뜻하기 때문입니다(본서 505항 참조). "땅 위에 사는 사람들에게"라는 말은 성언이 존재하고 있는 교회 안에 있고, 그리고 그것에 의하여 주님을 잘 아는 자들을 뜻합니다. 여기서 "땅"(earth)이 교회를 뜻한다는 것은 앞서의 설명에서 잘 볼 수 있겠습니다(본서 285항 참조). 그리고 "지금 곧 불려고 하는 세 천사들의 나팔 소리"(=아직도 세 천사가 불어야 할 나팔 소리가 남아 있다)는 교리와 삶에 의하여 인애에서 분리된 믿음으로 자신들을 확증한 자들에게 있는 교회의 상태와 삶의 상태에 대한 조사와 밝힘을 뜻하고, 그리고 그들의 상태에 대한 깊은 애도를 뜻합니다. 여기서 "화가 있다"는 말은, 현재와 그리고 장차 있을 재앙・불행이나 그 밖의 많은 저주를 뜻하는데, 아래 장절에서 잘 드러나고 있습니다.

> 율법학자들과 바리새파 사람들아, 위선자들아, 너희에게 화가 있다!
> (마태 23 : 13-16, 23, 25, 27, 29)
> 인자를 넘겨 주는 그 사람에게는, 화가 있다.
> (누가 22 : 22)
> 죄짓게 하는 사람에게는 화가 있다.
> (누가 17 : 1)
> 집에 집을 더하고,
> 밭에 밭을 늘려 나가,
> 땅 한가운데서 홀로 살려고 하였으니,
> 너희에게 재앙이 닥친다!……
> 아침에 일찍 일어나 독한 술을 찾는 사람과,
> 밤이 늦도록
> 포도주에 얼이 빠져 있는 사람에게,
> 재앙이 닥친다!……
> 거짓으로 끈을 만들어 악을 잡아당기며,
> 수레의 줄을 당기듯이
> 죄를 끌어당기는 자들에게
> 재앙이 닥친다!……
> 악한 것을 선하다고 하고
> 선한 것을 악하다고 하는 자들,
> 어둠을 빛이라도 하며,
> 빛을 어둠이라고 하며,
> 쓴 것을 달다고 하고
> 단 것을 쓰다고 하는 자들에게

재앙이 닥친다!
스스로 지혜롭다고 하며,
스스로 슬기롭다 하는 그들에게,
재앙이 닥친다!
포도주쯤은 말로 마시고,
온갖 독한 술을 섞어 마시고도
끄덕도 하지 않는 자들에게,
재앙이 닥친다!
(이사야 5 : 8, 11, 18, 20-22 ; 그 밖의 많은 장절들)

417. 나는 여기에 <영계 체험기>를 부연하겠습니다. 나는 영계에서 두 종류의 짐승무리를 보았습니다. 하나는 염소의 무리였고, 다른 하나는 양의 무리였습니다. 나는 그들이 누구인지 알고 싶었습니다. 왜냐하면, 영계에서 보이는 동물들은 동물들이 아니고, 오히려 거기에 있는 자들의 정동에 속한 대응들이고, 그리고 그것에서 비롯된 그들의 생각들의 대응들이다는 것을 내가 알고 있기 때문입니다. 그래서 나는 그들에게 가까이 접근하였습니다. 내가 가까이 이르자, 동물들의 모습도 사라지고, 그것들 대신에 사람들이 보였습니다. 내가 밝히 알게 된 것은, 염소의 무리를 이룬 자들은 오직 믿음에 의하여 의롭게 된다(義唯信得義)는 교리로 스스로 확증한 자들이다는 것이고, 양의 무리를 이룬 자들은, 선과 진리가 하나이듯이, 인애와 믿음은 나눌 수 없는 하나이다고 믿는 자들이다는 것 등입니다. 그 때 나는 염소들처럼 보였던 자들과 이야기를 하였습니다. 나는 "왜 그대들은 이와 같이 모여 있습니까?" 하고 물었습니다. 그들은 주로 성직자로 이루어졌는데, 그들은, 그들이 오직 믿음만으로 의롭게 된다(稱義·justification)는 비의(秘義)를 알고 있기 때문에, 박학박식(博學博識)하다는 이유로 자신들의 명성을 떨친 성직자들이었습니다. 그들은 회의에 참석하기 위하여 모여 있다고 말하였습니다. 그 이유는 바울 사도가 말한 "사람은, 율법의 행위와는 상관없이, 믿음으로 의롭게 된다"(로마서 3 : 28)는 말씀이 올바르게 이해되지 않는다는 말을 들었기 때문이다고 말하였습니다. 바울이 말한 "율법의 행위들"은, 유대 사람들을 위한, 모세적인 율법(the Mosaic law)의 행위들을 뜻하기 때문인데, 그것은 우리도 역시 베드로에게 한 그의 말에서 명확하게 이해합니다. 바울은 베드로를 유대

인이 되게 한다고 비난하였습니다. 그럼에도 불구하고 그는 "율법을 지키는 행위로 의롭게 되는 것이 아니다"(갈라디아서 2 : 14-16)는 것을 잘 알고 있었습니다. 그리고 바울은 믿음에 속한 율법(the law of faith)과 선행에 속한 율법(the law of works), 유대 사람과 이방 사람, 할례자와 비할례자를 각각 분별하였습니다. 그리고 할례는 다른 곳에서와 같이, 유대주의를 뜻하였고, 그리고 이러한 것은 이런 말로 요약한 그의 말에서도 잘 나타나고 있습니다.

> 하나님은 유대 사람만의 하나님이십니까? 이방 사람의 하나님도 되시는 분이 아닙니까? 그렇습니다. 이방 사람의 하나님도 되십니다.……그러므로 할례를 받은 사람도 믿음으로 의롭게 하여 주시고, 할례를 받지 않은 사람도 믿음으로 의롭게 하여 주십니다. 그러면 우리가 믿음으로 율법을 폐합니까? 그럴 수 없습니다. 도리어 율법을 굳게 세웁니다.
> (로마서 3 : 27-31)

그는 이 모든 것을 하나의 연결된 시리즈로 말씀하였습니다. 그리고 그는 역시 앞장에서도 이렇게 말씀하였습니다.

> 하나님 앞에서는 율법을 듣는 사람이 의로운 사람이 아닙니다. 오직 율법을 실천하는 사람이라야 의롭게 될 것이기 때문입니다.
> (로마서 2 : 13)

그리고 또한—.

> 하나님께서는 "각 사람에게 그가 한 대로 갚아 주실 것입니다."
> (로마서 2 : 6)

그는 또 이렇게 말씀하셨습니다.

> 우리는 모두 그리스도의 심판대 앞에 나타나야 합니다. 그래서 각 사람은, 선한 일이든지 악한 일이든지, 몸으로 행한 모든 일에 따라, 마땅한 보응을 받아야 합니다.
> (고린도 후서 5 : 10)

이 밖에 그에게서 비롯된 많은 장절들이 있습니다. 그가 기술한 것들에게서 보면, 야고보서와 같이(야고보서 2 : 17-26), 바울은 선한 행위들이 없는 믿음을 배척하였습니다. 바울은 유대 사람을 위한 모세적인 율법의 행위를 뜻하고 있는데, 우리는 여기에 더하여 이런 깊은 생각에서 확증하는 것은, 모세 오경(五經)에 있는 유대 사람을 위한 모든 계율들이 "율법"(律法 · the law)이라고 불리웠다는 것, 그리고 따라서 그것이 바로 "율법에 속한 행위들"이라는 것도 우리는 아래 장절에서 깨달을 수 있겠습니다.

번제를 드리는 규례는 다음과 같다.
(레위기 6 : 9)
속건제사를 드리는 규례는 다음과 같다.
(레위기 7 : 1)
주께 화목제사를 드릴 때의 규례는 다음과 같다.
(레위기 7 : 7, 11)
이것은 번제와 곡식제와 속죄제와 속건제와 위임제와 화목제의 제물에 관한 규례이다.
(레위기 7 : 37)
위에서 말한 것은, 짐승과 새와 물 속에서 우글거리는 모든 고기 떼와 땅에 기어 다니는 모든 것에 관한 규례이다.
(레위기 11 : 46)
이것이 바로, 아들을 낳았든지 딸을 낳았든지, 산모가 아이를 낳은 다음에 지켜야 할 규례이다.
(레위기 12 : 7)
위에서 말한 것은 악성 피부병(=문둥병)이……정한지 부정한지를 정하는 규례이다.
(레위기 13 : 59 ; 14 : 2, 32, 54, 57)
위에서 말한 것은, 남자가 성기에서 고름을 흘리거나 정액을 흘려서 부정하게 되었을 때에 지킬 규례이다.
(레위기 15 : 32)
이것은 여인이 남편을 두고도, 그를 배신하여 제 몸을 더럽혀, 남편에게서 미움을 받을 때에 하는 의식이다. 때로는 남편이 공연히 의처증이 생겨 자기 아내를 미워하는 경우에……이 의식을 행하여야 한다.
(민수기 5 : 29, 30)

나실 사람이 지켜야 할 법은 이러하다.
(민수기 6 : 13, 21)
장막에서 사람이 죽을 때에 지켜야 할 법이다.
(민수기 19 : 14)
이것은 흠 없는 온전한 붉은 송아지에 관한 율례이다.
(민수기 19 : 2)
이것은 왕을 위한 규례이다.
(신명기 17 : 15-19)

사실 모세의 오경(五經)을 이렇게 불렀습니다.

율법의 책(the book o the law).
(신명기 31 : 9, 11, 12, 26 ; 누가 2 : 22 ; 24 : 44 ; 요한 1 : 45 ; 7 : 22, 23 ; 8 : 5 ; 그 밖의 여러 장절들)

여기에다 그들은 그들이 바울의 서신에서 본 것을 부연하였는데, 살아야 할 십성언의 규례와 그리고 이웃을 향한 사랑을 가리키는(로마서 13 : 8-11), 인애에 의하여 성취하여야 할 것을, 다시 말하면 오직 믿음만이라는 것이 아니다는 것입니다. 그들은, 이것이 그들이 모이게 된 이유라고 말하고 있었습니다.

   그러나 나는 그들을 방해하지 않기 위하여 물러났습니다. 그 때 그들은 먼 거리에서 염소들과 같이 나타났는데, 그들은 때로는 누워 있는 듯이, 때로는 서 있는 듯이 보였습니다. 그러나 그들은 양의 무리에서는 멀리 외면하였습니다. 그들은, 그들이 깊이 생각할 경우에는, 마치 누운 모습으로 나타났고, 그들이 한 결론에 이르렀을 경우에는, 마치 서 있는 모습으로 보였습니다. 그러나 나는 그것들의 뿔들에 내 시각을 고정시키고 있었기 때문에, 내가 보고서 놀란 것은, 그들의 이마 위의 뿔들이 어떤 때는 앞으로, 뒤로 휘어지고, 그런 뒤에는 뒤로 굽어지고, 종국에는 전적으로 뒤로 완전히 젖혀졌다는 것입니다. 그 때 그들은 갑자기 양의 무리를 향해 돌아섰습니다. 그러나 그들은 여전히 염소들로 보였습니다. 그래서 나는 그들에게 다시 다가가서, 그것이 무슨 일이냐고 물었습니다. 그들은 이런 결론에 이르렀다고 대답하였는데, 그 결론은, 나무가 열매를 생산하듯이, 믿음만의 교리는, 선행들이라고 부르는 인애에 속한 선들을 생산한다는 것이었습니다. 그러나 그 때 위에서부터 천둥소리가 들렸고, 번갯불도 보였습니다. 그리고 즉시 두 무리들 사이에 한 천사가 서 있는 모습으로 나타났는데, 그 천사는 양의 무리에게 외쳤습니다. "그들의 말을 듣지 마십시오. 그들은 그들의 종전의 믿음에서 물러나지 않았습니다. 그들의 종전의 믿음이라는 것은, 하나님 아버지께서는 아들 때문에 불쌍히 여기는 연민(憐憫・compassion)을 가지고 계신데, 그런 믿음은 주님을 믿는 믿음이 아닙니다. 믿음은 나무가 아니고, 사람이 나무를 가리킵니다. 회개를 하십시오. 그리고 주님만을 우러르십시오. 그러면 여러분은 진정한 믿음을 가질 것입니다. 그 전에 있는 믿음은 어떤 산 것이 존재해 있는 믿음은 결코 아닙니다"라고 외쳤습니다. 그 때 뒤로 젖혀져 있는 뿔을 가진 염소들은 양의 무리에 근접하려고 하였습니다. 그러나 그들 사이에 서 있는 천사는 양들을 좌우 양쪽으로 두 무리로 갈라놓았습니다. 그리고 왼쪽에 있는 무리에게, "그대들은 염소의 무리에 합치십시오. 내가 그대들에게 할 수 있는 말은, 그것들을 죽이려고 하는 이리가 올 것입니다. 여러분은 그것들과 함께 있을 것입니다"라고 말하였습니다.

그러나 양의 두 무리가 갈라진 뒤에, 왼쪽에 있는 그들은 천사의 경고를 들었지만, 그들은 다른 쪽을 보면서 "우리의 옛 벗들이여, 우리 함께 의논합시다"라고 말하였습니다. 그 때 왼쪽의 무리는 오른쪽의 무리에게, "그대들은 왜 당신들의 목자들에게서 물러났습니까? 믿음과 인애는, 나무가 그것의 열매와 하나인 것과 같이, 하나가 아닙니까? 왜냐하면 그 나무는 그것의 가지에 의하여 열매로 계속 이어지기 때문입니다. 계속해서 열매 속으로 들어가는 것을 그 가지에서 잘라버린다면, 그 열매는 죽어버릴 것 아닙니까? 만약에 그렇지 않다고 한다면 우리의 성직자들에게 물어보십시오"라고 말하였습니다. 그 때 왼쪽의 양의 무리는 물었습니다. 그 때 그 성직자들은 나머지들을 둘러보면서, 그들이 아주 잘 말하였다는 것을 알려주려고 눈짓을 하였습니다. 그러나 그 때 성직자들이 한 대답은 그것이 사실이고, 그 믿음은 그 열매에 의하여 계속 보존된다고 하였지만, 그러나 그들은 믿음이 열매 안에서 계속 이어진다는 것은 말하지 않았습니다. 그러나 오른쪽 양의 무리 가운데 있었던 성직자들 중 하나가 일어나서, "그들은 여러분에게 그것이 사실이다고 대답하였지만, 그러나 그들은 그들의 동료들에게 그것이 사실이 아니라고 말하였습니다. 왜냐하면 그들은 그와 달리 생각하기 때문입니다"라고 말하였습니다. 그러므로 오른쪽 양의 무리는 "그들이 가르쳐 준 것들을 어떻게 해서 그들은 그렇게 생각하고, 그렇게 생각하지 않는 것입니까?" 하고 물었습니다. 그가, "아니오, 그들은, 구원이나 영생(永生)을 위하여 사람이 행하는, 선행이라고 하는 인애에 속한 모든 선을 선이라고 생각하지 않고, 악이라고 생각합니다. 그런 이유 때문에, 사람은 자기 자신의 선행들에 의하여 자기 자신이 구원받기를 열망하고, 그리고 오직 구세주의 정의(正義·justice)와 공로(功勞·merit)를 자기의 것으로 요구하기를 열망합니다. 모든 선행에 있어서 다 그러한데, 거기에서 사람은 자신의 뜻을 느낄 것입니다. 그러므로 그런 것들 중에서 그들은 사람으로 말미암아 선행이라고 부르기 때문에, 축복이라고 생각하지 않고, 저주받은 것이라고 생각합니다. 그리고 그들은 천국보다는 지옥에 더 적합하다고 말합니다"라고 말하였습니다. 그러나 왼쪽에 있는 양의 무리는 "여러분은 그들에 대하여 그릇된 생각을 말하고 있습니다. 그들은 우리 앞에서, 그들이 믿음에 속한 일들이라고 하는 인애나 그것의 선행들을 분명하게 설교하지 않지요?"라고 말하였습니다. 그는, "여러분은 그들의 설교들을 이해하지 못하오. 지금 여기에 있는 이 성직자만 유의(留意)하시고, 이해하십시오. 그들은 도덕적인 인애만을 생각하고, 그리고 시민법적이고, 정치적인 선들만을 생각하는데, 그들은 그것들을 믿음에 속한 선들이라고 부르지만, 그럼에도 불구하고 그것들은 전혀 그렇지가 않습니다. 왜냐하면 사람은 무신론자(無神論者)일 수도 있고, 그리고 사람은 동일한 방법이나, 동일한 겉모양으로 이런 일들을 행할 수도 있기 때문입니다. 그러므로 그들은, 이구동성(異口同聲)으로 어느 누구도 그 어떤 선행들에 의하여 구원받을 수 없고, 오히려 오직 믿음에 의해서만 구원받을 수 있다고 주장합니다. 그러나 이러한 내용은 몇몇 비교들을 들어서 입증하고자 합니다. 사과나무는 사과를 생성합니다. 그러나 만약에 사람이 마치 사과나무가 계속해서 사과를 생성하듯이, 구원을 목적해서 선한 것을 행한다면, 그 때 그 사람들은 안에서 썩고, 벌레들로 가득한 사과를 맺을 것입니다. 그리고 그들은 포도나무가 포도열매를 생성하지만, 그러나 만약에 사람이 포도나무가 포도를 생성하듯이, 영적인 선들을 행한다면, 그는 들포도를 생성할 것입니다"라고 말하였습니다. 그러나 그 때 그들은 "믿음의 열매들을 가리키는 인애나 선행에 속한 그들의 선들의 본성(本性)은 무엇입니까?"라고 질문하였습니다. 그는, "그것들은 성령으로 말미암아 사람 안에 내적으로 존재하기 때문에 눈에 띄지 않고, 사람은 그것에 관해서 아무것도 알지 못합니다"라고 대답하였습니다. 그러나 그들은, "만약에 사람이 그것들에 관해서 전혀 알지 못한다면, 거기에는 반드시 어떤 결합이 있어야만 하든가, 그렇지 않으면 어떻게 해서 그들은 그것들을 믿음에 속한 선행들이라고 할 수 있겠습니까? 아마도 그와 같은 보이지 않는 선들은 그 때 어떤 간접적인 입류(some mediating influx)에 의하여 사람의 자의적인 선행들 안에 침투될 것입니다. 예를 들면, 의지에 속한 정동・열망・영감・자극・흥분 같은 것들에 의하여, 그리고 생각 안에 있는 무언(無言)의 지각이나 그것에서 비롯된 권고(勸告)나 뉘우침(痛悔), 따라서 양심(良心)에 의하여, 그리고 그것에서 비롯된 성언이나 십성언(十聖言・the Decalogue)에 대한 마음의 자극이나 복종에 의하여, 마치 어린 아이들이나, 지혜로운 사람처럼, 또는 이와 비슷한 성질에 속한 어떤 것들에 의하여, 사람의 자의적인 선행들 안에 침투할 것입니다"라고 대답하였습니다. 그러나 그는 "아닙니다. 그리고 만약에 그들이 믿음에 의한다는 것 때문에, 이런 것들에 의하여 그것이 이루어진다고 말한다면, 그들은 여전히 그것들이 믿음에서 발출하지 않는다는 그런 식의 말로 덮어버릴 것입니다. 더욱이 몇몇은 '그것은 한낱 믿음에 속한 표지들뿐이지, 인애와의 결속(結束) 따위는 아니오'라는 말로 계속해서 주장합니다. 뿐만 아니라 몇몇은 성언에 의한 결합에 관해서도 생각하였습니다"라고 대답하였습니다. 그러나 그 때 그들은 "사람이 성언에 일치하여 자의적으로 행동할 때 거기에 이와 같은 결합이 있는 것 아닙니까?"라고 물었습니다. 그러나 그는 "이것은 그들이 생각하는 것은 아닙니다. 그들은 그것이 오로지 성언을 듣는 것에 의미를 둘뿐, 따라서 성언의 이해에 의미를 두지 않습니다. 그 이유는 어떤 것이 이해에 의하여 사람의 생각이나 바람 속에 명확하게 들어가는 것을 원하지 않기 때문입니다. 왜냐하면 그들은, 사람 안에 있는 모든 자의적인 것은 공로적인 것이라고 주장하기 때문입니다. 그리고 또한 영적인 것들에서도 사람은 나무토막과 다름이 없이 어떤 것을 시작할 수도, 원할 수도,

생각할 수도, 이해할 수도 없고, 또한 믿을 수도, 활동하거나, 협력할 수도 없습니다. 그럼에도 불구하고, 그것은, 믿음에 의하여 설교자의 말에 들어가는 성령의 입류(入流・the influx of the Holy Spirit)와는 전혀 다릅니다. 그 이유는 이런 것들은 입에 속한 행위들이지, 몸통에 속한 행위들은 아니기 때문입니다. 마찬가지로 사람은 하나님이 함께 하는 믿음에 의하여 움직이지만, 그러나 사람들과 함께 하는 인애에 의하여서는 움직이지 않기 때문입니다"라고 대답하였습니다. 그러나 그들 중의 하나가 결합이 성언을 듣는 것에 의하여 있을 뿐이지, 성언을 이해하는 것에 의해서는 있지 않다는 말을 듣고서, 분노하여 "결합은 성령에 의하여 성언의 이해를 거쳐서 있는 것 아닙니까? 사람이 교회 두루두루에서 예배하는 동안, 스스로 외면하거나, 또는 말뚝처럼 귀머거리로 앉아 있거나 그가 졸고 있는 동안에, 또는 성경책에서 발산되는 것에 의하여 결합은 가능합니까? 더 이상 우스꽝스러운 것이 어디에 있습니까?"라고 말하였습니다. 이런 일이 있은 뒤, 다른 사람에 비하여 판단이 빠른 오른쪽 무리의 어떤 사람이 자기 말을 듣기를 간청하면서, "나는 어떤 사람이 '나는 포도원을 가꾸었는데, 지금은 취하기까지 포도주를 마실 것입니다'라고 말하는 것을 들은 적이 있습니다. 그러자 다른 사람이, '당신은 당신의 오른손으로 당신의 잔으로 포도주를 마실 것입니까?' 하고 물었습니다. 그는 '아니오, 나는 보이지 않는 손으로, 보이지 않는 잔으로 마실 것입니다'라고 대답하였습니다. 그러자 또 다른 사람이 '그 때 당신은 정말로 만취상태에 있지 않을 것입니다'라고 대답하였습니다"라고 말하였습니다. 즉시 동일한 그 사람이 "그러면 원하건대, 내 말을 들어 보십시오. 나는 당신에게, 이해된 성언에서부터 포도주를 마십시오. 당신은 성언이 주님이시다는 것을 모르십니까? 주님으로 말미암아 성언은 존재하지 않습니까? 그러므로 주님께서는 성언 안에 계시지 않습니까? 그 때 만약에 당신이 성언으로 말미암아 좋은 일을 행한다면 당신은 그것을 주님으로 말미암아, 다시 말하면 주님의 입과 뜻으로 말미암아 그것을 행한 것이 아닙니까? 그리고 만약에 동시에 당신이 주님을 우러른다면, 역시 주님께서는 당신을 인도하실 것이고, 그리고 그것을 행하게 하실 것이고, 그리고 주님께서는 당신을 통하여 이 일을 하실 것이고, 그리고 당신은 마치 자기 자신에게서 비롯된 것처럼 이 일을 하실 것입니다. 임금으로 말미암아, 또는 그의 입과 의지로 말미암아, 어떤 일을 할 때, '나는 나 자신으로 내 입, 즉 명령으로, 그리고 내 자신의 뜻에서 이 일을 행한다'고 누가 말할 수 있습니까?"라고 말하였습니다. 이런 일이 있은 뒤, 그는 그 성직자에게 되돌아가서, "하나님의 종들이요, 양 떼들을 잘못 인도하지 마십시오"라고 말하였습니다. 이런 말들을 듣자, 왼쪽에 있는 무리의 대부분은 거기를 떠나, 오른쪽에 있는 무리와 결합하였습니다. 그 때 몇몇 성직자들이 "우리는 전에는 한 번도 들은 적이 없는 말을 들었습니다. 우리는 목자들입니다. 우리는 양 떼를 떠나지 않을 것입니다"라고 말하였습니다. 그리고 그들은 그들과 함께 떠났습니다. 그리고 "그 사람은 참된 말(a true word)을 하였습니다. 어느 누구가, 만약에 그가 성언으로부터, 따라서 주님으로 말미암아, 또는 주님의 입과 뜻으로 어떤 일을 행할 때, 나는 내 자신으로 말미암아 이 일을 행한다라고 말할 수 있습니까? 임금의 명령이나 뜻에 따라서 어떤 일을 하는 사람이 '나는 내 스스로 이 일을 한다'라고 누가 말합니까?"라고 그는 말하였습니다.

 여기서 우리는 성직자 단체에 의하여 시인된 믿음과 선행의 결합이 발견되지 않은 이유를 가리키는 신령섭리를 보고 있습니다. 그것은 발견될 수 없습니다. 그 이유는 이런 결합은 주어지지 않기 때문입니다. 왜냐하면 그들의 모든 것들은 성언이신 주님을 믿는 믿음이 아니기 때문입니다. 그리고 따라서 그것은 역시 성언에서 비롯된 믿음이 아니기 때문입니다. 그러나 다른 성직자들은, 자신들의 모자를 흔들면서 떠나갔습니다. 그리고 "오직 믿음뿐이요! 오직 믿음만이요. 믿음으로 끝까지 살 것이요"라고 소리를 질렀습니다.

제 9장 본   문(9장 1-21절)

1 다섯째 천사가 나팔을 불었습니다. 내가 보니, 하늘에서 땅에 떨어진 별이 하나 있는데, 그 별은 아비소스를 여는 열쇠를 받았습니다.
2 그 별이 아비소스를 여니, 거기에서 큰 용광로의 연기와 같은 연기가 올라왔습니다. 그래서 해와 하늘이 그 구덩이에서 나온 연기 때문에 어두워졌습니다.
3 그리고 그 연기 속에서 메뚜기들이 나와서 땅에 퍼졌습니다. 그것들은, 땅에 있는 전갈이 가진 것과 같은 권세를 받아 가지고 있었습니다.
4 그것들은, 땅에 있는 풀이나 푸성귀나 나무는 하나도 해하지 말고, 이마에 하나님의 도장이 찍히지 않은 사람만을 해하라는 명령을 받았습니다.
5 그러나 그들에게는, 사람들을 죽이지는 말고, 다섯 달 동안 괴롭게만 하라는 허락이 내렸습니다. 그것들이 주는 고통은 마치 전갈이 사람을 쏠 때와 같은 고통이었습니다.
6 그 기간에는 그 사람들이 죽으려고 애써도 죽지 못하고, 죽기를 원해도 죽음이 그들을 피하여 달아날 것입니다.
7 그 메뚜기들의 모양은 전투 채비를 한 말들과 같고, 머리에는 금면류관과 같은 것을 쓰고, 그 얼굴은 사람의 얼굴과 같았습니다.
8 그리고 그것들은, 여자의 머리털 같은 머리털이 있고, 이빨은 사자의 이빨과 같고,
9 쇠로 된 가슴막이와 같은 가슴막이를 두르고, 그 날개 소리는 마치 전쟁터로 내닫는 많은 말이 끄는 병거 소리와 같았습니다.
10 그것들은 전갈과 같은 꼬리와 침을 가졌는데, 그 꼬리에는 다섯 달 동안 사람을 해할 수 있는 권세가 있었습니다.
11 그것들은 아비소스의 사자를 자기들의 왕으로 떠받들었는데, 그 이름은 히브리 말로는 아바돈이요, 그리스 말로는 아볼루온입니다.
12 첫째 재앙이 지나갔습니다. 그러나 아직도 두 가지 재앙이 더 닥쳐올 것입니다.
13 여섯째 천사가 나팔을 불었습니다. 나는 하나님 앞에 있는 금제

단의 네 뿔에서 울려 나오는 음성을 들었습니다.

14 그것은 나팔을 가진 여섯째 천사에게 "큰 강 유프라테스에 매여 있는 네 천사를 풀어놓아 주어라" 하는 음성이었습니다.

15 그래서 그 네 천사가 풀려 났습니다. 그들은 사람의 삼분의 일을 죽이기로, 그 해, 그 달, 그 날, 그 때를 위하여 예비된 이들입니다.

16 내가 들은 바로는 그 천사들이 거느린 기마대의 수는 이억이나 된다는 것입니다.

17 나는 이러한 환상 가운데서 말들과 그 위에 탄 사람들을 보았는데, 사람들은 화홍색과 청색과 유황색 가슴막이를 둘렀고, 말들은 머리가 사자의 머리와 같으며, 입에서는 불과 연기와 유황을 내뿜고 있었습니다.

18 그 입에서 나오는 불과 연기와 유황, 이 세 가지 재앙으로 사람의 삼분의 일이 죽임을 당하였습니다.

19 그 말들의 힘은 입과 꼬리에 있는데, 꼬리는 뱀과 같고, 또 꼬리에 머리가 달려 있어서, 그 머리로 사람을 해쳤습니다.

20 이런 재앙에서 죽지 않고 살아 남은 사람이 자기 손으로 한 일들을 회개하지 않고, 오히려 귀신들에게나, 또는 보거나 듣거나 걸어 다니지 못하는, 금이나 은이나 구리나 돌이나 나무로 만든 우상들에게, 절하기를 그치지 않았습니다.

21 그들은 또한 살인과 복술과 음행과 도둑질을 회개하지 않았습니다.

간추린 영적인 뜻(9장 1-21절)

◆ 전장의 간추린 대의(大意)

인애에서 분리된 믿음의 확증 때문에 유식한 사람이나 지혜로운 사람이라고 불리우는 개혁교회(the church of the Reformed) 안에 있는 자들에 속한 삶의 상태와 그리고 오직 그것에 의하여 칭의(稱義·

justification)와 구원(救援·salvation)에 관한 조사와 밝힘을 뜻합니다 (1-12절). 오직 믿음만이라는 가르침 안에 있지만, 그렇게 유식하지도 않고, 현명하지도 않지만, 그리고 만족해서 그것에 따라서 사는, 그 교회에 있는 자들의 조사와 밝힘을 뜻합니다(13-19절). 마지막으로 사람이 그것에 의하여 구원받는 것은 믿음만이 전부이다는 것 이외에는 전혀 아무것도 알지 못하고, 그리고 그 밖에 아무것도 알지 못하는 그 교회 안에 있는 자들의 조사와 밝힘을 뜻합니다(20, 21절).

◆ 각절의 간추린 대의(大意)

[1절] :
"다섯째 천사가 나팔을 불었다"라는 말씀은, 인애에서 분리된 믿음의 확증으로 말미암아 유식하고, 슬기롭다는 말을 듣는 개혁교회(the church of the Reformed) 안에 있는 자들의 삶의 상태에 관한 조사와 밝힘을 뜻하고, 그리고 또한 오직 믿음만에 의한 칭의(稱義)와 구원이 있다는 사람들의 삶의 상태에 관한 조사와 밝힘을 뜻합니다(본서 419항 참조). "내가 보니, 하늘에서 땅에 떨어진 별이 하나 있다"는 말씀은 천계에서부터 그들에게 있는 교회에 유입하는 신령진리를 뜻하고, 그리고 조사되고 밝혀지는 신령진리를 뜻합니다(본서 420항 참조). "그 별은 아비소스를 여는 열쇠를 받았다"는 말씀은 그들의 지옥의 열림(opening of their hell)을 뜻합니다(본서 421항 참조).

[2절] :
"그 별이 아비소스를 여니, 거기에서 큰 용광로의 연기와 같은 연기가 올라왔다"는 말씀은 그들의 나쁜 사랑(=애욕)에서 솟아나는 자연적인 사람의 탐욕이나 정욕에 속한 거짓들을 뜻합니다(본서 422항 참조). "그래서 해와 하늘(=공기)이 그 구덩이에서 나온 연기 때문에 어두워졌다"는 말씀은 그것으로 인하여 진리의 빛이 칠흑같이 어두웁게 되었다는 것을 뜻합니다.

[3절] :
"그리고 그 연기 속에서 메뚜기들이 나와서 땅에 퍼졌습니다"라는 말씀은 그들로부터 가장 낮은 것들에 퍼진 거짓들을 뜻하는데, 그런 것들은 감관적인 사람이 된 그들에게 있는, 그리고 감관들이나 그들의

오류들로부터 모든 것들을 보고, 판단하는 사람들이 가지고 있는 것들입니다(본서 424항 참조). "그것들은, 땅에 있는 전갈이 가진 것과 같은 권세를 받아 가지고 있었습니다"라는 말씀은 그들의 거짓들이 진리들이다고 하는 설득력(說得力)을 뜻합니다(본서 425항 참조).
[4절] :
"그것들은, 땅에 있는 풀이나 푸성귀나 나무는 하나도 해하지 말고, 이마에 하나님의 도장이 찍히지 않은 사람만을 해하라는 명령을 받았습니다"라는 말씀은, 인애 안에 있지 않고, 그리고 그것에서 비롯된 믿음 안에 있지 않는 자들 이외에는 다른 누구에게서도 그 어떤 진리도, 믿음에 속한 선도, 그리고 그것들에게 속한 어떤 정동이나 지각도, 그들이 빼앗기지 않게 하는 주님에게 속한 신령섭리(神靈攝理·the Divine providence)를 뜻합니다(본서 426항 참조).
[5절] :
"그러나 그들에게는, 사람들을 죽이지 말고, 다섯 달 동안 괴롭게만 하라는 허락이 내렸습니다"는 말씀은 이들에게서는 그들이 진리와 선을 이해하고, 원하고 의도하는 기능이 제거되지 않고, 오히려 그들은 짧은 기간 동안 기절(氣絶·stupor)의 상태에 이르게 할 수 있다는 것을 뜻합니다(본서 427항 참조). "그것들이 주는 고통은 마치 전갈이 사람을 쏠 때와 같은 고통이었습니다"라는 말씀은 이것이 그들의 설득력(說得力)에서 비롯된다는 것을 뜻합니다(본서 428항 참조).
[6절] :
"그 기간에는 그 사람들이 죽으려고 애써도 죽지 못하고, 죽기를 원해도 죽음이 그들을 피하여 달아날 것입니다"라는 말씀은, 믿음에 속한 사안들에서 이해가 닫혀지고, 의지가 폐쇄되어, 그것으로 인하여 영적인 빛이나 영적인 생명이 소멸되기를 바라지만, 그럼에도 불구하고 이런 일은 일어날 수 없다는 것을 뜻합니다(본서 429항 참조).
[7절] :
"그들의 메뚜기들의 모양"은 인애에서 분리된 믿음으로 스스로 굳힌 자들의 외현(外現)들이나 형상(形狀)들을 뜻합니다(본서 430항 참조). "(모양들)은 전투 채비를 한 말들과 같다"라는 말씀은, 그들이 추론할 수 있기 때문에, 자신들에게는 마치 그들이 성언에서 비롯된 진리의 이해로 인하여 싸우는 것 같이 보인다는 것을 뜻합니다(본서 431항 참

조). "머리에는 금 면류관과 같은 것을 썼다"는 말씀은 그들이 자기 자신에게는 마치 그들이 전쟁에서 승리한 자처럼 보인다는 것을 뜻합니다(본서 432항 참조). "그 얼굴은 사람의 얼굴과 같았습니다"라는 말씀은 그들이 자기 자신에게는 마치 그들이 지혜로운 사람 같이 보인다는 것을 뜻합니다(본서 433항 참조).

[8절] :
"그것들은, 여자의 머리털 같은 머리털이 있다"는 말씀은, 그들이 자기 자신에게는 마치 그들이 진리의 정동 안에 있는 것 같이 보인다는 것을 뜻합니다(본서 434항 참조). "이빨은 사자의 이빨과 같다"는 말씀은 자연적인 사람에 속한 삶의 궁극적인 것들인 감관적인 것들이 그들에게는 모든 것들을 다스리는 능력을 가지고 있는 것 같이 보인다는 것을 뜻합니다(본서 435항 참조).

[9절] :
"그들은 쇠로 된 가슴막이와 같은 가슴막이를 둘렀다"는 말씀은, 그들이 그것들에 의하여 싸우고, 승리하고, 그리고 자신들에게는 매우 능력 있게 보이기 때문에, 그들이 누구에게서도 논박당할 수 없다는 것을 가리키는 온갖 오류에서 비롯된 논증들(論證·arguments)을 뜻합니다(본서 436항 참조). "그 날개 소리는 마치 전쟁터로 내닫는 많은 말들이 끄는 병거 소리와 같았다"는 말씀은 그들의이 온갖 추론들(推論· reasonings)을 뜻하는데, 그것들은 마치 충분하게 이해된 성언에서 비롯된 교리의 진리들에게서 온 것과 같았고, 그리고 그것들을 위하여 그들은 열심히 싸워야 하는 것 같았다는 것을 뜻합니다(본서 437항 참조).

[10절] :
"그것들은 전갈과 같은 꼬리와 침을 가졌다"는 말씀은 그것들에 의하여 그들이 기절상태를 야기시키는 위화된 성언의 진리들을 뜻합니다(본서 438항 참조). "그 꼬리에는 침이 있었고, 그 꼬리에는 다섯 달 동안 사람을 해할 수 있는 권세가 있었습니다"라는 말씀은, 그들이 그것들에 의하여 잠시 동안 그들의 이해를 어두움게 하고, 흘리게 하는, 따라서 속이고, 사로잡는 매우 교활하게 위화된 성언의 온갖 위화들을 뜻합니다(본서 439항 참조).

[11절] :

"그것들은 아비소스의 사자를 자기들의 왕으로 떠받들었는데, 그 이름은 히브리 말로는 아바돈이요, 그리스 말로는 아볼루온입니다"라는 말씀은, 그들이 온갖 정욕들에게서 비롯된 거짓들 안에 있는 사탄적인 지옥 안에 있다는 것과, 그리고 그들이 성언의 총체적인 위화들에 의하여 교회를 파괴했다는 것을 뜻합니다(본서 440항 참조).

[12절] :
"첫째 재앙이 지나갔습니다. 그러나 아직도 두 가지 재앙이 더 닥쳐올 것이다"는 말씀은 교회의 상태에 대한 매우 깊은 애도를 뜻합니다(본서 441항 참조).

[13절] :
"여섯 째 천사가 나팔을 불었다"는 말씀은, 현명하지도 않고, 그리고 여전히 종교에 속한 모든 것을 믿음 안에 두고, 그리고 오직 그것만을 생각하고, 그들이 좋아하는 것에 따라서 사는 개혁교회 안에 있는 그들의 삶의 상태에 대한 조사와 밝힘을 뜻합니다(본서 442항 참조). "나는 하나님 앞에 있는 금제단의 네 뿔에서 울려나오는 음성을 들었습니다"라는 말씀은 영적인 천계를 거쳐서, 조사받고, 밝혀지게 될 자들에 대한 주님에게서 온 명령을 뜻합니다(본서 443항 참조).

[14절] :
"(그 음성은) 나팔을 가진 여섯째 천사에게 '큰 강 유프라테스에 매여 있는 네 천사들을 풀어 놓아 주어라' 하는 음성이었습니다"라는 말씀은, 그들의 마음의 내면적인 것들이 드러나기 위해서는 외적인 구속들이 그들에게서 제거되어야 한다는 것을 뜻합니다(본서 444항 참조).

[15절] :
"그래서 그 네 천사가 풀려났습니다"라는 말씀은 외적인 구속들이 제거되었을 때, 그들의 마음의 내면적인 것들이 나타났다는 것을 뜻합니다(본서 445항 참조). "그들은 사람의 삼분의 일을 죽이기로, 그 해, 그 달, 그 날, 그 때를 위하여 예비된 이들입니다"는 말씀은 그 교회에 속한 사람들로부터 영적인 빛이나 영적인 생명을 제거하기 위한 애씀의 상태에 계속해서 그들이 있다는 것을 뜻합니다(본서 446항 참조).

[16절] :
"그 천사들이 거느린 기마대의 수는 이억이나 됩니다"라는 말씀은, 악에 속한 더할 나위 없는 거짓들의 아주 큰 것들로 그들의 마음의 내면

적인 것들을 가득 채운 믿음만의 교리에 관한 추론들을 뜻합니다(본서 447항 참조). "내가 그들의 수에 대해서 들었다"는 말씀은 그들의 성품이 지각되었다는 것을 뜻합니다(본서 448항 참조).
[17절] :
"나는 이러한 환상 가운데서 말들과 그 위에 탄 사람들을 보았다"는 말씀은 오직 믿음만이라는 교리에 관한 그들의 마음의 내면적인 것들에 속한 추론들이 가공적이고, 환상적이라는 것과, 그리고 그들 자신들은 그런 것들로 미치었다는 것 등등이 밝히 까발려졌다는 것을 뜻합니다(본서 449항 참조). "사람들은 화홍색과 청색과 유황색 가슴막이를 둘렀다"는 말씀은 그들의 가공적인 것이나 환상적인 논쟁들이 지옥적인 사랑과 그들 자신의 총명에서, 그리고 그것에서 비롯된 온갖 정욕들에게서 비롯되었다는 것을 뜻합니다(본서 450항 참조). "말들의 머리가 사자의 머리와 같았다"는 말씀은, 마치 능력 안에 있는 것과 같은 오직 믿음만이라는 교리에 관한 환상들(幻想·fantasies)을 뜻합니다(본서 451항 참조). "말들의 입에서는 불과 연기와 유황을 내뿜고 있었습니다"라는 말씀은 그들의 사상들이나 대화들을 내면적으로 보면, 거기에는 아무것도 없고, 자기사랑과 세상사랑을 제외하면 그것들에게서 나오는 것은 아무것도 없고, 그리고 자기 총명에 속한 자만과 이들 두 사랑에서 비롯된 악과 거짓에 속한 정욕들만 있다는 것을 뜻합니다(본서 452항 참조).
[18절] :
"그 입에서 나오는 불과 연기와 유황, 이 세 가지 재앙으로 사람의 삼분의 일이 죽임을 당하였습니다"라는 말씀은 이런 것들로 말미암아 그 교회에 속한 사람들이 멸망할 것을 뜻합니다(본서 453항 참조).
[19절] :
"그 말들의 힘은 입과 꼬리에 있다"는 말씀은, 그들이 그들의 대화에 의하여 믿음의 확증을 잘 설득한다는 것을 뜻합니다(본서 454항 참조). "그들의 꼬리는 뱀과 같고, 또 꼬리에 머리가 달려 있어서, 그 머리로 사람을 해쳤습니다"라는 말씀은 그들이 감관적이고, 왜곡되었기 때문에 그들의 입술로는 진리들을 떠벌리지만, 그러나 그들의 종교에 속한 으뜸적인 것을 형성하는 원칙들에 의하여 그것들을 위화하는 그런 이성이나 추론을 뜻합니다. 따라서 그들이 속인다는 것을 뜻합니다(본서

455항 참조).

[20절] :

"이런 재앙에서 죽지 않고 살아 남은 사람들"이라는 말씀은, 앞에서 언급한 것과 같이, 환상적인 추론들과 자기사랑과 자기 자신의 총명의 자만과 온갖 정욕들로 인하여 영적으로 죽지 않았지만, 그러나 그들의 종교적인 으뜸을 오직 믿음으로만 여기는 개혁교회 안에 있는 자들을 뜻합니다(본서 456항 참조). "자기 손으로 한 일들을 회개하지 않았다"는 말씀은 그들이 죄악으로 여겨, 모든 종류의 죄악들을 가리키는 그들의 자아(自我·固有屬性)에 속한 것들을 단절하지 않았다는 것을 뜻합니다(본서 457항 참조). "그들은 귀신들에게 절하기를 그치지 않았다"는 말씀은 따라서 그들이 그들의 탐욕들에 속한 온갖 악들 안에 있다는 것과, 그리고 지옥에 있는 그들과 닮은 자들과 하나를 이루었다는 것을 뜻합니다(본서 458항 참조). "금이나 은이나 구리나 돌이나 나무로 만든 우상들"이라는 말씀은, 그와 같은 그들이 진정한 거짓들에게서 비롯된 예배 안에 있다는 것을 뜻합니다(본서 459항 참조). "보거나 듣거나 걸어 다니지 못한다"는 말씀은 그것 안에는 영적이고, 진실한 합리적인 삶에 속한 것은 아무것도 없다는 것을 뜻합니다(본서 460항 참조).

[21절] :

"그들은 또한 살인과 복술과 음행과 도둑질을 회개하지 않았습니다"라는 말씀은 믿음만의 교리에 속한 이단사설(異端邪說)이 자신들의 마음을 어리석고, 멍청하고, 평계를 유발하고, 완고하게 만들기 때문에, 그러므로 그들은 십성언에 속한 계율들을 전혀 생각하지 않고, 그리고 그것이 악마는 좋아하고, 하나님은 반대하기 때문에 응당 그들이 끊어야만 할 어떤 죄악에 대해서도 실제로 생각하지 않는다는 것을 뜻합니다(본서 461항 참조).

제 9장 상세한 영적인 해설(9장 1-21절)

419. 1절. **다섯째 천사가 나팔을 불었습니다.**
이 말씀은 인애에서 분리된 믿음의 확증으로 말미암아, 그리고 오직 믿음으로 의롭게 되고(稱義), 구원받는다는 믿음의 확증으로 유식한 사람이고 지혜로운 사람이라는 말을 듣는 개혁교회 안에 있는 자들의 삶의 상태에 관해서 조사하고, 밝히는 것을 뜻합니다. 아래 12절까지에 걸쳐 이런 내용이 다루어지고 있다는 것은 영적인 뜻으로 이해된다면 개별적인 것들로부터 잘 알 수 있겠습니다. "나팔을 분다"는 말이 오직 믿음만이라는 종교를 가지고 있는 교회의 상태와 그것에서 비롯된 그들의 삶의 상태에 대하여 조사하고, 그리고 명확하게 밝히는 것을 뜻한다는 것은 앞서의 설명에서(본서 397항 참조) 잘 알 수 있겠습니다.

420. **내가 보니, 하늘에서 땅에 떨어진 별이 하나 있었다.**
이 말씀은, 그들에게 존재해 있고, 그리고 조사하고, 명확하게 밝히려는 천계에서 그 교회에 입류하는 영적인 신령진리를 뜻합니다. 여기서 "별"(a star)은 영적인 신령진리를 뜻하는데, 그 이유는, 그것에 관해서 위에서 언급한 것과 같이(본서 387·388항 참조), 그것이 영적인 천계(the spiritual heaven)에서 떨어졌기 때문입니다. 그리고 여기서 "땅"(the earth)은, 위에 언급한 것과 같이(본서 398항 참조), 그 교회의 내적인 것 안에 있는 자들에게 있는 그 교회를 뜻합니다. 영적인 신령진리(spiritual Divine truth)는, 이웃을 향한 사랑을 가리키는 영적인 사랑에서 비롯된 총명(聰明)을 뜻하는데, 그리고 오늘날 그 총명은 믿음이라고 불리우고, 인애를 가리키는 그 사랑은, 인애에서 비롯된 믿음, 또는 여기서는 "그 별"이 뜻하는 인애에 속한 선에서 비롯된 믿음의 진리라고 합니다. 단수로 표기된 "별"(a star)(묵시록 2 : 28 ; 22 : 16)은 역시 동일한 내용을 뜻합니다. 왜냐하면 복수로 표기된 "별들"은 선에 속한 그리고 진리에 속한 지식들을 뜻하기(본서 51항 참조) 때문이고, 그리고 거기에서 이런 것들은 총명을 가리키기 때문입니다. 그것이 조사하고, 명확하게 밝히는 신령진리를 뜻한다는 것은 아래에 이어지는 것에서 잘 알 수 있겠습니다.

421. **그 별은 아비소스를 여는 열쇠를 받았습니다.**

이 말씀은 그들의 지옥의 엶(開門·the opening)을 뜻합니다. "열쇠"(a key)는 여는 능력을 뜻하고, 또는 여는 행위를 뜻합니다(본서 62·174·840항 참조). "아비소스"(=밑바닥이 없는 깊은 곳·the abyss)는 개혁교회(the Reformed church)에서 온 모든 자들을 가리키는, 오직 믿음만이라는 교리에 의한 칭의(稱義)와 구원(救援)으로 스스로 다짐한 자들이 있는 곳인 지옥을 뜻합니다. 그러나 지금의 경우는, 그들 자신들의 눈에나, 또는 다른 많은 사람들의 눈에는 유식하고 박학한 자들 같이 보이지만, 그럼에도 불구하고 그 때 천계에 있는 천사들의 눈에는 그들이 천계나 교회에 속한 것들의 측면에서, 이해력이 없는 것으로 보입니다. 그리고 심지어 교회의 내면적인 것에까지 오직 믿음이라고 하는 그 믿음을 확증한 자들은 그들의 이해에 속한 보다 높은 것들을 닫아 버리고, 종국에 가서는 그들은 빛 가운데 있는 어떤 영적인 진리도 볼 수 없는 존재가 되고 맙니다. 그 이유는, 거짓의 확증은 바로 진리의 부인(否認·the denial of truth)이기 때문입니다. 그러므로 그들이 교리나 삶을 위해 교회에 속한 자들에게 유용한 성언에 속한 진리를 가리키는, 어떤 영적인 진리를 듣게 되면, 그들은 그들이 확증한 거짓들 안에다 그들의 마음을 확고부동(確固不動)하게 붙들어 매고, 그리고 그 뒤에는 그들은 그들이 들은 진리를 온갖 거짓들로 가리우거나, 또는 그저 울리는 꽹과리 소리로 그 진리들을 배척하거나, 또는 그것을 비웃거나, 스스로 피해 버립니다. 그들은 이런 짓들을 그들의 박학의 자만에 빠져 있는 정도만큼 자행합니다. 왜냐하면, 교만이나 자만 따위는 거짓들을 긁어모으고, 따라서 종국에 그것들은 바다에서 단단하게 굳은 거품과 같이 달라붙기 때문입니다. 그러므로 성언은 일곱 봉인이 찍힌 두루마리처럼 그들에게서는 숨겨져 있습니다. 그들의 성품이나, 그들의 지옥이 어떤 것인지는 역시 설명되어야 하겠습니다. 그 이유는 그것을 잘 볼 수 있는 일이 나에게 허락되었고, 그리고 거기에 있는 자들과 대화할 수 있었고, 그것에서 나온 "메뚜기들"을 볼 수 있는 기회가 허락되었기 때문입니다. 용광로의 구멍과 같은 구덩이는 남녘에 보였었고, 그리고 그 아래에 있는 아비소스가 동쪽을 향해 크게 펼쳐져 있었습니다. 그것 안에는 빛이 있었는데, 그러나 만약에 천계에서 온 빛이 거기에 들어가게 되면, 그것은 칠흑 같은 흑암으로 바뀌고, 따라서 그 구덩이는 위에서 닫혀 버립니다. 벽돌로 지은 아치 모양의 오두막들이 거기에서 보였고, 그리고 그 오두막은 여러 모양의 작은 방들로 나뉘었고, 그 각각의 방에는 그 위에 종이와 몇 권의 책들이 놓여 있는 책상이 있었습니다. 각자는 자기 자신의 책상에 앉아 있었는데, 그들은, 이 세상에 있을 때, 오직 믿음에 의하여 의롭게 되고, 구원을 받는다고 확증하였고, 그리고 인애는 단순한 자연적 도덕적 행위(a mere natural moral act)로 여기고, 그것의 선행들도 시민법적인 삶에 속한 선행들로 여겼고, 그리고 그런 것들에 의하여 사람들은 이 세상에서 보상을 받는다고 여기는 자들입니다. 그러나 만약에 그들이 구원을 목적해서 그런 일들을 행하였다면, 그들은 그런 것들을 저주하고, 그 일까지도 아주 혹독하게 저주합니다. 그 이유는 인간적인 이성(理性)이나 의지가 그것들 안에 있기 때문입니다. 이 아비소스(=無底坑) 안에 있는 자들은 이 세상에서 유식한 자들이고 또한 박학한 자들입니다. 그들 가운데는 몇몇 형이상학자(形而上學者)들도 있었고, 스콜라철학자들도 있었는데, 그들은 거기에 있는 나머지 사람들에 비하여 존경을 받았습니다. 그들과 대화하는 것이 내게 허락되었는데, 나는 그들 중 몇몇을 알아보았습니다. 그러나 이것이 그들의 처지요, 운명이었습니다. 다시 말하면, 그들이 먼저 들어오게 되면 맨 앞의 작은 방에 앉습니다. 그러나 그들이 인애에 속한 선행을 추방하는 것에 의하여 믿음을 확증하기 때문에, 그들은 그들의 첫 번째 거처를 떠났고, 그리고 동녘에 가까운 작은 방으로 들어갔습니다. 이런 식으로 방을 옮기는 일이 계속 이어졌고, 마지막으로 성언에서 비롯된 이교도적인 교리들을 확증한 자들이 있는 마지막 처소에 이르렀습니다. 그들은 그 때 성언을 위화할 수밖에 없기 때문에 그들의 오두막은 사라지고 말았습니다. 그리고 그들은 자신에게는 사막에 있는 것처럼 보였는데, 거기에서는 앞에서 언급한 일들(본서 153항 참조)이 그들에게 일어났습니다. 바로 위에서 언급한 것 밑에 역시 하나의 아비소스가 있었는데, 그 곳에 있는 자들은 마찬가지로 믿음만으로 의롭게 되고, 구원을 받는다는 것을 확증하였지만, 그러나 그들의 영 안에서는 하나님을 부인하고, 마음 속에서는 교회에 속한 거룩한 것들을 비웃는 자들입니다. 거기에서 그들은 다투고, 자신들의 옷을 찢고, 책에 기어오르고, 발길질하고, 남을 비난하는 것으로 서로 싸우는 짓들 이외에는 아무것도 하지 않았습니다. 그리고 거기에서는 다른 사람의 신체에 해를 끼치는 일이 누구에게도 허락되지 않기 때문에, 그들은 얼굴이나 주먹으로 협박을 합니다. 그 곳은 불결하고, 누추합니다. 그러나 이런 내용들은 여기서는 다루어지지 않겠습니다.

422. 2절. **그 별이 아비소스를 여니, 거기에서 큰 용광로의 연기와 같은 연기가 올라왔습니다.**
이 말씀은 그들의 악한 사랑들(=애욕들)에게서 솟아나는 자연적인 사람의 온갖 정욕에 속한 거짓들을 뜻합니다. "아비소스의 구멍"(the pit of the abyss)은 위에 기술한 것과 같이(본서 421항 참조), 지옥을 뜻하고, 거기에서 나온 "연기"는 정욕들에게서 비롯된 거짓들을 뜻합니다. 그리고 "큰 용광로의 연기와 같은 연기"라고 언급되었기 때문에, 악한 애욕들(evil loves)에게서 솟아나는 정욕들에 속한 거짓들을 뜻합니다. 왜냐하면 "불"(fire)은 사랑을 뜻하고, 그리고 "지옥의 불"(the fire of hell)은 나쁜 사랑, 즉 악한 애욕들을 뜻합니다(본서 494항 참조). "큰 용광로"는 동일한 뜻을 갖는데, 그 이유는 그것이 불로부터 연기를 뿜기 때문입니다. 지옥적인 영들은 물질적인 불(material fire) 안에 있지 않고, 영적인 불 안에 있는데, 그것이 바로 그들의 사랑, 즉 애욕입니다. 그러므로 그들은 어떤 다른 불을 느끼지 않습니다. 이 주제에 관해서는 1758년 런던에서 출간한 ≪천계와 지옥≫ 134·566-575항을 참조하십시오. 영계에 있는 모든 사랑은, 그것이 자극을 받게 되면, 먼 거리에서는 불꽃처럼 보이지만, 지옥 안에서는 활활 타는 불꽃처럼 보이고, 지옥 밖에서는 불의 연기나 용광로의 연기처럼 보입니다. 나쁜 사랑들(=애욕들)에게서 솟아나는 정욕들에 속한 거짓들은 역시 "불에서 비롯되는 연기"나 "용광로에서 나오는 연기"에 의하여 성경 여러 다른 곳에서 아래의 장절들과 같이 기술되고 있습니다.

아브라함이 소돔과 고모라와 넓은 들이 있는 땅을 내려다보니, 거기에서 솟아오르는 연기가 마치 옹기 가마에서 나는 연기와 같았다.
(창세기 19 : 28)
해가 지고, 어둠이 짙게 깔리니, 연기 나는 화덕과 타오르는 횃불이 갑자기 나타나서, 쪼개 놓은 희생제물 사이로 지나갔다.
(창세기 15 : 17)
그런데도 그들은 거듭 죄를 짓고 있다.……

그러므로 그들은……
굴뚝에서 나오는 연기처럼 될 것이다.
(호세아 13 : 2, 3)
악인들은 패망할 것이니,……
그들도 불에 타서 없어질 것이니,
연기처럼 사라질 것이다.
(시편 37 : 20)
그 날에 내가 하늘과 땅에
징조를 나타내겠다.
피와 불과 연기 구름(=기둥)이 나타나고…….
(요엘 2 : 30)
그들은, 죄짓게 하는 자들과 불법한 일을 하는 자들을 모조리 그 나라에서 모아다가, 불 아궁이 속에 던질 것이다. 그러면 그들은 거기에서 울며 이를 갈 것이다.
(마태 13 : 41, 42, 49, 50 ; 그 밖의 다른 곳)

423. 그래서 해와 하늘(=공기)이 구덩이에서 나온 연기 때문에 어두워졌습니다.
이 말씀은 그것에 의하여 진리의 빛이 짙은 어둠이 되었다는 것을 뜻합니다. 여기서 "해"와 "하늘"(=공기)은 진리의 빛을 뜻합니다. 왜냐하면 "해"는 사랑을 뜻하고, 그리고 "빛"은 그것에서 비롯된 신령진리를 뜻하기 때문입니다. 그러므로 "해가 어두워졌다"고 하였고, 동시에 "공기"(=하늘)가 어두워졌다고 언급되었는데, 그것은 신령진리가 짙은 흑암이 되었다는 것을 뜻합니다. 이런 일이 정욕에 속한 거짓들로 말미암은 것이다는 것을 "구덩이에서 나온 연기" 때문에 어두워졌다는 말이 뜻합니다.

424. 3절. 그리고 그 연기 속에서 메뚜기들이 나와서 땅에 퍼졌습니다.
이 말씀은 그들에게서 비롯된 가장 외적인 지역에 있는 거짓들을 뜻합니다. 그런 것들은 감관적인 존재가 되어버린 자들에게서 판을 치고, 그리고 그런 것들은 그런 감관들이나 그것들의 오류로부터 모든 사물들을 이해하고, 판단합니다. 그것들이 가장 외적인 지역에 있는 거짓들이라고 하는데, 그것은 사람의 생명의 가장 외적인 것들을 점유하며,

그리고 감관적인 것이라고 부르는 것입니다. 그것에 관해서 곧 설명하려고 합니다. 성경에서 "메뚜기들"은 이런 거짓들을 뜻합니다. 그러나 주지하여야 할 것은, 그들은, 초원이나 곡식 위를 이리저리 뛰고, 날면서 그것들을 뜯어먹고 못쓰게 만드는 들판에 있는 메뚜기로 보이지 않고, 오히려 소인들이나 난쟁이들로 보인다는 것입니다. 이러한 사실은, "그 메뚜기들의 모양은 전투 채비를 한 말들과 같고, 머리에는 금 면류관 같은 것을 쓰고, 얼굴은 사람의 얼굴과 같았고, 여자의 머리털과 같은 머리털이 있고, 이빨은 사자의 이빨과 같고, 쇠로 된 가슴막이와 같은 가슴막이를 두르고,……아비소스의 사자를 자기들의 왕으로 떠받들었다"(묵시록 9 : 7-11)는 그들에 대한 기술에서 잘 알 수 있겠습니다. 고대 사람들이 난장이들을 "메뚜기들"이라고 불렀다는 것은 이런 장절들에게서 결론을 얻을 수 있겠습니다.

> (가나안 땅의 정탐꾼들이 말하였다.) 우리는 또 네피림 자손을 보았다. 아낙 자손은 네피림의 한 분파다. 우리는 스스로가 보기에도 메뚜기 같았지만, 그들의 눈에도 그렇게 보였을 것이다.
> (민수기 13 : 33)
> 땅 위에 사는 사람들은
> 하나님 보시기에는 메뚜기와 같을 뿐이다.
> (이사야 40 : 22)

그러나 성경에서 "메뚜기들"은 그들 가운데서 두루 펼쳐져 있는 그것들과 같은, 가장 외적인 것들 안에 있는 거짓들을 뜻하고 있기 때문에, 그러므로 그들은 나훔서에서 "상인들"(=고관들 · crowned)이나 "관리들"(commanders)로서 "메뚜기들"이라고 불리웠습니다. 나훔서의 말씀입니다.

> 느치(=자벌레)가 풀을 먹어 치우듯이,
> 거기에서 불이 너를 삼킬 것이다.……
> 느치처럼 불어나 보려무나.
> 메뚜기처럼 불어나 보려무나.
> 네가 상인들을
> 하늘의 별보다 더 많게 하였으나,……

(느치처럼) 그들이 날아가고 말 것이다.
너희 수비대가 메뚜기 떼처럼 많고,
너의 관리들이 느치처럼 많아도…….
(나훔서 3 : 15-17)

그것들이 사람 안에서 솟아나고, 교회에 속한 진리들이나 선들을 파괴하고, 못쓰게 만드는 가장 외적인 것들 안에 있는 온갖 거짓들 때문에 그것들은 초원의 풀이나 밭의 채소들을 먹어치우는 "메뚜기들"이 뜻한다는 것은 아래의 장절들에게서 명확합니다.

너희가 밭에 많은 씨앗을 뿌려도, 메뚜기가 먹어 버려서, 거둘 것이 적을 것이며…….
(신명기 28 : 38)
풀무치가 남긴 것은
메뚜기가 갉아 먹고,
메뚜기가 남긴 것은
누리가 썰어 먹고,
누리가 남긴 것은
황충이 말끔히 먹어 버렸다.
(요엘 1 : 4)
메뚜기와 누리가 썰어 먹고
황충과 풀무치가 삼켜 버린
그 여러 해의 손해를
내가 너희에게 보상해 주겠다.
(요엘 2 : 25)

"이집트의 메뚜기들"도 꼭 같은 내용을 뜻합니다. 그것들에 관해서 모세의 책에는 이렇게 기술되었습니다.

모세가 지팡이를 이집트 땅 위로 내미니, 주께서 그 땅에 동풍이 불게 하셨다. 그 동풍은 아침녘에 메뚜기 떼를 몰고 왔다. 메뚜기 떼가 이집트 온 땅 위에 몰려 와서, 곳곳마다 내려 앉았다. 그렇게 많은 메뚜기 떼는 전에도 본 적이 없었고,……그것들이 나무의 열매와 땅의 푸성귀를 모두 먹어 치웠다.……모세가 주께 기도를 드리니, 주께서 바람을 가장 센 서풍으로 바꾸셔서, 메뚜기 떼를 홍해에 몰아 넣으시고…….
(출애굽기 10 : 12-19)

시편서의 말씀입니다.

농작물을 해충에게 내주시고,
애써서 거둔 곡식을
메뚜기에게 내주셨다.
(시편 78 : 46 ; 105 : 34, 35)

이집트에서의 기적들은 교회의 황폐의 상태를 기술하고 있고, 여기서의 그 기적은 가장 외적인 것들 안에 있는 거짓들에 의한 황폐의 상태를 뜻합니다. 그것들이 의존해 있는 내면적인 것들이 닫혀 있을 때 사람의 생명에 속한 가장 외적인 것들은 지옥적인 것입니다. 이런 이유 때문에 "메뚜기 떼가 홍해에 몰아 넣어졌는데" 그 홍해는 지옥을 뜻합니다.

오늘날은 감관적인 것이 뜻하는 것이 무엇인지, 그리고 감관적인 사람의 성품이 무엇인지 거의 알지 못하기 때문에, 그리고 "메뚜기들"이 이런 내용을 뜻하기 때문에, 그러므로 우리의 저서 ≪천계비의≫ (Arcana Celestia)에서 그것 관해서 발췌한 것을 부연하고자 합니다. 감관적인 것은 사람의 육체적인 오관(五官)에 밀착되어 있고, 달라붙어 있는 사람의 마음에 속한 생명의 궁극적인 것을 가리킨다(A.C. 5077 · 5767 · 9212 · 9216 · 9331 · 9730항 참조). 그가 감관적인 사람(a sensual man)이라고 불리우는 자인데, 그는 모든 사물을 육체적인 감관들에 의하여 판단하고, 그는 자신의 눈으로 볼 수 있는 것, 그리고 손으로 만지는 것, 이외에는 아무것도 믿지 않고, 그리고 이런 것들이 실제적인 것들(something)이라고 말하고, 나머지 것들은 모두 배척한다(A.C. 5094 · 7693항 참조). 천계의 빛으로 보는 그의 마음에 속한 내면적인 것들은 닫혀 있다는 것, 그러므로 그는 천계나 교회에 속한 것들인, 거기에 있는 진리에 속한 것을 전혀 볼 수 없다는 것(A.C. 6564 · 6844 · 6845항 참조). 이런 사람은 가장 외적인 것들 안에서 생각하고, 어떤 영적인 빛으로부터 내면적으로 생각하지 않는다는 것(A.C. 5089 · 5094

· 6564 · 7693항 참조). 한마디로 그들은 조잡한 자연적인 빛 안에 있다는 것(A.C. 6201 · 6310 · 6564 · 6844 · 6845 · 6612 · 6614 · 6622 · 6524항 참조). 그것으로 인하여 내면적으로는 그들은 천계나 교회에 속한 것들에 대해서는 대립한다는 것, 그러나 그들은 외면적으로는 그것들에 찬동하여 말할 수 있고, 그리고 그것들에 의하여 그들이 실천하는 통치권에 일치하여 열렬하게 말할 수 있다는 것(A.C. 6201 · 6316 · 6844 · 6845 · 6948 · 6949항 참조). 자기 스스로 심하게 거짓들로 다짐하고, 더욱이 성언의 진리에 거슬러서 확증을 한 유식하고, 박학한 사람들은 다른 사람들에 비하여 더욱 감관적이다는 것(A.C. 6316항 참조). 감관적인 사람들은 예리하고, 교묘하게 추리한다는 것, 그 이유는 그들의 생각은 그들의 언어와 아주 가까워서, 마치 생각이 거의 그의 언어 안에 있을 정도이기 때문이다는 것, 따라서 그 생각은 그의 입 안에 있는 듯하다는 것. 그 이유는 그들은 모든 총명을 오직 기억에서 나오는 언어 안에 두기 때문이다는 것. 그리고 그들 중 몇몇은 빈틈없이 거짓들을 확증할 수 있고, 그리고 그런 확증 뒤에는 그들은 그 거짓들을 진리이다고 믿는다는 것(A.C. 195 · 196 · 5700 · 10236항 참조). 그러나 그들은 감관들에 속한 오류들에게서 비롯된 것들을 추론하고 확증하고, 그리고 보통 사람들은 그것에 의하여 사로잡히고, 설득당한다는 것(A.C. 5084 · 6948 · 6949 · 7693항 참조). 감관적인 사람은 다른 사람들에 비하여 더 교활하고, 악의적이다는 것(A.C. 7693 · 10236항 참조). 비록 이 세상의 눈으로는 그들이 그렇게 보이지 않는다고 해도 탐욕스럽고, 음란스럽고, 관능적이거나, 사기적인 자들은 특히 감관적이다는 것(A.C. 6310항 참조). 그들의 마음의 내면적인 것들은 욕지기나고, 매우 추하다는 것(A.C. 6201항 참조). 이런 것들에 의하여 그들은 지옥과 내통한다는 것(A.C. 6311항 참조). 지옥에 있는 자들은 감관적이다는 것, 감관적이면 그럴수록 그들은 더욱 깊이 지옥에 빠져 있다는 것(A.C. 4623 · 6311항 참조). 지옥의 영들의 영기(靈氣)는 그 뒤에서 감관적인 사람과 결합한다는 것(A.C. 6312항 참조). 오직 감관적인 것들로 인하여 추론하고, 그리고 그것으로 인하여 교회에 속한 순수한 진리들에 거스르는 자들은, 고대 사람들에 의하여 지식의 나무(the tree of knowledge)의 뱀들이라고 불리웠다는 것(A.C. 195 · 196 · 197 · 6398 · 6399 · 10313항 참조). 더욱이 사람의 감관이나 감관적인 사람에 관해서

기술되었고(A.C. 10236참조), 사람 안에서 감관적인 것들의 범위도 기술되었다(A.C. 9731항 참조). 감관적인 것들은, 으뜸의 자리에 있지 않고, 가장 낮은 자리에 있어야만 한다는 것, 지혜스럽고, 총명스러운 사람 안에서 감관적인 것들은 가장 낮은 자리에 있어야만 하고, 내면적인 것들에 반드시 복종하여야 한다는 것, 그러나 어리석은 사람에게서 그것들은 으뜸의 자리에 있고, 그 사람을 다스린다는 것, 이런 사람들이 바로 진정한 감관적인 사람이라고 불리운다는 것(A.C. 5057·5125·5128·7645항 참조). 감관적인 것들이 가장 낮은 자리에 있다면, 그것들에 의하여 이해에 이르는 길이 개방되고, 그리고 진리들은 초록(抄錄)의 형식으로 잘 다듬어진다는 것(A.C. 5580항 참조). 이와 같은 감관적인 것들은 이 세상과 아주 밀접한 관계 안에 있고, 그리고 이 세상에서 비롯되는 것들을 모두 허입(許入)한다는 것, 다시 말하면 그것들을 수용한다는 것(A.C. 9726항 참조). 감관적인 것들에 의하여 사람은 세상과 교류하고, 합리적인 것들에 의해서는 천계와 내통한다는 것(A.C. 4009항 참조). 감관적인 것들은 마음의 내면적인 것들에 종속된 그런 것들을 공급한다는 것(A.C. 5077·5081항 참조). 만약에 생각이 감관적인 것 이상으로 고양(高揚)되지 않는다면, 사람은 거의 지혜를 향유(享有)하지 못한다는 것(A.C. 5089항 참조). 총명적인 영역들을 섬기는 감관적인 것들이 있고, 자의적인 것들을 섬기는 감관적인 것들이 있다는 것(A.C. 5077항 참조). 지혜로운 사람은 감관적인 것들에 관하여 생각한다는 것(A.C. 5089·5094항 참조). 그의 생각이 감관적인 것들을 뛰어 넘어 고양된 사람은 보다 청명한 빛에 이르고, 종국에는 천계의 빛 가운데 있다는 것(A.C. 6183·6313·6315·9407·9730·9922항 참조). 감관적인 것들 이상으로 고양된 것이나 그것들에게서 추상된 것은 고대 사람들에게 잘 알려졌다는 것(A.C. 6313항 참조). 만약에 사람이 감관적인 것들에게서 떠날 수 있고, 주님에 의하여 천계의 빛 가운데로 고양될 수 있다면, 그는 영계에서 행해지고 있는 것들을 그의 영에 의하여 지각할 수 있다는 것(A.C. 4622항 참조). 그 이유는, 사람의 육체는 생각하지 못하지만, 사람의 영은 육체 안에 있기 때문이고, 그리고 영이 그 육체 안에서 생각하는 것에 비례하여 꼭 같이 불영명하게, 그리고 어둠 가운데서 생각한다는 것, 그리고 영이 육체 안에서 생각하지 않는 것에 비례하여 꼭 같이 영은 영명하게, 그리고 빛 가운데서 생각한다는 것, 그리고 이런 것은 영적인 것들 안에서 그러하다는 것(A.C. 4622・6614・6622항 참조). 감관적이고, 과학적인 것은 이해에 속한 궁극적인 것이고, 그리고 감관적인 기쁨은 의지에 속한 궁극적인 것이다는 것(A.C. 9996항 참조). 짐승에게 공통적인 감관적인 것들과 그들에게 공통적인 것이 아닌 감관적인 것들 사이에는 차이가 있다는 것(A.C. 10236항 참조). 감관적이지만, 악하지 않은 사람들은 이성에 의하여 그들의 내면적인 것들은 굳게 닫혀지지 않았다는 것(이런 자들의 상태에 관해서는 A.C. 6311항을 참조하십시오).

425. 그것들은, 땅에 있는 전갈이 가진 것과 같은 권세를 받아 가지고 있었습니다.
이 말씀은 그들의 거짓들이 진리들이다 라고 설득하는 능력을 뜻합니다. "전갈"(a scorpion)은 치명적인 설득력(a deadly persuasive power)을 뜻하고, "땅에 있는 전갈"은 교회에 관계되는 것들 안에 있는 그런 설득력을 뜻하고, 여기서 "땅"(earth)은 교회를 뜻합니다(본서 285항 참조). 왜냐하면 전갈이 사람을 쏠 때, 그 놈은 쏜 손발에 마비상태를 유발시켜, 만약에 치료하지 않으면, 죽음을 불러오기 때문입니다. 그들의 설득력(=종지・宗旨・persuasion)은 이해에 대한 대응의 결과를 생성합니다. 이러한 내용이 아래 장절의 "전갈"의 뜻입니다.

> 너 사람아, 비록 네가 가시와 찔레 속에서 살고, 전갈 떼 가운데서 살고 있더라도, 너는 그들을 두려워하지 말고, 그들이 하는 말도 두려워하지 말아라. 그들이 하는 말을 너는 두려워하지 말고, 그들의 얼굴 앞에서 너는 떨지 말아라. 그들은 반항하는 족속이다.
> (에스겔 2:6)
> 보아라, 내가 너희에게 뱀과 전갈을 밟고, 원수의 모든 세력을 누를 권세를 주었으니, 아무도 너희를 해하지 못할 것이다.
> (누가 10:19)

426. 4절. 그것들은, 땅에 있는 풀이나 푸성귀나 나무는 하나도 해하지 말고, 이마에 하나님의 도장이 찍히지 않은 사람만을 해하라는 명령을 받았습니다.
이 말씀은 주님의 신령섭리(神靈攝理)를 뜻하는데, 그 섭리는 바로 인애 안에 있지 아니하고, 거기에서 비롯된 믿음 안에 있지 않는 자들

이외의 자들에게서는 진리나 믿음에 속한 선을 그들이 제거할 수 없게 하는 것을 가리킵니다. "그들에게 명령되었다"는 말은 주님의 신령섭리를 뜻하는데, 그 이유는 그 명령이 천계에서 온 것이기 때문입니다. "땅에 있는 풀이나 푸성귀를 해하지 말라"는 말은 진리나 믿음에 속한 선은 제거될 수 없다는 것을 뜻합니다. 왜냐하면 "풀"(grass)은, 사람 안에서 제일 처음에 솟아나는 믿음에 속한 진리를 뜻하기(본서 401항 참조) 때문이고, 그리고 "푸성귀"(=푸른 것)는, 선에서 비롯된 믿음에 속한 살아 있는 원칙(the living principle of faith)을 뜻하기 때문입니다(본서 401항 참조). "나무는 하나도 해하지 말라"는 말은 진리나 선에 속한 정동과 지각은 제거될 수 없다는 것을 뜻합니다. 왜냐하면 "나무"는 이런 것들의 측면에서 사람을 뜻하기 때문입니다(본서 400항 참조). "그들의 이마에 하나님의 도장이 찍히지 않은 사람"은 인애 안에 있지 않는 자나, 그것에서 비롯된 믿음 안에 있지 않는 자를 뜻합니다. 왜냐하면 "이마"(the forehead)는 사랑이나 인애를 뜻하기 때문이고(본서 347항 참조), "도장을 받는다"(=도장 찍는다)는 말은 그들을 알고, 그리고 다른 자들로부터 그들을 분별한다는 것을 뜻하기 때문입니다(본서 345항 참조). 오직 믿음의 교리에 의한 칭의와 구원에 속한 비의(秘義)에 대하여 믿음만을 확증한 사람들이 믿음에 속한 진리나, 믿음에 속한 선을 제거할 수 없고, 또한 인애에 속한 믿음 안에 있지 않는 자들을 제외하면 그 누구에게서도 그것에 속한 정동이나 지각을 제거할 수 없다는 이유는, 그것들을 가르치고, 설교하는 고위 성직자들 이외에는 그것들이 누구에 의해서도 거의 이해되지도 않고, 파악되지도 않기 때문입니다. 평신도는 그것들을 듣지만, 그러나 그들은 한 귀로는 듣고, 다른 귀로는 흘려버리기 때문입니다. 이런 비의를 말하는, 신비스러운 것을 가르치는 성직자는 이런 여건(與件)에서 어떤 명확한 사실을 잘 알 것인데, 그것은 그의 젊은 시절에 그것들에 관한 지식을 터득하려고 자신의 정력을 전부 소진(消盡)하였고, 그리고 나이가 든 뒤에는 그것들을 간직하기 위하여 역시 온 정력을 다 쏟았다는 것을 확실하게 알고 있기 때문입니다. 그리고 마찬가지로 그 사람은 그런 것들 때문에 유별난 학식 있는 한 사람으로 자신을 생각하고 있다는 사실에서 잘 알고 있기 때문입니다. 평신도가 이런 신비적인 것들을 들었을 때 인애에서 비롯된 믿음에 관해서 생각하는 평신도에게 있는 경우는 어떤 것일까요? 이미 설명한 내용에서 보면, 오직 믿음만이 의롭게 한다(依唯信得義)는 것은 대충 아무렇게나 살거나, 그 믿음만이 구원한다는 그들의 비의에 더 이상 물들지 않고 사는 자들을 제외하면 성직자에 속한 믿음이지, 평신도의 믿음은 아니다는 것을 잘 알 수 있겠습니다. 그리고 그들은 자기 자신으로 말미암아서는 선을 행할 수 없다는 것과 또한 율법을 충직하게 완수할 수 없다는 것과 그리고 그리스도께서 그들을 위하여 고통을 받으셨다는 것과 이와 비슷한 내용인 그 밖의 많은 보편적인 것 이외에는 물들지 않은 자들을 제외하면 그것은 성직자의 믿음이지, 평신도의 믿음은 아니다는 것 역시 잘 알 수 있겠습니다.

427. 5절. **그들에게는, 사람들을 죽이지는 말고, 다섯 달 동안 괴롭게만 하라는 허락이 내렸습니다.**
이 말씀은, 주님의 신령섭리로 말미암아 그들이 인애에 속한 믿음 안에 있는 자들에게서 참된 것이나 선한 것에 대한 이해의 기능이나 뜻하는 기능을 제거하지 못하지만, 다만 짧은 기간 동안 무감각의 상태만을 유발(誘發)할 수 있다는 것을 뜻합니다. "그들에게 주어진 것"(=그들에게 허락된 것)이라는 말은, 위에서 언급한 것과 같이, 주님의 신령섭리에서 비롯되었다는 것을 뜻하고, "사람들을 죽이지 못한다"는 말은 인애에 속한 믿음 안에 있지 않은 자들에게서 참된 것이나 선한 것을 이해하는 기능이나, 뜻하는 기능을 제거할 수 없다는 것을 뜻합니다. 왜냐하면 만약에 이 기능이 제거되면, 사람은 영적으로 죽는 것이기 때문입니다. "다섯 달 동안 괴롭게만 한다"는 말은 짧은 기간 동안 무감각의 상태(=기절의 상태 · stupor)가 유발하는 것을 뜻하는데, 여기서 "다섯"(5)은 약간, 또는 짧은 기간을 뜻하고, "괴롭게만 한다"(=고통을 준다)는 말은, 이것이 "전갈"이 뜻하는 것이기 때문에(본서 425항 참조), 무감각의 상태(=기절의 상태)를 유발하는 것을 뜻합니다. 그리고 "전갈과 같은 괴롬"(=고통)은 아래의 설명과 같습니다(본서 428항 참조). 진리의 이해의 기능 또는 진리를 원하는 기능, 다시 말하면 합리성(合理性 · rationality)과 자유(自由 · liberty)는 결코 사람에게서 제거될 수 없다는 것은 ≪신령섭리≫ 73 · 74 · 82-86 · 92-99 · 138-149 · 322항에서 넉넉하게 입증되었습니다. "다섯 달"이 약간(a little)을 뜻하고, 그리고 짧은 기간을 뜻한다는 것은 "다섯"(5)이 그것을 뜻하기 때문입니다. 왜냐하면 기간들이, 시간이든, 날이나 주일・달 또는 햇수이든, 그것들은 모두가 시간(time)을 뜻하지 않고, 상태(狀態・state)를 뜻하기 때문이고, 그리고 숫자들(the numbers)은 그것의 성질을 뜻하기 때문입니다(본서 4・10・348・947항 참조). "다섯"(5)이 어떤 것을 뜻하고, 그리고 또한 약간(a little)을 뜻한다는 것은 아래의 장절들에게서 잘 나타나고 있습니다.

> 적군 한 명을 보고서도
> 너희가 천 명씩이나 도망가니,
> 적군 다섯 명이 나타나면,
> 너희는 모두가 도망 갈 것이다.
> (이사야 30 : 17)
> 그들 백 명이 너희 다섯 명에게 쫓기고, 그들 만 명이 너희 백 명에게 쫓길 것이다.
> (레위기 26 : 8)
> (예수께서 말씀하셨다.) 하늘 나라는 이런 일에 비길 수 있을 것이다. 처녀 열 사람이 등불을 마련하여, 신랑을 맞으러 나갔다. 그 가운데 다섯은 어리석고, 다섯은 슬기로웠다.
> (마태 25 : 1, 2)

여기서 "열 처녀"는 교회 안에 있는 전부를 뜻하고, "다섯"은 어떤 부분 또는 그들 중 몇몇을 뜻합니다. 아래의 비유에서도 "열"과 "다섯"도 역시 같은 내용을 뜻합니다.

> "어떤 사람이……길을 떠날 때에 자기 종 열 사람을 불러다가 열 므나(=달란트)를 주고서……'이것으로 장사하여라' 하고 말하였다.……첫째가 와서……'주인님, 나는 주인의 한 므나로 열 므나를 벌었습니다' 하였다. 둘째가 와서……'주인님, 나는 주인의 한 므나로 다섯 므나를 벌었습니다' 하였다.
> (누가 19 : 13-20)

여기서 "열 므나"(=달란트)는 많은 것을 뜻하고, "다섯 므나"는 약간을 뜻합니다. 그 밖의 다른 장절에서도 마찬가지입니다(이사야 17 : 6 ; 19 : 18, 19 ; 마태 14 : 15-22).

428. 그들이 주는 고통은 마치 전갈이 사람을 쏠 때와 같은 고통이었습니다.
이 말씀은 이것이 그들의 설득력(=종지의 힘·persuasive power)에서 비롯되었다는 것을 뜻합니다. 이 내용은 앞에서 언급된 내용에서(본서 427항 참조) 뒤이어집니다. 왜냐하면 여기서 "고통"은 전갈이 사람의 몸을 쏘았을 때 전갈이 몸에 일으키는 것과 같은 것인, 그들의 종지적인 능력(=설득력)이 이해에 야기 시키는 무감각의 상태를 뜻하기 때문입니다. "전갈"은 그와 같은 종지의 능력(=설득력)을 뜻합니다(본서 425항 참조). 영계에는 진리의 이해를 제거하는 종지의 능력(宗旨能力·the persuasive power)이 존재하고, 그리고 그 능력은 무감각 상태를 유발시키고, 그리고 이와 같이 마음에 압박을 가하지만, 그러나 이런 종지의 능력(=설득력)은 자연계에서는 알려지지 않았습니다.

429. 6절. 그 기간에는 그 사람이 죽으려고 애써도 죽지 못하고, 죽기를 원해도 죽음이 그들을 피하여 달아날 것입니다.
이 말씀은, 인애에서 분리된 믿음에 속한 교리 안에 있는 자들의 열망을 뜻하고, 그리고 그 믿음의 사안들에서 보면, 이해가 닫힐 것이고, 의지가 막혀서, 따라서 그들은 영적인 빛이나 삶을 가지고 있지 못할 것이지만, 그럼에도 불구하고 주님께서, 사람에게 영적인 빛이나 삶이 소멸되지 않게 하기 위하여, 이해가 닫히지 않고, 또한 의지가 막히지 않도록 섭리하신다는 것 등을 뜻합니다. "그 날에"(=그 기간에·in those days)라는 말은 교회의 마지막 때를 뜻하는데, 그 때는 바로 믿음만이라는 교리(依唯信得義)가 보편적으로 수용되는 때입니다. "그 사람이 죽으려고 애쓴다"는 말은, 믿음의 사안들에서, 그들이 그것을 원하지만, 이해가 닫혀질 것이다는 것을 뜻하고, "죽지 못한다"(=찾지 못한다)는 말은, 이것이 이루어지지 않도록 주님께서 섭리하신다는 것을 뜻합니다. 그리고 "그들이 죽기를 원한다"는 말은 그들은 또한 그것들 안에서 의지가 막히는 것을 원한다는 것을 뜻합니다. "죽음이 그들을 피하여 달아날 것이다"는 말은 그런 일이 일어나지 않도록 섭리하시는 것을 뜻합니다. 왜냐하면 그와 같이 영적인 빛이나 영적인 삶이 소멸되면, 사람은 영적으로 죽은 것이기 때문입니다. "찾는다"(=애쓴다·to seek)는 말은 이해에 관해서 서술하고, "원한다"(=구한다·to desire)는 말은 의지에 관해서 서술합니다. 그리고 "죽음"은 양자에 관해서 서술합니다. 이런 내용이 우리 본문의 뜻이다는 것은 아주 명확합니다. 그렇지 않다면 "그 기간(=그 날)에는 그 사람이 죽으려고 애써도 죽지 못하고, 죽기를 원해도 죽음이 그들을 피하여 달아날 것이다"는 우리의 본문말씀 안에 무슨 뜻이 거기에 있을 수 있겠습니까? 왜냐하면 "죽음"(death)은 영적인 죽음(spiritual death) 이외의 다른 죽음을 결코 뜻하지 않기 때문입니다. 그 영적인 죽음은 이해가 믿으려고 하는 것들에게서 멀리 옮겨졌을 때 일어납니다. 왜냐하면 이런 경우, 그 사람은 참된 것이나, 또는 거짓된 것을 생각하고, 어떤 것을 행하는지를 알지 못하기 때문입니다. 따라서 그 사람은 천계의 천사들과 함께 생각하고, 행동하기도 하고, 지옥의 악마들과 함께 생각하기도 하고, 행동하기도 하기 때문입니다.

430. 7절. **그 메뚜기들의 모양은** (이와 같았습니다.)

이 말씀은 인애에서 분리된 믿음으로 스스로 다짐한 자들의 겉모양들(外現)과 형상들(images)을 뜻합니다. "모양"(=닮음·likeness)은 표징적인 형상(a representative image) 안에 있는 그들의 겉모양(外現)들을 뜻합니다. 그리고 "메뚜기들"은 여기서 가장 외적인 것들 안에 있는 거짓들을 뜻하고(본서 424항 참조), 그리고 거짓들은, 거짓들 안에 있는 자들과 하나를 이루기 때문에, 역시 그들은 "메뚜기들"이 뜻합니다. 오직 믿음만이라는 교리로, 또는 그들의 거짓들로 스스로 확증, 다짐한 자들이 바로 "메뚜기들"이 뜻하는 자들이다는 것은 내가 겪은 사실들에서 나에게는 아주 명확합니다. 그것은 바로 그 믿음의 교리 안에 있는 장로들이 눈에 보이는 메뚜기들을 부둥켜안고, 그들과 입 맞추고, 열렬하게 자신들의 집으로 초대하는 것을 경험하였기 때문입니다. 왜냐하면 영계에서 천사들이나 영들의 정동들이나 생각들에 속한 모양들을 가리키는 형상들(images)은, 위에서 언급한 것과 같이, 짐승들·새들·물고기들과 같이 마치 그것들이 살아 있는 것처럼 나타나 보이기 때문입니다.

431. 전투 채비를 한 말들과 같고,……

이 말씀은 그들이 추론(推論)을 할 수 있기 때문에, 그들은 자기 자신들에게는 마치 성언에서 비롯된 진리의 이해로 말미암아 싸우는 것 같이 보인다는 것을 뜻합니다. 여기서 "말"(馬·horse)은 성언의 이해를 뜻하고(본서 298항 참조), "전투"(=전쟁·war)는 영적인 전쟁으로, 그것은 추론들이나 논쟁들 안에 있습니다(본서 500·586항 참조). "같았다"(=닮았다·like), 또는 닮음은, 위에서 언급한 것과 같이(본서 430항 참조), 겉모습(外現)을 뜻합니다.

432. 머리에는 금 면류관과 같은 것을 쓰고…….

이 말씀은 그들이 자신들에게는 정복자(征服者·conquerors)들처럼 보인다는 것을 뜻합니다. "그들이 머리에 쓴 금 면류관들"은 승리의 증표(證票)를 뜻하는데, 그 이유는 옛날 왕들은 전쟁에서 금 면류관들(=왕관들)을 썼기 때문입니다(본서 300항 참조). 왜냐하면 그들이 "말과 같이" 보였다고, 다시 말하면, "전투 채비를 한 말들과 같다"고 언급되었기 때문입니다(본서 431항 참조). 왜냐하면, 그들은 아래에서는, 사람들의 얼굴을 가졌고, 그리고 그들은 결코 정복될 수 없는 종지(宗旨)들 안에 있기 때문입니다.

433. 그 얼굴은 사람의 얼굴과 같았습니다.

이 말씀은 그들이 자신들에게는 매우 지혜로운 사람처럼 보였다는 것을 뜻합니다. 성경에서 "사람"(man)은 지혜롭거나, 총명스러운 사람을 뜻하고(본서 243항 참조), 그리고 "사람의 얼굴"(face)은 지혜나 총명을 뜻합니다. 그러므로 "그들의 얼굴들이 사람들의 얼굴들과 같았다"는 말은 그들이 자신들에게는 마치 지혜로운 사람 같이 보였다는 것을 뜻합니다. 그들은, 비록 그들의 등에 전혀 기름을 준비하지 못한 어리석은 처녀들 가운데 끼지만(마태 25:1, 2), 그들은 지혜롭고, 유식하고, 박학한 자들이라고 불리웠습니다. 여기서 "기름"(oil)은 사랑과 인애를 뜻하고, "어리석은 자들 가운데 있다"는 말은 주님의 말씀을 듣는 자들, 다시 말하면 성경말씀은 읽지만, 그것을 행하지 않는 자들 가운데 있다는 것을 뜻합니다(마태 7:26).

434. 8절. 그것들은 여자의 머리털과 같은 머리털이 있고,…….

이 말씀은 그들이 자신들에게는 진리에 속한 정동 안에 있는 것처럼 보인다는 것을 뜻합니다. 성경에서 "남자"(man)는 진리의 이해를 뜻하고, "여자"(woman)는 진리의 정동을 뜻하는데, 그 이유는 남자는 이해 안에 태어나고, 여자는 정동 안에 태어나기 때문입니다. 이 주제에 관해서는 ≪혼인에 관한 천사적인 지혜≫에서 읽을 수 있습니다. 성경에서 "머리털"(=머리카락·hair)은 감관적인 것을 가리키는 사람의 삶의 궁극적인 것을 뜻합니다(본서 424항 참조). 이런 것이 그들에게 주어진 것은 진리의 정동 안에 있는 것 같은 외현(外現)이었지만, 그럼에도 불구하고 그 때 그들은 거짓에 속한 정동 안에 있었습니다. 왜냐하면 그들은 이 거짓을 진리이다고 믿었기 때문입니다. "여자"(woman)가 진리의 정동을 뜻한다는 것은 성경의 수많은 장절들로부터 잘 나타나고 있습니다. 그러므로 교회가 "부인"(=여인·a wife)으로, 그리고 "여자" "딸" "처녀"라고 불리웠고, 그리고 교회는 사랑이나, 또는 진리의 정동으로 말미암아 교회인 것입니다. 아래 장절들에서는 교회가 "여인"이라고 불리웠습니다.

> 두 여인이 있는데, 그들은 한 어머니의 딸들이다. 그들은 이집트에서부터 이미 음행을 하였다.……그들을 좀 더 밝히자면 오홀라는 사마리아이고, 오홀리바는 예루살렘이다.
> (에스겔 23 : 1-4)
> 버림을 받아서 마음이 아픈 너를,……
> 젊은 나이에 아내가 되었다가 버림받은 너를,
> 주께서 부르신다.……
> 큰 긍휼로 너를 다시 불러들이겠다.
> (이사야 54 : 6, 7)
> 주께서 이 땅에 새 것을 창조하셨으니,
> 그것은 곧 여자가 남자를 안는(=보호하는) 것이다.
> (예레미야 31 : 22)

"태양을 둘러 걸치고 있고, 용이 몹시 괴롭히는 여인"(=묵시록 12장)은 새 예루살렘을 가리키는 새로운 교회(the New Church)를 뜻합니다. "여인들"은 진리의 정동들을 뜻하고, 그것으로 말미암아 교회가 교회이다는 것은 아래와 같이 수많은 장절에서 볼 수 있습니다.

> 너희는 내 백성의 아내들을
> 그 정든 집에서 쫓아냈고,
> 그들의 자녀들에게서 내가 준 복을
> 너희가 영영 빼앗아 버렸다.
> (미가 2 : 9)
> 그 날이 오면, 예루살렘에서 슬프게 울 것이니,……온 나라가 슬피 울 것이다. 가족마다 따로따로 슬피 울 것이다.……그 집안 여인들도 따로 슬피 울

것이다.
(스가랴 12 : 11-13)
안일하게 사는 여인들아,
일어나서 나의 목소리를 들어라.
걱정거리가 없이 사는 딸들아,
내가 하는 말에 귀를 기울여라.
(이사야 32 : 9)
어찌하여 너희는 그렇게 큰 악을 행하여……남자와 여자와 어린 아이와 젖먹이들까지 다 죽게 하여서, 너희 가운데 살아 남은 사람이 아무도 없게 할 작정이냐?
(예레미야 44 : 7)
나는
남자와 여자를 산산이 부수고,
늙은이와 어린 아이도 산산이 부수고,
처녀와 총각도 산산이 부수었다.
(예레미야 51 : 22)

여기서도, 그리고 다른 곳 어디에서도 "남자"와 "여자"는 영적인 뜻으로 진리의 이해와 진리의 정동을 뜻합니다.

435. 이빨은 사자의 이빨과 같고,…….

이 말씀은, 자연적인 사람의 삶에 속한 궁극적인 것들인, 감관적인 것들(sensual things)이 그들에게는 모든 것들을 지배하는 능력을 가진 것처럼 보인다는 것을 뜻합니다. "이빨들"(teeth)은 자연적인 사람(the natural man)의 삶에 속한 궁극적인 것들을 뜻하는데, 그것이 바로 감관적인 것들입니다. 이런 내용에 관해서는 본서 424항을 참조하십시오. 감관적인 것들에는 두 종류가 있는데, 하나는 의지에 속한 것이고, 다른 하나는 이해에 속한 것입니다. 의지에 속한 감관적인 것들은, 위에서 설명한 것과 같이(본서 434항 참조), "여인들의 머리카락"이 뜻하고, 그리고 이해에 속한 감관적인 것들은 "이빨들"이 뜻합니다. 후자, 또는 같은 뜻이지만, 확증에서 비롯된 거짓들 안에 있는 감관적인 사람들은 자신들에게는 모든 것들을 다스리는 능력 안에 있는 것처럼 보이기 때문에, 그러므로 그들은 결코 정복될 수 없는 것처럼 보입니다. 그러므로 감관적인 것들을 뜻하는, "메뚜기들의 이빨들"은 "사자의 이빨과 같다"고 언급되었습니다. 왜냐하면 "사자"는 능력(能力·power)을 뜻하기 때문입니다(본서 241항 참조). "이빨"이 감관적인 것들이라고 하는, 사람의 삶에 속한 궁극적인 것들을 뜻하는데, 그것이 마음에 속한 내면적인 것들에서 분리되었을 때, 그것은 단순한 거짓들 안에 있고, 그리고 그것들이 파괴하는 데까지 진리들에게 폭행을 자행한다는 것은 아래의 장절들에게서 잘 드러나고 있습니다.

> 내가 사람을 잡아먹는
> 사자들 한가운데 누워 있어 보니,
> 그들의 이빨은 창끝과 같고,
> 화살촉과도 같고,
> 그들의 혀는 날카로운 칼과도 같았습니다.
> (시편 57 : 4)
> 하나님, 그들의 이빨을
> 그 입 안에서 부러뜨려 주십시오,
> 주님, 젊은 사자들의 턱뼈를
> 부수어 주십시오.
> (시편 58 : 6)
> 셀 수 없이 많고 강한 메뚜기 군대가
> 우리의 땅을 공격하였다.
> 그들의 이빨은 사자의 이빨과 같고,
> 날카롭기가 암사자의 송곳니와 같다.
> (요엘 1 : 6)
> 주께서,
> 내 모든 원수의 턱을 치시고,
> 악인들의 이빨을 부러뜨리셨습니다.
> (시편 3 : 7)
> (넷째 짐승이 바다에서 나왔다.) 그것은 사납고 무섭게 생겼으며, 힘이 아주 세었다. 이 짐승은 쇠로 된 큰 이빨을 가지고 있어서, 그것으로 먹이를 잡아 먹고, 으스러뜨렸다.
> (다니엘 7 : 7)
> 우리를 원수의 이에 찢길
> 먹이가 되지 않게 하셨다.
> 주님을 찬송하여라.

(시편 124 : 6)

감관적인 사람들은 자기 자신의 빛 안에서는 어떤 진리도 볼 수 없기 때문에, 그리고 그것이 그런지 아닌지, 모든 것들에 관해서 추론하고 논쟁하기 때문에, 그리고 지옥에서의 이런 논쟁들은 밖에서는 이를 가는 소리로 들리기 때문에, 그리고 본질적으로는 거짓과 진리의 충돌이기 때문에, "이를 가는 소리"(마태 8 : 12 ; 13 : 42, 50 ; 22 : 13 ; 24 : 51 ; 25 : 30 ; 누가 13 : 28)가 뜻하는 것이 무엇인지 잘 알 수 있겠습니다. 그리고 또한 "이를 가는 소리"(욥기 16 : 9 ; 시편 35 : 15, 16 ; 37 : 12 ; 112 : 10 ; 미가 3 : 5 ; 애가 2 : 16)가 뜻하는 것도 어느 정도는 잘 알 수 있겠습니다.

436. 9절. (그들은) **쇠로 된 가슴막이 같은 가슴막이를 두르고…….**
이 말씀은, 그들이 그것에 의하여 싸우고, 승리하는 온갖 오류에서 비롯된 논쟁들(論爭·arguments)을 뜻하는데, 그들에게는 그것이 매우 능력이 있기 때문에 그들이 어느 누구에 의해서도 논박당하지 않을 그런 존재로 보입니다. "가슴막이들"(breastplates)이 방어(防禦)를 뜻하는데, 그 이유는 그것들이 가슴을 보호하기 때문입니다. 여기서는 그것이 거짓에 대한 방어인데, 그런 방어는 오류에서 비롯된 논쟁에 대하여 일어나고, 그리고 그것에 의하여 거짓된 원칙에서 방어됩니다. 왜냐하면 거짓스러운 원칙에게서는 거짓들 이외에는 아무것도 나오지 않기 때문입니다. 만약에 진리들이 앞에 있다고 할지라도 그들은 그 진리들을 겉만 보고, 그리고 피상적으로 보고, 따라서 역시 감관적으로만 봅니다. 그리고 그 진리들을 위화하고 맙니다. 이런 부류의 사람에게서 진리는 오류들이 되고 맙니다. "가슴막이"가 이런 뜻을 가지고 있는 이유는, 성경에서 "전쟁들"(wars)은 영적인 전쟁들을 뜻하고, 그리고 그것으로 말미암아 "전쟁의 무기들"은 그런 전쟁과 관계되는 다양한 것들을 뜻합니다. 예레미야서에서도 마찬가지입니다.

　　말에 안장을 얹고, 올라타거라!
　　투구를 쓰고 대열을 정돈하여라.
　　창을 날카롭게 갈고,
　　갑옷을 입어라.

(예레미야 46 : 4)

이사야서의 말씀입니다.

주께서 공의를 갑옷으로 입으시고,
구원의 투구를 머리에 쓰셨다.
(이사야 59 : 17)

시편서의 말씀입니다.

주님이 그의 깃으로 너를 덮어 주시고,
너도 그의 날개 아래로 피할 것이니,
주의 진실하심이 너를 지켜 주는
방패와 성벽이 될 것이다.
(시편 91 : 4)

이 밖에도 여러 장절들이 있습니다(에스겔 23 : 24 ; 38 : 4 ; 39 : 9 ; 나훔 2 : 3 ; 시편 5 : 12 ; 35 : 2, 3). "쇠로 된 그들의 가슴막이"는, 그들의 논쟁이 그들에게는, 그들이 누구에 의하여 논박되지 않을 정도로, 매우 강한 것처럼 보인다는 것을 뜻합니다. 왜냐하면 "철"은, 그것의 견고함 때문에, 힘이 강한 것을 뜻하기 때문입니다.

437. 그 날개 소리는 마치 전쟁터로 내닫는 많은 말이 끄는 병거 소리와 같았습니다.
이 말씀은 마치 충분하게 이해된 성언에서 비롯된 교리에 속한 진리들로 말미암아 그들이 존재하는 것과 같은 그들의 추론을 뜻합니다. 그들은 그것을 위해서 열렬히 싸워야 했습니다. "날개 소리"는 추론하는 것을 뜻하는데, 그 이유는 "난다"(to fly)는 말이 지각하고, 가르치는 것을 뜻하기 때문입니다(본서 245 · 415항 참조). "병거들"(兵車 · 戰車 · chariots)은, 곧 알게 되겠지만, 교리적인 것들을 뜻합니다. "말들"(horses)은 성언에 관한 이해를 뜻하고(본서 298항 참조), "많은 말들"(many horses)은 충분한 것을 뜻합니다. "전쟁터로 내닫는다"는 말이 싸우려고 하는 열망을 뜻한다는 것은 명확합니다. "병거"(=전차)가 교리를 뜻한다는 것은 아래의 장절들에게서 명확합니다.

하나님의 병거는 천천이요, 만만이다.
주께서 그 수많은 병거를 거느리시고,
시내 산을 떠나 거룩한 곳으로 오셨다.
(시편 68 : 17)
주님은,
빛으로 휘감으셨습니다.……
구름으로 병거를 삼으시며,
바람 날개를 타고 다니십니다.
(시편 104 : 2, 3)
주님,……
어찌하여 구원의 병거를 타고
말을 몰아오시는 것입니까?
(하박국 3 : 8)
보아라, 주께서 화염에 싸여 오시며,
그의 병거는 마치
회오리바람처럼 올 것이다.
(이사야 66 : 15)
너희는 내가 마련한 잔칫상에서 군마와 기병과……배부르게 뜯어 먹어라.……여러 민족 가운데 내 영광을 드러낼 것이니,…….
(에스겔 39 : 20, 21)
내가 에브라임에서 병거를 없애고,
예루살렘에서 군마를 없애며,
전쟁할 때에 쓰는 활도 꺾으려 한다.
(스가랴 9 : 10)
왕국들의 왕좌를 뒤집어엎겠다.……
병거들과 거기에 탄 자들을
내가 뒤집어엎겠다.
(학개 2 : 22)
너는 가서 파수꾼을 세우고
그가 보는 대로 보고하라고 하여라.
기마병과 함께 오는 병거를 보거나,
나귀나 낙타를 탄 사람이 나타나면,
주의하여 살펴보라고 하여라.……
파수꾼이 보고한다.

"바빌론이 함락되었다!
바빌론이 함락되었다!"
(이사야 21 : 6, 7, 9)

"엘리야"와 "엘리사"는 성언의 측면에서 주님을 표징합니다. 따라서 성언에서 비롯된 교리를 또한 뜻합니다. 모든 선지자들도 마찬가지이기 때문에(본서 8항 참조), 그러므로 그들은, "이스라엘의, 병거요, 그것의 기마병들"이라고 불리웠습니다. 그것은 꼭 같은 이유 때문입니다.

갑자기 불병거와 불말이 나타나서,……엘리야만 회오리바람에 싣고 하늘로 올라갔다. 엘리사가 이 광경을 보면서 외쳤다. "나의 아버지! 나의 아버지! 이스라엘의 병거이시며, 마병이시여!"
(열왕기 하 2 : 11, 12 ; 6 : 17 ; 13 : 14)

병거가 나타나는 장절들입니다(이사야 31 : 1 ; 37 : 24 ; 66 : 20 ; 예레미야 17 : 25 ; 22 : 4 ; 46 : 2, 3, 8, 9 ; 50 : 37, 38 ; 51 : 20, 21 ; 에스겔 26 : 7, 8, 10, 11 ; 다니엘 11 : 40 ; 나훔 3 : 1-3 ; 요엘 2 : 1-5).

438. 10절. **그것들은 전갈과 같은 꼬리를 가졌는데…….**
이 말씀은, 그들이 이것을 가지고 마비상태를 일으키는, 위화된 성언의 진리들을 뜻합니다. 여기서 "꼬리"(the tail)는 머리에 속한 궁극적인 것을 뜻하는데, 그 이유는 두뇌(頭腦·brain)는 척추를 거쳐서 꼬리에까지 이어지고 있기 때문입니다. 그러므로 머리와 꼬리(head and tail)는 하나를 이룹니다. 말하자면 그것은 처음과 나중입니다. 그러므로 그 때 "머리"는 의롭게 되고, 구원받는다는 오직 믿음만의 교리를 뜻하고, "꼬리"는 요약된 그것의 모든 확증들을 뜻하는데, 그것은 성언에서, 따라서 위화된 성언의 진리들에게서 비롯되었습니다. 자기 자신의 총명에서 종교에 속한 원리(a principle of religion)로 간주(看做)하고, 그것을 으뜸으로 삼는 자는 누구나 성언에게서 그 확증들을 취하고, 그리고 또한 그것들을 꼬리로 만들기도 합니다. 그러므로 그 사람은 다른 사람에게 마비상태를 일으키고, 그리고 그와 같이 다른 사람들을 해칩니다. 그러므로 "그것들은 전갈과 같은 꼬리를 가졌다"고 언급하였고, 그리고 곧 이어서 "그 꼬리에는 침을 가졌는데, 그 꼬리(=침)에는 다섯 달 동안 사람을 해할 수 있는 권세가 있다"라고 언급되었습니다. 왜냐하면 "전갈"은 이해에 마비상태를 유발하는 종지(宗旨)에 속한 능력을 뜻하기 때문입니다(본서 425항 참조). "꼬리"가 척추를 거쳐서 그것의 말단에 이르는 두뇌의 연속(連續)이다는 것은 어떤 해부학자도 여러분에게 말할 것입니다. 아니면, 개를 관찰하든지, 또는 꼬리를 가진 야생짐승을 살펴보십시오. 그리고 그 놈의 머리를 잘 어루만져 보십시오. 그러면 여러분은 그 짐승의 등줄기가 평탄하고, 그 꼬리는 그것에 맞추어서 가볍게 움직이지만, 그러나 반대로 여러분이 그 놈에게 약을 올리기라도 한다면, 그 놈은 등줄기를 곤두세우는 것을 보실 것입니다. 하나의 원리로서 간주하는 이해에 속한 으뜸 되는 교리나 신조는 바로 "머리"가 뜻하고, "꼬리"는 그것에 속한 궁극적인 것들을 뜻한다는 것은 아래의 장절들에게서 역시 잘 알 수 있겠습니다.

> 그러므로 주께서
> 이스라엘의 머리와 꼬리를……
> 자르실 것이다.
> 머리는 곧 장로와 고관들이고,
> 꼬리는 곧 거짓을 가르치는 예언자들이다.
> (이사야 9 : 14, 15)
> 이집트에서는 되는 일이 없고,
> 우두머리나 말단에 있는 사람이나……
> 모두가 쓸모가 없이 될 것이다.
> (이사야 19 : 15)

아래의 장절도 다른 것을 뜻하지 않습니다.

> (머리 일곱 개가 달린) 그 용은 그 꼬리로 하늘의 별 삼분의 일을 휩쓸어서, 땅으로 내던졌습니다.
> (묵시록 12 : 4)

그리고 역시 같은 뜻입니다.

> 뱀 같은 꼬리와 그들이 그것을 가지고 해치는 머리를 가지고 있었다.
> (묵시록 9 : 19)

여기서 "꼬리"가 궁극적인 것을 뜻하고, 궁극적인 것은 모든 것들의 복합체적인 것이기 때문에, 그러므로 주께서는 모세에게 이렇게 말씀하셨습니다.

"너의 손을 내밀어서 그 꼬리를 잡아라." 모세가 손을 내밀어서 꼬리를 잡으니, 그의 손에서 도로 지팡이가 되었다.
(출애굽기 4 : 3, 4)

그러므로 이렇게 명령되었습니다.

제물을 가져온 사람은 화목제물 가운데서 기름기, 곧 엉치뼈 가운데서 떼어 낸 꼬리 전부와, 내장 전체를 덮고 있는 기름기와, 내장 각 부분에 붙어 있는 모든 기름기와, 두 콩팥과, 거기에 덮여 있는 허리께의 기름기와, 콩팥을 떼어 낼 때에 함께 떼어 낸 간을 덮고 있는 껍질을, 주께 살라 바치는 제물로 가져 와야 한다. 그러면 제사장이 그것들을 제단으로 가져 가서, 주께 살라 바치는 음식제물로 바칠 것이다.
(레위기 3 : 9-11 ; 8 : 25 ; 9 : 19 ; 출애굽기 29 : 22)

궁극적인 것이 선재적인 것들을 모두 담고 있고, 내포한다는 것은 ≪성서론≫ 38·65항에서, 그리고 ≪신령사랑과 신령지혜≫ 209-216·217-222항에서, 두루 볼 수 있겠습니다.

439. 그것들은 전갈과 같은 꼬리와 침을 가졌는데, 그 꼬리에는 다섯 달 동안 사람을 해할 수 있는 권세가 있었습니다.
이 말씀은 성언에 관한 온갖 음흉한 위화들을 뜻하는데, 그들은 그것을 가지고 잠시 동안 이해를 어두웁게 만들고, 꼼짝 못하게 하는, 따라서 다른 자들을 속이고, 사로잡습니다. "그들의 꼬리들 안에 있는 침들"(=가시들·stings)은 성언에 관한 음흉한 위화들(subtle falsifications)을 뜻하고, "침들"(=가시들·stings)은 음흉이나, 교활 따위를 뜻하고, "꼬리"는 위화된 성언의 진리들을 뜻합니다(본서 438항 참조). "해할 수 있는 권세"(=힘·power)는 그들이 이런 것들에 의하여 마비상태를 유발하는, 다시 말하면 그들은 이해를 어둡고 무디게 하고, 꼼짝 못하게 하는 것을, 따라서 이해를 속이고 사로잡는 것을 뜻합니다. 왜냐하면, "전갈과 같은 그것들의 꼬리들"이나 "전갈들"은 이런 것들을 뜻하기 때문입니다(본서 425항 참조). "다섯 달"은, 앞에서 언급한 것과 같이(본서 427항 참조), 짧은 기간을 뜻합니다. 이런 일은, 그들이 성언에서 어떤 것을 끄집어내서(引用), 그것을 적용할 때, 일어납니다. 왜냐하면 성언은 대응들에 일치하여 기술되었고, 대응(對應)들은, 그것들 안에 순수한 진리들을 담고 있는, 부분적으로는 진리의 겉모양 (外現·appearances of truth)들이기 때문입니다. 만약에 교회에서 이런 진리들을 알지 못하게 된다면, 수많은 것들을 성경에서 취할 것인데, 그것들은 처음에는 이단사설(異端邪說)과 일치하는 것같이 보일 것입니다. 그러나 순수한 진리들을 교회에서 알게 되면 그 때 진리의 외현들은 분명하게 나타나게 되고, 그리고 순수한 진리들도 잘 보이게 됩니다. 그러나 이런 일이 일어나기 전에, 성경에서 끄집어낸 다종다양한 것들에 의하여 이단자(異端者)는 이해력을 어두웁게 하고, 꼼짝 못하게 할 것입니다. 따라서 속이고, 그런 것으로 사로잡을 것입니다. 이런 일은 사람의 죄악들이 사해졌다고 하는, 또는 다른 말로 하면, 그것에 관해서는 어느 누구도 모르지만, 믿음에 속한 행위에 의하여 의롭게 된다고 하는, 그리고 일순간에, 아니면 임종(臨終) 때에, 의롭게 된다고 주창하는 자들에 의하여 행해지고 있다는 사실은 여러 가지 예를 들어서 입증될 수 있겠지만, 그러나 여기는 그렇게 할 곳은 아닙니다. "침들"(=가시들·stings)이 해치는 일을 하는 악에서 비롯된 거짓들을 뜻한다는 것은 아모스서에 역시 잘 나타나고 있습니다.

"두고 보아라. 너희에게 때가 온다."
사람들이 너희를 갈고리로 꿰어 끌고 갈 날,
너희 남은 사람들까지도
낚시로 꿰어 잡아갈 때가 온다.
(아모스 4:2)

모세의 글입니다.

너희가 그 땅의 주민을 다 쫓아내지 아니하고, 너희와 함께 있도록 허락하였다가는, 그들이 너희 눈에 가시가 되고, 옆구리를 찌르는 바늘이 되어서, 너희가 살아 갈 그 땅에서 너희를 괴롭힐 것이다.

(민수기 33 : 55)

"가시들" "찔레들" "가시덤불" "엉겅퀴들"은 역시 그것들의 가시들 때문에, 악에 속한 거짓들을 뜻합니다.

440. 11절. 그것들은 아비소스의 사자를 자기들의 왕으로 떠받들었는데, 그 이름은 히브리 말로는 아바돈이요, 그리스 말로는 아볼루온입니다.

이 말씀은 온갖 정욕들에게서 비롯된 거짓들 안에 있고, 그리고 성언의 전적인 위화들에 의하여 교회를 파괴하는 자들을 뜻합니다. "아비소스의 사자들인 왕"은 거기에 있는 어느 왕인 어떤 사자(使者)를 뜻하지 않고, 거기에서 통치하는 거짓을 뜻합니다. 왜냐하면 본래의 뜻에서 "왕"은 선에 속한 정동에서 비롯된 진리들 안에 있는 자를, 그리고 추상적인 뜻으로는, 진리 자체를 뜻합니다(본서 20항 참조). 따라서 나쁜 뜻으로는, "왕"은 악에 속한 정욕들에서 온 거짓들 안에 있는 자를, 그리고 추상적인 뜻으로는, 거짓 자체를 뜻합니다. "아비소스"(=무저갱·abyss)는 그들이 있는 곳인 사탄적인 지옥을 뜻합니다(본서 387·421항 참조). "이름"은 상태의 성질을 뜻하고(본서 81·122·165항 참조), 히브리 말로 "아바돈"은 파괴하는 자 또는 파괴자를 뜻합니다. 그리고 이것이 바로 성언의 전적인 위화에 의하여 교회를 파괴하는 가장 외적인 것들 안에 있는 거짓을 뜻합니다. 히브리어 성경에서 "아바돈"(Abaddon)은 파괴를 뜻하고, 아래 장절에서도 같은 뜻을 뜻합니다.

> 무덤에서 주의 사랑을,
> 죽은 자의 세계에서 주의 진실을
> 이야기할 수 있겠습니까?
> (시편 88 : 11)
> 스올(=무덤·죽음)도 하나님께는 환하게 보이고,
> 멸망의 구덩이(=아바돈)도 그분의 눈에는
> 환하게 보인다.
> (욥기 26 : 6)
> 그것은 사람을 파멸시키는 불(=아바돈)
> 사람이 애써서 모은 재산을
> 다 태우는 불이다.

9 : 1 - 21   333

(욥기 31 : 12)
멸망의 구덩이(=아바돈)와 죽음…….
(욥기 28 : 22)

다른 곳에서도 지옥과 악마는 "파괴"나 "파괴자"라고 불리웠습니다(이사야 54 : 16 ; 에스겔 5 : 16 ; 9 : 1 ; 출애굽 12 : 13). 그러나 다른 곳에서는 다른 말로 뜻합니다.

441. 12절. **첫째 재앙이 지나갔습니다. 그러나 아직도 두 가지 재앙이 더 닥쳐올 것입니다.**
이 말씀은 교회의 폐허에 대한 더 심한 애도(=슬픔·哀悼)들을 뜻합니다. "재앙"이 재난·불행·저주 따위를 뜻한다는 것은 본서 416항을 참조하십시오. 그러나 여기서 "더 닥쳐올 두 재앙"은 그 교회의 폐허의 상태에 대한 더 심한 애도를 뜻합니다.

442. 13절. **여섯째 천사가 나팔을 불었습니다.**
이 말씀이 그리 현명하지도 않지만, 그럼에도 불구하고 종교의 모든 것을 믿음에 두고, 그리고 오직 믿음에 관해서만 생각하고, 그것을 제외하면 아무것도 없다고 생각하고, 그리고 관습적인 예배(慣習的 禮拜·customary worship)를 드리고, 자신들이 좋아하는 대로 그렇게 사는 개혁교회 안에 있는 그들의 삶의 상태에 대한 조사와 밝힘(顯示)을 뜻합니다. 이런 내용이 우리의 본문장 마지막까지 다루어지고 있다는 것은 아래에 이어지는 설명내용에서 잘 드러날 것입니다. "나팔을 분다"(to sound)는 말은 그 교회의 상태를 조사하고, 명확하게 밝히는 것을 뜻하고, 그리고 그들의 종교를 오직 믿음만이라는 교리에 두는 자들의 삶의 상태에 대해서 조사하고, 밝히는 내용은 위의 설명에서(본서 397항 참조), 볼 수 있겠습니다.

지금 여기서 다루어지고 있는 자들은, 우리의 본문에서 관련된 자들과 전적으로 판이(判異)한데, 그들의 믿음에 속한 거짓들은 메뚜기들의 모습으로 보였습니다. 그들은 이런 점에서 크게 다릅니다. 그 내용인즉슨, 여기에 기술된 그들은 믿음에 의한 칭의(=의롭게 됨·稱義·justification)의 비의(秘義)에 대한 조사에서, 그리고 그것의 증표들을 주는 일에서나, 그들이 가지고 있는 도덕적인 선들이나 시민법적인 선들인 그것의 입증에서 매우 학구(學究)적이었고, 성언의 계율들이 사실은 본질에서 신성하다고 주장하지만, 그러나 사람과의 관계에서 보면 그것들은 모두가 자연적인 것이 되어 버렸는데, 그 이유는 그것들이 믿음에 속한 영적인 것들과의 결합을 전혀 가지고 있지 않는 그 사람의 의지에서 나온 것이기 때문이고, 그리고 그들은, 박식의 명성을 가리키는 합리적인 심사숙고(深思熟考)에 의하여 이런 것들을 확증하기 때문에 위에서 기술한 것과 같이(본서 421항 참조), 그들은 아비소스의 남녘에 살고 있다는 것입니다. 그러나 본문장 마지막까지 아래에서 다루어지게 될 자들은, 이런 비의들을 수학(修學)하지 않았고, 그저 단순하게 믿음을 종교에 속한 모든 것으로 삼는 자들이고, 그 밖의 것은 아무것도 모르고, 관습적인 예배를 드리고, 그리고 그저 자신들이 좋아하는 대로 그렇게 살았습니다. 나는 이들을 만나보고, 그들과 대화하는 일이 허락되었습니다. 그들은 오두막들이 산재해 있는 북녘에 살았는데, 그 오두막들은 라임나무(lime)에 갈대와 골풀을 엮어서 지은 것인데, 그 안에 있는 바닥은 마루를 깔았습니다. 자연적인 빛에 의하여 매우 선명하고, 그리고 추론에 의하여 그 믿음을 어떻게 정립하는지 알고, 그리고 삶의 일상적인 것에서는 아무것도 가진 것이 없는 자들은 정면에 살고, 보다 단순한 자들은 그들 뒷면에 살고, 더 우둔한 자들은 그 지역의 서쪽에 삽니다. 그들의 무리는 너무나 크기 때문에 헤아릴 수 없습니다. 그들은 천사적인 영들에 의하여, 교육을 받지만, 그러나 믿음에 속한 진리를 영접, 수용하지 못하고, 그리고 그것들에 일치하는 삶을 살지 않는 자들은, 그것들 아래에 있는 지옥으로 보내져서, 거기에 갇혀 있습니다.

443. 나는 하나님 앞에 있는 금제단의 네 뿔에서 울려 나오는 음성을 들었습니다.
14절. **그것은 나팔을 가진 여섯째 천사에게 하는 음성이었습니다.**
이 말씀은 영적인 천계(the spiritual heaven)에서 조사받고 밝혀지게 될 자들에게 하는 주님에게서 오는 명령을 뜻합니다. 여기서 "음성"은 신령명령(a Divine command)을 뜻하고, "금제단" 또는 "분향단"은 영적인 천계를 뜻합니다(본서 277·392항 참조). 그리고 그 제단의 "네 뿔"은 그것이 가지고 있는 능력(能力·power)을 뜻합니다. 여기서 이 능력은, 아래서와 같이, 큰 강 유프라테스에 매여 있는 네 천사를 풀어놓아 줄 능력을 가리킵니다. 나팔을 가지고 있는 "여섯째 천사"는 이런 것들에 대해서 조사하고 밝히는 임무를 맡고 있는 자들을 뜻합니다(본서 442항 참조).

444. "큰 강 유프라테스에 매여 있는 네 천사를 풀어놓아 주어라."
이 말씀은 그들의 마음에 속한 내면적인 것들이 드러나기 위해서 외적인 구속들이 그들에게서 반드시 제거되어야 한다는 것을 뜻합니다. 우리의 본문이 뜻하는 것은, 만약에 "큰 강 유프라테스"가 뜻하는 것이 무엇인지, 그리고 "거기에 매여 있는 네 천사들"이 뜻하는 것이 무엇인지를 알지 못한다면, 어느 누구도 알 수 없고, 그리고 거의 상상도 할 수 없을 것입니다. 성경에서 "유프라테스"는 합리적인 것들이라고 부르는 사람의 마음에 속한 내면적인 것들을 뜻합니다. 선에서 비롯된 진리들 안에 있는 자들에게서 그것들은 지혜로 가득 차 있지만, 그러나 악에게서 비롯된 거짓들 안에 있는 자들에게서 그것들은 광기(狂氣)로 가득 차 있습니다. 성경에서 "유프라테스 강"이 이런 내용들을 뜻하는 이유는 그 강이 앗시리아로부터 가나안 땅을 갈라놓기 때문이고, 그리고 "가나안 땅"이 교회를 뜻하고, "앗시리아"는 교회의 합리적인 것을 뜻하기 때문입니다. 따라서 그것을 결박하고 있는 그 강은, 선악의 양쪽인 뜻에서 합리적인 것이라고 부르는 마음에 속한 내면적인 것들을 뜻하기 때문입니다. 왜냐하면 교회에 속한 사람을 구성하는 것은 세 가지가 있는데, 그것은 곧 영적인 것, 그리고 합리적인 것, 또는 총명적인 것, 그리고 과학적인 것을 가리키는 자연적인 것 등입니다. 교회에 속한 영적인 것들은 "가나안 땅"과 그것의 강들이 뜻하고, 교회에 속한 합리적인 것 또는 총명적인 것은 "앗수르" 또는 "앗시리아"와 그것의 "유프라테스 강"이 뜻하고, 그리고 교회에 속한 과학적인 것인 자연적인 것은 "이집트"와 그것의 강 "나일"이 뜻합니다. 그러나 이런 것들에 관한 더 상세한 것은 아래의 설명에서 볼 수 있겠습니다(본서 503항 참조). "그 강 유프라테스에 매여 있는 네 천사들"은 "매여 있다"고 언급되어 있는 교회에 속한 자들이 가지고 있는 마음의 내면적인 것들을 뜻합니다. 그 이유는 그들이 공개적으로 공언되지 않았기 때문입니다. 왜냐하면 "네 천사들"이 뜻하는 자들은 지옥적인 영들이기 때문입니다. 그리고 그들에 관해서 아래와 같이 언급되었는데(본서 446항 참조), 내용인즉슨 "그들은 사람의 삼분의 일을 죽이기로 예비된 이들이다"(15절)는 것이고, 그리고 그 사람들의 내면적인 것들은, 그것이 지옥적이든 천적이든, 영들과 하나를 이루기 때문입니다. 그 이유는 그들이 함께 살기 때문입니다. "그들을 풀어놓아 준다"는 말은, 그들의 마음에 속한 내면적인 것들이 나타나기 위하여, 외적인 구속들을 제거하는 것을 뜻합니다. 이런 내용이 우리의 본문의 뜻입니다. "유프라테스 강"이 그의 교회에 속한 영적인 것들과 접해 있는 사람의 마음에 속한 내면적인 것들을 뜻한다는 것은 성경에 "앗수르"나 "앗시리아"가 나오는 그런 장절들에게서 잘 드러나고 있습니다. 그러나 "유프라테스"는 나쁜 뜻으로도 나타나는데, 나쁜 뜻으로 그것은 거짓들로 가득 찬 내면적인 것이나, 그것으로 인한 광기들로 가득 찬 내면적인 것입니다. 그것들이 나타나는 장절들입니다.

> 나 주가
> 저 세차게 넘쳐 흐르는 유프라테스 강 물,
> 곧 앗시리아 왕과 그의 모든 위력을
> 이 백성 위에 뒤덮이게 하겠다.
> 그 때에 그 물이 온 샛강을 뒤덮고
> 둑마다 넘쳐서,
> 유다로 밀려들고, 소용돌이치면서 흘러,
> 유다를 휩쓸고,
> 유다의 목에까지 찰 것이다.
> (이사야 8 : 7, 8)
> 그런데도 이제 네가
> 시홀 강(=나일 강의 지류) 물을 마시려고
> 이집트로 달려가니,
> 그것이 무슨 일이며,
> 유프라테스 강 물을 마시려고
> 앗시리아로 달려가니,
> 이 또한 무슨 일이냐?
> (예레미야 2 : 18)
> 주께서
> 이집트 바다의 큰 물굽이를 말리시고,……
> 유프라테스 강 물을 말리실 것이다.
> (이사야 11 : 15, 16)
> 여섯째 천사가 그 대접을 큰 강 유프라테스에 쏟으니, 강물이 말라 버렸다.

(묵시록 16 : 12)

주께서 예언자에게 이렇게 말씀하셨다. "너는 가서 베로 만든 띠를 사서 너의 허리에 띠고, 물에 적시는 일이 없도록 하여라."……"네가 사서 허리에 띤 그 띠를 들고 일어나, 유프라테스 강 가로 가서, 그 곳의 바위 틈에 그 띠를 숨겨 두어라."……여러 날이 지난 다음에……"너는……내가 그 곳에 숨겨 두라고 너에게 명한 그 띠를 그 곳에서 가져 오너라."……이제 이 백성은 전혀 쓸모가 없는 이 띠와 같이 되고 말 것이다.
(예레미야 13 : 1-7, 10)
"그대가 이 책을 다 읽은 다음에는, 책에 돌을 하나 매달아서, 유프라테스 강 물에 던지십시오. 그런 다음에 '주께서 이 곳에 내리는 재앙 때문에 바빌로니아도 이렇게 가라앉아, 다시는 떠오르지 못하고 쇠퇴할 것이다' 하고 말하십시오."
(예레미야 51 : 63, 64)

이런 내용들은 이스라엘 자손들에게 있는 그 교회의 상태에 속한 내면적인 것들을 뜻합니다. "이집트의 강" 나일이나, "앗시리아의 강" 유프라테스는 모두가 가나안 땅의 변방들이다는 것은 이 구절에서 명확합니다. 창세기서의 말씀입니다.

주께서 아브람과 언약을 세우시고 말씀하셨다. "내가 이 땅을, 이집트 강에서 큰 강 유프라테스에 이르기까지를 너의 자손에게 준다."
(창세기 15 : 18)

유프라테스가 변방(=국경)이다는 것은 출애굽기서 23장 31절, 신명기서 1장 7, 8절, 11장 24절, 여호수아서 1장 4절, 미가서 7장 12절에서 볼 수 있습니다.

445. 15절. **그래서 네 천사가 풀려났습니다.**
이 말씀은 외적인 구속들이 제거되었을 때 그들의 마음에 속한 내면적인 것들이 드러났다는 것을 뜻합니다. 이것은 위에서 언급된 것에서 이어지는 내용입니다.

446. 그들은 사람의 삼분의 일을 죽이기로, 그 해, 그 달, 그 날, 그 때를 위하여 예비된 이들입니다.
이 말씀은 그들이 교회에 속한 사람들에게서 영적인 빛과 생명을 제거하기 위하여 계속적인 애씀 안에 있다는 것을 뜻합니다. "예비되었다"는 말은 그들이 애씀의 상태에 있다는 것을 뜻하고, "시·일·월·년"은 계속적이고, 단절이 없는 것을, 따라서 "언제나"(=항상·all time)가 뜻하는 것과 동일한 것을 뜻하고, "죽인다"(to kill)는 말은 교회에 속한 사람들에게서 영적인 빛과 생명을 제거한다는 것을 뜻합니다(본서 325항 참조). 그리고 "삼분의 일"은 모두나 전부를 뜻합니다(본서 400항 참조).

447. 16절. **그 천사들이 거느린 기마대의 수는 이억이나 된다.**
이 말씀은, 오직 믿음의 교리에 관한 온갖 추론들을 뜻하는데, 그것은 악에 속한 엄청나게 많은 거짓들에게서 비롯된 것들로 그들의 마음에 속한 내면적인 것들로 가득 채워져 있습니다. "군대"는 선들과 진리들을 뜻하고, 나쁜 뜻으로는 악들과 거짓들을 뜻합니다. 여기서는, 아래에 속한 것과 같이, 악에 속한 거짓들을 뜻합니다. "기마대"(=마병·horsemen)는 오직 믿음만의 교리에 관한 추론들을 뜻합니다. 그 이유는 "말"(horse)이 성언의 이해를 뜻하기 때문이고(본서 298항 참조), 그리고 또한 파괴된 성언의 이해를 뜻하기 때문입니다(본서 305·313·320항 참조). 그러므로 "기마대"(=마병)는 파괴된 성언의 이해에서 비롯된 온갖 추론들을 뜻합니다. 그리고 여기서는 오직 믿음의 교리에 관한 추론을 뜻합니다. 그 이유는 그 안에 있는 중요자리를 점한 자들이 다루어지고 있기 때문입니다. "이억의 수"는 숫자적으로 매우 많다는 것을 뜻하지 않고, 매우 풍부하다는 것을 뜻합니다. "둘"(2)이 언급되었는데, 그것은 "둘"이 선에 관해서 수술하기 때문입니다. 반대의 뜻으로는 악에 관해서 서술합니다(본서 322항 참조). "일만들"(myriads)은 진리에 관해서 서술하고, 그리고 나쁜 뜻으로는 거짓들에 관해서 서술합니다(본서 287항 참조). 따라서 잘 알 수 있는 것은 "이억의 기마대의 숫자"는, 악에 속한 아주 많은 철저한 거짓들로 말미암아 그들의 마음에 속한 내면적인 것들을 가득 채운 오직 믿음만의 교리에 관한 온갖 추론들을 뜻한다는 것입니다. 성경에서 "군대"(armies)는, 천계와 교회에 속한 선들이나 진리들을 뜻하고, 나쁜 뜻으로는 악들과 거짓들을 뜻한다는 것은 "군대"(host)라고 불리운 해·달·별들이 있는 여러 곳에서 잘 나타나고 있습니다. 그리고 "해"는 사랑에 속한 선을 뜻하고, "달"은 믿음에 속한 진리를 뜻하고, "별들"은 선과 진리의 지식들을 뜻하고, 나쁜 뜻으로는 그 반대의 것들을 뜻합니다(본서 51·53·332·413항 참조). 아래의 장절에서는 전자와 후자 양자가 "군대"라고 불리웠습니다.

> 주의 모든 천사들아,
> 주님을 찬양하여라.
> 주의 모든 군대야,
> 주님을 찬양하여라.
> 해와 달아, 주님을 찬양하여라.
> 빛나는 별들아, 모두 다 주님을 찬양하여라
> (시편 148 : 2, 3)
> 내가 손수 하늘을 폈으며,
> 그 모든 별에게 명령을 내렸다.
> (이사야 45 : 12)
> 주님은 말씀으로 하늘을 지으시고,
> 입김으로 모든 별들을 만드셨다.
> (시편 33 : 6)
> 하나님은 하늘과 땅과 그 가운데 있는 모든 것(=큰 무리·host)을 다 이루셨다.
> (창세기 2 : 1)
> 그것(=숫염소의 뿔)이 하늘 군대에 미칠 만큼 강해지더니, 그 군대와 별 가운데서 몇을 땅에 떨어뜨리고, 짓밟았다. 그것이 마치 하늘 군대를 주관하시는 분만큼이나 강해진 듯하더니, 그분에게 매일 드리는 제사마저 없애 버리고, 그분의 성전도 파괴하였다.……진리는 땅에 떨어졌다.……거룩한 천사가……"언제까지나 계속해서,……성소를 빼앗기고, 백성이 짓밟힐까?"
> (다니엘 8 : 10-14)
> 주께서 큰 음성으로
> 당신의 군대를 지휘하신다.
> (요엘 2 : 11)
> 집집마다 사람들이 지붕 위에서 온갖 천체(=군대·host)에게 향을 피워 올리고…….
> (예레미야 19 : 13)
> 하늘에 있는 해와 달과 별들, 하늘의 모든 천체를 보고 미혹되어서, 절을 하며 그것들을 섬겨서는 안 된다.
> (신명기 4 : 19 ; 17 : 3 ; 예레미야 8 : 2 ; 이사야 13 : 4 ; 34 : 4 ; 40

: 26 ; 예레미야 33 : 22 ; 스가랴 9 : 8 ; 묵시록 19 : 14)

"하늘의 군대"가 천계의 선들이나 진리들, 그리고 교회의 그것들을 뜻하기 때문에, 그러므로 주님께서는 "만군의 주"(Jehovah Zebaoth), 다시 말하면 "만군의 여호와"라고 불리셨습니다. 이런 이유 때문에 레위 지파의 성직(聖職·ministry)이 군 복무로 불리웠습니다(민수기 4 : 3, 23, 30, 39). 다윗의 글에는 이렇게 언급되었습니다.

> 주의 군대들아,
> 주의 뜻을 실행하는 종들아,
> 주님을 찬양하여라.
> (시편 103 : 21)

"군대"는 교회에 있는 악들이나 거짓들을 뜻합니다.

> 모든 민족들의 군대.
> (이사야 34장)
> 북쪽 왕은 돌아가서, 처음보다 더 많은 군대를 일으킬 것이며……그 때에 북쪽 왕이 와서, 흙 언덕을 쌓고, 요새화된 성읍을 빼앗을 것이다. 남쪽 군대는 북쪽 군대를 당해낼 수 없을 것이다.
> (다니엘 11 : 13-20)

여기서 "북쪽 왕"은 교회 안에 있는 악에 속한 거짓을 가리키고, "남쪽 왕"은 교회 안에 있는 선에 속한 진리를 뜻합니다. 주님께서는 이렇게 말씀하셨습니다.

> 예루살렘이 군대에게 포위당하는 것을 보거든, 그 도시의 파멸이 가까이 온 줄 알아라.
> (누가 21 : 20)

여기서 "예루살렘"은 교회를 뜻하고, "군대"는 그것을 황폐하게 만드는 악들이나 거짓들을 뜻합니다. 거기에서는 시대의 종말이 다루어졌는데, 그것은 곧 교회의 마지막 때를 가리킵니다. 요엘서의 "군대"도 역시 악들이나 거짓들을 뜻합니다.

> 메뚜기와 누리가 썰어 먹고
> 황충과 풀무치가 삼켜 버린
> 그 여러 해의 손해를,
> 내가 너희에게 보상해 주겠다.
> 그 엄청난 메뚜기 군대를
> 너희에게 보내어 공격하게 한 것은
> 바로 나다.
> (요엘 2 : 25)

여기서 "메뚜기"나 나머지 것들도 가장 외적인 것들 안에 있는 거짓을 뜻한다는 것은 본서 424항을 참조하십시오.

448. 내가 들은 그들의 수는……(=나는 그들의 수를 들었다). 이 말씀은, 아래에서와 같이, 지각된 그들의 성품을 뜻합니다. "듣는다"는 말은 지각하는 것을 뜻하고, "숫자"(=수·number)는 한 사물의 성질이나 상태를 뜻합니다(본서 10·348·364항 참조). 여기서 그 숫자는, 아래에서와 같이, 그들의 상태에 관한 성질을 뜻합니다. 그 이유는 그것이 아래에서 기술되었기 때문인데, 그런 이유에서 "나는 이러한 환상 가운데서 보았다"(17절)라고 언급되었습니다.

449. 17절. 나는 이러한 환상 가운데서 말들과 그 위에 탄 사람들을 보았는데……. 이 말씀은 그 때 오직 믿음의 교리에 관한 그들의 마음의 내면적인 것들에 속한 추론들이 상상적이고, 환상적이었다는 것과 그들 자신들은 그것들로 인하여 미치광이처럼 되었다는 것 등이 까발려졌다는 것을 뜻합니다. "본다"(to see)는 말은 그들의 성품이 까발려졌다는 것을 뜻하고, "말들"은 오직 믿음만의 교리에 관한 그들의 마음에 속한 내면적인 것들의 추론들을 뜻합니다. 현재의 경우는 상상적이고, 환상적인 추론들을 뜻하는데, 그 이유는 그가 그들을 "환상 가운데서" 보았다고 언급하였기 때문입니다. "말들을 타고 있는 자들"은 이해된 성언에서 비롯된 총명직인 것들을 뜻하지만, 그러나 지금의 경우는 성언에 정반대가 되는 상상적인 것들이나, 환상적인 것들에게서 비롯된 광적인 것들을 뜻합니다.

그들의 마음에 속한 내면적인 것들이 이런 형체들 하에 나타났기 때문에, 그것은 오직 믿음만의 교리에 관한 상상적이고 환상적인 추론들을 뜻하므로, 내가 그들의 입에서 들은 몇 가지를 공언하고자 합니다. 내용은 이렇습니다. "사람이 비참하게 타락한 뒤, 구원의 유일한 수단은 오직 믿음만이 아니겠소? 어떻게 우리가 그 수단이 없이, 하나님 앞에 자신을 드러낼 수 있겠소? 그것이 유일한 수단이 아니겠소? 우리는 죄악 가운데 태어났고, 우리의 본성은 아담의 범죄에 의하여 전적으로 부패되고, 타락된 것 아니겠소? 거기에 믿음 이외에 그 어떤 치료수단이 있겠습니까? 우리의 선행이나 업적이 이것에 무슨 공헌을 하겠습니까? 어느 누구가 자기 자신으로 말미암아 선행을 할 수 있겠습니까? 어느 누구가 자기 자신을 정결하게 하고, 용서하고, 의롭게 하고, 구원할 수 있습니까? 사람이 자기 자신으로 말미암아 행하는 모든 일에는 공로사상이나 자아적인 의(自我的 義·self-righteousness)가 깊이 똬리를 틀고 있지 않습니까? 만약에 우리가 선한 어떤 일을 했다고 해도, 우리가 모든 것을 다 할 수 있고, 율법을 완성할 수 있겠습니까? 어디 그뿐입니까, 만약에 어느 누구가 한 계명이라도 어기고 죄악을 범한다면 그는 모든 계명을 범한 것입니다. 그 이유는 그것들이 서로 결부되어 있기 때문입니다. 주님께서 이 세상에 강림하시고, 십자가상에서 매우 비참한 고통을 받으신 이유가 무엇입니까? 그것은 오로지 우리에게서 율법에 속한 영벌과 저주를 제거하시는 것이었고, 하나님 아버지와 화해시키고, 믿음을 통하여 사람에게 전가(轉嫁)시키기 위한 공로와 공의(公義·righteousness)를 이루시는 것이었습니다. 그렇지 않다면, 그분의 강림이 무슨 좋은 의미가 있습니까? 그 때 그리스도께서는 우리를 위하여 고통을 겪으셨고, 우리를 위하여 율법을 완성하셨고, 율법의 저주의 특권을 제거하셨기 때문에, 악은 더 이상 저주할 수 없었고, 선은 우리를 구원할 수 있지 않았습니까? 그러므로 믿음을 가진 우리는, 우리가 우리의 명성이나 영예나 이익에 손해를 입지 않고, 그리고 우리에게 불명예가 되고, 우리를 해치는 시민법의 처벌을 불러오지 않는다면, 우리가 좋아하는 것은 어떤 것이나 생각하고, 도모하고, 말하고, 행하는 충분한 자유의 상태에 있습니다"라는 내용이었습니다.

아주 먼 북녘에서 떠돌아다니던 어떤 사람은, "구원을 목적해서 행한 좋은 일들이란 해롭고, 치명적이고, 저주받은 그런 것입니다"라고 말하였습니다. 그들 가운데는 장로들도 몇몇이 있었습니다. 이러한 것들은 내가 직접 들은 것들이지만, 그러나 그들은 더 많은 것들을 부연하였고, 불평을 했지만, 나는 그것들을 듣지 못하였습니다. 그들은 역시 아무런 부끄럼 없이 방자(放恣)하게 모든 것을 말하였고, 그리고 그들은 말이나 행동 모두에서 외설(猥褻)적이었습니다. 그들은 정직하게 보이려고 하기 때문에 겉치레를 제외한다면 어떤 사악한 행위에 대해서도 전혀 두려움 따위는 없었습니다. 이런 것들이 바로 마음의 내면적인 것들이었고, 그리고 또한 그것 때문에 오직 믿음만의 교리를 종교의 모든 것으로 여기는 자들의 몸에 속한 외면적인 것들이기도 하였습니다. 그러나 그들이 떠벌린 그런 모든 것들은, 만약에 구세주이신 주님 자신이 직접 가까이 오신다면, 그리고 그분을 믿는다면, 또는 구원을 목적해서 각자가 선한 일을 행한다면, 그리고 비록 자기 자신이 하는 것처럼 사람이 행하지만, 그러나 그것은 주님에게서 비롯된다는 신념을 가지고 행한다면, 모두 땅에 떨어지고 맙니다. 이런 것들을 사람 자신이 행하듯 하지 않는다면, 믿음도, 인애도 전혀 주어질 수 없습니다. 결과적으로 종교 역시 구원도 줄 수 없는 것입니다.

450. 사람들은 화홍색(=불빛)과 청색(=분홍색·jacinth)과 유황색(brimstone) 가슴막이를 둘렀고,……

이 말씀은 지옥적인 사랑과 그들 자신의 총명에서 비롯된, 그리고 온갖 정욕들에서 비롯된 그들의 상상적이고, 환상적인 논쟁들을 뜻합니다. "가슴막이"(breastplates)는 그들이 믿음만의 교리를 위해서 싸우는 근원이 되는 논쟁들을 뜻합니다(본서 436항 참조). 그리고 "화홍색"(=불·fire)은 천적인 사랑을 뜻하고, 나쁜 뜻으로는 지옥적인 사랑을 뜻하고(본서 452·468·494항 참조), 그리고 "청색"(=분홍색·jacinth)은 영적인 사랑에서 비롯된 총명을 뜻하고, 나쁜 뜻으로는 지옥적인 사랑에서 비롯된 총명, 즉 자기 자신의 총명을 뜻하는데, 그것의 내용은 아래에 언급되겠습니다. "유황색"(brimstone)은 그 사랑에서부터 자기 자신의 총명을 통해서 온 정욕들(情慾·lusts)을 뜻합니다(본서 452항 참조). 그러므로 뒤이어지는 결론은 "불빛·분홍빛·유황빛의 가슴막이"는 이런 것들을 뜻한다는 것입니다. 그 교리에 찬성하는 그들의 논쟁들이 이와 같이 기술된 이유는, 자기 자신이 의롭게 되었다고 믿는 자들은 모두, 다시 말하면 오직 믿음에 의하여 죄악에서 용서받았다고 믿는 자들은 모두 회개(悔改)에 관해서는 결코 생각하지 않기 때문입니다. 그리고 회개하지 않고 고집스러운 사람은 죄악들 안에 있고, 그리고 모든 죄악들은, 자기 자신의 총명인 지옥적인 사랑에서 나오고, 그리고 그것들의 본성도 그런 것에서, 그리고 그것에서 비롯된 정욕들에게서 나오기 때문입니다. 그리고 이런 것들 안에 있는 자들은 그것들로 말미암아 생각하고, 뜻합니다. 결과적으로 그들은 그것들로부터 추론하고, 논쟁을 합니다. 사실 이런 것들이 그 사람 자체를 형성합니다. 그 이유는 그것들이 그들의 생명이요, 삶이기 때문입니다. 그러나 이런 사람은 시악하고, 그의 생명이나 삶은 지옥적인 것입니다. 오직 자기 자신들을 위해서, 그리고 세상을 위해서 도덕적인 삶을 사는 사람들은 이런 사실을 알지 못합니다. 그 이유는, 그들의 내면적인 것은 지옥적이지만, 이에 반하여 그들의 내면적인 것들은 기독교인의 삶을 사는 자들의 외면적인 것들에 비슷하기 때문입니다. 그러나 그들이 주지하여야 할 것은, 어느 누구나 죽으면, 그는 자신의 내면적인 것들의 상태가 되는데, 그 이유는 그가 하나의 영(a spirit)이 되기 때문입니다. 이것이 바로 속사람(the internal man)이기 때문입니다. 그 때 내면적인 것들은 외면적인 것들을 자신에게 조절, 적응시키고, 그리고 그들은 꼭 같은 것들이 됩니다. 그러므로 그 때 이 세상에서의 그들의 삶에 속한 도덕성(道德性)은 벗겨지는 물고기 비늘처럼 되어 버립니다. 그러나 도덕적인 계율을 신령한 것으로 지키고, 그리고 그 뒤에 시민법적인 계율을 지키는 자들의 경우는 그것과는 전혀 다릅니다. 그 이유는 그들은 이웃을 향한 사랑에 속해 있기 때문입니다. "분홍색"(a jacinth)은 영적인 사랑의 정동에서 비롯된 총명을 뜻하는데, 그 이유는 이 색깔이 불의 붉은 색과 빛의 흰색을 함께 취하기 때문입니다. 그리고 "불"(fire)이 사랑을 뜻하고, "빛"은 총명을 뜻하기 때문입니다. 이 총명은 이런 장절들이 뜻하고 있습니다.

청색 실(=푸른 보라색·hyacinthine)과 자주색 실과 홍색 실과 가늘게 꼰 모시 실로 휘장을 짜고, 그 위에 그룹을 정교하게 수를 놓아라.
(출애굽기 26 : 31, 36 ; 27 : 16)
그들은, 금실과 청색 실과 자주색 실과 홍색 실과 가늘게 꼰 모시 실로 정교하게 감을 짜서 에봇을 만들어야 한다.
(출애굽기 28 : 6, 15)

증거궤 위에다가는 순청색(hyacinth) 보자기를 덮은 다음에······상 위에다
가 청색 보자기를 덮고,······등잔대와 등잔을 청색 보자기로 덮고······성소
예식에 쓰는 그 밖의 모든 기구는 청색 보자기로 싸고······.
(민수기 4 : 6, 7, 9, 11, 12)
너희는 대대손손 옷자락 끝에 술을 만들어야 하고, 그 옷자락 술에는 청색
끈(the thread of blue)을 달아야 한다.
(민수기 15 : 38, 39)
엘리사 섬에서 가져온
푸른 색(hyacinth)과 자주색 베는,
너의 차일이 되었다.
(에스겔 27 : 7, 24)

그러나 지옥적인 사랑에서 비롯된 총명은 에스겔서에서는 "푸른 보라
색"(hyacinth)이 뜻하고 있습니다.

오홀라는······이웃에 있는 앗시리아의 연인들에게 홀려서 음행을 하였다.
그들은 모두 자주색(=푸른 보라색) 옷을 입은 총독들과 지휘관들이요, 모두
말을 잘 타는 매력이 있는 젊은이들과 기사들이었다.
(에스겔 23 : 4-6)

여기서는 그 교회가 기술되었는데, 그 교회는 그들 자신의 총명에서
비롯된 추론들에 의하여 성언에 속한 진리들을 위화하였습니다. 예레
미야서의 말씀입니다.

그들은 모두가 한결같이
어리석고 미련합니다.
나무로 만든 우상에게서 배운다고 한들,
그들이 무엇을 배우겠습니까?
그 우상에게 얇게 펴서 입힌 그 은은
다시스에서 들여온 것이며,······
우상들은 조각가가 새긴 것,
은장이가 만든 공예품입니다.
그것에다가
청색 옷과 자주색 옷을 걸쳐 놓은 것이니,
모두가

솜씨 좋은 사람들이 만들어 놓은 것입니다.
(예레미야 10 : 8, 9)

"조각가의 작품이나 은장이(=주조자・鑄造者・founder)나 솜씨 좋은 사람(=슬기로운 사람)의 공예품들"은 여기서는 그것들이 그들의 자기 총명에서 비롯된 것들이다는 것을 뜻합니다.

451. 말들은 머리가 사자의 머리와 같으며,……

이 말씀은, 마치 그것이 능력 안에 있는 것과 같은, 오직 믿음만의 교리에 관한 환상들(幻想・fantasies)을 뜻합니다. 여기서 "머리"(head)는, 여기서 다루고 있는 믿음만의 교리에 관해서 그들이 가지고 있는 상상적인 것들이나, 환상적인 것들을 뜻하는데, 그것은 한마디로 환상들(幻想・fantasies)이라고 하겠습니다. 그리고 "말들"(horses)은, 그런 것들을 가리키는, 그들의 마음들에 속한 내면적인 것들의 추론들을 뜻하고 (본서 449항 참조), "사자들"(lions)은 능력을 뜻하지만(본서 241항 참조), 그러나 그것은 그들이 감관적이고, 그리고 그들이 설득하고, 사로잡는 수단인, 온갖 오류들에게서 비롯된 감관적인 추론이기 때문입니다(본서 424항 참조). 오직 믿음만의 교리를 찬성하는 그들의 논쟁들이 상상적이고, 환상적이다는 것은 자기 자신의 마음을 조금만 고양시키는 사람이면 어느 누구나 알 수 있습니다. 그들이 말하고 있는 것과 같이, 환상적인 것들을 제외하면 무엇이 행위 안에 있는 믿음이고, 무엇이 상태 안에 있는 믿음입니까? 그들 가운데서 어느 누구가 행위 안에 있는 믿음에 관해서 무엇을 압니까? 그리고 어떠한 선도 사람에게서부터 행위 안에 있는 믿음으로 들어가지 않는다면, 상태 안에 있는 것이 무슨 소용이 있습니까? 환상적인 생각의 결과를 제외하면 무엇이 죄의 용서이고, 그리고 결과적으로 무엇이 일순간의 구원(instantaneous salvation)입니까? 그것이 바로 교회에 있는 "나르는 불뱀"(a fiery flying serpent)이다는 것은 ≪신령섭리≫ 340항을 참조하십시오. 환상적인 것들을 제외한다면 무엇이 면죄(免罪)이고, 공로(功勞)이고, 공의(公義)이고, 전가(轉嫁)에서 비롯된 거룩함의 자부심(自負心)인지는 ≪주님론≫ 18항을 참조하십시오, 자기 스스로 하는 것처럼 하는 것과 같은, 외적인 것들 안에 있는 사람의 협력(協力・man's co-operation)이 없다면, 무엇이 내적인 것 안에 있는 신령역사(神靈役事・the Divine operation)

입니까? 왜냐하면 내적인 것을 외적인 것에서 갈라놓고, 따라서 그것들의 결합이 있을 수 없다는 것은 지극히 환상적인 것이기 때문입니다(본서 606항 참조). 이런 환상적인 것이 바로 인애에서 분리된 믿음입니다. 왜냐하면 일들 안에 있는 인애는 믿음의 수용그릇이고, 기초이기 때문입니다. 그리고 그것은 그것의 터전이고, 토양(土壤)이고, 또한 본질이고 생명이기 때문입니다. 한마디로 인애에서 분리된 믿음은 그 사람 자체이지만, 그러나 인애가 없는 믿음은 공중에 날아다니는 물거품과 같은, 하나의 도깨비 같은 것이고, 공상의 산물(産物)일뿐입니다. 그러나 아마도 몇몇은, 만약에 여러분이 믿음에서 이해를 옮겨버린다면, 여러분은 환상적인 것들을 보지 못할 것입니다 라고 주장할 것입니다. 그러나 주지하여야 할 것은 믿음에서 이해를 옮길 수 있는 자는, 과거 오랜 세월 동안 로마 가톨릭 교회가 자행해온 것과 같이, 모든 종교적인 교의(敎義·tenet) 위에 수많은 환상적인 것들을 강요할 것입니다.

452. 입에서는 불과 연기와 유황을 내뿜고 있었습니다.
이 말씀은 내면적으로 보면, 그들의 사상들이나 대화들 안에는 의지의 고유속성(固有屬性·自我·proprium)인 자기사랑과 세상사랑에서 비롯된 것들과, 이해의 고유속성인 자신의 총명에 속한 자만(自慢)에서 비롯된 것들과, 그리고 이런 두 가지 것에서 나온 일반적인 고유속성인 악과 거짓에 속한 정욕들에게서 비롯된 것들을 제외하면 아무것도 없다는 것과, 그리고 그런 것들에게서는 아무것도 나오지 않는다는 것 등을 뜻합니다. "그들의 입에서 나온다"는 말은 그들의 사상들이나 대화들에게서 나온다는 것을 뜻합니다. "불"(fire)은, 사람의 의지에 속한 고유속성을 가리키는 자기사랑과 세상사랑을 뜻하고(본서 450·468·494항 참조), "연기"(smoke)는, 연기가 불에서 나오듯이(본서 422항 참조), 자기사랑과 세상사랑에서 나오는 이해의 고유속성을 가리키는 자기 총명에 속한 자만을 뜻하고 그리고 "유황"(硫黃·brimstone)은 이 양자에게서 나오는 일반적인 고유속성을 가리키는 악과 거짓에 속한 정욕들을 뜻합니다. 그러나 이런 것들은 이 세상에 있는 사람들 앞에서의 그들의 대화들에게서는 나타나지 않지만, 그러나 그것들은 천계의 천사들 앞에서는 아주 명확하게 드러납니다. 그러므로 내면적으로 살펴보면 그것들이 그런 것들이다고 언급되었습니다. 아래의 장절들에서 "불"은 지옥적인 사랑을 뜻하고, "유황"은 자신의 총명의 자만을 통해서 그 사랑에서 나오는 정욕들을 뜻합니다.

> 내가, 억수 같은 소나기와 돌덩이 같은 우박과 불과 유황을 곡과 그의 전
> 군과 그와 함께 한 많은 연합군 위에 퍼붓겠다.
> (에스겔 38 : 22)
> 불과 유황을
> 악인들 위에 비오듯이 쏟으시며……
> (시편 11 : 6)
> 이 때가 바로, 주께서 복수하시는 날이니,……
> 에돔의 강들이 역청으로 변하고,
> 흙이 유황으로 변하고,
> 온 땅이 역청처럼 타오를 것이다.
> 그 불이 밤낮으로 꺼지지 않고 타서,
> 그 연기가 끊임없이 치솟으며,……
> 영원히
> 그리로 지나가는 사람이 없을 것이다.
> (이사야 34 : 8-10)
> 롯이 소돔에서 떠나던 날에, 하늘에서 불과 유황이 쏟아져 내려서, 그들을
> 모두 멸망시켰다. 인자가 나타나는 날에도 그러할 것이다.
> (누가 17 : 29, 30 ; 창세기 19 : 24)
> 그 짐승과 그 짐승 우상에게 절하고,……또 그런 자는 거룩한 천사들과 어
> 린 양 앞에서 불과 유황으로 고통을 받을 것이다.
> (묵시록 14 : 9, 10)
> 그 짐승과 그 거짓 예언자, 그 둘은 산 채로, 유황이 타오르는 불바다로 던
> 져졌습니다.
> (묵시록 19 : 20 ; 20 : 10 ; 21 : 8)
> 주께서 내쉬는 숨이
> 마치 유황의 강물처럼
> 그것을 사르고 말 것이다.
> (이사야 30 : 33)
> 온 땅이 유황불에 타며, 소금이 되어 아무것도 뿌리지 못하고 나지도 않으
> 며, 아무 풀도 자라지 않아, 주께서 맹렬한 분노로 멸망시킨 소돔과 고모라
> 와 같이 된 것을 보면서……
> (신명기 29 : 23)
> 그(=악인)가 살던 곳에는 유황이 뿌려질 것이다.

(욥기 18 : 15)

453. 18절. **그 입에서 나오는 불과 연기와 유황, 이 세 가지 재앙으로 사람의 삼분의 일이 죽임을 당하였습니다.**
이 말씀은, 이런 것들로 인하여 그 교회에 속한 사람들이 멸망한다는 것을 뜻합니다. "사람의 삼분의 일이 죽임을 당하였다"는 말은 그 교회에 속한 사람들이, 바로 언급한 세 가지 것들(본서 452항 참조)에 의하여 멸망한다는 것을 뜻합니다. 왜냐하면 "죽임을 당한다"(being killed)는 말은 영적으로 죽임을 당하는 것을 뜻하는데, 그것은 바로 영혼의 측면에서 멸망하는 것을 가리키기 때문입니다. 그리고 "삼분의 일"은, 위에 자주 열거했던 그와 같은 거짓들 안에 있는 모두를 뜻하고, 그리고 "불" "연기" "유황"이 뜻하는 것이 무엇인지, 그리고 "그들의 입에서 나온다"(=내뿜는다)는 말이 뜻하는 것이 무엇인지는 위의 설명에서 잘 볼 수 있겠습니다(본서 452항 참조). 이런 거짓들 때문에 생긴 사실은, 여기서 언급하는 "불"이 자기사랑과 세상사랑이다는 것과, 이 사랑은 곧 악이다는 것이 전 기독교계에 알려지지 않았다는 것입니다. 그리고 또한 그것 때문에 알려지지 않은 것은, 이런 불에서 비롯된 "연기"가 사람 자신의 총명에 속한 자만이다는 것, 그리고 이 자만은 사탄이다는 것과, 그리고 이 불에 의하여, 그리고 그런 자만에 의하여 불타는 "유황"이 악과 거짓에 속한 정욕들이다는 것과, 그리고 이런 정욕들은, 지옥을 형성하는 것인, 악마와 사탄의 무리들이다는 것 등등입니다. 이런 것들이 알려지지 않게 되면, 죄악이 무엇인지도 알려질 수 없습니다. 왜냐하면 죄악은 모든 그것의 쾌락과 즐거움을 그것들에게서 끄집어내기 때문입니다.

454. 19절. **그 말들의 힘은 입과** (꼬리에) **있는데,…….**
이 말씀은 그들이 믿음의 확증에서 그들의 대화에 의하여 늘 승리한다는 것을 뜻합니다. "그들의 입에 있는 능력"(power in their mouth)은 교리를 확증하는 대화 안에 있는 능력을 뜻합니다. 왜냐하면, 언어의 재치(neatness)나 우아함(elegance), 겉꾸민 열정, 거짓된 것에 속한 재치 있는 확증, 특히 성언 안에 있는 진리의 외현에서 비롯된 권위(權威)와 이해의 폐쇄나 이와 비슷한 것들은 일반적인 것들을 유효하게 하지만, 그런 반면에 진리나 성언에는 아무런 효과가 없기 때문입니다.

왜냐하면 진리는 인애 안에, 그리고 그것으로 인한 믿음 안에 있는 자들 앞에서는 오직 빛을 발하고, 또한 성언은 그 밖의 다른 누구도 가르치지 않기 때문입니다.

455. (그 말들의 힘은) **꼬리에 있는데, 꼬리는 뱀과 같고, 또 꼬리에 머리가 달려 있어서, 그 머리로 사람을 해쳤습니다.**
이 말씀은 추론을 뜻합니다. 그 이유는 그들은 감관적이고, 그리고 왜곡(歪曲)되었기 때문에, 그들은 입술로는 진리들을 말하지만, 그러나 그들의 종교에 관한 교리에 속한 으뜸을 구성하는 원칙에 의하여 그것들을 위화합니다. 따라서 그들은 속이기 때문입니다. 여기서 "메뚜기들"은 위에 언급한 것과 같은 내용을 뜻하고(본서 438·439항 참조), 그러나 거기서는 그것들이 "전갈과 같은 꼬리"를 가졌다고 언급하였지만, 이에 반하여 여기서는 "뱀과 같은 꼬리"를 가졌다고 언급되었습니다. 그 이유는, 메뚜기들에 의하여 기술된 그들은 성언과 학문에서, 그리고 박학에서 말하고, 설득하지만, 그러나 여기의 그들은 진리의 외현들이나, 오류들을 가리키는 논쟁들에서 말하고, 설득하기 때문입니다. 그리고 재치 있게, 말하자면 슬기롭게 이런 논쟁들을 사용하는 자들은 사실은 사기(詐欺)를 치는 것인데, 그러나 그렇게 큰 정도로 사기를 치는 것은 아닙니다. 성경에서 "뱀"(serpent)은 감관적인 것들을 뜻하는데, 그것은 곧, 위에서 설명한 것과 같이(본서 424항 참조), 사람의 생명의 궁극적인 것들을 가리킵니다. 그 이유는, 모든 동물(動物)은 사람의 정동들을 뜻하고, 그러므로 영계에서는 천사들이나 영들의 정동들은 먼 거리에서는 동물들처럼 보이기 때문입니다. 그리고 단순한 감관적인 정동들은 "뱀들처럼" 보이기 때문입니다. 이와 같은 이유는 뱀들이 땅바닥을 기기 때문이고, 그리고 먼지를 핥기 때문입니다. 그리고 감관적인 것들은, 세상과 밀접하게 접촉하고 있기 때문에 이해나 의지에 속한 가장 낮은 것들을 가리킵니다. 그리고 그것들은 육신의 물질적인 감각들에게 단순히 감동을 주는 그것의 목적들이나 쾌락에 의하여 장려되고, 조장됩니다. 독이 있는 수많은 뱀들은, 악에 속한 거짓들로 인하여 광적인 존재가 된 자들이 가지고 있는 마음의 내면적인 것들을 형성하는 악한 정동, 즉 정욕에 의존해 있는 감관적인 것들을 뜻합니다. 독이 없는 뱀들(harmless serpent)은, 선에 속한 진리들로 인하여 현명한 자들이 가지고 있는 마음의 내면적인 것들을 형성하는 선한 정동(good affections)에 의존해 있는 감관적인 것들을 뜻합니다. 악한 정동들(=정욕들)에 의존해 있는 감관적인 것들은 아래 장절의 "뱀들"이 뜻합니다.

> 그들이 뱀처럼 티끌을 핥으며······.
> (미가 7 : 17)
> 뱀이 흙을 먹이로 삼을 것이다.
> (이사야 65 : 25)
> 주 하나님이 뱀에게 말씀하셨다.······
> "네가 저주를 받아
> 사는 동안 평생토록
> 배로 기어다니고,
> 흙을 먹어야 할 것이다."
> (창세기 3 : 14)

감관적인 것들이 이렇게 기술되었습니다. 그 이유는 그것은 지옥과 내통하고 있기 때문인데, 거기에 있는 모든 것들은 감관적이고, 그리고 그것들은 천계적인 지혜(heavenly wisdom)를 영적인 것들 안에 있는 지옥적인 광기(=미친 짓·狂氣)로 바꾸어 놓습니다.

> 모든 불레셋 사람들아,······
> 기뻐하지 말아라.
> 뱀이 죽은 자리에서 독사가 나오기도 하고,
> 그것이 낳은 알이,
> 날아다니는 불뱀이 되기도 한다.
> (이사야 14 : 29)
> 그들은 독사의 알을 품고,······
> 그 알을 먹는 사람은 죽을 것이요,
> 그 알이 밟혀서 터지면,
> 독사가 나올 것이다.
> (이사야 59 : 5)
> 이스라엘 백성이 이집트로 돌아가기를 열망하였기 때문에, 그들은 불뱀들에게 물리었다.
> (민수기 21 : 4-9)

"이집트로 돌아가기를 열망한다"는 말은 영적인 것에서 감관적인 것이 된다는 것을 뜻합니다. 그리고 이것 때문에 이렇게 언급되었습니다.

> 이집트의 용병들은······
> 소리를 내며 도망치는 뱀처럼
> 달아날 것이다.
> (예레미야 46 : 21, 22)

단 지파는 지파들 중에서 가장 멀리 변방에 떨어져 있기 때문에, 그리고 그것으로 인하여 단 지파는 교회에 속한 궁극적인 것을 뜻하는데, 그것은 바로 내면적인 것들에 예속(隸屬)되어 있는 감관적인 것을 가리킵니다. 그러므로 그에 관해서 이렇게 언급되었습니다.

> 단은 길가에 숨은 뱀과 같고,
> 오솔길에서 기다리는 독사 같아서,
> 말발굽을 물어,
> 말에 탄 사람을 뒤로 떨어뜨릴 것이다.
> (창세기 49 : 17)

여기서 "말발굽"은, 감관적인 것을 가리키는 이해에 속한 궁극적인 것들을 뜻하고, "문다"(biting)는 말은 그것들에 집착(執着)한다는 것을 뜻하고, "말에 탄 사람"은 그것들에게서 비롯되는 지식의 결핍(缺乏)을 뜻하는데, 그것은 진리들을 왜곡시킵니다. 이런 이유 때문에 "말 탄 사람을 뒤로 떨어뜨릴 것이다"라고 언급되었습니다. 감관적인 사람들이 여우처럼 간교(奸巧)하고 교활(狡猾)하기 때문에, 따라서 주님께서는 이렇게 말씀하셨습니다.

> 너희는 뱀 같이 슬기로워라.
> (마태 10 : 16)

왜냐하면 감관적인 사람은 온갖 외현들이나 오류로부터 말하고, 그리고 추론하기 때문입니다. 만약에 그 사람이 논쟁의 천부적인 자질로

숙련(熟練)되었다면, 그는 아주 능숙하게 모든 거짓을 확증하는 방법을 잘 알 것이고, 또한 오직 믿음만이라는 교리(依唯信得義)에 관한 이단사설(異端邪說)을 확증하는 방법도 역시 잘 알 것입니다. 더욱이 그 사람은 진리를 바르게 이해하는 능력에 매우 우둔하기 때문에 더 이상 우둔하게 될 수 없을 정도의 사람이 되고 말 것입니다.

456. 20절. **이런 재앙에서 죽지 않고 살아 남은 사람들…….**
이 말씀은 개혁교회(改革敎會 · the Reformed church) 안에 있는 자들을 뜻하는데, 그들은 환상적인 추론이나, 자기사랑으로 말미암아, 그리고 자기들 자신의 총명에 속한 자만과 그리고 거기에서 비롯된 정욕으로 말미암아, 앞에서 언급된 사람들처럼 영적으로 죽은 그런 상태는 아니지만, 그러나 여전히 믿음만의 교리를 그들의 종교의 으뜸으로 여기는 자들입니다. "살아 남은 사람들"은 앞서의 사람들과 같지는 않지만, 그럼에도 불구하고 믿음만의 교리를 그들의 종교의 으뜸으로 여기는 자들을 뜻합니다. 그리고 "죽지 않은 사람들"은 영적으로 죽지 않은 자들을 뜻합니다. "이런 재앙에서"라는 말은 그들이 처해 있는 자기사랑, 자신의 총명의 자만, 그리고 그런 것들에게서 비롯된 악과 거짓에 속한 정욕들을 뜻합니다. 이런 세 가지 것들은, 위에서 언급하였듯이 (본서 452 · 453항 참조), "불" "연기" "유황"이 뜻합니다. "재앙들"의 뜻이 이런 내용이라는 것은 아래에서 볼 수 있겠습니다.
그러나 먼저 이런 부류의 인물들에 관해서 반드시 설명해야 할 것이 있는데, 역시 그들을 만나보고, 대화하는 일이 나에게 허락되었습니다. 그들은 동쪽을 향한 북녘에 살고 있었습니다. 그들 중 몇몇은 지붕이 있는 오두막에서 살았고, 몇몇은 지붕이 없는 오두막에서 살았습니다. 그들의 침대는 갈대들로 만든 것이고, 그들의 옷은 염소들의 털로 만든 것들입니다. 천계에서 나오는 빛 가운데서 보면 그들의 얼굴은 창백한 납빛이고, 또한 어리석고 멍청하게 보였습니다. 그 이유는, 그들이 한 분 하나님이 계신다는 것과, 그리고 거기에는 세 인격(three persons)이 계시다는 것과 그리스도께서는 그들을 위하여 십자가 위에서 고통을 겪으셨다는 것과 그들이 구원을 받는 것은 오로지 믿음만에 의한 것이다는 등등의 것을 제외하면 자신들의 종교에 관해서 아무것도 알지 못하기 때문입니다. 그리고 마찬가지로, 성전에서 드리는 예배에 의해서, 그리고 정해진 때에 드리는 기도에 의하여 구원받는다는 것 이외에는 역시 아무것도 몰랐기 때문입니다. 그들의 종교나 교리에 관계되는 그 밖의 것들의 측면에 대해서는 그들은 전혀 주의를 하지 않습니다. 왜냐하면 그들의 마음을 가득 채우고 있고, 그리고 넘치는 것들을 가리키는 세상적인 것들이나, 관능적인 것들은 그런 것들에 대해서 그들의 귀를 막고 있기 때문입니다. 그들 가운데는 많은 장로들이 있었는데, 나는 그들에게 "여러분들이 성경에서 일들(=선행들), 사랑이나 인애, 그것들의 결과, 삶의 계율들, 회개에 관해서, 간략하게 말하면 실천하여야 할 것에 관해서 읽을 때, 여러분은 무엇을 생각하십니까?"라고 물었습니다. 그들이 한 대답은, 사실 그들은 역시 성경을 읽고, 따라서 그런 것들을 보지만, 그럼에도 불구하고 그들은 그런 것들을 보지 못하였는데, 그 이유는 그들의 마음이 오직 믿음만이라는 교리에 사로잡혀 있고, 따라서 이런 모든 것들이 믿음이라고 생각하였지, 그들의 믿음의 결과(effects of faith)라고 그들이 생각하지 않는다는 등등이었습니다. 이와 같은 무지(無知)와 어리석음이 오직 믿음만이라는 교리를 감싸고 있는 자들에게서 세력을 떨치고, 널리 퍼져 있다는 것은 거의 믿어지지 않을 것입니다. 뿐만 아니라, 나에게는 수많은 경험을 통하여 그 사실을 아는 일도 허락되었습니다.

  재앙들이 영적인 재앙들을 뜻하고, 그것들에 의하여 사람은 그의 영의 측면이나 영혼의 측면에서 죽는다는 것은 아래의 장절들에게서 아주 명확합니다.

> 네 상처는 고칠 수 없고,
> 네가 맞은 곳은 치유되지 않는다.……
> 네 종기에는 치료약이 없으며……
> 진정 내가 너를 고쳐 주고,
> 네 상처를 치료하여 주겠다.
> (예레미야 30 : 12-14, 17)
> 바빌론 도성을 지나는 사람마다
> 그 곳에 내린 모든 재앙을 보고,
> 놀라며 조롱할 것이다.
> (예레미야 50 : 13)
> 그러므로 그 여자(=바빌론)에게
> 재난 곧 사망과 슬픔과 굶주림이

하루 사이에 닥칠 것이요.
(묵시록 18 : 8)
일곱 천사가 일곱 재난을 가지고 있었는데, 그것은 마지막 재난이었습니다.······그 성전으로부터 일곱 재난을 들고, 일곱 천사가 나왔습니다.
(묵시록 15 : 1, 6)
슬프다!
죄 지은 민족, 허물이 많은 백성,
흉악한 종자, 타락한 자식들!······
발바닥에서 정수리까지 성한 데가 없이,
상처난 곳과 매맞은 곳과
또 새로 맞아 생긴 상처뿐인데도,
그것을 짜내지도 못하고,
싸매지도 못하고
상처가 가라앉게
기름을 바르지도 못하였구나.
(이사야 1 : 4, 6)
주께서 백성의 상처를 싸매어 주시고,
매 맞아 생긴 그들의 상처를 고치시는 날에······.
(이사야 30 : 26)

이 밖에도 여러 장절들이 있습니다. 신명기 28 : 59 ; 예레미야 49 : 17 ; 스가랴 14 : 12, 15 ; 누가 7 : 21 ; 묵시록 11 : 6 ; 16 : 21.

457. (살아 남은 사람이) **자기 손으로 한 일들을 회개하지 않고······.** 이 말씀은, 그들이 온갖 종류의 악들에 속한 자신들의 것들을 죄로서 여기고, 끊지 않았다는 것을 뜻합니다. "사람의 손으로 한 일들"이라는 말은 자기 자신의 것들을 뜻하는데, 그것들은 악들이고, 그것에서 비롯된 거짓들입니다. 그 이유는 여기서 "손"(hand)은 사람에게서 발출하는 총체적인 것들 안에 있는 그런 것들을 뜻하기 때문입니다. 왜냐하면 마음에 속한 능력이나, 그 육체에서 비롯된 능력은 그 손들에서 결정되고, 거기에서 종결되기 때문입니다. 그러므로 성경에서 "손"은 능력(能力·power)을 뜻합니다. 결과적으로 "사람의 손으로 한 일들"은 그 자신의 것들을 뜻하는데, 그것들은 온갖 종류의 악들이고, 거짓들이고, 그리고 그의 의지 안에 있는 자신의 것들은 악들이고, 그의 이해 안에 있는 자신의 거짓들은 그것에서 생긴 거짓들입니다. 여

기서 다루고 있는 그들에 관해서 언급된 것은 그들은 회개하지 않았다는 것입니다. 그 이유는 오직 믿음만의 교리를 종교의 모든 것으로 삼은 사람들이기 때문에 그들 스스로는 "거기에 회개가 무엇 때문에 필요한 것인가? 우리는 이미 구원받았는데"라고 말하기 때문입니다. 이런 사안에 대해서 "우리가 해야 할 일이 무슨 소용이 있다는 것인가? 내가 아는 것은 내가 죄악들 가운데 태어났다는 것이고, 그리고 나는 죄인이다는 것입니다. 만약에 내가 이 사실을 고백한다면, 그리고 내가 나의 과오들이 나에게 전가(轉嫁)되지 않기를 기도한다면, 회개의 일을 다 완성한 것이 아닌가? 그리고 그 이상 무슨 일이 더 필요한 것인가?"라고 말하였습니다. 그는 죄악에 관해서는 전혀 아무것도 생각하지 않았습니다. 그러므로 심지어 그는 종국에는 거기에 죄악이 있다는 것까지도 몰랐습니다. 따라서 그는 계속해서 죄악들 가운데 머물러 있고, 그리고 선장이나 선원이 잠든 사이에, 배가 바람이나 조류에 의하여 암초 쪽으로 떠밀려가듯이, 죄악들에게서 생겨나오는 쾌락이나 즐거움에 의하여 그것들과 함께 죄악들 속에 빠지게 됩니다. 성경에서 "사람들의 손으로 한 일들"은 성언의 자연적인 뜻으로는 각인된 상(像)들이나 주조된 조각상들이나 우상들을 뜻하지만, 그러나 영적인 뜻으로는 그것들은, 사람의 고유속성에 속한 것들인, 온갖 종류의 악들이나 거짓들을 뜻합니다. 예컨대 아래 장절들이 되겠습니다.

> 너희는 다른 신들을 쫓아다니며 섬기거나 경배하지 말고, 손으로 만든 우상을 섬겨서 나의 분노를 격발시키지도 말아라. 그런데도 너희는……오히려 손으로 만든 우상을 섬겨서, 나 주를 격노케 하였으며,……이번에는 바빌로니아 사람들이 많은 강대국들과 대왕들을 섬길 것이다. 이와 같이 나는 바빌로니아 사람들이 직접 행하고 저지른 일을 그대로 갚아 주겠다.
> (예레미야 25 : 6, 7, 14)
> 참으로 이스라엘 백성은 자기들의 손으로 만든 우상으로 나를 화나게만 하였다.
> (예레미야 32 : 30 ; 44 : 8)
> 내가 이렇게
> 내 백성을 심판하는 까닭은,
> 그들이 나를 버리고 떠나서
> 다른 신들에게 향을 피우고,

손으로 우상을 만들어서
그것들을 숭배하는 죄를 저질렀기 때문이다.
(예레미야 1 : 16)
그 날이 오면, 사람들은
자기들을 지으신 분에게 눈길을 돌리고,
'이스라엘의 거룩하신 분'을 바라볼 것이다.
자기들의 손으로 만든 제단들은
거들떠보지도 않고,
자기들의 손가락으로 만든
아세라 상들과 태양 신상은
생각도 하지 않을 것이다.
(이사야 17 : 7, 8 ; 31 : 7 ; 37 : 19 ; 예레미야 10 : 9)

"사람의 손들의 일들"이 그 사람의 고유속성(固有屬性・自我・proprium)을 가리키고, 그리고 악들과 그것에서 비롯된 거짓을 가리킨다는 것은 이런 사실에서 명확합니다. 이런 이유 때문에 정으로 다듬은 돌들로 제단이나 성전을 짓는 것을 금하였고, 쇠로 만든 연장으로 그런 돌들을 들어 올리는 것을 금하였습니다. 왜냐하면, 이런 것이 "사람의 손으로 한 일들"이 뜻하는 것이기 때문입니다.

너희가 나에게 제물 바칠 제단을 돌로 쌓고자 할 때에는 다듬은 돌을 써서는 안 된다. 너희가 돌에 정을 대면, 그 돌이 부정을 타게 된다.
(출애굽기 20 : 25)
여호수아는……주 이스라엘의 하나님을 섬기려고 제단을 쌓았다.……율법책에 기록된 대로, 쇠 연장으로 다듬지 아니한 자연석으로 쌓은 제단이었다.
(여호수아 8 : 30, 31)
돌은 채석장에서 잘 다듬어낸 것을 썼으므로, 막상 성전을 지을 때에는, 망치나 정 등, 쇠로 만든 어떠한 연장 소리도, 성전에서는 전혀 들리지 않았다.
(열왕기 상 6 : 7)

주님에 의하여 행해진 모든 것들은 주님께서 손수 행하신 일들(the works of His hands)이라고 하였는데, 그것들은 그분 자신의 것이고,

그리고 본질적으로는 선들과 진리들입니다. 이런 장절들 안에서도 마찬가지입니다.

> 손수 하신 일들은 진실하고 공의로우며,…….
> (시편 111 : 7)
> 주께서 내게 세우신 목적을 이루어 주시니,
> 주님, 주의 인자하심은 영원합니다.
> 주께서 손수 지으신 이 모든 것들을
> 버리지 말아 주십시오.
> (시편 138 : 8)
> 이스라엘을 지으신 주께서 말씀하신다.
> "내가 낳은 자녀를 두고,
> 너희가 나에게 감히 물으려느냐?
> 내가 한 일을
> 너희가 나에게 감히 명령하려느냐?"
> (이사야 45 : 11)
> 너의 백성이 모두 시민권을 얻고(=다 의롭게 되고),
> 땅을 영원히 차지할 것이다.
> 그들은 주께서 심으신 나무다.
> 주의 영광을 나타내라고 만든
> 주의 작품이다(=내 손으로 만든 것이다).
> (이사야 60 : 21)
> 주님은 우리의 아버지이십니다.
> 우리는 진흙이요,
> 주님은 우리를 빚으신 분이십니다.
> 우리 모두가
> 주님이 손수 지으신 피조물입니다.
> (이사야 64 : 8)

458. (살아 남은 사람들은) **귀신들에게 절하기를 그치지 않았습니다.***
이 말씀은, 이와 같이 그들은 그들의 정욕들에 속한 악들 안에 있고, 그리고 지옥에 있는 자들과 그들이 하나를 이루었다는 것을 뜻합니다.

---

* 우리의 본문은 "그들은 절을 하였다"는 뜻이지만, 저자의 원문은 "그들은 절을 하지 않았다"고 하였습니다.

여기서 "귀신들"(demons)은 자기사랑이나 세상사랑에서 솟아나는 악에 속한 정욕들을 뜻합니다. 그 이유는, 지옥에 있는 자들은 이런 정욕들 안에 있는 자들을 "귀신들"이라고 부르기 때문입니다. 그리고 동일한 상태에 있는 사람들도 역시 사후에는 귀신들이 되기 때문입니다. 귀신들과 이런 부류의 사람들 사이에 역시 결합이 있습니다. 왜냐하면 모든 사람은 그의 정동들의 측면에서 영들과 결합되어 있고, 그러므로 그들은 한 몸을 이루기 때문입니다. 이렇게 볼 때 명확한 것은 "귀신들에게 절한다"(=귀신들을 경배한다)는 말은 그들에게 속한 사랑에서 비롯된 그런 정욕들에게 제물을 바친다는 것을 가리킵니다. 그러므로 믿음만의 교리를 자신의 종교의 으뜸으로, 또는 그의 우상으로, 애원하는 사람은 악 안에 머물러 있고, 그리고 그가 죄악이라고 부르는 자기 자신에게 있는 어떤 악도 찾아내지 않기 때문에, 결과적으로는 회개를 통하여 그것을 제거하는 일에 열정적이지 않습니다. 모든 악들이 정욕들로 이루어지기 때문에, 그것들은 정욕들의 꾸러미 이외의 아무것도 아닙니다. 여기에서 얻는 결론은 자기 자신 안에서 어떤 악도 찾지 않고, 그것이 하나님에게 거스르는 죄악으로 여겨 그것을 단절하지 않는 사람은, 회개를 통하여 그 일을 할 수 없고, 사후에 하나의 귀신이 된다는 것입니다. "귀신"이 이런 정욕들 이외에 아무것도 뜻하지 않는다는 것은 아래의 장절들에게서 잘 알 수 있겠습니다.

너희는
하나님도 아닌 신들에게 제사를 드렸다.
(신명기 32 : 17)
이스라엘 자손은 더 이상 그들이 잡은 짐승을 숫염소 귀신들(=우상들)에게
제물로 바치는 음행을 저질러서는 안 된다.
(레위기 17 : 7 ; 시편 106 : 37)
들짐승들이 이리 떼와 만나고,
숫염소가 소리를 내어 서로를 찾을 것이다.
(이사야 34 : 14)
거기에는 다만 들짐승들이 뒹굴며,
사람이 살던 집에는
부르짖는 짐승들이 가득하며,
타조들이 거기에 깃들이며,

산양들이 그 폐허에서 뛰어 놀 것이다.
	(이사야 13 : 21)

여기서 "들짐승"(Ziim) "이리"(Ijim) "부르짖는 짐승"(Ochim) "올빼미 새끼들"(the daughters of the owl)은 다종다양한 정욕들을 뜻하고, "숲 속의 귀신들"(=산양들·the demons of the wood)은 프리아포스(priapuses·그리스 신화의 남성 생식력의 신)나 세이터(satyr·그리스 신화의 반신반수의 숲의 신)에 속한 것과 같은 그런 정욕들을 뜻합니다.

	바빌론은 귀신들의 거처가 되고,
	온갖 더러운 영의 소굴이 되고……
	(묵시록 18 : 2)

주님께서 내쫓으신 귀신들은, 그들이 이 세상에 살 때 이런 정욕들을 가리킵니다(마태 8 : 16, 28 ; 9 : 32, 33 ; 10 : 8 ; 12 : 22 ; 15 : 22 ; 마가 1 : 32, 34 ; 누가 4 : 33-37, 41 ; 8 : 2, 26-40 ; 9 : 1, 37-42, 49 ; 13 : 32).

459. 금이나 은이나 구리나 돌이나 나무로 만든 우상들에게 (절하기를 그치지 않았다).
이 말씀은 그와 같이 그들은 오직 거짓들에게서 비롯된 예배 안에 있다는 것을 뜻합니다. 성경에서 "우상들"은 예배에 속한 거짓들을 뜻하고, 그러므로 그들에게 절한다(=숭배한다)는 것은 거짓들로 말미암은 예배를 뜻합니다. 그리고 "금·은·구리·돌·나무로 만든 우상들에게 절한다"는 말은 온갖 종류의 거짓들에게 생긴 예배를 뜻하고, 그리고 집단적으로는 철저한 거짓들에게서 취한 예배를 뜻합니다. 더욱이 우상이 만들어진 물질적인 것들이나, 그것들의 모양들이나, 그것들의 옷가지들은 고대 사람들에게서는 그들의 예배의 근원이 되는, 종교에 속한 거짓들을 뜻하였습니다. 따라서 "금으로 된 우상들"은 신령한 것들에 관한 거짓들을 뜻하고, "은으로 된 우상들"은 영적인 것들에 관한 거짓들을 뜻하고, "동으로 된 우상들"은 인애에 관한 거짓들을 뜻하고, "돌로 된 우상들"은 믿음에 관한 거짓들을 뜻하고, "나무로 된 우상들"은 선행들(=선한 일들)에 관한 거짓들을 뜻합니다. 모든 이런 거짓들은, 회개의 일을 하지 않는 자들에게 존재합니다. 다시 말하면 하나님에게 거스르는 죄악들로 여겨 악들을 단절하지 않는 자들에게 존재합니다. 아래 장절들에게서 영적인 뜻으로 새긴 형상들이나, 주조(鑄造)한 형상들을 가리키는 우상들은 이런 것들을 뜻합니다.

> 사람은 누구나 어리석고
> 지식이 모자란다.
> 은장이는 자기들이 만든 신상 때문에,
> 모두 수치를 당한다.
> 그들이 금속을 부어서 만든 신상들은
> 속임수요,
> 그것들 속에는 생명이 없기 때문이다.
> 그것들은 허황된 것이요,
> 조롱거리에 지나지 않아서,
> 벌을 받을 때에는 모두 멸망할 수밖에 없다.
> (예레미야 10 : 14, 15 ; 51 : 17, 18)
> 그들의 우상은 숲 속에서 베어 온 나무요,
> 조각가가 연장으로 다듬어서 만든
> 공예품이다.……
> 그것들은 논에 세운 허수아비와 같아서,
> 말을 하지 못한다.……
> 그것들은 사람에게 재앙을 내릴 수도 없고
> 복도 내릴 수가 없으니,……
> 그들은 모두가 한결같이
> 어리석고 미련합니다.……
> 오직 주님만이 참되신 하나님이시요,
> 주님만이 살아 계시는 하나님이시며,
> 영원한 임금이십니다.
> (예레미야 10 : 3-5, 8-10)
> 우상을 무엇에다 쓸 수 있겠느냐?
> 사람이 새겨서 만든 것이 아니냐?
> 거짓이나 가르치는, 부어 만든 우상에게서
> 무엇을 얻을 수 있겠느냐?
> 그것을 만든 자가
> 자신이 만든 것을 의지(=신뢰)한다고 하지만,

> 그것은 말도 못하는 우상이 아니냐?……
> 그것은 기껏 금과 은으로 입힌 것일 뿐,
> 그 안에 생기라고는
> 전혀 없는 것이 아니냐?
> (하박국 2 : 18, 19)
> 그 날에,……
> 우상들은 다 사라질 것이다.……
> 그 날이 오면, 사람들은,
> 자기들이 경배하려고 만든
> 은 우상과 금 우상을
> 두더지와 박쥐에게 던져 버릴 것이다.
> (이사야 2 : 18, 20)
> 그들은 거듭 죄를 짓고 있다.
> 은을 녹여 거푸집에 부어서
> 우상들을 만든다.
> 재주껏 만든 은 신상들,
> 그것들은 모두
> 세공업자들이 만든 것인데도,
> 그들은,
> 이 신상 앞에 제물을 바치라고 하면서,…….
> (호세아 13 : 2)
> 내가 너희에게 맑은 물을 뿌려서 너희를 정결하게 하며, 너희의 온갖 더러움과 너희가 우상들을 섬긴 모든 더러움을 깨끗하게 씻어 주며,…….
> (에스겔 36 : 25)

여기서 "맑은 물"(clean waters)은 진리들을 가리키고, "우상들"은 예배에 속한 거짓들을 가리킵니다.

> 너는,
> 네가 조각하여 은을 입힌 우상들과,
> 네가 부어 만들어 금을 입힌 우상들을,
> 부정하게 여겨, 마치 불결한 물건을
> 내던지듯 던지면서
> '눈 앞에서 없어져라' 하고 소리 칠 것이다.
> (이사야 30 : 22)

아래에서도 "우상들"은 종교에 속한 거짓들이나, 그것에서 비롯된 예배에 속한 거짓들 이외의 아무것도 뜻하지 않습니다.

> 예루살렘에 있는 하나님의 집 성전에서 가져온 금그릇들을 꺼내서 왕과 귀한 손님과 왕비들과 후궁들이 그것으로 술을 마셨다. 그들은 술을 마시고서, 금과 은과 동과 철과 나무와 돌로 만든 신들을 찬양하였다.……왕은 그것 때문에 사람 사는 세상에서 쫓겨나시더니, 그의 마음은 들짐승처럼 되셨고,…….
> (다니엘 5 : 1-5, 21)

이 밖에도 수많은 장절들이 있습니다(이사야 10 : 10, 11 ; 21 : 9 ; 31 : 7 ; 40 : 19, 20 ; 41 : 29 ; 42 : 17 ; 48 : 5 ; 예레미야 8 : 19 ; 50 : 38, 39 ; 에스겔 6 : 4, 5 ; 14 : 3-6 ; 미가 1 : 7 ; 5 : 13 ; 시편 115 : 4, 5 ; 135 : 15, 16 ; 레위기 26 : 30). 우상들은 본래 사람의 자기 총명에서 나온 예배에 속한 거짓들을 뜻합니다. 사람이 그것들을 어떻게 꾸미고, 그리고 그 뒤에 가서는 진리들 같이 보이기 위하여 그것들을 조절하는지는 이사야서 44장 9-20절에 충분하게 기술되고 있습니다.

460. 보거나 듣거나 걸어 다니지 못하는……(우상들에게).

이 말씀은 거기에는 영적인 것에 속한 것이나, 참된 합리적인 삶에 속한 것은 아무것도 있지 않다는 것을 뜻합니다. 이와 같이 언급된 이유는, 우상숭배자들은 그들의 우상들이 보고, 듣는다고 믿기 때문입니다. 왜냐하면 그들이 그것들을 신들로 삼았기 때문입니다. 그럼에도 불구하고 이것은 이 낱말들이 뜻하는 뜻은 아닙니다. 그러나 다만 예배에 속한 거짓들 안에는 영적인 것은 전무(全無)하고, 참된 합리적인 삶도 전무합니다. 왜냐하면 "본다"(seeing)는 말이나, "듣는다"(hearing)는 말은 이해하는 것이나, 지각하는 것을 뜻하기 때문입니다(본서 7·25·87항 참조). 그리고 "걷는다"(walking)는 말은 산다(to live)는 것을 뜻합니다(본서 167항 참조). 그러므로 이 세 가지 것들은 영적인 삶이나, 참된 합리적인 삶을 뜻합니다. 이런 내용을 뜻한다는 것은, "우상들"이 예배에 속한 거짓들을 뜻하기 때문인데, 거기에는 영적인 삶이나 합리적인 삶이 전무(全無)하기 때문입니다. "우상들"이 보지 못하고, 듣지 못하고, 걷지 못한다는 것은, 그것 안에 내포된 어떤 내적인 의미가 없다면 여기서 언급한다는 것은 아무런 가치가 없는 것이기도 합니다.
아래 장절들에게서 볼 수 있듯이, 성경의 다른 곳에서도 우상들에 관해서 같은 내용이 언급되고 있습니다.

> 이런 우상을 신이라고 증언하는 자들은
> 눈이 먼 자들이요, 무지한 자들이니,……
> 백성이
> 알지도 못하고 깨닫지도 못하는 것은
> 그들의 눈이 가려져서 볼 수 없기 때문이며,
> 마음이 어두워져서
> 깨달을 수 없기 때문이다.
> 그런 사람에게는
> 생각도 없고 지식도 없고 총명도 없다.
> (이사야 44 : 9, 18, 19)
> 그것들은 논에 세운 허수아비와 같아서
> 말을 하지 못한다.
> 걸어 다닐 수도 없으니,……
> (예레미야 10 : 3-10)
> 입이 있어도 말하지 못하고,
> 눈이 있어도 볼 수 없으며……
> (시편 115 : 5 ; 135 : 15, 16)

이 장절들도 같은 내용을 뜻합니다. 그 이유는 "우상들"이 예배에 속한 거짓들을 뜻하고, 예배에 속한 거짓들 안에는 진정한 생명을 가리키는 것은 전무(全無)하기 때문입니다.

461. 21절. 그들은 또한 살인과 복술과 음행과 도둑질을 회개하지 않았습니다.
이 말씀은 오직 믿음만의 교리에 속한 이단사설이 그들의 마음에서 어리석음, 핑계, 고집 따위를 야기 시키고, 따라서 그들은 십성언(十聖言)의 계율들에 관해서 어떤 것도 생각하지 않고, 사실은 또한 그것이 악과 함께 있지만, 하나님에게는 정반대이기 때문에 단호하게 단절해야만 하는 그 어떤 죄악에 관해서도 결코 생각하지 않는다는 것을 뜻합니다. 모든 뜻 가운데에서 살인들·간음들·도둑질들이 무엇을 뜻하는

지는 거기에서 잘 입증하고 있는 ≪생활론≫에서 잘 볼 수 있습니다. 그러므로 여기서 설명을 반복한다는 것은 불필요한 일이 되겠습니다. 그러나 아래 단락에서는 "복술들"(卜術·enchantments)이 뜻하는 것이 무엇인지 설명되겠습니다. 오직 믿음만의 교리가 개혁교회들 안에 있는 자들의 마음에서 어리석음·핑계·고집(=완고함) 따위를 야기시키는데, 오직 믿음만의 교리가 지배하는 곳에서는 삶에 속한 선이 종교가 아니기 때문입니다. 만약에 삶에 속한 선이 종교가 아니라면, 그 때 회개의 율법(the table of repentance)인 십성언의 둘째 돌판은 하나의 지워진 서자판(書字板)과 같아서, 그 위에 쓰여진 글자는 전혀 나타나지 않기 때문입니다. 십성언의 둘째 돌판이 회개의 율법이다는 것은 명확한데, 그 이유는 거기에는 선한 일들을 행하여야 한다고 언급하지 않고, 오히려, 예를 들면 "너희는 살인하지 말아라" "너희는 간음하지 말아라" "너희는 도둑질하지 말아라" "너희는 거짓을 증거하지 말아라" "이웃의 것들을 탐내지 말아라"는 것과 같이, 악한 일들을 행하지 말아야 한다고 언급되었기 때문입니다. 그리고 이런 계율들이 종교를 구성하지 않는다면, 그 결과는 여기 우리의 본문에서 언급한 것과 꼭 같을 것입니다. 다시 말하면, "그들은 또한 살인과 복술과 음행과 도둑질을 회개하지 않았다"는 것과 같은 결과일 것입니다. 오직 믿음만의 교리가 지배하는 곳에서 삶에 속한 선이 종교가 되지 못한다는 것은 아래의 입증에서 잘 드러나고 있습니다.

462. 오늘날에는 복술(卜術·enchantments)이 뜻하는 내용이 무엇인지를 모르고 있기 때문에, 그것에 관해서 간략하게 설명하고자 합니다. 우리의 본문에 언급된 "복술"은 십성언의 여덟 번째 계율, 즉 "너희는 거짓 증거하지 말라"는 계율 대신에 언급되었습니다. 왜냐하면 다른 악들의 세 가지, 곧 "살인" "간음" "도둑질"이 거기에 언급되고 있기 때문입니다. "거짓을 증거한다"는 것은, 자연적인 뜻으로는 거짓증거에 속한 역할을 행하는 것이고, 그리고 거짓말하고, 중상(中傷)하는 것이고, 그리고 영적인 뜻으로는, "거짓이 진리이다, 선이 악이다"라고 확증하고, 설득하는 것입니다. 이런 내용에서 명확한 사실은, "복술을 한다"(=마음을 흐리게 한다·to enchant)는 말은 거짓된 것을 설득하고, 따라서 진리를 파괴하는 것을 뜻한다는 것입니다. 복술들은 옛날 사람들 사이에서 사용되고 있었고, 그리고 세 가지 방법들에서 행해졌습니

다. 그 첫째입니다. 복술자들은 자신의 명령들이나, 말을 계속해서 듣게 하고, 따라서 다른 사람의 마음이 그의 명령이나 하는 말들에 대해서, 그 어떤 쉼도 없이, 계속해서 집중하게 합니다. 그리고 동시에 치솟고, 활기 넘치는 생각을 감정과 결합시키게 하고, 그리고 속삭임을 통하여 언어의 소리(the sound of the speech)에 결합시켜, 그것에 의하여 듣는 자(the hearer)로 하여금 자기 자신으로부터 어떤 것도 생각할 수 없게 합니다. 이와 같이 거짓을 말하는 자들은 아주 난폭하게 자신들의 거짓을 퍼붓습니다. 그 둘째입니다. 그들은 자신들의 종지(宗旨)나 주장 따위를 주입시키는데, 그와 같은 일은 정반대되는 모든 것으로 말미암아 그들의 마음을 감금시키는 일을 자행합니다. 그리고 그들은 자기들이 한 말의 개념 따위에 전적으로 주의를 집중하게 하고, 그러므로 그 사람의 영적인 영기(靈氣·the spiritual sphere)는 다른 사람의 영기를 발살(抹殺)시키고, 그리고 그것을 질식(窒息)시켜 버립니다. 이것이 바로 옛날에 사용된 마술(魔術·magic)인 영적인 홀리는 상태(spiritual fascination)를 가리키는데, 이것이 이른바 이해를 매는 일(the binding)이고, 이해를 어떤 형체로 만드는 것(typing)입니다. 이런 종류의 복술은 영이나, 사상과만 오직 관계를 맺고 있는데, 그러나 전자는 역시 입술이나 언어와 관계를 맺고 있습니다. 그 셋째입니다. 듣는 사람(the hearer)은 그의 마음을 자신의 소견에 고정시키게 하기 때문에, 말하는 사람은 말하는 사람에게서 어떠한 소리도 들리지 않게 그의 귀를 닫게 하는데, 이런 일은 속삭임으로, 그리고 어떤 때는 무언(無言)의 불평을 토로하는 것으로 행합니다. 따라서 이런 일은 그에게 조언하는 사람의 감정이나 정서를 계속해서 부인하는 것에 의하여 행해집니다. 이런 종류의 복술은 남의 말을 경청하는 자들에 의하여 실제적으로 행해졌지만, 그러나 앞서의 두 종류는 다른 사람에게 말하는 자들에 의하여 행해졌습니다. 이런 세 종류의 복술들은 옛날 사람들 사이에서 널리 행해졌고, 그리고 지금도 지옥적인 영들 사이에서는 널리 행해지고 있습니다. 그러나 이 세상에 있는 사람들에게는 세 번째 종류의 복술만 남아 있는데, 그 이유는 이들은 자기 자신의 총명의 자만으로부터 자기 스스로 종교에 속한 거짓들을 확증한 자들이기 때문입니다. 왜냐하면 그들이 정반대되는 사안들을 듣게 되면, 그들은 잠간 접촉하는 것 이상으로 그들의 생각에 그것들을 더 이상 용납하지 않으며, 그리고 그 때 그들의 마음에 속한 내면적인 깊은 곳에서부터 그것들을 살라 버리는 이른바 불꽃을 내뿜기 때문입니다. 그것에 관해서 다른 사람들은 얼굴표정이나, 대꾸하는 음성에서 비롯된 조짐이나 징후(徵候)를 제외하면, 아무것도 알지 못합니다. 그리고 만약에 복술가가 시치미를 떼는 것으로, 그 불을 끄는 것 같은 뜻이지만, 그의 자만의 분노를 억제하지 않는다면, 다른 사람은 전혀 눈치조차도 채지 못합니다. 그 진리들이 수용되는 것을 막기 위하여, 그리고 많은 자들이 그 진리를 이해하지 못하게 하기 위해서, 이런 종류의 복술은 오늘날도 작용하고 있습니다. 옛날 수많은 마술적인 기교들이 판을 쳤다는 것이나, 그것들 가운데 복술이 있었다는 것은 모세의 글에서 잘 알 수 있습니다.

> 너희는 너희의 하나님이 너희에게 주시는 땅에 들어가거든, 그 곳에 사는 민족들이 하는 역겨운 일들을 본받지 말아라. 너희 가운데서 자기 아들이나 딸을 불 가운데로 지나가게 하는 사람(=불살라 제물로 바치는 사람)과 점쟁이와 복술가와 요술객과 무당과 주문을 외우는 사람과 귀신을 불러 물어 보는 사람과 박수와 혼백에게 물어 보는 사람이 있어서는 안 된다. 이런 일을 하는 사람은 모두 주께서 미워하신다.
> (신명기 18 : 9-12)

거짓에 속한 종지(宗旨·거짓의 설득), 따라서 진리의 파괴가 아래의 장절에서는 "온갖 복술들"이 뜻합니다.

> 너의 지혜와 너의 지식이
> 너를 잘못된 길로 들어서게 하였고,
> 너의 마음 속으로
> '나보다 더 높은 이가 없다'고
> 생각하게 하였다.
> 불행이 너에게 닥쳐와도
> 너의 점술이 그것을 막지 못할 것이며,
> 너에게 재난이 덮쳐도
> 네가 거기에서 벗어나지 못할 것이다.
> 네가 생각하지도 못한 파멸이,
> 순식간에 너희에게 이를 것이다.

(이사야 47 : 10-12)
모든 민족이
네(=바빌론) 마술에 속아 넘어갔기 때문이다.
(묵시록 18 : 23)
개들과 마술쟁이들과 음행하는 자들과 살인자들과 우상숭배자들과 거짓을 사랑하고 행하는 자는 다 바깥에 남아 있게 될 것이다.
(묵시록 22 : 15)
요람이 예후를 보고, "예후 장군, 평화의 소식이요?" 하고 물었다. 예후는 "당신의 어머니 이세벨이 저지른 음행과 마술 행위가 극에 달하였는데, 무슨 평화가 있겠소?" 하고 대답하였다.
(열왕기 하 9 : 22)

여기서 그녀의 "음행들"은 위화(僞化)를 뜻하고(본서 134항 참조), 그리고 그녀의 "마술 행위들"은 거짓에 속한 온갖 종지들에 의한 진리의 파괴들을 뜻합니다. 다른 한편에서 "복술"이 진리들에 의한 거짓의 배척(the rejection of falsity)을 뜻하는데, 그와 같은 일은, 거짓에 대항하는 진리에 대한 열정으로부터 묵묵히 깊이 생각하고, 그리고 잘못된 것이라고 말하는 일에 의하여 이루어진다는 것은 아래의 장절들에게서 잘 알 수 있겠습니다.

주 만군의 주께서
예루살렘과 유다에서
백성이 의지하는 것을 모두 없애실 것이다.
그들이 의지하는 모든 빵과 모든 물을
없애시며,
용사와 군인과 재판관과 예언자,
점쟁이와 장로,……
능숙한 마술사와 능란한 요술쟁이를
없애실 것이다.
(이사야 3 : 1-3)
그들은 뱀처럼 독기가 서려,
귀를 틀어막은 귀머거리 독사처럼
마술사의 홀리는 소리도 듣지 않고,
능숙한 술객의 요술도 따르지 않는구나.

(시편 58 : 4, 5)
"보아라, 내가 뱀을 너희에게 보내겠다.
어떤 술법으로도 제어할 수 없는 독사들을
너희에게 보낼 것이니,
그것들이 너희를 물 것이다."
(예레미야 8 : 17)
주의 백성이 환난 가운데서
주님을 간절히 찾았습니다.
그들이 간절히 주님께 기도하였습니다.
(이사야 26 : 16)

463. <영계 체험기>를 여기에 부연하겠습니다.
나는 영계(靈界)에 있는 바닷가를 보았는데, 거기에서 아주 큰 선창(船艙·dock)을 보았습니다. 나는 거기에 가까이 가서, 선창을 살펴보았습니다. 가서 보니까, 거기에는 크고, 작은 배들이 여러 척 있었고, 그 배들 안에는 온갖 종류의 상품들이 실려 있었습니다. 갑판 위에는 소년 소녀들이 원하는 자들에게 그 상품들을 나누어 주고 있었습니다. 그들은 "우리들은 이따끔 바다에서 우리에게로 올라오는 예쁜 거북이들을 보기 위해서 기다리고 있습니다"라고 말하였습니다. 그 때 보십시오. 나는 크고 작은 거북이들을 보았는데, 그들의 껍질이나 비늘 위에는 새끼 거북이들이 앉아 있었는데, 그것들은 섬들 주위를 살피고 있었습니다. 아버지 거북이들은 두 개의 머리를 가지고 있었고, 하나는 큰 것이었는데 그것은 그들의 몸통에 붙어 있는 껍질과 비슷한 것으로 덮혀 있었습니다. 그것으로 인하여 머리들은 붉은 색을 띠었습니다. 다른 작은 머리는 보통 거북이들과 비슷하였는데, 거북이들은 그것을 몸통의 앞 부분으로 끌어당겨서, 보이지 않도록 큰 머리에 쑤셔 넣었습니다. 그러나 나는 붉은 색의 큰 머리를 눈여겨보았습니다. 나는, 이것이 사람과 같은 얼굴을 가지고 있었으며, 그리고 이것은 갑판 위에 있는 소년 소녀들과 이야기를 하였고, 그리고 그들의 손들을 핥고 있었습니다. 그 때 소년 소녀들은 그것들을 어루만져 주었고, 그리고 그들에게 먹을 것들이나, 맛있는 것들을 주었고, 또한 옷감으로서는 아주 좋은 명주와 같은 값비싼 것들이나, 널빤지로 쓰는 나무와, 단장을 위한 자주색과 화장을 위한 주홍색의 화장품도 주었습니다. 이런 것들을 보면서 나는 그것들이 표징하는 것이 무엇인지 알기를 열망하였습니다. 나는 영들의 세계(the world of spirits)에 있는 것들은 모두가 대응들이라는 것을 알고 있기 때문에, 그리고 천계로부터 내려온 어떤 영적인 것들을 표징한다는 것을 알고 있기 때문입니다. 그 때 천계에서 온 천사들 몇몇이 나와 대회를 하였는데, 그들은 "귀하께서는 선창이 표징하는 것을 알고 있으시고, 그리고 배들이나, 갑판 위에 있는 소년들과 소녀들이 표의하는 것도 무엇인지 잘 알고 있으시지만, 그러나 거북이들이 표의하는 것은 모르십니다"라고 말하였습니다. 그리고 그들은 또한 "거북이들은 거기에 있는 성직자들을 표의하는데, 그들은 그것들 사이에 결코 결합이 존재하지 않는다고 스스로 확증을 하고서, 인애나 그것의 선행들로부터 믿음을 전적으로 분리한 자들이고, 그러나 아들(聖子)의 공로 때문에 아버지 하나님을 믿는 믿음을 통해서 성령이 사람에게 오시고, 그 사람 자신의 의지에 이르기까지, 소위 달걀 모양을 이루는 그의 내면적인 것들을 정화시킨다는 것, 그리고 성령의 역사(役事)가 이런 국면에 다다르게 되면, 그것은 왼쪽으로 스스로 휘거나, 그리고 성령이 전혀 그것에 다다르지 않은 것, 따라서 사람의 내면적인 것들이나 또는 사람의 본성에 속한 보다 높은 것들은 하나님을 위하고, 그리고 외면적인 것이나 또는 사람의 본성에 속한 보다 낮은 것들은 사람을 위한다는 것, 그리고 또한 따라서 사람은 스스로 아무것도 할 수 없고, 그리고 사람이 행한 선도, 악도 하나님 앞에 나타나지 않는다는 것, 그리고 이와 같은 선은 선이 아닌데, 그 이유는 이런 선은 공로주의적인 것이기 때문이다는 것, 그리고 악 역시 악이 아닌 것은 악은 악한 것이기 때문이다는 것, 만약에 이런 것들이 하나님 앞에 나타나게 되면, 사람은 이 양자들을 모두 소멸시킬 것이기 때문이고, 그리고 그것이 사실이기 때문에 사람은 만약에 그가 세상 앞에서 조심한다면, 사람이 좋아하는 것은 무엇이나 원하고, 생각하고, 말하고, 행하는 것을 수용할 것이다는 등등의 것들을 스스로 다짐을 하는 성직자들이다"라고 그들은 말하였습니다. 나는, 그들이 하나님에 관해서 그분이 전지전능(全知全能)하시지 않다고 생각하는 것에 대해서 동의하는지 여부를 그들에게 물었습니다. 천계에서 온 그들은, "역시 이것도 그들에게 허락되었는데, 그 이유는 한 번 정화하시고, 따라서 의롭게 하신 그 사람 안에 있는 하나님은 그의 사랑이나 의지에 속한 어떤 것도 살피시지 않기 때문이다는 것과, 그리고 그는 변함 없이, 그가 성령의 처음의 역사 가운데서 영접, 수용한 그 믿음은 내면적인 깊숙한 곳에, 또는 그의 마음이나 본성에 속한 높은 영역에 그대로 남아 있기 때문이다는 것과, 그리고 또한 그 역사(役事)는, 그 사람이 그것을 알지 못하는 때에 가끔 되돌아올 수도 있다는 것이다는 것과, 그리고 이런 것들은 '작은 머리'가 표징하는 것들인데, 그들이 평신도들과 말을 할 때에는 그것들은 몸의 앞 부위로 그 작은 머리를 끌어당겨서 큰 머리 안에 삽입시켜서 숨긴다는 것입니다. 왜냐하면 그들은 작은 머리로부터는 그들과 이야기하지 못하고, 다만 사람의 얼굴처럼 정면에 나타나는, 큰 머리로 말미암아 말하기 때문입니다. 그리고 그들은 평신도들과 함께 사랑·인애·선행들·십성언의 계명들·회개 등등에 관해서 성언으로부터 말하였고, 그리고 그들은 이런 주제에 관한 거의 모든 것들을 성경에서 인용하여 말하였습니다. 그러나 그때 그들은 작은 머리를 큰 머리 속에 쑤셔 박고, 그들은 큰 머리로부터 자기 자신 안에서는 내적으로 이해하는데, 그것들은 모두가 하나님이나, 천국이나 구원 등을 목적해서 행하는 것이 아니고, 다만 사회적인 이익이나 개인적인 이익을 위해 행하는 것뿐입니다. 그러나 그들이 이런 것들에 관해서, 특히 복음이나 성령의 역사나 구원에 관해서는 성경말씀을 인용, 듣기 좋게 말하고, 기품이 있고, 멋지게 말하기 때문에, 그러므로 그들은 그들의 청중들 앞에서는, 아주 멋진 사람들(handsome men)로, 그리고 이 세상에서는 다른 누구보다도 현명한 사람처럼 보입니다. 이런 이유 때문에, 배들의 갑판 위에 있는 소년들이나 소녀들이 그들에게 나누어주는 값진 것들이나 귀중한 것들을 귀하께서 보았던 것입니다. 따라서 귀하께서 거북이들처럼 본 그들이 이런 내용들을 표징하고 있습니다. 당신의 세계에서는 그들이 다른 자들과 거의 분별되지 않는데, 이것에 의하여 그들은 스스로 다른 모두에 비하여 더 현명한 존재라고 믿고 있고, 또한 다른 자들을 비웃습니다. 특히 자신들처럼 현명하지 않다고 말하는 그의 동료들을 비웃고, 그리고 그들을 경멸합니다. 그들은 그들의 옷에 찍힌 일종의 작은 도장을 가지고 왔는데, 그것에 의하여 그들은 다른 자들에게 잘 알려져 있습니다"라고 대답하였습니다. 나와 같이 대화를 한 그 사람이 "나는, 믿음에 속한 다른 사안들에 관해서 그들이 생각하는 것을 귀하게 말하지 않을 것입니다. 예를 들면 하나님의 선택 · 자유의지 · 세례 · 성만찬 등이 되겠습니다. 이런 것들은 그들이 발설하지 않지만, 그러나 천계에서 우리는 잘 알고 있는 것들입니다. 그러나 그들이 이 세상에 있는 그런 존재이고, 그리고 사후에는 그가 생각하는 것 이외에는 어느 누구에게도 말하는 것이 허락되지 않기 때문에, 따라서 그들은 그들의 생각들에 속한 미친 것들로 말미암아 말하는 것 이외에 다른 것을 말할 수 없기 때문에, 그들은 미친 사람으로 여겨졌고, 그 사회들로부터 쫓겨났고, 종국에는 아비소스의 구덩이 속으로 떨어졌고, 그리고 관능적인 영들이 되고 말았는데, 그들은 마치 미이라처럼 생기가 없는 그런 존재로 보였습니다. 왜냐하면 그들의 마음에 속한 내면적인 것들을 덮는 완고함이 생성되었기 때문입니다. 그 이유는 이 세상에 있을 때에도 그들은 역시 하나의 장애물을 놓고 있었기 때문입니다. 거기에는 권모술수에 능한 마키아벨리주의 자들에게서 비롯된 지옥적인 사회의 경계들에 인접한 그들의 지옥적인 사회가 있었고, 그들은 때때로 서로 왕래를 하였고, 자신들을 동료들이라고 불렀습니다. 그러나 그들에게는 행함 가운데 있는 믿음에 관한 어떤 종교적인 것들이 있지만, 그러나 마키아벨리주의 사람들에게는 없다는 그런 차이점이 있기 때문에 그들은 되돌아가야만 하였습니다."

그 뒤 나는 그들이 그 사회들로부터 쫓겨나고, 모두 다 함께 쫓겨나는 것을 보았습니다. 거기에 바람에 날리는 일곱 개의 돛이 있는 배가 보였습니다. 그리고 거기에는 자주색 옷과 아주 멋진 월계수가 있는 모자를 쓴 관원들과 선원들이 있었는데, 그들은 "놀라지 마십시오. 우리들은 천계에 있습니다. 우리들은 어떤 누구보다도 뛰어난 월계수로 된 월계관을 쓰고, 자주색 옷을 입은 박사들입니다. 그 이유는 우리들은 유럽의 모든 성직자들에게서 온 현명한 자들 중에서 우두머리이기 때문입니다"라고 외쳤습니다. 나는 이것이 무슨 일인가 하고 의심하였습니다. 그 때 나에게 일러진 것은, 그들은 자만에 속한 형상들이다는 것이고, 그리고 환상들이라고 일컫는 이상적인 생각들(the ideal thoughts)이다는 것입니다. 그리고 전에 거북이들처럼 보여진 자들에게서 왔다고 하였습니다. 지금 미친자들이어서 그 사회에서 모두 쫓겨났고, 그리고 서로 함께 뭉쳐서 한 장소에 있다는 것입니다. 그 때 나는 그들과 대화하기를 열망하였습니다. 내가 그들이 서 있는 장소에 가까이 다가갔고, 그리고 그들과 인사를 하였습니다. 그리고 나는, "여러분들이, 사람의 내적인 것들을 그들의 외적인 것들에게서 분리시킨 장본인들이고, 그리고 믿음 안에서의 성령의 역사를 믿음 밖에 있는 사람의 협력에서 분리시킨 장본인이고, 따라서 사람에게서 하나님을 분리시킨 장본인이 맞습니까? 따라서 여러분은, 성직자 출신의 많은 다른 박사들처럼, 믿음에서 인애와 인애의 선행들까지도 제거하였을 뿐만 아니라, 하나님 앞에서의 명확함도 사람에게서 제거시킨 장본인입니까? 그러나 내가 원하건대, 내가 이성으로, 그리고 성서에 입각하여, 이 사안에 관해서 여러분과 이야기 하려는 것을 원하지 않습니까?"라고 말하였습니다. 그들은 "먼저 이성에서부터 말씀하실까요?"라고 말하였습니다. 그래서 나는, "어떻게 사람에게 있는 내적인 것과 외적인 것을 분리시킬 수 있습니까? 그것들이 자신들의 결과를 생성하고, 그들의 임무들을 행하기 위하여, 사람의 내면적인 것에 속한 모든 것들은 먼저 발출(發出)하고, 그리고 계속해서 그의 외면적인 것들 속으로 진전하고, 심지어 가장 외적인 것들 속으로 진전한다는 것은 일상적인 지각(common perception)으로 누구나 보지 못하고, 그리고 볼 수 없는 것일까요? 내적인 것들은 그것들이 그것들 안에 종결되기 위하여, 그리고 그것들 안에 생존하기 위하여, 그래서 존재하기 위하여, 외적인 것들을 위해서 존재하는 것 아닙니까? 그리고 기둥이 주춧돌 위에 서 있는 것과 거의 다르지 않은 것 아닌 가요?"라고 말을 하였습니다. 만약에 거기에 연속적인 잇따름이 존재하지 않는다면, 따라서 결합이 존재하지 않는다면, 가장 외적인 것들(the outermosts)은 사라질 것이고, 공중에 있는 거품처럼 없어질 것이 당연한 것 아닙니까? 사람에게는 하나님의 내면적인 역사들이 수도 없이 많다는 것을, 비록 사람은 그것에 무지(無知)하다는 것을 그 누가 모르겠습니까? 그리고 만약에 가장 외적인 것들을 알고, 그리고 그것 안에 그가 자신의 생각이나 의지 안에서 하나님과 함께 있다는 것을 안다고 해도 그것이 무슨 소용이 되겠습니까? 그러나 예를 들어서 이 내용을 설명하겠습니다. 사람이 그의 언어에 속한 내면적인 작용들을 알까요? 예를 들면 허파가 어떻게 공기를 흡입하고, 그것을 가지고 소기포(小氣胞)·기관지·폐엽(肺葉)을 어떻게 채우는지 알까요? 어떻게 그것이 이 공기를 기관(氣管)에 집어넣고, 그것을 소리로 바꾸는지를 알까요? 그 소리는 어떻게 후두

(喉頭)의 도움에 의하여 성문(聲門) 안에서 변화되는지를 알까요? 그리고 그 때 혀가 그것을 명료하게 발음을 하고, 입술이 어음(語音)을 완결하고, 그래서 그것이 언어가 되는지 어떻게 알까요? 사람이 그것에 관해서 전혀 알지 못하는 이와 같은 모든 내면적인 것들의 작용들의 활동은 가장 외적인 것들을 위해서 있는 것이 아니고, 사람이 말을 하기 위해서 있는 것이 아니겠습니까? 이런 내적인 것들에 속한 것 중에서 그 어느 것을 가장 외적인 것과 계속해서 이어지는 연결(連結·connection)에서 제거하거나 분리시켜 보십시오. 그 사람은 바보 이상으로 말을 할 수 있을까요? 또 다른 예를 들어보겠습니다.

두 손은 사람의 궁극적인 것들입니다. 여기까지 계속해서 연결된 내면적인 것들이 있지 않을까요? 내면적인 것들은 머리로부터 목을 거쳐서, 다음에는 가슴을 거쳐서, 어깨, 팔, 팔뚝(前腕)을 거쳐서 나온 것들입니다. 거기에는 헤아릴 수 없는 근육의 조직이 있고, 그리고 움직이는 섬유의 수많은 질서들이 있고, 신경과 혈관의 무수한 다발(=묶음·bundles)이 있고, 그것들의 막들과 인대와 더불어 수많은 뼈들의 연결들이 있습니다. 사람이 이런 것에 관해서 무엇을 압니까? 그럼에도 불구하고 그의 손은 그것들 모두로 말미암아 작용하는 것 아닙니까? 팔꿈치 주위에 있는 내면적인 것들이 왼쪽으로는 돌지만, 팔이 있는 곳으로 들어가지 않는다고 상상해 보십시오. 손은 팔꿈치로 인하여 수척해지고, 생명이 없이, 갈기갈기 찢긴 그런 것들과 같이, 쇠퇴하고, 종국에는 썩고 말 것입니다. 사실, 여러분이 그것을 믿으려고 한다면, 그것은 마치 목이 잘린 어느 사람의 몸통과 같을 것입니다. 만약에 신령역사(the Divine operation)가 그것 앞에서 소멸되고, 그것에 미치지 못한다면, 그리고 그것들 안으로 들어가지 못한다면 사람의 의지나 사상도 전적으로 이와 꼭 같이 될 것입니다. 이상의 설명들은 이성(理性)에 일치하는 것들입니다. 만약에 지금 여러분이 듣기를 원한다면 그와 동일한 것들이 성경에 일치하여 들을 수 있겠습니다. 주님께서 이렇게 말씀하셨습니다.

언제나 내 안에 머물러 있어라. 그러면 나도 너희 안에 머물러 있겠다.……나는 포도나무요, 너희는 가지다. 사람이 내 안에 머물러 있고, 내가 그 사람 안에 머물러 있으면, 그는 많은 열매를 맺는다. 너희는 나를 떠나서는 아무것도 할 수 없다.
(요한 15 : 4, 5)

열매는, 주님께서 사람을 통해서 하는 선한 일들이고, 그리고 그것은 사람이 마치 자기 스스로 하는 것이 아니겠습니까? 주님 또한 이렇게 말씀하십니다.

보아라, 내가 문 밖에 서서, 문을 두드리고 있다. 누구든지 내 음성을 듣고 문을 열면, 나는 그에게로 들어가서 그와 함께 먹고, 그는 나와 함께 먹을 것이다.
(묵시록 3 : 20)

주님께서는 또 이렇게 말씀하시지 않았습니까?

어떤 사람이……자기 종들을 불러서, 자기의 재산을 그들에게 맡겼다.…… 그들은 그것으로 장사를 하여……돈을 벌었다. 그가 번 것만큼 그에게 영생을 주었다.
(마태 25 : 14-30 ; 누가 19 : 13-26)

역시 이렇게 말씀하셨습니다.

그는 모두에게 포도원에서 애쓴 노력에 일치하여 품삯을 주었다.
(마태 20 : 1-17)

이상은 몇 구절에 지나지 않습니다. 사람이 나무처럼 열매를 맺어야 한다는 것에 관해서는 성경으로부터 수많은 페이지를 채울 수 있겠습니다. 그리고 사람은 계명을 실천하여야 하고, 그리고 하나님을 사랑하여야 하고, 이웃을 사랑하여야 하며, 그 밖의 이와 같은 계명이나 계율을 행하여야 하는데, 이런 것들을 성경에서 인용한다면 수많은 페이지를 채울 것입니다. 그러나 내가 알고 있는 사실은, 여러분 자신의 총명은 성경에서 아주 일반적인 이런 원칙도 간직하지 않고 있다는 것이고, 비록 여러분이 그런 장절들을 인용하지만, 여전히 여러분의 생각들은 그것을 악용하고 있다는 것 등입니다. 여러분은 그렇게 할 수

밖에 없습니다. 그 이유는, 교류의 측면에서, 그것에서 비롯된 결합에 대해서 생각할 때 하나님에 속한 이런 것들을 모두 사람에게서 제거하기 때문입니다. 그렇게 되면 예배에 속한 것들을 모두 제거하면 남는 것이 무엇이 있겠습니까? 라는 것도 말하였습니다. 나는 그 뒤 그들을 천계에서 온 빛 가운데서 보았는데, 각자 각자의 성품이 어떠한지 모두 드러났고, 그리고 명확하게 되었습니다. 그 때 그들은, 종전과 같이, 공중에 있는 이른바 천계에 있는 배 안에 있는 것처럼 보이지 않았고, 또한 자주색 옷을 입지도 않았고, 월계수 월계관을 머리에 쓰지도 않았습니다. 그러나 그들은 모래밭에 있었고, 누더기 옷을 입었고, 허리는 어망으로 두르고 있었고, 그리고 그 어망들 사이로는 그들의 알몸이 보이기도 하였습니다. 그 때 그들은, 위에서 언급한 것과 같이, 마키아벨리주의 자들이 사는 경계선에 인접해 있는 사회로 보내졌습니다.

제 10장 본문(10장 1-11절)

1 또 나는 힘센 다른 천사 하나가 구름에 싸여서 하늘에서 내려오는 것을 보았습니다. 그의 머리 위에는 무지개가 둘려 있고, 그 얼굴은 해와 같고, 발은 불기둥과 같았습니다.

2 그는 손에 작은 두루마리 하나를 펴서, 들고 있었습니다. 그는 오른발로는 바다를 디디고, 왼발로는 땅을 디디고 서서,

3 마치 사자가 울부짖듯이 큰소리로 부르짖었습니다. 그가 부르짖으니, 일곱 천둥이 각각 제 소리를 내면서 말하였습니다.

4 그 일곱 천둥이 말을 다 하였을 때에, 나는 그것을 기록하려고 하였습니다. 그 때에 나는 하늘로부터 음성을 들었는데 "그 일곱 천둥이 말한 것을 인봉하여라. 그것을 기록하지 말아라" 하였습니다.

5 그리고 내가 본 그 천사, 곧 바다와 땅을 디디고 서 있는 그 천사가 오른손을 하늘로 쳐들고,

6 하늘과 그 안에 있는 것들과 땅과 그 안에 있는 것들과 바다와 그 안에 있는 것들을 창조하시고, 영원무궁 하도록 살아 계시는 분을 두고, 이렇게 맹세하였습니다. "때가 얼마 남지 않았다.

7 일곱째 천사가 불려고 하는 나팔 소리가 나는 날에는, 하나님께서 하나님의 종 예언자들에게 전하여 주신 대로, 하나님의 비밀이 이루어질 것이다."

8 하늘로부터 들려 온 그 음성이 다시 내게 말하였습니다. "너는 가서, 바다와 땅을 밟고 서 있는 그 천사의 손에 펴 있는 작은 두루마리를 받아라."

9 그래서 내가 그 천사에게로 가서, 그 작은 두루마리를 달라고 하니, 그는 나에게 "이것을 받아 먹어라. 이것은 너의 배에는 쓰겠지만, 너의 입에는 꿀같이 달 것이다" 하였습니다.

10 나는 그 천사의 손에서 그 작은 두루마리를 받아서 삼켰습니다. 그것이 내 입에는 꿀같이 달았으나, 먹고 나니, 뱃속은 쓰라렸습니다.

11 그 때에 "너는 여러 백성과 민족과 언어와 왕들에 관해서 다시 예언을 하여야 한다" 하는 음성이 내게 들려 왔습니다.

간추린 영적인 뜻(10장 1-11절)

◆ 전장의 간추린 대의(大意)

여전히 개혁교회(the Reformed church) 안에 있는 자들에 관한 조사와 밝힘이 다루어지고 있습니다. 여기서는 천계와 지상의 하나님이시고, 그리고 주님께서 친히 가르치셨듯이(마태 28 : 18), 그들이 주님에 관해서 믿는 것이 무엇인지 다루어지고 있고, 그리고 그분의 인성은 신령이시다는 것과, 이러한 내용은 거기에서 영접, 수용되지 않는다는 것과 그리고 오직 믿음에 의하여 의롭게 된다는 신조(信條 · 敎義 · dogma)가 그들의 심령 가운데 자리 잡고 있는 한, 아주 어려움과 더불어 그것이 영접, 수용될 수 있다는 것 등을 다루고 있습니다.

◆ 각절의 간추린 대의(大意)

[1절] :
"또 나는 힘센 다른 천사 하나가……하늘에서 내려오는 것을 보았습니다"라는 말씀은 신령위엄(the Divine majesty)과 신령능력 안에 계신 주님을 뜻합니다(본서 465항 참조). (천사는) "구름에 싸여서……그의 머리 위에는 무지개가 둘려 있다"라는 말씀은 그분의 신령 자연적인 것(His Divine natural)과 신령 영적인 것(His Divine spiritual)을 뜻합니다(본서 466항 참조). "그 얼굴(=그의 얼굴)은 해와 같다"는 말씀은 신령사랑과 동시에 신령지혜를 뜻합니다(본서 467항 참조). "발은 불기둥과 같았습니다"는 말씀은 모든 것들을 유지시키는 신령사랑의 측면에서 주님의 신령 자연적인 것(the Lord's Divine natural)을 뜻합니다(본서 468항 참조).
[2절] :
"그는 손에 작은 두루마리 하나를 펴서, 들고 있었습니다"라는 말씀은, 주님께서 천계와 지상의 하나님이시다는 것과 그분의 인성(人性)은 신

령이시다는 것을 가리키는 그것 안에 있는 교리적인 핵심의 측면에서 성언(聖言)을 뜻합니다(본서 469항 참조). "그는 오른발로는 바다를 디디고, 왼발로는 땅을 디디고 섰습니다"라는 말씀은 주님께서 전 교회를 그분의 보호와 통치 하에 두셨다는 것을 뜻합니다(본서 470항 참조).
[3절] :
"마치 사자가 울부짖듯이 큰소리로 부르짖었습니다"라는 말씀은 그 교회가 그분에게서 제거된 것에 대한 매우 심한 애도(哀悼)를 뜻합니다(본서 471항 참조). "그가 부르짖으니, 일곱 천둥이 각각 제 소리를 내면서 말하였습니다"라는 말씀은 주님께서 그 작은 책 안에 있는 것이 무엇인지를 온 천계에 두루 공개하신다는 것을 뜻합니다(본서 472항 참조).
[4절] :
"그 일곱 천둥이 말을 다 하였을 때에, 나는 그것을 기록하려고 하였습니다. 그 때에 나는 하늘로부터 음성을 들었는데, '그 일곱 천둥이 말한 것을 인봉하여라. 그것을 기록하지 말아라' 하였습니다"라는 말씀은 이러한 것들은 실제로 밝히 밝혀질 것이지만, 그러나 용·짐승·거짓 예언자가 뜻하는 자들이 영들의 세계(the world of spirits)에서 쫓겨나가기 전까지는 그것들은 영접, 수용되지 않는다는 것을 뜻합니다(본서 473항 참조).
[5절] :
"그리고 내가 본 천사, 곧 바다와 땅을 디디고 서 있는 그 천사가 오른손을 하늘로 쳐들고"
[6절] :
"영원무궁 하도록 살아계시는 분을 두고, 이렇게 맹세하였습니다"라는 말씀은 그분 자신에 의한 주님에 속한 입증(立證)과 증거(證據)를 뜻합니다(본서 474항 참조). "하늘과 그 안에 있는 것들과 땅과 그 안에 있는 것들과 바다와 그 안에 있는 것들을 창조하신 분"이라는 말씀은 천계 안에 있는 모든 것과 교회 안에 있는 모든 것, 그리고 그들과 함께 하는 각각의 모든 것을 생기빌달하게 생명을 주시는 분이시다는 것을 뜻합니다(본서 475항 참조). "때가 얼마 남지 않았다"라는 말씀은, 만약에 한 분 하나님이 시인되지 않고, 그리고 주님께서 그분 하나님이시다는 것이 시인되지 않는다면 교회의 어떤 상태도, 다시 말하면 어떤

교회도 존재할 수 없다는 것을 뜻합니다(본서 476항 참조).
[7절] :
"일곱째 천사가 불려고 하는 나팔 소리가 나는 날에는……"이라는 말씀은, 주님께서 새로운 것을 세우시기 전에 반드시 멸망하여야 할 그 교회의 상태에 대한 마지막 조사와 밝힘을 뜻합니다(본서 477항 참조). "하나님께서 하나님의 종 예언자들에게 전하여 주신 대로, 하나님의 비밀이 이루어질 것이다"는 말씀은, 신구약 성경에 예언되었으나, 지금까지 감추어져 있다는 것과, 그리고 교회를 황폐하게 만든 자들에 대한 최후심판이 단행된 뒤에 주님의 나라(the Lord's kingdom)가 임할 것이다는 등등이 그 때 나타날 것이다는 것을 뜻합니다(본서 478항 참조).
[8절] :
"하늘로부터 들려 온 그 음성이 다시 내게 말하였습니다. '너는 가서, 바다와 땅을 밟고 서 있는 그 천사의 손에 펴 있는 작은 두루마리를 받아라'"는 말씀은 천계에서 온 명령(命令 · a command)을 뜻하는데, 그것은 그들이 반드시 그 교리를 받아들여야 할 것과, 그러나 "용" "짐승" "거짓 예언자"가 뜻하는 그런 인물들이 제거되기 전에, 그것을 그 교회에서 받아들이면 어떻게 해야 하는지 요한에 의하여 반드시 밝혀져야 한다는 명령입니다(본서 479항 참조).
[9절] :
"그래서 내가 그 천사에게로 가서, 그 작은 두루마리를 달라고 하였다"는 말씀은 그 교리를 영접, 수용할 많은 자들이 가지고 있는 마음의 움직임(the motion of mind)을 뜻합니다(본서 480항 참조). "그는 나에게 '이것을 받아 먹어라. 이것은 너의 배에는 쓰겠지만, 너의 입에는 꿀같이 달 것이다' 하였습니다"라는 말씀은 주님께서 구세주이시고, 속량주이시다는 시인을 영접하는 것은 기쁘고, 즐거운 일이지만, 그러나 그분 홀로 천계와 이 땅의 하나님이시다는 시인과 그리고 그분의 인성은 신령이시다는 시인은 위화에 속한 추론에 의하여 동의하지 않으며, 그리고 그렇게 하는 것이 힘들 것이다는 것을 뜻합니다(본서 481항 참조).
[10절] :
"나는 그 천사의 손에서 그 작은 두루마리를 받아서 삼켰습니다. 그것

이 내 입에는 꿀같이 달았으나, 먹고 나니, 뱃속은 쓰라렸습니다"라는 말씀은 그것이 그와 같이 일어났고, 따라서 명확하게 드러났다는 것을 뜻합니다(본서 482항 참조).

[11절] :
"그 때에 '너는 여러 백성과 민족과 언어와 왕들에 관해서 다시 예언을 하여야 한다' 하는 음성이 내게 들려 왔습니다"라는 말씀은 그것이 사실이기 때문에 오직 믿음 안에 있는 자들의 성품이 반드시 더 밝혀져야 한다는 것을 뜻합니다(본서 483항 참조).

제 10장 상세한 영적인 해설(10장 1-11절)

464. 우리의 본문장과 다음의 본문장에서는 주님에 관해서 언급되고 있는데, 그것은 그분이 천계와 이 땅의 하나님이시다는 것과 그리고 그분의 인성의 측면에서 그분은 하나님이시다는 것, 결과적으로는 그분께서 여호와 그분이시다는 것 등을 다루고 있습니다. 이것이 우리의 두 장에서 다루고 있는 주제이다는 것은 영적인 뜻으로 그것의 개별적인 것들에서, 그리고 그것들의 결론에서(묵시록 11 : 15-17) 잘 알 수 있겠습니다.

465. 1절. **또 나는 힘센 다른 천사 하나가 하늘에서 내려오는 것을 보았습니다.**
이 말씀은 신령위엄(神靈威嚴·Divine majesty)과 신령능력(神靈能力·Divine power) 안에 계시는 주님을 뜻합니다. 여기서 "천사"가 주님이시다는 것은, "구름에 싸여 있고, 그의 머리 위에는 무지개가 둘려 있고, 그 얼굴은 해와 같고, 발은 불기둥과 같다"고 한 그분에 관한 기술에서 명확하고, 그리고 "그는 오른발로는 바다를 디디고, 왼발로는 땅을 디디고 섰다"는 것과 그리고 "마치 사자가 울부짖듯이 큰소리로, 천둥이 말하는 것과 같이 말하였다"는 기술에서 잘 알 수 있습니다. 그분이 마치 천사처럼 보였는데, 그것은 그분 친히 나타나실 때에 그분께서는 천계나 천계 아래에서는 하나의 천사와 같이 나타나시기 때문입니다. 왜냐하면 주님께서는 자기 자신을 보도록 허락하신 자들에게는 그들의 영접의 수용상태에 알맞은 상태로 당신 자신의 신성(His Divine)으로 어떤 천사를 채우시기 때문입니다. 주님께서 자기 자신 안에 계신 존재나 또는 그분 자신의 본질 안에 계시는 그런 존재를 가리키는 그분의 임재(=현존·His presence)자체는 어느 천사도 감당할 수 없으며, 더욱이 사람 누구도 감당할 수 없는 일이기 때문입니다. 그러므로 주님께서는 천사들로부터는 멀리 떨어진 태양처럼 천계 위에 나타나시고, 그리고 이 세상의 태양처럼 사람들로부터는 멀리 떨어져 있듯이 나타나십니다. 천계에서 주님은 영원부터 그분의 신성 안에서 계시고, 그리고 동시에, 영혼과 육신이 하나인 것과 같은, 그분의 신령인 성(His Divine Human) 안에 사십니다. 여기서 그분께서는 그분의 신령 능력(His Divine power)으로 말미암아 "힘센 천사"(a mighty angel)라고 불리웠습니다. 그리고 "다른 천사"라고 한 것은, 여기에 기술되고 있듯이, 앞서의 것과 차이가 있는, 그분에 속한 다른 신령속성(another Divine attribute of His) 때문입니다.

466. 구름에 싸여 있고, 그의 머리 위에는 무지개가 둘려 있고…….
이 말씀은 그분의 신령 자연적인 것과 신령 영적인 것을 뜻합니다. 그분을 에워싸고 있는 "구름"은 신령 자연적인 것을 뜻합니다. 그러므로 성언의 자연적인 뜻에서 성언은 그분에게서 비롯된 것, 따라서 그분의 것(His)이나 그분 자신(Himself)을 "구름"이 뜻하고 있습니다(본서 24항 참조). 그리고 "무지개"는 신령 영적인 것을 뜻하고, 이것은 자연적인 것 위에 있기 때문에, 그러므로 무지개는 머리 위에 나타났습니다. 여기서 주지하여야 할 것은 주님께서는 사람들에게는 그분의 신령 자연적인 것 안에 나타나시지만, 그러나 그분의 영적인 왕국에 있는 천사들에게는 그분의 신령 영적인 것 안에 나타나시고, 그리고 그분의 천적인 왕국에 있는 천사들에게는 그분의 신령 천적인 것 안에 나타나신다는 것입니다. 그럼에도 불구하고 주님께서는 분열되지 않고(not divided), 오히려 그 사람의 성품에 일치하여 모든 사람에게 나타나신다는 것입니다. 주님의 신령 영적인 것(the Lord's Divine spiritual) 역시 에스겔서에서 "무지개"가 뜻하고 있습니다.

그들의 머리 위에 있는 창공 모양의 덮개 위에는, 청옥처럼 보이는 보석으

> 로 만든 보좌 형상을 한 것이 있었고, 그 보좌 형상 위에는, 사람의 모습과 비슷한 형상이 있었습니다. 또 나는 그의 허리처럼 보이는 그 위쪽에서 금붙이의 광채와 같은 것이 불꽃처럼 안팎으로 그를 둘러싼 것을 보았는데, 그의 허리처럼 보이는 그 아래쪽에서도, 나는 불꽃과 같은 모양을 보았습니다.……그를 둘러싼 광채의 모양은, 비 오는 날 구름 속에 나타나는 무지개 같이 보였는데, 그것은 주의 영광이 나타난 모양과 같았습니다.
> (에스겔 1 : 26-28)

여기서 "보좌"는 천계를 뜻하고, "보좌에 있는 사람"은 주님을 뜻하고, 허리에서 나오는 광채(=불꽃·fire)는 천적인 사람을 뜻하고, "무지개"는, 주님의 신령 지혜에 속한 영적인 신령진리를 뜻합니다. 모세의 글에는 이렇게 기술되고 있습니다.

> 하나님이 말씀하셨다. "내가, 너희 및 너희와 함께 있는……생물 사이에……세우는 언약의 표는, 바로 무지개이다. 내가 무지개를 구름 속에 둘 터이니, 이것이 나와 땅 사이에 세우는 언약의 표가 될 것이다.……무지개가 구름 사이에서 나타날 때마다, 내가 그것을 보고,……땅 위에 있는……모든 것과 세운 영원한 언약을 기억하겠다.
> (창세기 9 : 12-17)

여기서 "무지개"는 중생한 사람에게 있는 자연적인 것 안에 있는 영적인 신령진리 이외의 다른 것을 뜻하지 않습니다. 왜냐하면, 사람이 중생할 때에, 사람은 자연적인 존재에서 영적인 존재가 되기 때문입니다. 그리고 그 때 거기에는 그 사람과 주님과의 결합이 있기 때문에, 그러므로 "언약의 표"(a sign of the covenant)로서 구름 속에 무지개를 둔다 라고 언급하였습니다. "언약"(=약속·covenant)은 결합(結合·conjunction)을 뜻합니다. 이 세상에 있는 "무지개"에 의하여 사람과 주님의 결합이 결코 있지 않다는 것은 아주 명백합니다.

467. 그 얼굴은 해와 같이…….

이 말씀은 신령사랑을 뜻하고, 동시에 신령지혜를 뜻합니다. 이러한 내용은, 사람의 아들(人子·the Son of man)에 관해서 꼭 같이 언급된, 위의 설명에서(본서 53항 참조) 잘 알 수 있습니다.

468. 발은 불기둥과 같았습니다.

이 말씀은, 모든 것들을 유지하고, 부양하는 신령사랑의 측면에서 주님의 신령 자연적인 것을 뜻합니다. 이러한 내용은 역시 인자(人子·사람의 아들)에 관해서 언급된 "발은 화덕에 달구어 낸 놋쇠와 같았다"고 한 위의 설명에서 잘 볼 수 있겠습니다(본서 49항 참조). 그분의 발(His feet)이 불기둥과 같이 보인 이유는, 육신이 영혼을 유지하고 부양하는 것과 같이, 그리고 마찬가지로 성언의 자연적인 뜻이 성언의 영적인 뜻과 천적인 뜻을 유지하고, 부양하는 것과 꼭 같이, 주님께서 이 세상에 계실 때 당연한 일로 여기셨던, 본질적으로 신령인성(神靈人性·神靈人間·the Divine Human)을 가리키는 주님의 신령 자연적인 것(the Lord's Divine natural)이 영원 전부터 그분의 신성(His Divine)을 유지, 부양하셨다는 것을 뜻합니다. 이런 주제에 관해서는 ≪성서론≫ 27-49항을 참조하십시오, "발"(feet)이 자연적인 것을 뜻한다는 것은 앞서의 설명에서 볼 수 있고(본서 49항 참조), 그리고 "기둥"(pillar)은 떠받들고, 지지한다는 것(to support)을 뜻합니다(본서 191항 참조). "불"(fire)은 사랑을 뜻하는데, 그 이유는 영적인 불 이외의 다른 불이 아니기 때문입니다. 그러므로 예배를 드리면서 기도할 때 일상적인 말은 "천계적인 불이 마음을 밝혀 주십시오"라고 말하는데, 그것은 곧 천적인 사랑(celestial love)을 뜻합니다. 여기에 불과 사랑 사이에 하나의 대응(對應·correspondence)이 있다는 것은, 사람은 사랑으로 인하여 따뜻하게 되고, 그리고 사랑의 결핍(缺乏)이나 박탈(剝奪)로 인하여 차갑게 된다는 사실에서 잘 알 수 있겠습니다. 그 이유는 거기에는 생기발랄한 별(熱·vital heat)을 생성하는 것 이외에는 아무것도 없기 때문이지만, 그러나 양자의 뜻에서 사랑 이외의 다른 것을 뜻하지 않기 때문입니다. 대응의 근원은 두 태양(two sun)에서 존재하는데, 그 하나는 순수한 사랑(pure love)을 가리키는 천계에 있는 태양이고, 다른 하나는 순수한 불(pure fire)을 가리키는 이 세상에 있는 태양입니다. 따라서 역시 모든 영적인 것들과 자연적인 것들 사이에 대응이 있다는 것을 알게 됩니다. "불"(fire)이 신령사랑을 뜻하기 때문에, 그러므로 이렇게 언급되고 있습니다.

모세가 호렙 산에서 떨기 가운데서 이는 불꽃에 계신 주님을 뵈었다.
(출애굽기 3 : 1-3)

주께서는 불 가운데 시내 산에 내려 오셨다.
(신명기 4 : 36)

그러므로 역시―.

성전 안에 있는 촛대의 일곱 등불은, 저녁부터 아침까지 주 앞에 계속 켜두게 하여라. 이것은 너희가 대대로 길이 지켜야 할 규례이다.
(레위기 24 : 2-4)
제단 위의 불은 계속 타고 있어야 하며 꺼트려서는 안 된다.
(레위기 6 : 13)
주 앞의 제단에 피어 있는 숯을 향로에 가득히 담고,……휘장 안으로 가지고 들어가서, 주 앞에서 향가루를 숯불에 태우고, 그 향 타는 연기가 증거궤 위의 덮개(=법궤의 속죄소)를 가리우게 하여야 한다.
(레위기 16 : 12, 13 ; 민수기 16 : 46, 47)
주께서는, 그들이 밤낮으로 행군할 수 있게, 낮에는 구름기둥으로 앞서 가시며 길을 인도하시고, 밤에는 불기둥으로 앞 길을 비추어 주셨다. 낮에는 구름기둥, 밤에는 불기둥이 그 백성 앞을 떠나지 않았다.
(출애굽기 13 : 21, 22)
그들이 길을 가는 동안에, 낮에는 주의 구름이 성막 위에 있고, 밤에는 구름 가운데 불이 있어서, 이스라엘 온 자손의 눈 앞을 밝혀 주었다.
(출애굽기 40 : 38 ; 시편 105 : 39 ; 이사야 4 : 5, 6)
그 때에 주 앞에서부터 불이 나와, 제단 위의 번제물과 기름기를 불살랐다.
(레위기 9 : 24 ; 열왕기 상 18 : 38)
이것이 바로 주께 드리는 번제이며, 이것이 바로 향기로 주를 기쁘게 해 드리는 살라 바치는 제물이다.
(출애굽기 29 : 18 ; 레위기 1 : 9, 13, 17 ; 2 : 2, 9-11 ; 3 : 5, 16 ; 4 : 31, 35 ; 5 : 12 ; 6 : 18 ; 21 : 6 ; 민수기 28 : 2 ; 신명기 13 : 1)
(주님의) 눈은 불꽃과 같고…….
(묵시록 1 : 14 ; 2 : 18 ; 19 : 12 ; 다니엘 10 : 5, 6)
그 보좌 앞에는 일곱 개의 횃불이 타고 있었습니다.
(묵시록 4 : 5)

따라서 아래 장절이 뜻하는 것이 무엇인지 아주 명백합니다.

기름이 가득 있는 등불과 기름이 없는 등불…….

(마태 25 : 1-11)

여기서 "기름"(the oil)은 불을 뜻하고, 따라서 사랑을 뜻합니다. 그 밖에도 많은 장절들이 있습니다. 나쁜 뜻으로 "불"이 지옥적인 사랑(infernal love)을 뜻한다는 것은 성경의 여러 장절들에게서 명백합니다. 그리고 이 장절들은 너무나 많기 때문에 인용할 필요는 없겠습니다. 이 주제에 관해서는 런던에서 발간된 ≪천계와 지옥≫ 566-575항을 참조하십시오.

469. 2절. 그는 손에 작은 두루마리 하나를 펴서, 들고 있었습니다. 이 말씀은, 주님께서 천지(天地)의 하나님이시다는 것과 그분의 인성은 신령이시다는, 그 교리 안에 있는 요점의 측면에서 성언을 뜻합니다. 어린 양이 보좌에 앉으신 그분에게서 취하셨고, 그리고 그 일곱 봉인을 떼신 "두루마리"(the book)(묵시록 5 : 1, 7 ; 6 : 1)가 성언(聖言)을 뜻한다는 것은 위의 설명에서 잘 알 수 있습니다(본서 256·259·295항과 그 아래의 것 참조). 그러므로 주님이신 천사의 손에 들려 있는, 여기서는 "작은 두루마리"(a little book)는 그것 안에 있는 어떤 본질적인 것의 측면에서 성언 이외의 다른 것을 뜻하지 않습니다. 이것이 성언 안에 있는 교리적인 요점이다는 것과 그리고 주님께서는 천지(天地)의 하나님이시다는 것과 그리고 그분의 인성(His Human)은 신령하시다는 것 등등은 우리의 본문장이나, 아래에 이어지는 장의 모든 개별적인 것들의 영적인 뜻에서 잘 알 수 있고, 역시 다음 장의 자연적인 뜻에서도(묵시록 11 : 15-17) 잘 알 수 있겠습니다. "작은 두루마리"(the little book)가 "열려 있다"(to be open)고 언급되고 있는데, 그것은 그 교리가 성경 안에 명확하게 나타나 있기 때문이고, 그리고 그 교리는, 만약에 주의를 하고, 그것을 읽는 사람에게는 누구에게나 명확하기 때문입니다. 이것이 바로 여기서 다루고 있는 주제입니다. 그 이유는 그것이 새로운 교회의 진정한 본질(the very essential)이기 때문입니다. 왜냐하면 모든 자의 구원은 바로 하나님에 속한 지식과 하나님의 시인(the knowledge and acknowledgment of God) 위에 의존되어 있기 때문입니다. 왜냐하면 그와 같은 사실은 우리의 서문(序文)에서 잘 볼 수 있기 때문입니다. 그 서문은 "온 천계와 지상의 전 교회, 그리고 일반적으로 모든 하나님에 속한 진정한 올바른 개념(a just idea of God) 위

에 세워졌다는 것과, 그리고 그것에 의하여 결합(結合)이 존재하고, 그리고 그 결합에 의하여 빛(light)·지혜(wisdom)·영복(永福·eternal happiness)이 존재하기 때문이다"라고 밝히고 있습니다. 주님께서 천지의 하나님 자체이시기 때문에, 그러므로 그분을 그대로 시인하지 않는 자는 누구나 천계에 들어가는 것이 허락되지 않습니다. 왜냐하면 천계(天界·heaven)는 곧 그분의 몸(His body)이기 때문입니다. 그분을 시인하지 않는 자는 아래에 있고, 지옥적인 영들을 가리키는 뱀들에게 물립니다. 왜냐하면 뱀의 물림은 이스라엘 자손이 경험한 "구리 뱀"(the brazen serpent)을 우러러 보는 것 이외에는 치유가 결코 없기 때문입니다(민수기 21 : 1-9). 그것이 신령인간의 측면에서 주님을 뜻한다는 것은 요한복음서의 이 장절에서 잘 드러나고 있습니다.

> 모세가 광야에서 뱀을 든 것과 같이, 인자(人子)도 들려야 한다. 그것은 그를 믿는 사람마다 영원한 생명을 얻게 하려는 것이다.
> (요한 3 : 14, 15)

470. 그는 오른발로는 바다를 디디고, 왼발로는 땅을 디디고 서서……

이 말씀은, 그것의 내적인 것 안에 있는 자들과 꼭 같이, 교회의 외적인 것 안에 있는 자들도, 주님의 보호와 통치(His auspices and dominion) 하에서 주님께서 전 교회를 장악하시고 있다는 것을 뜻합니다. 여기서 "바다와 땅"(sea and earth)은 온 교회를 뜻합니다. 그리고 "바다"는 외적인 교회(the external church)를 뜻합니다. 다시 말하면 교회의 외적인 것들 안에 있는 자들을 뜻하고, 그리고 "땅"은 내적인 교회, 다시 말하면 교회의 내적인 것들 안에 있는 자들을 뜻합니다(본서 398항 참조). "그분의 발이 그것들 위에 디디고 섰다"는 말은 모든 것들을 그분 자신의 복종 하에 두셨다는 것을, 결과적으로는 주님의 신령보호와 다스림(統治) 아래에 두셨다는 것을 뜻합니다. 지상에 있는 주님의 교회는 천계 아래에 있기 때문에, 그러므로 교회가 "주님의 발등상"이라고 불리웠습니다. 이러한 사실은 아래 장절들에 잘 나타나고 있습니다.

아, 슬프다.
주께서 어찌 이렇게 진노하셔서……
이스라엘의 영광을
하늘에서 땅으로 던지셨는가?
진노하시는 날에
주께서 성전(=발등상)조차도 기억하지 않으시다니!
(애가 2 : 1)
하늘은 나의 보좌요,
땅은 나의 발 발침대다.
(이사야 66 : 1)
그분 계신 곳으로 가자.
그 발 아래에 엎드려 경배하자.
(시편 132 : 7)
하늘을 두고도 맹세하지 말아라. 그것은 하나님의 보좌이기 때문이다. 땅을 두고도 맹세하지 말아라. 그것은 하나님께서 발을 놓으시는 발판이기 때문이다.
(마태 5 : 34, 35)
내가 나의 발 둘 곳을 영화롭게 하겠다.
(이사야 60 : 13)
주께서 손수 지으신 만물을
사람이 다스리게 하시고,
모든 것을 사람의 발 아래에 두셨습니다.
(시편 8 : 6)

이 장절들은 모두가 주님에 관해서 언급하고 있습니다. "그는 오른발로는 바다를 디디고, 왼발로는 땅을 디디고 섰다"는 것은 교회의 외적인 것들 안에 있는 자들도 교회의 내적인 것들 안에 있는 자들과 같이, 거짓들을 확증하지 않았기 때문입니다.

471. 3절. 마치 사자가 울부짖듯이 큰소리로 부르짖었습니다.
이 말씀은 그 교회가 주님에게서 옮겨진 것에 대한 매우 심한 애통(哀痛)을 뜻합니다. "사자가 울부짖듯이 부르짖는다"는 말은 그 교회에 대한 매우 심한 비애나 애통을 뜻하고, 그리고 그것은 교회가 주님에게서 옮겨졌기 때문이다는 것 등은 앞장의 설명에서 잘 알 수 있는데, 거기에서는, 그 일이 매우 슬픈 일이었는데, 그 교회에 속한 사람들의 삶의 상태가 조사, 검토되었고, 그리고 밝히 드러났기 때문입니다. 그리고 또한 우리의 본문장의 설명에서도 잘 알 수 있는데, 여기서는 "영원무궁 하도록 살아 계신 분을 두고 맹세하였다"고 하였고, 그리고 "때가 얼마 남지 않았다"고 언급되었는데, 이 말씀들은 앞으로 진정한 교회가 존재하지 않을 것이다는 내용을 뜻하기 때문입니다. 그리고 다음에 이어지는 장에서 "아비소스에서 올라오는 짐승이 그 두 증인을 죽일 것이다"(11 : 7)는 말씀은 주님께서 천지의 하나님이시지만, 특별히 그분께서 시인 받지도 못하고, 또한 그분에게 가까이 나아가지도 않는다는 것을 뜻하기 때문입니다. 이런 것들에 대한 매우 심한 애도와 비통함이 "사자처럼 그분이 큰소리로 울부짖는다"는 말이 뜻하고 있습니다. 왜냐하면 사자는, 그가 자기의 적군들을 보았을 때, 그리고 그 적군들이 자신을 공격할 때, 큰소리로 울부짖기 때문이고, 그리고 또한 사자는 자기 새끼를 지키고 있을 때, 그리고 먹이를 빼앗길 때 큰소리로 울부짖기 때문입니다. 주님께서도 역시, 비교해서 말한다면, 악마들이 그분의 교회를 그분에게서 빼앗아가는 것을 보실 때, 그와 같이 울부짖을 것이기 때문입니다. "사자처럼 부르짖는다"는 말씀이 뜻하는 것이 이런 내용이다는 것은 아래의 장절들에게서 잘 드러나고 있습니다.

"사자가 으르렁거릴 때에,
힘센 사자가 먹이를 잡고 으르렁거릴 때에,
목동들이 떼지어 몰려와서 소리 친다고
그 사자가 놀라느냐?
목동들이 몰려와서 고함 친다고
그 사자가 먹이를 버리고 도망가느냐?"
그렇듯, 만군의 주께서도
그렇게 시온 산을 보호하신다(=시온 산을 위해 싸우신다).
(이사야 31 : 4)
주께서 백성에게 진노하셔서
손을 들어 그들을 치시니,……
그 사자의 부르짖는 소리는
새끼 사자의 으르렁거림과 같다.
사자가 소리치며 전리품(=먹이)을 움켜 가 버리나,

아무도 그것을 빼앗지 못한다.
바로 그 날에……
사람이 그 땅을 둘러보면,
거기에는 흑암과 고난만 있고,
빛마저 구름에 가려져 어두울 것이다.
(이사야 5 : 25-30)
주께서 저 높은 곳에서 고함 치신다.
그분의 거룩한 처소 하늘 꼭대기에서
벽력같은 목소리를 내신다.……
이 땅의 모든 주민을 규탄하여
큰소리를 내신다.
(예레미야 25 : 30)
주께서 시온에서 외치시고,
예루살렘에서 큰소리를 내시니,
하늘과 땅이 진동한다.
그러나 주께서는
당신의 백성에게 피난처가 되실 것이다.
이스라엘 자손에게 요새가 되실 것이다.
(요엘 3 : 16)
내가 다시는
에브라임을 멸망시키지 않겠다.……
주께서 사자처럼 부르짖으신다.
이스라엘 사람들이
주의 뒤를 따라 진군한다.
(호세아 11 : 9, 10)
사자가 으르렁거리는데,
누가 겁내지 않겠느냐?
주 하나님이 말씀하시는데,
누가 예언하지 않을 수 있겠느냐?
(아모스 3 : 8)
천둥과 같은 하나님의 음성이 들립니다.
번갯불이 번쩍이고 나면,
그 위엄찬 천둥소리가 울립니다.
하나님이 명하시면
놀라운 일들이 벌어집니다.

(욥기 37 : 4, 5)

"울부짖음"(roaring)이 매우 심한 애도(哀悼)나 슬픔을 뜻한다는 것은 아래의 장절들에게서 잘 알 수 있겠습니다.

> 내가 입을 다물고
> 죄를 고백하지 않았을 때에는,
> 온종일 끊임없는 신음으로
> 내 몸은 탈진하고 말았습니다(=내 뼈들은 노쇠하였다).
> (시편 32 : 3)
> 이 몸이 이토록 쇠약하여 이지러졌기에,
> 가슴이 미어지도록 신음하며 울부짖습니다.
> (시편 38 : 8)
> 밥을 앞에 놓고서도, 나오느니 탄식이요,
> 신음 소리(=부르짖는 소리) 그칠 날이 없다.
> (욥기 3 : 24)

472. 그가 부르짖으니, 일곱 천둥이 각각 제 소리를 내면서 말하였습니다.

이 말씀은 주님께서 그 작은 두루마리 안에 있는 온 천계를 두루두루 폭로하셨다는 것을 뜻합니다. 이러한 뜻은 아주 명확한데, 그 이유는 그것이 곧 아래에서 이어지기 때문입니다. 그 이어지는 것은, 그는 "그 일곱 천둥이 말하는 것을 기록하려고 하였으나" 그 때에 하늘로부터 오는 음성은 "그 일곱 천둥이 말한 것을 인봉하여라. 그것을 기록하지 말아라"는 것이었고, 그리고 그 뒤에 가서는 "이것(=작은 두루마리)을 받아 먹어라. 이것은 너의 배에는 쓰겠지만, 너의 입에는 꿀같이 달 것이다"고 언급되었습니다. 이 말씀은 그런 것들이 그것 안에 있지만, 그럼에도 불구하고 그것이 영접, 수용될 수 없다는 것을 뜻합니다. 그 이유는 아래 단락에서 볼 수 있겠습니다. 그러나 나는 그 작은 두루마리 안에 있는 것을 공개하려고 합니다. 그 작은 두루마리 안에 있는 그 내용은 아래와 같은 것으로, 처음부터 마지막까지, 저서 ≪주님론≫*에 내포된 것들이 기술되고 있습니다. 그 내용들입니다.

---

* ≪주님론≫은 <도서출판・예수인>에서 ≪새로운 교회의 사대교리≫라고 번

보편적으로 성경은 주님에 관하여, 즉 주님은 성언이시다는 것을 언급한다 (1-7항).

주님께서 율법에 속한 모든 것들을 다 이루었다고 말씀하신 것은 그분께서 성언(聖言)에 속한 모든 것들을 이루었다는 것을 뜻한다(8-11항).

주님께서는, 지옥을 정복하고, 그리고 그분의 인성(人性·His Human)을 영화하시기 위하여, 이 세상에 오셨고, 십자가의 고난은 마지막 시험이었고, 주님께서는 그것에 의하여 지옥을 정복하셨고, 그리고 그분의 인성을 충분하게 영화하셨다(12-14항).

십자가의 고난에 의하여 주님께서는 온갖 죄들을 제거하신 것이 아니고, 그것들을 보여 주신 것이다(15-17항).

주님의 공로의 전가(轉嫁)는 회개한 후의 용서 이외의 다른 것이 아니다(18항).

주님은, 신령인간(神靈人間·the Divine Human)의 측면에서는 하나님의 아들(the Son of God)이라고 호칭되었고, 성언의 측면에서는 사람의 아들(the Son of man)이라고 호칭되었다(19-28항).

주님께서는 자신 안에 있는 신령존재(神靈存在·the Divine)로 말미암아 그의 인성(人性·the Human)을 신령하게 하셨다. 따라서 아버지(聖父·the Father)와 한 분이 되셨다(29-36항).

주님께서는 하나님 자신이신데, 그분에게서 비롯되고, 그리고 그분에 관한 것이 말씀(聖言·the Word)이다(37-44항).

하나님은 한 분이시고, 주님께서는 바로 그 하나님이시다(45항).

성령(聖靈·the Holy Spirit)은 주님에게서 비롯된 신령발출(神靈發出·the Divine proceeding)이며, 그 발출은 주님 자신이시다(46-54항).

아타나시우스 신조의 교리도, 만약 여러 인격의 삼일성(三一性·三位一體·a Trinity of Persons)이 한 인격의 삼일성(a Trinity of person)으로 이해된다면, 그리고 그 삼일성이 주님 안에 존재한다고 이해된다면, 진리와 일치한다(55-61항).

"일곱 천둥이 각각 제 소리를 내면서 말하였다"고 언급된 이유는, 마치 천계를 통하여 낮은 영역에 그것이 내려 오듯이 주님께서 말씀하신 것은 무엇이나 천둥처럼 들리기 때문입니다. 그리고 주님께서 동시에

역, 출간한 ≪주님에 관한 새 예루살렘의 교리≫에 기술된 내용이다. (역자 주)

온 천계를 통해서 말씀하시기 때문에, 따라서 충분하게 말씀하시기 때문에 그들은 "일곱 천둥"(seven thunders)이라고 불리웠습니다. 왜냐하면 "일곱"(seven)은 모두, 모든 것들, 전체적인 것을 뜻하기 때문입니다(본서 10·391항 참조). 그러므로 역시 "천둥"(thunder)은 진리에 관한 가르침(敎育·instruction)과 진리에 속한 지각(知覺·perception)을 뜻하기 때문입니다(본서 236항 참조). 그리고 "천둥"은 역시 여기서는 공표(公表·disclosure)나 밝힘(manifestation)을 뜻하기 때문입니다. 주님에게서 비롯되었을 때, 하늘로부터 오는 소리가 마치 천둥소리 같이 들린다는 것은 아래 장절들에게서 잘 알 수 있겠습니다.

(예수께서 말씀하셨다.) "아버지, 아버지의 이름을 영광되게 하여 주십시오." 그 때에 하늘에서 소리가 들려 왔다. "내가 이미 영광되게 하였고, 앞으로도 영광되게 하겠다." 거기에 서서 듣고 있던 무리 가운데서, 더러는 천둥이 울렸다고 하고, 또 더러는 천사가 그에게 말하였다고 하였다.
(요한 12 : 28-30)
천둥과 같은 하나님의 음성이 들립니다.
번갯불이 번쩍이고 나면,
그 위엄찬 천둥소리가 울립니다.
하나님이 명하시면,
놀라운 일들이 벌어집니다.
(욥기 37 : 4, 5)
주께서 하늘로부터 천둥소리를 내시며,
가장 높으신 분께서 그 목소리를 높이셨다.
(사무엘 하 22 : 14)
나는……큰 천둥소리와도 같은 음성이 하늘로부터 울려오는 것을 들었습니다.
(묵시록 14 : 2)
너희가 고난 가운데 부르짖을 때에,
내가 건져 주고,
천둥소리 속 은밀한 곳에서
내가 대답하고…….
(시편 81 : 7)

473. 4절. **그 일곱 천둥이 말을 다 하였을 때에, 나는 그것을 기록**

하려고 하였습니다. 그 때에 하늘로부터 음성을 들었는데, "그 일곱 천둥이 말한 것을 인봉하여라. 그것을 기록하지 말아라" 하였습니다.
이 말씀은 사실인즉슨 이런 것들이 명확하게 밝혀지겠지만, 그러나 "용들" "짐승" "거짓 예언자"가 뜻하는 자들이 영들의 세계(the world of spirits)에서 쫓겨나기 전까지는, 그것들이 영접, 수용되지 않는다는 것을 뜻합니다. 그 이유는 그들이 그 전에 영접, 수용한다면 거기에 위험한 것이 있기 때문입니다. 일곱 천둥이 말한 "소리들"(the voices)은 바로 위에서 언급한 것들을 가리킵니다(본서 472항 참조). 그것은 세 번씩이나 언급되고 있는데, 그 이유는 그것들이 새로운 교회(the New Church)에 속한 진정한 본질적인 것들이기 때문입니다. 자연적인 뜻으로 "기록한다"(writing)는 말은 종이에다 적는 것을 뜻하고, 따라서 후대의 알림을 위한 것을 뜻하지만, 그러나 영적인 뜻으로 "기록한다"(writing)는 말은 영접과 수용을 목적한 마음에 적는 것을 뜻합니다. 따라서 "봉인하고, 그것들을 기록하지 않는다"는 말은 그 용·짐승·거짓 예언자가 영들의 세계(the world of spirits)에서 쫓겨나기 전까지 그것들이 마음에 각인(刻印)되지 않고, 그리고 영접, 수용되지 않는다는 것을 뜻합니다. 그 이유는, 만약에 그들이 그 전에 영접, 수용한다면, 거기에 위험이 있을 것이기 때문입니다. 그와 같은 이유는, "용" "짐승" "거짓 예언자"가 인애에서 분리된 그 믿음 안에 있는 자들을 뜻하기 때문입니다. 그리고 이런 부류의 자들은 변함없이, 그리고 끈질기게 그들의 신조(信條)에 밀착되어 있어서, 그들은 하나님 아버지에게 나아갈 것이지만, 주님에게는 직접 나아가지 않을 것이고, 그리고 주님께서는 그분의 인성의 측면에서 천지(天地)의 하나님이 아니다고 고집할 것이기 때문입니다. 그러므로 만약에 위에서 언급된 교리(본서 472항 참조), 다시 말하면 지금까지 밝히 드러났고, 그리고 계속해서 밝히 드러내야 할 "펼쳐 있는 작은 두루마리"가 뜻하는 인애와 그것의 믿음 안에 있는 자들 이외의 다른 자들이, 그리고 "요한"이 뜻하는 사람들(본서 5·17항 참조) 이외의 다른 자들이 용이 쫓겨나기 전에 그것을 영접, 수용하게 되면, 그들에 의하여 그것이 거부되고, 배척될 뿐만 아니라, 그들을 통하여 그 밖의 사람들에 의해서도 그렇게 될 것이기 때문입니다. 만약에 그들이 그것을 배척하지 않는다면, 여전히 그것은 그들에 의하여 위화(僞化)될 것입니다. 아니, 사실은 모독되고, 더럽혀질 것입니다. 이 경우나 형편이 그와 같다고 하는 것은, 아래에 이어지는 묵시록서에서 계속 이어지고 있는 내용들을 볼 때, 아주 잘 드러나고 있습니다. 예를 들어 보면, 그들이 주님의 두 증인(the Lord's two witnesses)을 죽였다는 것(묵시록 11장), 분만(分娩)하려고 하는 여인 곁에 용이 서 있었고, 그 용은 태어나는 아이를 삼켜 버리려고 한다는 것, 그리고 그 용이 천사 미가엘과 싸운 뒤 그 여인을 박해하였다는 것(묵시록 12장), 그리고 바다에서 올라온 놈과 땅에서 올라온 놈, 두 짐승이 그 용과 하나가 되었다는 것(묵시록 13장), 그리고 역시 그 놈은 아마게돈이라고 부르는 장소에서 싸우기 위하여 자신들의 동료들을 불러 모았다는 것(묵시록 16장), 그리고 종국에는 그들은, 전쟁을 하기 위하여 땅의 사방에 있는 민족들, 곧 곡과 마곡을 모았다는 것(묵시록 20 : 8, 9) 등등에서 잘 알 수 있습니다. 그러나 용·짐승·거짓 예언자는 모두 "불과 유황의 바다"로 던져졌다는 것(묵시록 20 : 10), 이런 결과로, 어린 양의 아내가 될 새로운 교회(the New Church)가 천계로부터 내려 왔다는 것(묵시록 21·22장) 등입니다. 이러한 일련의 내용들이 아래의 장절들이 뜻하는 것입니다. 즉─.

> 그 일곱 천둥이 말한 것을 인봉하여라. 그것을 기록하지 말아라.
> (묵시록 10 : 4)

그리고 우리의 본문장에 이어지는 장절이 뜻하는 내용입니다.

> 일곱째 천사가 나팔을 불었습니다. 그 때에 하늘에는 큰소리가 났습니다.
> "세상 나라는
> 우리 주님의 것이 되고,
> 그리스도의 것이 되었다.
> 주께서 영원히 다스리실 것이다."
> (묵시록 11 : 15)

마찬가지로 뒤이어지는 여러 장에 기술된 것들도 동일한 내용을 뜻하고 있습니다. 이 주제에 관한 것들은 ≪주님론≫ 61항에서 볼 수 있겠습니다.

474. 5절. **그리고 내가 본 그 천사, 곧 바다와 땅을 디디고 서 있는**

그 천사가 오른손을 하늘로 쳐들고,
6절. 영원무궁 하도록 살아 계시는 분을 두고, 이렇게 맹세하였습니다.
이 말씀은 주님께서 친히 하신 입증(立證)과 확증(確證)을 뜻합니다. "바다와 땅을 디디고 서 있는 천사"는 주님을 뜻하고(본서 470항 참조), "오른손을 하늘로 쳐들고 있다"는 말은, "때가 얼마 남지 않았다"(=지체하지 않는다)(6절)는 말의 입증을 뜻하고, "맹세한다"는 말은 "일곱째 천사가 불려고 하는 나팔 소리가 나는 날에는, 하나님의 비밀이 이루어질 것이다"(7절)는 말의 확증을 뜻하고, "영원무궁 하도록 살아 계신 분"은, 위에서 언급한 것과 같이(묵시록 1 : 8 ; 4 : 9, 10 ; 5 : 14 ; 다니엘 4 : 34) 주님 그분을 뜻합니다. 주님께서 자기 자신에 의하여 확증하신다는 것은 곧 설명되겠습니다. 이상에 언급된 내용에서 볼 때, 명확한 사실은, 우리의 본문 장절, 곧 "내가 본 그 천사, 곧 바다와 땅을 디디고 서 있는 그 천사가 오른손을 하늘로 쳐들고, 영원무궁 하도록 살아 계신 분을 두고, 맹세하였다"는 말씀은 주님 자신에 의한 주님에 대한 입증과 확증을 뜻한다는 것입니다. 여호와께서 맹세하신다는 것, 다시 말하면 그분 친히 확증하신다는 것은 아래의 장절들에게서 아주 명확합니다.

> 내가 나를 두고 맹세한다.
> 나의 입에서 공의로운 말이 나갔으니,
> 그 말이 거저 되돌아오지 않을 것이다.
> (이사야 45 : 23)
> 내가 스스로 맹세하지만, 너희가 이 명에 순종하지 않으면, 바로 이 왕궁은 폐허가 될 것이다.
> (예레미야 22 : 5)
> 만군의 주께서 그의 삶(=그의 영혼 · His soul)을 두고 맹세하셨다.
> (예레미야 51 : 14 ; 아모스 6 : 8)
> 주 하나님이
> 당신의 거룩하심을 두고 맹세하신다.
> (아모스 4 : 2)
> 주께서 그의 오른손, 곧
> 그의 능력이 있는 팔을 들어 맹세하셨다.
> (이사야 62 : 8)

내가 나의 큰 이름을 걸고 맹세한다.
(예레미야 44 : 26)

여호와, 다시 말하면 주님께서 "친히 맹세하신다"는 말은 신령진리가 확증한다는 것을 뜻합니다. 왜냐하면 주님은 신령진리 자체이시고, 그리고 따라서 그것 자체로 말미암아, 그리고 그것 자체에 의하여 확증하고, 입증하기 때문입니다. 이 밖에도 "여호와께서 맹세하신다"는 말은 여러 곳에서 볼 수 있습니다(이사야 14 : 24 ; 54 : 9 ; 시편 89 : 3, 35 ; 95 : 11 ; 110 : 4 ; 132 : 11). "여호와께서 맹세하셨다"고 언급하고 있는데, 그것은 이스라엘 자손들 가운데 세워진 교회가 표징적인 교회(a representative church)이었고, 그리고 주님과 그 교회와의 결합은, 계약자들에게 맹세한 두 사람 사이에 이루어진 것과 같은, 계약에 의하여 표징되고 있기 때문입니다. 그러므로 맹세(盟誓·oath)도 언약의 일부이기 때문에, "여호와께서 맹세하신다"고 언급되고 있는데, 그럼에도 불구하고 그 말은 여호와께서 맹세하신다는 뜻이 아니고, 신령진리가 그것을 확증한다는 뜻입니다. "맹세"(oath)가 언약의 일부를 가리킨다는 것은 이런 장절들에 잘 나타나고 있습니다.

너에게 맹세하고, 너와 언약을 맺어서, 너는 나의 사람이 되었다.
(에스겔 16 : 8)
당신의 거룩한 언약을 기억하셨다.
이것은 주께서 우리에게 주시려고
우리 조상 아브라함에게 하신 맹세이다.
(누가 1 : 72, 73 ; 시편 105 : 9 ; 예레미야 11 : 5 ; 32 : 22 ; 신명기 1 : 34 ; 10 : 11 ; 11 : 9, 21 ; 26 : 3, 15 ; 31 : 20 ; 34 : 4)

언약이 주님과 교회의 결합에 속한 표징이기 때문에, 그리고 상호적으로는 교회와 주님의 결합에 속한 표징이기 때문에, 그리고 맹세가 언약의 하나이고, 그리고 사람이 그것 안에 있는 진리로 인하여, 그리고 그것에 의하여 맹세하기 때문에, 그러므로 이스라엘 자손은 여호와를 두고, 따라서 신령진리에 의하여, 맹세하는 것이 허락되었습니다(출애굽기 20 : 7 ; 레위기 19 : 12 ; 신명기 6 : 13 ; 10 : 20 ; 이사야 48 : 1 ; 65 : 16 ; 예레미야 4 : 2 ; 스가랴 5 : 4). 그러나 그 교회에 속한 표징들이 폐기된 뒤 언약의 맹세는 역시 주님에 의하여 취소, 폐기되었습니다(마태 5 : 33-37 ; 23 : 16-22).

475. 하늘과 그 안에 있는 것들과 땅과 그 안에 있는 것들과 바다와 그 안에 있는 것들을 창조하신 분을 두고 이렇게 맹세하였습니다.
이 말씀은 천계 안에 있는 모든 것들과 그 교회 안에 있는 것들과, 그리고 그것들 안에 있는 개별적인 모든 것들과 모든 것들을 생기발랄하게 하시는 분을 뜻합니다. "창조한다"(creating)는 말은, 자연적인 뜻으로 창조하는 것을 뜻하지만, 그러나 영적인 뜻으로 "창조한다"(=창조)는 말은 개혁(改革)하고 중생하는 것을 뜻합니다(본서 254 · 290항 참조). 그것은 역시 생기를 넣어주는 것(to vivify)을 뜻합니다. 여기서 "하늘"(heaven · 天界)은 천사들이 있는 천계(天界 · heaven)를 뜻하고, "땅과 바다"(earth and sea)는 교회를 뜻하는데, "땅"(earth)은 교회의 내적인 것들 안에 있는 자들을 뜻하고, "바다"(sea)는 교회의 외적인 것들 안에 있는 자들을 뜻합니다(본서 398 · 470항 참조). 그리고 "그 안에 있는 모든 것들"은 그들이 가지고 있는 개별적인 것들이나 전체적인 모든 것들을 뜻합니다.

476. "때가 얼마 남지 않았다"(=지체하지 않겠다).
이 말씀은, 만약에 한 분 하나님이 시인되지 않고, 그리고 주님께서 그분이시다는 것이 시인되지 않는다면, 거기에는 교회의 어떤 상태도, 그리고 어떤 교회도 존재할 수 없다는 것을 뜻합니다. "때"(=시간 · time)는 상태(狀態 · state)를 뜻하고, 그리고 여기서 교회가 다루어지고 있기 때문에, 교회의 상태를 뜻합니다. 그리고 이 말은, 또한 한 분 하나님이 시인되지 않고, 그리고 주님께서 그분이시다는 것이 시인되지 않는다면, 결론으로 뒤따르는, 거기에는 어떤 교회도 존재하지 않는다는 것을 뜻합니다. 그럼에도 불구하고 오늘의 경우는 어떠합니까? 한 분 하나님이 계신다는 것은 부인되지 않았지만, 그러나 주님께서 그분이시다는 것은 부인되고 있습니다. 그리고 뿐만 아니라, 주님 이외에, 동시에 삼일성(三一性 · 三位一體 · the Trinity)이 그분 안에 계신다는 한 분 하나님은 존재하지 않습니다. 구세주요, 구속주이신 그분에게서 교회가 비롯되었다는 것도 부인되지 않고 있지만, 그러나 구세주이시고, 구속주이신 그분에게 직접적으로 가까이 나가야 한다는 것은 부인되고 있습니다. 따라서 명확한 것은, 만약에 주님만을 오직 천지

(天地)의 하나님으로 시인하여야 하고, 그런 이유 때문에 직접 그분에게 나아가야 한다(마태 28 : 18)는 새로운 교회가 존재하지 않는다면, 교회가 소멸한다는 것입니다. 그러므로 우리의 본문인, "때가 얼마 남지 않았다"(=지체하지 않는다), 다시 말하면 교회가 존재하지 않을 것이다는 것은 본문 7절에서 언급될 것입니다. 그리고 재차 묵시록서 11장 7절에 기록된 것과 관계되고 있는데, 거기에서는 주님만에 의하여 있게 될 그 교회가 언급되고 있습니다. "시간"(=때·time)이 상태를 뜻하는데, 영계에서는 시간이 날들·주들·달들·년들에 의하여 계수되지 않고, 오히려 그들이 과거에 속한 것들을 그 상태들로 인하여 기억하기 때문에, 상태들은 거기에 있는 자들의 삶의 진전과정(進展過程·progressions of the life of those)들을 뜻합니다. 이 주제에 관해서는 1757년 런던에서 발간된 ≪천계와 지옥≫ 162-169항을 참조하십시오. 거기에는 천계의 시간이 다루어져 있습니다. 여기서 "시간"(=때·time)이 교회의 상태를 뜻하는 이유는 이 세상에서는 낮과 밤이, 아침과 저녁이, 여름과 겨울이 시간(=때)을 형성하기 때문입니다. 그리고 영적인 뜻으로 이해된다면 그것들은 모두가 교회의 상태들을 형성하기 때문입니다. 그러므로 이들 상태들이 더 이상 존재하지 않는다면, 거기에 교회는 결코 존재하지 않습니다. 그 때 거기에 교회가 존재하지 않는다면 그 때 더 이상 어떤 선이나 진리도 존재하지 않으며, 따라서 그 때 진리의 빛은 짙은 흑암이 되고, 선에 속한 별(熱)도 냉랭함이 되기 때문입니다. 이러한 내용이 "때가 얼마 남지 않았다"는 우리의 본문이 뜻하는 것입니다. 아래 장절들도 같은 뜻을 뜻합니다.

(넷째 짐승은)
가장 높으신 분께 대항하여 말하며,……
정해진 때와 법을 바꾸려고 할 것이다.
(다니엘 7 : 25)
낮이 따로 없고 밤도 없는
대낮만이 이어 간다.
그 때가 언제 올지는 주께서만 아신다.
(스가랴 14 : 7)
나 주 하나님이 하는 말이다.
그 날에는 내가

대낮에 해가 지게 하고,
한낮에 땅을 캄캄하게 하겠다.
(아모스 8 : 9)
주 하나님이 이렇게 말씀하신다.
"재앙에 재앙이 겹쳐 온다!
너희가 들어보지 못한 재앙이다.……
끝이 왔다.
너희를 덮치려고 일어났다.
이미 다가왔다(=아침이 너희에게 이르렀다).
이 땅에 사는 사람들아,
정해진 멸망이 너희에게 들이닥쳤다.
그 시각이 왔고, 그 날이 다가왔다."
(에스겔 7 : 5-7)

여기서 "아침"(morning)은 새로운 교회의 시작을 뜻합니다(본서 151항 참조). 그러므로 "그 시각이 다가왔다"고 언급되었습니다.

477. 7절. **"일곱째 천사가 불려고 하는 나팔 소리가 나는 날에는……."**
이 말씀은, 주님께서 새로운 교회를 세우시지 않는다면, 반드시 멸망할, 교회의 상태에 대한 마지막 조사, 검토와 밝힘을 뜻합니다. "나팔을 분다"는 말이 교회에 속한 자들의 삶의 상태를 조사, 검토하고 밝히는 것을 뜻한다는 것, 결과적으로는 교회의 상태에 대해서 조사, 검토하고, 밝히는 것을 뜻한다는 것은 앞서의 설명에서(본서 397항 참조) 볼 수 있겠습니다. 일곱 천사들이 불기 때문에, "일곱 번째 천사의 소리"는 마지막 조사, 검토와 밝힘을 뜻하는데, 그것은, 만약에 주님께서 새로운 교회를 세우시지 않는다면, 그 교회가 소멸할 것을 가리킵니다. 그리고 그것이 소멸할 것이다라는 것은 "때가 얼마 남지 않았다"는 말이 뜻합니다(본서 476항 참조). 그리고 주님께서 세우시게 될 새로운 교회(the New Church)는 지금 아래에 이어지는 본문이 뜻하고 있습니다.

478. **"하나님께서 하나님의 종 예언자들에게 전하여 주신 대로, 하나님의 비밀이 이루어질 것입니다."**
이 말씀은, 그 때 지금까지 감추어져 있던, 신구약 성경에 예언된 것들이 나타나게 될 것이다는 것을 뜻하고, 그리고 교회를 황폐하게 한 자들에게 최후심판이 단행된 뒤에는 주님의 나라(the Lord's kingdom)가 올 것이다는 것 등등을 뜻합니다. "이루어질 것이다"(=마감될 것이다)는 말은 충만하게 채워진다는 것, 또는 목적을 성취한다는 것, 따라서 그 때 나타난다는 것을 뜻합니다. "예언자들에게 전하여 준 하나님의 비밀"은 주님께서 성경에서 예언하시고, 그리고 지금까지 감추어진 것을 뜻합니다. "전한다"(=선포한다・복음을 전파한다・evangelizing)는 말은 주님의 강림(the Lord's advent)과 주님나라를 선포하는 것을 뜻합니다. 왜냐하면 복음(福音・the Gospel)은 기쁜 소식(a glad messenger)이기 때문입니다. 교회를 폐허로 만든 자들에게 최후심판이 단행된 뒤에 이런 일이 일어날 것이다는 것은 역시 성경에 예언되었고, 따라서 역시 이것을 뜻하고 있기 때문입니다. 이상에서 볼 때 잘 드러나고 있는 것은 이런 일련의 모든 것들이나 일들은 바로 우리의 본문 말씀이 뜻한다는 것입니다. 주님의 강림과 주님의 나라에 관해서 신구약 성경의 말씀에 예언된 것이 무엇이지 몇 가지를 먼저 언급하겠습니다. 예언서라고 부르는 구약의 말씀에서 영적인 뜻으로, 그리고 역시 자연적인 뜻으로도, 아주 잘 드러나고 있는 것은 오직 주님만이 다루어지고 있다는 것입니다. 다시 말하면 때가 찼을 때의 주님의 강림이 다루어지고 있다는 것입니다. 그것은 바로 교회 안에 인애에 속한 선이나, 믿음에 속한 진리가 더 이상 존재하지 않을 때를 가리키는데, 이것은 교회의 상태를 가리키는데, 이 상태가 교회의 종말(consummation)・황폐・폐허・종결(終決) 등으로 불리웁니다. 그것은 역시 그분의 지옥과의 싸움들과 그것을 정복한 승리들을 다루고 있습니다. 구약도 마찬가지로 주님에 의하여 단행된 최후심판을 다루고 있고, 그리고 그 뒤에는 장차 도래(到來)할 주님의 나라를 가리키는 새로운 하늘(a new heaven)의 창조와 새로운 교회(a new church)의 설시에 관해서 다룹니다. 사도적이라고 부르는 신약에서도 역시 이런 일들이 다루어지고 있고, 개별적으로는 묵시록서에서 다루어지고 있습니다. 이것이 "일곱째 천사가 불려고 하는 나팔 소리가 나는 날에 선포될" 주님의 나라를 가리킨다는 것은 다음 장, 즉 11장에 있는 아래의 장절들에게서 잘 드러나고 있습니다.

일곱째 천사가 나팔을 불었습니다. 그 때에 하늘에서는 큰소리가 났습니다.

> "세상 나라는
> 우리 주님의 것이 되고,
> 그리스도의 것이 되었다.
> 주께서 영원히 다스릴 것이다."
> 그리고 하나님 앞에서 자기 보좌에 앉아 있는 스물네 장로도 엎드려서, 하나님께 경배하고, 말하였습니다.
> "지금도 계시고
> 전에도 계시던 전능하신 분,
> 주 하나님, 감사합니다.
> 하나님께서는 큰 권능을 떨치시며,
> 다스리고 계십니다.
> (묵시록 11 : 15-17)

이 비밀은, 여기 묵시록서와 동일한 방법으로, 다니엘서에도 기술되고 있는데, 다니엘서의 장절입니다.

> 내가 들으니, 모시 옷을 입고 강물 위쪽에 있는 사람이, 그의 오른손과 왼손을 하늘로 쳐들고, 영원히 살아 계신 분께 맹세하면서 말하였다. "한 때와 두 때와 반 때가 지나야 한다. 거룩한 백성이 받는 핍박이 끝날 때에, 이 모든 일이 다 이루어질 것이다."……그가 말하였다. "다니엘아, 가거라. 이 말씀은 마지막이 올 때까지 은밀하게 간직되고 감추어질 것이다."
> (다니엘 12 : 7, 9)

"마지막 때까지"라는 말은 이 때까지라는 것을 가리킵니다. 그 때 사람의 아들(人子·the Son of man)이 그 나라를 차지할 것이다는 것을 그분께서 아래 장절에서 예언하셨습니다.

> 내가 밤에 이러한 환상을 보고 있을 때에
> 인자 같은 이가 오는데,
> 하늘 구름을 타고 와서,
> 옛적부터 계신 분에게로 나아가,
> 그 앞에 섰다.
> 옛부터 계신 분이
> 그에게 권세와 영광과 나라를 주셔서,
> 민족과 언어가 다른 뭇 백성이

그를 경배하게 하셨다.
그 권세는 영원한 권세여서,
옮겨 가지 않을 것이며,
그 나라가 멸망하지 않을 것입니다.
(다니엘 7 : 13, 14)

"좋은 기별들을 선포한다"(=복음을 선포한다)는 것이 주님의 강림을 뜻하고, 그리고 그 때의 주님나라의 도래를 뜻한다는 것은 아래의 장절들에게서 아주 명백합니다.

좋은 소식을 전하는 시온아,
어서 높은 산으로 올라가거라.
아름다운 소식을 전하는 예루살렘아,
두려워하지 말고 소리를 높여라.……
"만군의 주 하나님께서 오신다.
그가 권세를 잡고 친히 다스리실 것이다.
보아라. 그가
백성에게 주실 상급을 가지고 오신다.
백성에게 주실 보상을 가지고 오신다."
(이사야 40 : 9, 10)
놀랍고도 반가워라.
희소식을 전하려고
산을 넘어 달려오는 저 발이여!
평화가 왔다고 외치며,
복된 소식을 전하는구나.
구원이 이르렀다고 선포하면서,
시온을 보고 이르기를
"너의 하나님께서 통치하신다" 하는구나.
(이사야 52 : 7 ; 나훔 1 : 25)
주님께 노래하며,
그 이름에 영광을 돌려라.
그의 구원을 날마다 전하여라.……
주님이 오실 것이니,
주께서 땅을 심판하러 오실 것이니,…….
(시편 96 : 2, 13)

> 주께서 나에게 기름을 부으시니,
> 주 하나님의 영이 나에게 임하셨다.
> 주께서 나를 보내셔서,
> 가난한 사람들에게 기쁜 소식을 전하고,
> 상한 마음을 싸매어 주고,
> 포로에게 자유를 선포하고,
> 갇힌 사람에게 석방을 선언하고,
> 주의 은혜의 해와
> 우리 하나님의 보복의 날을 선언하고,
> 모든 슬퍼하는 사람들을 위로하게 하셨다.
> (이사야 61 : 1, 2)
> 천사가 그에게 말하였다. "사가랴야, 두려워하지 말아라. 네 간구를 주께서 들어주셨다. 네 아내 엘리사벳이 네 아들을 낳을 것이니, 그 이름을 요한이라고 하여라.……그는 또한 엘리야의 심령과 능력을 가지고 주의 선구자로 먼저 와서, 부모의 마음을 자녀에게로 돌아오게 하고, 거역하는 자들을 의인의 지혜의 길로 돌아서게 해서, 백성으로 하여금 주님을 맞이할 준비를 갖추게 할 것이다."……천사가 그에게 말하였다. "나는 하나님 앞에 서 있는 가브리엘이다. 나는 네게 이 기쁜 소식을 전해 주려고 보내심을 받았다."
> (누가 1 : 13, 17, 19)
> 천사가 그들에게 말하였다. "두려워하지 말아라. 나는 온 백성에게 큰 기쁨이 될 소식을 너희에게 전해 준다. 오늘 다윗의 동네에서 너희에게 구주가 나셨으니, 이는 곧 그리스도 주님이시다."
> (누가 2 : 10, 11)
> 예수께서……하늘 나라의 복음을 선포하셨다.
> (마태 4 : 23 ; 9 : 35 ; 마가 1 : 15 ; 누가 7 : 22 ; 8 : 1 ; 9 : 1, 2)

세례자 요한은 역시 백성에게 기쁜 소식을 전하였습니다(누가 3 : 18).

> 예수께서 제자들에게 말씀하셨다. "너희는 온 세상에 나가서, 만민에게 복음(=기쁜 소식)을 전파하여라."
> (마가 16 : 15)

이것 역시 "영원한 복음"(the everlasting Gospel)인데, 그것은 하늘 한 가운데를 나는 천사가 "땅 위에 살고 있는 사람과 모든 민족과 종족과 언어와 백성에게 전할 천사가 가지고 있는 것"입니다(묵시록 14 : 6).

"하나님의 비밀이 이루어질 것이다"고 언급되었는데, 그것은 전에는 채워지지 않았지만, 지금 채워질 것을 뜻하는데, 그것은 바로 하나님의 나라가 주님의 것이 될 것이다는 것을 뜻합니다. 왜냐하면 그것은 유대 사람들에 의하여 이루어지지 않았기 때문입니다. 그 이유는 그들이 주님을 시인하지 않았기 때문입니다. 또한 기독교인들에 의해서도 이루어지지 않았는데, 왜냐하면 그들도 역시, 그분의 인성(人性·His Human)의 측면에서 천지(天地)의 하나님으로 주님을 시인하지 않았기 때문입니다. 왜냐하면 그들은 그분의 인성을 다른 사람의 것과 동일한 것으로 만들어버렸기 때문입니다. 그러므로 그들은 직접 그분에게 가까이 나아가지 않았습니다. 그럼에도 불구하고 그분께서는 이 세상에 강림하신 여호와 주님이십니다.

479. 8절. **하늘로부터 들려 온 그 음성이 다시 내게 말하였습니다. "너는 가서, 바다와 땅을 밟고 서 있는 그 천사의 손에 펴 있는 작은 두루마리를 받아라."**
이 말씀은 하늘(=천계·heaven)에서 비롯된 명령을 뜻합니다. 그것은, 그들이 주님에 관한 그 교리를 반드시 시인하여야 하지만, 그러나 요한에 의해 밝혀져야 하는 것으로, "용" "짐승" "거짓 예언자"가 뜻하는 자들이 제거되기 전에 그 교회 안에 영접, 수용되면, 그것이 어떻게 되는지를 뜻하고 있습니다. 다시 그와 함께 말하고 있는 "그가 하늘로부터 들은 그 음성"이 일곱 천둥이 말한 그것들을 기록하지 말고, 인봉하라고 그에게 말한 그 음성을 뜻합니다(묵시록 10 : 4). 그 음성은, "용" "짐승" "거짓 예언자"가 뜻하는 자들이 영들의 세계(the world of spirits)에서 쫓겨나기 전까지는, 주님에 관한 교리는 영접, 수용되지 않았을 것이다는 것을 뜻하는데, 그 이유는 위에서 언급한 것과 같이(본서 473항 참조), 그 전에 그것이 영접, 수용되면, 거기에 위험이 있을 것이기 때문입니다. 이것이 바로 이 경우인데, 그것은 아래에 곧 이어지고 있듯이, 요한이 "작은 두루마리를 먹는 것"에 의하여 요한이 지금 밝히 드러내고 있습니다. 그 "작은 두루마리"가 주님에 관한 교리를 뜻한다는 것은 앞서의 설명에서 잘 볼 수 있고(본서 469·472항 참조), 그리고 "바다와 땅을 밟고 서 있는 천사"가 주님을 뜻한다는 것도 위의 설명에서 잘 알 수 있겠습니다(본서 465·470항 참조).

480. 9절. **그래서 내가 그 천사에게로 가서, 그 작은 두루마리를 달라고 하니,……**
이 말씀은, 그 교리를 영접, 수용한 교회 안에 있는 수많은 자들이 가지고 있는 마음의 경향성(傾向性·inclination)을 뜻합니다. 우리의 본문이 이런 내용을 뜻하는 것은, 여기서 요한은, 위에서 살핀 바와 같이, 교회 안에 있는 수많은 자들이 주님에 관한 교리를 수용하게 되면, 어떻게 될 것인지를 명료하게 밝히고 있기 때문입니다. 그리고 이 교리를 영접, 수용하는 자들이 가지고 있는 마음의 경향을 또한 뜻하기 때문입니다. 그 이유는 경향은, 요한이 그에게 가서, 그것을 요구하였다는 것에서, 요한의 마음에서 잘 드러나고 있기 때문입니다. 이런 내용들이 이런 뜻을 담고 있기 때문에, 따라서 요한이 그 작은 두루마리를 취할 것이 먼저 언급되었습니다. 그 뒤 그는 가까이 갔고, 그것을 요구하였습니다. 그 때 그 천사는, 그가 그것을 요한에게 줄 것을 말하였지만, 그러나 그 작은 두루마리가 그의 배에서 매우 쓸 것이다는 것도 말하였습니다. 그리고 마지막에는, 그것이 그에게 주어졌다는 것과, 그와 같은 일이 일어났다는 것도 언급되었습니다. 그리고 이런 모든 것들은 전부가 표의적이다는 것을 가리킵니다.

481. 그는 나에게 "이것을 받아 먹어라. 이것은 너의 배에는 쓰겠지만, 너의 입에서는 꿀같이 달 것이다" 하였습니다.
이 말씀은, 주님께서 구세주이시고, 구속주이시다는 시인에서 비롯된 수용은 기분 좋고, 즐거운 것이지만, 그러나 그분 홀로 천지(天地)의 하나님이시다는 것과, 그분의 인성(His Human)은 신령이시다는 시인은 거짓들에 속한 추론에 의하여 수용하기에는 불쾌한 것이고, 어려운 일이다는 것을 뜻합니다. "작은 두루마리를 받는다"(=취한다)는 말은 그것을 시인하는 것을 뜻하고, "배에는 쓰다"는 말은 그것은 온갖 위화들로 인하여 불쾌하고 어려운 일이 될 것이다는 것을 뜻합니다. 왜냐하면 "쓰다"는 것은 위화된 진리를 뜻하기 때문입니다(본서 411항 참조). "입에서는 꿀같이 달 것이다"는 말은 그것의 수용의 시작은 유쾌하고 즐겁다는 것을 뜻합니다. "천사의 손에 펴 있는 작은 두루마리"가 뜻하는 그 교리에 대하여 지금 적용된 것들이 주님께서 구세주이시고, 구속자이시다는 시인에서 비롯된 수용을 뜻한다는 것은 유쾌하고, 즐거운 일이지만, 그러나 그분께서 천지(天地)의 하나님이시다는 것과 그분의 인성은 신령하시다는 시인은 온갖 위화들로 인하여 불쾌하고, 어려운 일이다는 것을 뜻합니다. 그 교리를 수용하는 일이 불쾌하고, 어렵다는 것을 깨닫게 하는 온갖 위화들은 비록 주님께서 친히 그와 같이 가르치셨다고 해도, 주님께서 아버지와 하나이시다는 것은 특히 시인되지 않고 있다는 것을 가리킵니다. 그리고 그들은 주님의 인성이 신령이다는 것을 시인하지 않는데, 그럼에도 불구하고 주님의 인성은 곧 하나님의 아들(the Son of God)이십니다(누가 1 : 35). 따라서 여기서 말할 수 있는 것은 그들은 이미 세 분 하나님, 그리고 두 분 주님을 만들었다는 것입니다. 이 외에도 거짓들은 그것들로부터 계속해서 이어지고 있습니다. 따라서 이 거짓들로 인하여 오직 믿음만의 교리(依唯信得義)가 생겨났고, 그 뒤에는 이 교리가 그와 같은 거짓들을 확증하고 있습니다. 이런 거짓들로 말미암아 아주 매우 큰 비통이나 쓰라림, 또는 내적인 증오심 따위가 존재한다는 것과 그리고 그들이 사후(死後) 사상 안에 있는 시인으로 인하여 신령인성이라는 이름조차도 부를 수 없다는 것은 앞서의 설명에서 읽을 수 있겠습니다(본서 294항 참조).

482. 10절. **나는 그 천사의 손에서 그 작은 두루마리를 받아서, 삼켰습니다. 그것이 내 입에는 꿀같이 달았으나, 먹고 나니, 배속은 쓰라렸습니다.**
이 말씀은, 그와 같은 일이 일어났다는 것과, 그리고 "용" "짐승" "거짓 예언자"가 뜻하는 자들이 제거되기 전에 그 교리를 받아들이는 수용이 어떤 것인지 그와 같이 밝혀졌다는 것을 각각 뜻합니다. 이것이 바로 위에서 설명한 결론이기 때문에 더 이상 설명할 필요는 전혀 없겠습니다. 선지자 에스겔에게 명령된 동일한 내용 역시 이렇게 기술되었습니다.

"너 사람아,……입을 벌려, 내가 너에게 주는 것을 받아 먹어라."……그래서 내가 그것을 먹었더니, 그것이 나의 입에 꿀같이 달았다.
(에스겔 2 : 8-3 : 3)

483. 11절. **그 때에 "너는 여러 백성과 민족과 언어와 왕들에 관해서 다시 예언하여야 한다" 하는 음성이 내게 들려 왔습니다.**

이 말씀은, 내용이 그렇기 때문에, 믿음만의 교리(依唯信得義) 안에 있는 자들의 성품(性稟)은 반드시 더 이상 밝혀져야 한다는 것을 뜻합니다. 본문말씀이 뜻하는 이와 같은 내용은 아래의 장에서부터 17장까지에 잘 드러나고 있는데, 거기에서는 믿음만의 교리 안에 있는 자들이 다루어지고 있습니다. 그 뒤에는 로마 가톨릭 종교에 관해서 다루고 있고, 그 다음에는 용과 짐승과 거짓 예언자의 지옥으로의 추방(追放)이 다루어졌고, 그리고 결과적으로는, 주님께서 홀로 거기에서 예배 받으시는 새로운 교회(the New Church)에 관해서 다루고 있습니다. 예언한다(to prophesy)는 것은 가르치는 것(to teach)을 뜻합니다(본서 8·133항 참조). 그러므로 "다시 예언을 하여야 한다"는 말은 더 가르쳐야 한다는 것을 뜻합니다. 여기서 "백성"(peoples)은 교리의 진리들 안에, 또는 교리의 거짓들 안에 있는 자들을 뜻하고, "민족"(nations)은 삶의 선 안에, 또는 삶의 악들 안에 있는 자들을 뜻하는데, 이런 내용은 곧 알게 될 것입니다. "언어"는 외면적으로 그것들 안에 있는 자들을 뜻하고(본서 282항 참조), "왕들"은 내면적으로 그것들 안에 있는 자들을 뜻합니다. 왜냐하면 "왕들"은 선에서 비롯된 진리들 안에 있는 자들을 뜻하고, 나쁜 뜻으로는 악에서 파생된 거짓들 안에 있는 자들을 뜻하기 때문입니다. 그리고 추상적인 뜻으로는, 선에서 비롯된 진리들이나, 악에서 비롯된 거짓들을 뜻하는데, 이러한 내용은 앞에서 설명된 것에서 볼 수 있겠습니다(본서 20·664·704·720·830·921항 참조). 내면적인 거짓들 안에 있는 자들은 특히 아래에서 다루어지고 있기 때문에 "수많은 왕들"(many kings)이라고 언급되었고, 그리고 그들은 악에 속한 수많은 거짓들을 뜻합니다. 우리의 본문에 언급된 "여러 백성" "민족" "언어" "왕들"은 교회 안에 있는 그런 자들을 뜻합니다. 요한이 들은 "그가 다시 예언하여야 한다"는 말은, 오직 믿음만의 교리 안에 있는 자들의 성품이 어떠한지 조금 더 깊이 가르쳐야 할 필요가 있다는 것을 뜻하고, 그리고 종국에 그들의 거짓들이 모두 밝혀져야 하고, 따라서 그것들이 폐기(廢棄)되어야 한다는 것을 좀 더 깊이 가르쳐야 할 필요가 있다는 것을 뜻합니다. 그 이유는, 그것이 모두 폭로되고, 밝혀지기 전에는 거짓들은 결코 폐기되거나 소멸되지 않기 때문입니다. "백성들"(peoples)이 교리에 속한 진리들이나, 또는 교리에 속한 거짓들 안에 있는 자들을 뜻하고, "민족들"(nations)이 삶의 선들이나,

삶의 악들 안에 있는 자들을 뜻한다는 것은 "백성들"이나 "민족들"이 기술된 성경의 수많은 장절들에게서 잘 드러나고 있습니다. 그러나 이러한 내용의 확증으로 "백성"과 "민족"이 함께 기술되었고, 그것에서 이런 결론을 얻을 수 있는, 그런 장절들을 여기에 인용하고자 합니다. 그리고 성언에 있는 개별적인 것들이나 전체적인 것들 안에는 주님과 교회의 혼인(=결합·marriage)이 존재하기 때문에, 그리고 그것에서 선과 진리의 혼인(=결합·a marriage of good and truth)이 있기 때문입니다. 그래서 "백성들"은 진리와 관계되고, "민족들"은 선과 관계되고 있습니다. 성언에 속한 개별적인 것이나, 모든 것 안에 그와 같은 혼인(=결합)이 존재한다는 것은 ≪성서론≫ 80-90항에서 잘 볼 수 있습니다. 성경에 있는 그 장절들은 아래와 같습니다.

> 슬프다!
> 죄 지은 민족, 허물이 많은 백성,
> 흉악한 종자, 타락한 자식들!
> (이사야 1 : 4)
> 내가 그를 경건하지 않은 민족에게 보내며,
> 그에게 명하여
> 나를 분노하게 한 백성을 치게 하며
> 그들을
> 닥치는 대로 노략하고 약탈하게 하며,
> 거리의 진흙같이 짓밟도록 하였다.
> (이사야 10 : 6)
> 화를 내며 백성들을 억누르고,
> 또 억눌러 억압을 그칠 줄 모르더니,
> 정복한 민족들을 억압해도
> 막을 사람이 없더니,……
> (이사야 14 : 6)
> 그 때에 만군의 주께서
> 예물을 받을 것이다.……
> 멀리서도 두려움을 주고 적을 짓밟는
> 강대국 백성이
> 만군의 주께 드릴 예물을 가지고,
> 만군의 주의 이름으로 일컫는 곳,

시온 산으로 올 것이다.
(이사야 18 : 7)
그러므로 강한 민족이
주님을 영화롭게 할 것이며,
포악한 민족의 성읍이
주님을 경외할 것입니다.
(이사야 25 : 3)
주께서 이 산에서
모든 백성이 걸친 수의를 찢어서 벗기시고,
모든 민족이 입은
수의를 벗겨서 없애실 것이다.
(이사야 25 : 7)
민족들아, 가까이 와서 들어라.
백성들아, 귀를 기울여라.
(이사야 34 : 1)
나 주가 의를 이루려고 너를 불렀다.……
너를 백성의 언약과 이방(=민족)의 빛이
되게 하겠다.
(이사야 42 : 6)
모든 열방들(the nations)과 뭇 민족(peoples)도
함께 재판정으로 나오너라.
(이사야 43 : 9)
주께서 말씀하신다.
"내가 뭇 민족을 손짓하여 부르고,
뭇 백성에게 신호를 보낼 터이니,
그들이 네 아들을 안고 오며,
네 딸을 업고 올 것이다.
(이사야 49 : 22)
내가 그를
많은 민족 앞에 증인으로 세웠고,
많은 민족들의 인도자와 명령자로 삼았다.
(이사야 55 : 4)
한 백성이 북녘 땅에서 오고 있다.
큰 나라(=민족)가 온다.
(예레미야 6 : 22)

수많은 민족과 강대국이,
나 만군의 주에게 기도하여
주의 은혜를 구하려고
예루살렘으로 올 것이다.
(스가랴 8 : 22)
주님은, 나라들의 도모를 흩으시고,
민족들의 계획을 무효로 돌리신다.
(시편 33 : 10)
만민을 우리에게 복종케 하시고,
뭇 나라를 우리 발 아래 무릎 꿇게 하신다.……
하나님은 뭇 나라를 다스리는 왕이시다.
하나님이 그의 거룩한 보좌에 앉으셨다.
온 백성의 통치자들이
아브라함의 하나님의 백성과 더불어 모였다.
(시편 47 : 3, 8, 9)
온 세상이 주의 뜻을 알고
모든 민족이 주의 구원을
알게 하여 주십시오,
하나님,
민족들이 주님을 찬송하게 하시며
모든 민족들이 주님을 찬송하게 하십시오.
주께서 온 백성을 공의로 심판하시며,
세상의 온 나라를 인도하시니,
온 나라가 기뻐하며,
큰소리로 외치면서 노래합니다.
(시편 67 : 2-4)
주님,
주의 백성에게 은혜를 베푸실 때에,
나를 기억하여 주십시오.
그들을 구원하실 때에,
나를 기억하여 주십시오.
주께서 택하신 사람의 번영을
보게 해주시며,
주님 나라의 기쁨을
함께 기뻐하게 해주시며,

우리에게 주신 주의 유산을
자랑하게 해주십시오.
(시편 106 : 4, 5)
옛부터 계신 분이
그(=인자)에게 권세와 영광과 나라를 주셔서,
민족과 언어가 다른 뭇 백성이
그(=인자)를 경배하게 하셨다.
(다니엘 7 : 14)

그 밖에 여러 장절들이 있습니다(시편 18 : 43 ; 이사야 9 : 2, 3 ; 11 : 10 ; 에스겔 36 : 15 ; 요엘 2 : 17 ; 스바냐 2 : 9 ; 묵시록 5 : 9 ; 누가 2 : 30-32).

484. 나는 여기에 영계에서 일어났던 것들에 관한 <영계 체험기> 셋을 여기에 부연하려고 합니다.

첫 번째 체험기는 이러합니다. 나는 한 번 맷돌(mill) 소리와 같은 소리들을 거기에서 들은 적이 있습니다. 그 일은 북녘에서였습니다. 처음에 나는 그 소리가 무엇인가 이상하게 생각하였지만, 그러나 나는 성경에서 "맷돌"(mill)이나 "간다"(grinding)는 말이 성언에서 교리에 도움이 되는 것을 찾는다는 것(본서 794항 참조)을 뜻한다는 것을 상기하였습니다. 그 이유 때문에 나는 그 소리가 들리는 곳으로 가까이 갔습니다. 내가 거기 가까이에 이르렀을 때 그 소리는 사라졌습니다. 그리고 그 때 나는 땅 위에 있는 일종의 아치 모양의 지붕을 보았고, 그리고 굴을 통해서 들어가는 출입구도 보았습니다. 그것을 보고서, 나는 내려가서 그 안으로 들어갔습니다. 거기에는 방이 하나 있었는데, 나는 그 방 안에, 자기 앞에 성경을 들고 있고, 그리고 그의 교리에 도움이 되는 것을 성경에서 찾고 있는 노인 한 사람이 책들로 둘러싸여 앉아 있는 것을 보았습니다. 종이쪽지들이 주위에 널려 있었는데 그 노인은 그 쪽지에 그에게 도움이 되는 것을 기록하였습니다. 그 곁에 있는 옆방에는 필기하는 사람들 몇이 있었고, 그들은 쪽지들을 모아서, 온전한 종이에 그것들을 베끼고 있었습니다. 나는 그 사람 주위에 있는 책들에 관해서 제일 먼저 물었습니다. 그는, 그것들 모두는 믿음의 입증을 다루고 있는 것들이다 라고 대답하였습니다. 그는 "이것들은 스위든과 덴마크에서 온 깊이 연구한 책들이고, 이것들은 더 깊이 연구한 독일에서 온 것들이고, 그리고 이것들은 그보다 더 깊이 연구한 영국에서 온 것들이고, 그리고 이것들은 가장 깊이 연구한 네델란드에서 온 것들입니다"라고 대답하였습니다. 그리고 그는 여기에, 그들은 여러 가지 것들 가운데서 일치하지 않지만, 그러나 그들이 모두 동의하고 있는 오직 믿음에 의한 칭의(稱義)와 구원의 조항에서는 동의하고 있다는 것을 부언하였습니다. 그런 뒤 그가 나에게 말한 것은, 그가 지금 성경에서 의롭게 하는 믿음에 속한 이 첫 번째 관점을 수집하고 있었다는 것과 하나님 아버지께서는 그들의 온갖 죄악들 때문에 온 인류를 향한 은총(恩寵)을 버렸다는 것과, 따라서 인류의 구원을 위해서는 신령 필수적인 것이 반드시 있어야 한다는 것과 그분의 외아들 이외에는 결코 할 수 없는, 의(義)에 속한 죄과(罪過)를 그가 스스로 담당하는 일을 통하여 속죄(贖罪)·화해(和解)·조정(調停)·중재(仲裁)를 이루어야 한다는 것과 그리고 이 일을 이룬 뒤에 하나님 아버지에게 근접하는 길이 그분의 목적을 위해 열렸다는 것 등등이었습니다. 그리고 그는 "이 일이 모든 이성(理性)에 일치한다는 것을 나는 이해하고, 또 이해하였다"고 말하였습니다. 그리고 그는, "그렇지 않다면, 성자의 공로를 믿는 믿음을 통하는 것을 제외하면 어떻게 하나님 아버지에게 가까이 갈 수 있겠습니까? 그리고 이것이 성경에 일치하는 것이다는 사실을 역시 지금 찾았습니다"라고 말하였습니다. 내가 이런 그의 말을 듣고, 놀라움을 금할 길이 없는 것은, 그가 이것이 이성에 일치하고, 성경말씀에 일치하는 것이라고 주장한다고 하지만, 그럼에도 불구하고 그 때 그의 주장은 이성에 전적으로 반대되는 것이고, 역시 성경에도 전적으로 위반(違反)되는 것입니다. 나는 이 사실을 그에게 명확하게 일러주었습니다. 그 때 그 사람은 자신의 분노에 사로잡혀서 나에게, "당신이 어떻게 그렇게 말할 수 있소?"라고 항변하였습니다. 그래서 나는 나의 마음을 열고, 말하였습니다. "하나님 아버지께서 인류를 향한 은총을 거두시고, 그리고 그것을 거절하셨다고 생각하는 것이 이성에 맞는다고요? 신령은총(the Divine Grace)이 신령본질(神靈本質)에 속한 속성(屬性)이 아니라고요? 그러므로 은총을 거두셨다는 것은 그분의 신령본질에서 거두셨다는 것이고, 그리고 그분의 신령본질에서 거두신다는 것은 더 이상 하나님이 아니시다는 것입니다. 하나님께서는 그분 자신에게서 멀리 떠나실 수 있습니까? 나를 믿으십시오. 하나님 편에서의 은총은, 그것이 무한하기 때문에 역시 영원하십니다. 하나님의 은총은, 만약에 사람이 그것을 받지 않고 거부한다면, 사람 편에서 능히 잃을 수 있습니다. 그러나 하나님 편에서는 결코 상실할 수 없습니다. 만약에 그 은총이 하나님에게서 후퇴한다면, 거기에는 전적인 천계의 종말이 있을 것이고, 그것과 더불어 전 인류도 종말에 이를 것입니다. 그 이유는 사람은, 그 때 어떤 측면에서도 사람이 더 이상 아니기 때문입니다. 이런 이유 때문에 하나님 쪽의 은총은, 천사들이나 사람들을 위해서 뿐만 아니라, 악마 자체를 향해서도, 영원히 계속됩니다. 이러한 사실은 이성에 일치하는 것입니다. 그런데 당신은, 하나님 아버지에게 가까이 나가는 일이 아들의 공로(the Son's merit)를 믿는 믿음을 통해서 가능하다고 주장하는 이유가 무엇입니까? 그럼에도 불구하고 그 때 거기에는 은총을 통한 변함없는 근접이 가능한 것 아닙니까? 그러나 당신은 하나님에게 가까이 나가는 것은 아들 때문이라고 말하는 이유는 무엇입니까? 아드님(聖子·the Son)께서 중재자요, 구세주 아닙니까? 당신이 중재자요, 구세주 그분에게 나아가지 않는 이유는 무엇입니까? 그분께서는 하나님(God)이시고, 동시에 사람(Man)이 아니십니까? 지상에 있는 누구가 황제요, 임금이요, 왕자에게 직접 나아가지요? 거기에는 보좌관이나 안내자가 있어야 하는 것 아닙니까? 귀하는 주님께서 이 세상에 오셨다는 것, 그리고 그분은 우리를 아버지(聖父)에게 안내하시기 위한 것이라는 것을 모르십니까? 그리고 그와 같은 가까이 함(近接·access)은 그분을 통하지 않으면 주어지지 않는다는 것을 모르십니까? 지금 성경을 잘 고찰(考察)하십시오. 그러면 귀하께서는 이것이 성경 여러 책들에 일치한다는 것을 알 것입니다. 그리고 또한 아버지에게 갈 수 있다고 여기는 당신의 방법이, 마치 그것이 이성에 반대가 되는 것처럼, 성경에 전적으로 위반된다는 것도 잘 알게 될 것입니다. 내가 귀하에게 재차 언급하는 것은 아버지의 품 안에 계신 그분을 거치지 않고, 그리고 오직 그분과 함께 계시는 그분을 거치지 않고 하나님 아버지께 나아간다는 것은 하나의 억측(臆測)이다는 사실입니다. 귀하는 요한복음서 14장 6절을 읽은 적이 없습니까? 이런 사실들을 듣고 있던 그 노인은 화가 치솟았고, 그는 그의 자리에서 벌떡 일어나서, 나를 여기에서 내 쫓으라고 그의 필생들에게 소리를 질렀습니다. 내가 직접 스스로 거기를 나오자, 그 때 그의 손에 들려있던 그 책을 내 등을 향해 던졌는데, 그 책은 바로 성경이었습니다.
두 번째 <영계 체험기>입니다.
내가 밖으로 나온 뒤, 다시 나는 두 개의 맷돌이 서로 부딪치는 소리와 같은 불쾌한 소리를 들었습니다. 나는 소리 나는 쪽으로 가보았습니다. 그런데 그 소리는 사라졌습니다. 여러 개의 작은 방들로 나뉘어 있는 일종의 지붕이 있는 건물 안으로 들어가는 아래쪽으로 향해 있는 작은 문을 보았습니다. 그 각각의 작은 방에는 두 사람이 앉아 있었는데, 그 사람들은 성경에서 믿음을 위한 확증들을 수집하고 있었습니다. 그리고 한 사람은 수집을 하고, 한 사람은 기록을 하였습니다. 이런 일은 번갈아 가면서 행해졌습니다. 나는 한 작은 방으로 들어가, 문 안에 들어가, 서서, 물었습니다. "여러분이 모으고, 기록하는 것이 무엇입니까?" 그들은 "의롭게 되는 행동에 관한 것입니다. 곧 행위 안에 있는 믿음에 관한 것입니다. 이것은 의롭게 하고, 생기 있게 하고, 구원 받게 하는 바로 그 믿음입니다. 이것은 기독교계에서 으뜸 되는 교리입니다"라고 대답하였습니다. 그 때 나는 그에게, "나에게 그 믿음이 언제 한 사람의 마음이나 영혼에 들어가는지 그 행동에 속한 몇 개의 증표(證票·sign of the act)를 말씀해 주시지요." 그는 "행동의 증표는 한 순간에 존재하는데, 그것은 저주를 받아 고통으로 살아가는 사람이 그리스도에 관해서 그분은 율법의 저주(the condemnation of the law)를 제거하셨고, 확신을 가지고 그의 공로를 붙드는 순간에 일어나고, 그리고 그의 생각 안에 이 확신을 가지고, 하나님 아버지에게로 나아가고, 그리고 기도하는 순간에 일어납니다"라고 대답하였습니다. 그래서 나는 "행위는 그와 같이 일어나고, 그리고 그와 같은 일은 일순이군요"라고 말하고, 나는 또 "나는 어떻게 이 행위에 관해서 언급된 것을 이해할 수 있을까요? 그리고 그 사람에 속한 것은 아무것도 그 행위에 공헌하지 않았지요? 그렇다면 그 사람은 목석(木石)과 전혀 다를 바가 없겠습니다. 행위의 측면에서 보면 사람은 시작할 수도 없고, 그리고 뜻할 수도, 생각할 수도, 작용할 수도, 협력할 수도, 적용할 수도, 없을 뿐만 아니라, 그 어떤 것에 대해서 자기 스스로 순응하거나 조절할 수도 없습니다. 이것이 어떻게 여러분의 말과 일치하는지 말씀해 주시지요. 사람이 율법에 속한 의의 능력(the rightful power of the law)에 관해서 생각하고, 그리고 그리스도께서 제거하시는 자기 자신의 정죄에 관해서, 그분의 공로에 대해서, 그가 붙들고 있는 확신에 관해서 생각할 때에, 그 행위가 어떻게 일어나는지 말씀해 주시지요. 그리고 이런 것에 관해서 생각할 때, 어떻게 그는 하나님에게로 나아가고, 기도하는지요? 이런 모든 일련의 것들은 그 사람 스스로 어떻게 행할 수 있을까요?"라고 물었습니다. 그러나 그는 "그런 일들은 그 사람에 의하여 능동적으로 행해지는 것이 아니고, 다만 수동적으로 행해지지요"라고 대답하였습니다. 그래서 나는 "어느 누구가 수동적으로 어떻게 생각할 수 있고, 확신을 가질 수 있고, 그리고 기도할 수 있습니까? 만약에 그 순간에 그 사람에게서 능동적인 것이든, 또는 반작용하는 것이든, 제거해 보십시오. 귀하는, 역시 감수성(感受性·the receptiveness)을, 따라서 그 전체를 그것과 더불어 행위 자체를 제거하는 것이 아닌가요? 그 때, 만약에 이성에 속한 사안이라고 하는 단순한 이상(理想·a mere ideal)이 아니라면, 당신의 행위는 무엇이 만드는 것일까요? 몇 사람들과 같이, 자기 자신에게 있는 믿음의 주입(注入·the infusion of faith)에 관해서 아무것도 알지 못하는, 예정론자(豫定論者·the predestined)에게만 주어지는 것들은 그런 것이 그런지 아닌지를 알기 위해서 주사위를 던지는 일과 같지요. 그런 이유 때문에 내 친구되시는 여러분, 믿음에 속한 것들이다는 것은 사람은 자기 자신이 하듯이 활동하고 협력한다는 것이나, 그리고 그 협력이 없다면, 귀하께서 교리의 으뜸이고, 종교의 으뜸이라고 하는 믿음의 행위 (the act of faith)도 롯의 아내의 소금 기둥이나, 그리고 서사의 펜으로, 또는 손톱으로 긁을 때 떨어지는 단순한 소금알맹이 이외의 아무것도 아니다는 것을 믿으십시오(누가 17 : 32). 나는 또, 그 행위의 측면에서 보면, 귀하께서는 자기 자신을 마치 그런 신상(=소금기둥)을 만들기 때문이다는 것도 말씀드립니다"라고 그에게 말하였습니다. 내가 이런 말을 하자, 그는 일어나서, 나의 얼굴을 행해 촛대를 던지려고, 있는 힘을 다해서 촛대를 움켜쥐었습니다. 그러나 촛불은 그 때 갑자기 꺼졌습니다. 그러나 그는 어둠 속에서 그것을 그의 동료의 머리를 향해 던졌습니다. 나는 웃으면서 그 곳에서 나왔습니다.

세 번째 <영계 체험기>입니다.

나는 영계의 북녘에서부터 마치 파도소리 같은 소리를 들었습니다. 그래서 나는 그 쪽으로 가 보았습니다. 내가 거기에 가까이 이르자 파도소리는 사그라졌고, 그리고 나는 하나의 회중(會衆)에게서 나오는 것과 같은 소리를 들었습니다. 그 때 한 가옥이 보였는데, 그 집은 구멍들이 뺑뺑 뚫려 있었고, 거친 벽으로 에워싸여 있었습니다. 그 소리는 바로 그 집에서 나왔습니다. 나는 그 집에 가까이 다가갔고, 거기에는 문지기가 있었습니다. 그래서 나는 그에게 거기에 있는 자들이 누구인지를 물었습니다. 그러자 그는, 거기에 있는 자들은 현명한 자들 중에서 가장 현명한 사람들인데, 그들은 초자연적인 것들(超自然的・supernatural things)에 관해서 결의(決議)하는 중이라고 말하였습니다. 그는 그저 자기 자신의 단순한 생각에서 이렇게 말하였습니다. 나는 그에게 거기에 들어갈 수 있는지를 물었습니다. 그는, "만약에 거기에서 아무 말도 하지 않는다면, 나는 당신을 들여보낼 수 있습니다. 그 이유는 지금 문에서 당신과 같이 서 있는 이방 사람도 들여보내려고 하기 때문입니다"라고 말하였습니다. 그래서 나는 안으로 들어갔습니다. 보십시오, 그것은 하나의 곡마단(曲馬團・circus)이었는데, 그 중앙에는 큰 설교대가 있었습니다. 지혜로운 사람과 유식한 사람의 무리가 모여서 믿음의 비의(祕義・the arcana of faith)에 관해서 토의를 하고 있었습니다. 토의논제로 제출된 명제는 믿음에 의한 칭의의 상태(the state of justification by faith)에서, 또는 그 행위 뒤 그것의 진전 상태에서 사람이 행한 선이 종교에 속한 선인지, 아닌지에 관한 것이었습니다. 그들이 만장일치로 하는 말은, 종교에 속한 선은 구원에 공헌하는 선이다는 것이었습니다. 이 토론은 매우 날카로웠습니다. 그러나 사람이 믿음의 상태에서, 또는 믿음의 진전 상태에서 행한 선들은 다만 도덕적인 선들이고, 그리고 시민법적인, 또는 정치적인 선(political goods)들인데, 그런 선들은 구원에 전혀 공헌하지 못하고, 그러나 오직 믿음만이 구원에 공헌한다고 말한 사람들이 우세하였습니다. 그리고 그들은 그 문제에 대하여 이와 같이 확증을 지었습니다. "사람의 무슨 일이 값없는 은총(free-grace)과 어떻게 결합할 수 있을까? 사람의 어떤 선이 그리스도의 공로와 어떻게 결합할 수 있을까? 구원은 오직 믿음에 의한 것이 아닙니까? 사람의 활동이 성령의 역사(役事・the operation of the Holy Spirit)와 어떻게 결합할 수 있습니까? 사람의 도움이 없이 이런 일은 모두 행해지는 것 아닙니까? 이 세 가지 것들(=값없는 은총・그리스도의 공로・성령의 역사)이 믿음의 행위 안에서 구원받게 하는 것이 아닙니까? 그리고 이 세 가지 것들은 믿음의 상태나 또는 믿음의 진전 상태에서 오직 구원하는 것으로 남아 있습니다. 이런 이유 때문에 사람에게서 비롯된 부대적인 선(accessory good)은 결코 종교에 속한 선(the good of religion)이라고 부를 수 없는 것으로, 앞에서 언급한 것과 같이, 그 선은 구원에 공헌하지 못하는 선입니다. 그러나 만약에 구원을 위하여 이 선을 행한다면, 그 선은 차라리 종교에 속한 악(the evil of religion)이라고 할 수 있겠습니다."

　이방인 둘이 문지기 옆에 있는 입구에 서 있었습니다. 그들은 이런 내용의 말들을 듣고서, 그들은 서로, "이런 사람은 어떤 종교도 가지고 있지 않습니다. 어느 누구가 하나님을 위해서, 그리고 하나님과 함께, 그리고 하나님으로 말미암아 이웃에게 선을 행하는 것을 종교라고 부른다는 것을 모르겠습니까?"라고 말하였습니다. 또 다른 이방 사람은 "그들의 믿음은 그들을 얼빠지게 하였군" 하고 말하였습니다. 그 때 그들은 문지기에게 "이들이 누구입니까?"라고 물었습니다. 문지기는 "그들은 현명한 기독교인들이라오"라고 대답하였습니다. 그들은 "실없는 소리 마십시오. 당신은 지금 우리를 속이고 있소. 그들은 영락없는 배우들이요. 그들은 배우들이 대사를 외우듯이, 말하고 있습니다"라고 대답하였습니다.

　그런 일이 있은 뒤 나는 그 곳을 떠났습니다. 내가 잠시 뒤에 그 집이 있던 곳을 보고 있는데, 그것은 하나의 늪지였습니다.

　내가 듣고, 본 이런 것들은 내 육신이 깨어 있는 상태에서, 그리고 동시에 내 영이 깨어 있는 상태에서 내가 듣고 본 것들입니다. 왜냐하면 주님께서는 내 영(my spirit)을 내 육신에 결합시켜서 내가 양쪽의 상태에 동시에 있게 하시기 때문입니다. 이것이 바로 주님의 신령도움인데, 그래서 나는 그런 집들에 들어갈 수 있었고, 그 때 그들은 이런 것들에 관해서 깊이 생각할 수 있었고, 그와 같이 일어난 것들을 기록할 수 있었습니다.

≪묵시록 계현≫ 2권 끝

□ 옮긴이 약력

.이 영 근 서강대학교 경상대학 경제학과, 중앙대학교 사회개발 대학원 사회복지학과, 한국 새교회 신학원에서 공부하였으며, 예수교회 목사로 임직한 이후 예수교회 공의회 의장을 역임하였고, 월간「비지네스」편집장, 월간「산업훈련」편집장, 한국 IBM(주) 업무관리부장을 역임하였다. 현재 예수＋교회 제일예배당 담임목사이고,「예수＋교회」발행인 겸 편집인, 도서출판〈예수인〉대표이다.

역서로는 스베덴보리 지음〈창세기1・2・3장 영해〉(1993),〈순정기독교 상・하〉(공역・1995),〈최후심판과 말세〉(1995), 우스터 지음〈마태복음 영해〉(1994), 스베덴보리 지음〈천계비의1권〉아담교회・2권 노아교회[1]・3권 노아교회[2]・4권 표징적 교회[1]・5권 표징적 교회[2]・6권 표징적 교회[3]・7권 표징적 교회[4]・8권 표징적 교회[5]・9권 표징적 교회[6]・10권 표징적 교회[7]・11권 표징적 교회[8]・12권 표징적 교회[9]와 13권 표징적 교회[10]・14권 표징적 교회[11]・15권 표징적 교회[12]・16권 표징적 교회[13]・17권 표징적 교회[14], 18권 표징적 교회[15], 19권 표징적 교회[16], 20권 표징적 교회[17], 21권 표징적 교회[18]〈천계와 지옥(上・下)〉(공역・1998),〈신령사랑과 신령지혜〉(공역・1999),〈혼인애〉(2000)〈새로운 교회・새로운 말씀〉(공역・2001), <스베덴보리 신학 총서(上・下)>(2002),〈영계일기[1]〉(공역・2003)・영계일기[2]〉(공역・2006),〈영계일기[3]〉(공역・2008),〈영계일기[4]〉(공역・2009), 새로운 교회의 사대교리〉(2003),〈묵시록 해설 1권・2권・3권〉(공역 2008)과, 〈묵시록 계현 1권〉저서로는 <이대로 가면 기독교 또 망한다>(2001), 성서영해에 기초한 설교집 <와서 보아라>[1]・[2](2004)와 [3](2005)이 있다.

묵시록 계현

―묵시록 5・6・7・8・9・10장 영해―

2010년 1월 25일 인쇄
2010년 1월 30일 발행
지 은 이 임마누엘 스베덴보리
옮 긴 이 이 영 근
펴 낸 이 이 영 근
펴 낸 곳 예 수 인

  1994년 12월 28일 등록 제 11-101호
  (우) 157-014
  연락처・예수교회 제일예배당・서울 강서구 화곡 4동 488-49
  전   화・0505-516-8771・2649-8771・2644-2188
  대금송금・국민은행 848-21-0070-108 (이영근)
       우리은행 143-095057-12-008 (이영근)
       우 체 국 012427-02-016541 (이영근)

ISBN 97889-88992-42-5 04230(set)   값 40,000원
ISBN 97889-88992-43-2 04230

◇ 예수인의 책들 ◇

순정기독교(상·하) 스베덴보리 지음·이모세·이영근 옮김 각권 값 20,000원
혼인애 스베덴보리 지음·이영근 옮김 값 35,000원
천계와 지옥(상·하) 스베덴보리 지음·번역위원회 옮김 각권 값 11,000원
신령사랑과 신령지혜 스베덴보리 지음·이모세·이영근 옮김 값 11,000원
최후심판과 말세 스베덴보리 지음·이영근 옮김 값 9,000원
천계비의 ① **아담교회** ―창세기 1-5장 영해― 스베덴보리 지음·이영근 옮김 값 11,000원
천계비의 ②③ **노아교회** [1]·[2] ―창세기 6-8장 / 9-11장 영해― 스베덴보리 지음·이영근 옮김 각권 값 11,000원
천계비의 ④-⑱ **표징적 교회** [1]·[2]·[3]·[4]·[5]·[6]·[7]·[8]·[9]·[10]·[11]·[12]·[13]·[14]·[15] ―창세기 12-14/15-17/8-19/20-21/22-23/24-25/26-27/28-29/30-31/32-34/35-37/38-40 /41-42장 /43-46/47-50장 영해― 스베덴보리 지음·이영근 옮김 각권 값 11,000원
천계비의 ⑲ **표징적 교회** [16]·[17]·[18] ―출애굽기1-4/5-8장/9-11장 영해― 스베덴보리 지음·이영근 옮김 각권 값 14,000원
묵시록 해설[1]·[2]·[3] 스베덴보리 지음·이영근·박예숙 옮김 각권 값 15,000원
묵시록 계현[1] 스베덴보리 지음·이영근 옮김 각권 값 40,000원
스베덴보리 신학총서 개요 (상·하) 스베덴보리 지음·M. 왈렌 엮음·이영근 옮김 각권 값 45,000원
영계 일기[1]·[2]·[3]·[4] 스베덴보리 지음·안곡·박예숙 옮김 각권 값 11,000원
새로운 교회의 사대교리 스베덴보리 지음·이영근 옮김 값 40,000원
이대로 가면 기독교 또 망한다 이영근 지음 값 12,000원
성서영해에 기초한 설교집 ≪와서 보아라≫[1]·[2]·[3] 이영근 지음 각권 값 9,000원

* 이 책들은 영풍문고·교보문고·≪예수인≫본사에서 구입할 수 있습니다.